詩壇愛國者 ╳ 史壇散文家 ╳ 詞壇白衣卿相 ╳ 輿論界驕子

筆墨革命

從屈原到莎士比亞的
文學傳奇

胡彧　著

古今中外文學家的
生平與成就深度解析

他們殫精竭慮，以自身努力為人類文明做出巨大貢獻

人生傳略 ╳ 名人事典 ╳ 歷史評說

跨越千年，文學的力量如何影響世界？
從古代詩人到現代作家，文學巨匠的人生與創作──

目錄

目錄

外國著名文學家

目錄

主要著作年表

前言

　　文學是人類在漫長的文明史中創造出的最可寶貴的精神財富。它們像一盞盞明燈，在追求真理與光明的過程中，永遠指引著善良而執著的人們。文學家是這種財富的創造者，他們殫精竭慮，以自己的努力，為人類文明作出了巨大貢獻，值得永遠紀念。

　　這些文學家一生如何度過，他們成功的原因在哪裡，往往成了世人十分感興趣的問題。

　　從整體上看，中外文學家特點各不相同。與西方專業作家相比，中國的傳統文人更多強調：「學而優則仕」，更重視參加實際的社會運動和政治活動，專業寫作者較少。但無論如何，這些人都有一個共同特徵，即是不滿足生活本身，不甘心於眼前平淡的狀況，必須用創作才能發洩出心中激昂、高漲的情緒。本書精選了古今中外的著名文學家，注重挖掘他們的成功經驗和其作品風格形成的重要因素，深入淺出地論述了他們的一生經歷、代表名著及歷史貢獻。試圖從眾多作家的創作之路上探究出他們的成長規律，帶給世人啟發。

　　為了方便讀者閱讀和學習，本書為文學家做傳記時，有別於其他人物記，採取了分條論述的體例。主要包括：（一）人生傳略。介紹文學家一生經歷，創作生活的始末。（二）名人事典，敘述作家的政治思想、創作思想所屬文學流派及其成因，並選取最能展現這些思想的代表作結合起來評論。另外還以敘事的生動筆法詳述作家某一事件，幫助讀者更進一步了解作家。（三）歷史評說，結合文學家的創作特點，揭示其在文學史中的貢獻，對其一生進行整體評價。最後還有作家的著作年表，列出

作家重要作品的內容、體裁及寫作時間（時間不詳的未注）。

　　總之，筆者本著知識性和趣味性相結合的原則，在當今人物傳記書籍層出不窮的情況下，懷著崇敬的心情編寫了此書，希望用最簡單的語言概括出文學巨人們最重要的特點，給讀者最大的收穫，並形成本書與眾不同的風格和特徵。

　　由於精力和水準有限，紕漏難免出現。懇請讀者、專家批評指正。

編者

中國著名文學家

這顆遙遠的巨星，照亮中國兩千年詩壇 —— 屈原

「路漫漫其修遠兮，吾將上下而求索。」

—— 屈原

● 一、人生傳略

詩歌是中國古代文學中最重要的文學體裁之一，我們上溯歷史，尋找第一位對後代產生重大影響的大詩人，當首推屈原。

偉大的愛國詩人屈原（西元前 340～前 278 年）名平，「原」是他的字。他是戰國時楚國的沒落貴族，年輕時受到楚懷王重用，做過左徒、三閭大夫，是楚王的左膀右臂，在楚國有舉足輕重的地位。但是他振興楚國的措施，遭到保守勢力上官大夫、靳尚等人的反對和讒毀，於是楚懷王疏遠了屈原，並不聽屈原的勸告，走上了與秦國交好的政治道路。頃襄王時，屈原責備令尹子蘭不應該勸懷王入秦會盟，以致遭秦扣留而死，於是子蘭又在頃襄王面前陷害屈原，屈原就被放逐到江南一帶。詩人在長期的流放中並沒有忘記國事，寫下了許多不朽詩篇，抒發憂憤之情，並揭露、指斥奸臣違法亂紀、誤國秧民的罪行。不久，當他流浪到汨羅江時，聽到楚國郢都被秦兵攻破的消息，深感自己的理想無法實現，又無法挽回危局，於是懷著對國家的深切眷戀，屈原投汨羅江自殺。

● 二、名人事典

屈原生活在社會變革、階級鬥爭複雜激烈的時代，抱有進步的政治理想，十分自負地想為楚王做一個政治上的帶路人。他的政治理想是使國家獨立富強，以致統一長期分裂的中國，達到所謂唐虞三代之治。具體主張即是舉賢授能和修明法度。但這種思想的本質就是公開反對貴族的傳統特權，於是屈原一再遭到群小的排擠和迫害。他一生的歷史就是與舊貴族腐朽勢力作鬥爭的歷史。他的詩歌，每字每句都傾瀉了深沉的愛國思想和追求進步政治的精神，成為千古傑作。

長篇抒情詩〈離騷〉是屈原最優秀的作品，也是楚辭 [001] 中的名篇。其基本內容就是表現詩人對理想的熱烈追求和不懈鬥爭。全詩分前後兩部分，從篇首到「豈餘心之可懲」為前一部分；從「女嬃之嬋媛兮」到篇末為後一部分。前一部分是詩人對已往歷史的回溯。詩人首先介紹了高貴的家世，忠貞的情懷以及改良楚國政治的強烈願望。但詩人這一愛國願望，觸犯了貴族的利益，他本人遭到流放，苦心培育的人材也變質了。痛心之餘，詩人懷著滿腔憤怒向腐朽的反動勢力進行了猛烈抨擊，還大膽指責楚王反覆無常，並表示寧肯承擔迫害，也不變志從俗：「寧溘死以流亡兮，余不忍為此態也！」

〈離騷〉後一部分是描寫詩人對未來道路的探索。他拒絕了女嬃明哲保身的勸告，而向古帝陳述自己的心跡，還想去天國請求上帝的評判。可是天國之路難通，於是詩人去找靈氛占卜，巫咸降神，請他們指示出路。靈氛和巫咸並沒有給詩人滿意的答覆，詩人只好決心出走。但這一行為與他的愛國感情產生了矛盾，當他在天空行進之時，看見了國家大

---

[001]　楚辭：楚辭是戰國時代以屈原為代表的楚國人創作詩歌，是繼《詩經》以後的一種新體詩，具有濃厚的楚地色彩。

地：「僕伕悲余馬懷兮，蜷局顧而不行。」他終於留了下來。詩人否定了與他愛國感情和實現理想的願望背道而馳的各種道路，最後決心一死以殉理想。

〈離騷〉規模宏大、氣勢磅礴，想像瑰麗。詩中大量採用歷史故事和神話傳說，構成了一個色彩斑斕的藝術境界，是中國文學史上無與倫比的浪漫主義詩歌長篇鉅製，也是中國浪漫主義詩歌流派的源頭。

屈原寫完〈離騷〉後不久，就聽到楚國都城為秦軍攻破，披頭散髮地來到江邊，在荒野草澤上一邊走，一邊悲憤長吟。一位漁翁看到他，就問道：「您不就是三閭大夫嗎？為什麼到這裡來呢？」屈原說：「全社會的人都汙濁而只有我乾淨，大家都昏沉大醉而只有我清醒，所以我才被放逐了。」漁翁說：「一個道德修養達到最高境界的人，是能隨世風而變的。全社會的人都汙濁，你為什麼不在其中隨波逐流；大家都昏沉大醉，你為什麼不在其中吃點殘羹剩酒，而自己討了個被流放的下場呢？」屈原回答說：「我聽說過，剛洗過頭的人一定要彈去帽子上的灰塵，剛洗過身軀的人一定要把衣服上的塵土抖乾淨，人們又有誰願意以清白之身，而受外界汙垢的玷染呢？我寧願跳入江水，葬身魚腹，也不讓自己的清白品德蒙受世俗汙染！」於是，屈原寫下作品〈懷沙〉（〈九章〉中的一篇），就抱著石頭，投入汨江自殺而死。

傳說屈原死於端午節陰曆五月五日，後人為了紀念他，就在每年這天吃粽子、賽龍舟。

● 三、歷史評說

屈原是中國文學史上第一位偉大的愛國詩人，他開始了詩歌從集體歌唱到個人獨立創作的新時代，在中國歷史上有著崇高的地位。

　　屈原首先是作為一個愛國者、愛國的詩人為後世景仰。千百年來，在人民反抗強暴、維護正義、維護國家尊嚴的鬥爭中，無不有屈原精神的再現。許多進步文人作家，從賈誼、司馬遷，到李白、杜甫，再到夏元淳，無不受屈原影響，寫下慷慨激昂的作品。屈原愛國家、愛人民的高貴品格，對中國人民精神面貌的形成，產生了極大的影響。

　　屈原對中國文學優秀傳統形成的影響也是巨大的。從形式上看，他打破了四言詩格調，吸取民間形式，創造了一種句法參差靈活的新體裁 —— 楚辭，是詩歌形體的一次解放，直接影響了漢賦的產生。在文學創作上，他發展了《詩經》的比興手法，創造了「寄情於物」、「託物以諷」的表現方法，對中國古代文學，特是詩歌有著極大影響。至於〈離騷〉、〈招魂〉所運用的幻想和誇張手法，更開闢了中國浪漫主義創作的道路，兩千年來一直為中國優秀作家繼承和發揚。

　　屈原是中國詩壇上第一位偉人，他的詩歌創作為後代詩人指出了光明大道，成為中國文學發展的源頭之一。屈原也是中國愛國主義精神集中展現的第一人，他堅持理想、九死不悔的精神感染了無數炎黃子孫，成為中華民族的精神支柱之一。

忍辱含垢偉丈夫，光照史壇散文家 —— 司馬遷

「人固有一死，或重於泰山，或輕於鴻毛，用之所趨異也。」

—— 司馬遷

● 一、人生傳略

西漢武帝時，經過幾十年的休養生息政策，中國的封建社會達到前所未有的繁榮局面。經濟繁榮也帶動了文化的發展，於是出現一位偉大的歷史學家 —— 司馬遷。

司馬遷（西元前 145～前 87？年）字子長，左馮翊夏陽（今陝西韓城）人。他的父親司馬談做過太史令，是位知識淵博的史學家。司馬遷幼年時在家鄉過著耕讀生活，19 歲時隨父親遷居長安（今西安），20 歲開始漫遊全國考察歷史遺蹟，為後來的史學創作打下基礎。不久他出任為郎中。西元前 110 年，出使歸來的司馬遷接受了父親的遺命，決心寫出一部完整的歷史。三年後，他繼任大史令，得以閱讀皇家藏書，累積了大量史學資料。在西元前 104 年，他主持修訂的《太陽曆》正式頒布後，司馬遷開始了《史記》的編寫工作。西元前 98 年，他不幸遭李陵之禍，下獄，受宮刑 [002]。出獄後任中書令，發憤著書，終於西元前 93 年完成了《史記》的創作。大約在武帝末年去世。

---

[002] 宮刑：割去生殖器官

● 二、名人事典

　　司馬遷的思想主要展現在他的瀝血之作《史記》中。他接受了儒家思想，自覺地繼承孔子的事業，把自己的著作看成是第二部《春秋》。但他並不承認儒家的獨尊地位，他同時接受了各家特別是道家的影響。他的思想中有唯物主義因素和批判精神，特別由於自身的遭遇，更增加了他的反抗性。所以在司馬遷的作品中，展現了封建時代其他史學家沒有的進步思想。

　　《史記》全書共 5,126,500 字，130 篇，分為本紀 12 篇，表 10 篇，書 8 篇，世家 30 篇，列傳 70 篇。記述了上古黃帝以來直至漢武帝太初年間的史事。其中「表」是各個歷史時期的簡單大事記，是全書敘事的連繫和補充，「書」是個別事件的始末文獻，它們分別敘述天文、曆法、水利、經濟、文化、藝術等方面的發展和現狀，與後世的專門科學相近。其餘的三種體裁都是人物傳記，具有強烈的人民性和戰鬥性。

　　「本紀」中除〈秦本紀〉外，敘述了歷代最高統治者帝王的政跡。這裡最優秀的是〈項羽本紀〉。項羽雖未能統一天下，但他在滅秦時威震一時。作者在塑造項羽這一英雄時，抓住了幾個點睛之處，工筆細描。如鴻門宴場面的極力鋪排，垓下之圍悲劇氣氛的縱筆渲染，烏江自刎時神態的精雕細刻，寫得活靈活現，有形有神。披卷讀之，既可以聞見戰場上的血腥，聽到戰馬的嘶鳴和勇士們的猛吼，又可以看見項羽披甲持戟，瞋目而叱，大呼馳下，潰圍、斬將、刈旗的神態與身影，讀者彷彿置身於秦漢之際宏闊的政治鬥爭之中。同時，〈項羽本紀〉還透過項羽與劉邦的鮮明對比，突出了後者的怯懦、卑瑣和無能，對項羽寄託了深切的惋惜和同情。

　　「世家」主要敘述貴族侯王的歷史。在這裡司馬遷把農民起義領袖陳

涉、吳廣與王侯將相併提，大膽地寫下了〈陳涉世家〉，真實、具體、完整地記述了秦末農民起義的原因、經過和結局，記下了他們「王侯將相寧有種乎」的反抗呼聲，反映了農民階級的智慧、勇敢和大無畏的鬥爭精神。作者以卓越的思想見解和救世濟民的熱情歌頌了農民反抗暴政的起義，這在中國封建社會的正統史學界是第一次，也是最後一次。

「列傳」主要是各種不同型別、不同階級人物的傳記，少數列傳則是敘述國內外少數民族君長統治的歷史。這部分內容十分豐富，有的批判統治階級內複雜的矛盾和統治者的虛偽與罪惡，如〈酷吏列傳〉；也有的歌頌愛國英雄，如〈廉頗藺相如列傳〉、〈魏公子列傳〉、〈李將軍列傳〉等。令人注目的是，這部分中，作者收錄並肯定了正史官書不肯收的下層人物。如〈遊俠列傳〉中熱烈歌頌了遊俠們「言必信」、「行必果」的高尚品格，還有〈刺客列傳〉繪聲繪色描寫了荊軻勇敢無畏、視死如歸的英雄行為。在漫長而黑暗的封建統治之下，刺客們自我犧牲、反抗強暴的俠義精神，可歌可泣，如同夜空中皎潔的明星，給人鼓舞和希望。

司馬遷在寫作《史記》時遭受了不同尋常的痛苦。在他48歲那年，《史記》「草創未就」，巨大的不幸落到了他的身上。原來，那時候漢朝和北方的匈奴連年進行著大規模的戰爭。有一個叫李陵的將軍，由於戰鬥失利，被迫投降了匈奴。漢武帝得知，極不高興。司馬遷又為李陵辯解幾句，觸怒了漢武帝，受到殘酷的宮刑。這使司馬遷在精神和肉體都受到極大的摧殘。他曾想過自殺，但是想到父親的遺願和自己的抱負尚未實現，他認為這時候死去是毫無意義的。於是他從眾多蒙受不幸卻終於有所作為和建樹的前人（如周文王、孔子、屈原、左丘、孫臏等）那裡，找到了生存下去的理由和力量，頑強地活了下去，更加勤奮地寫作，終於完成了《史記》的創作。

● 三、歷史評說

司馬遷最大貢獻在於《史記》，魯迅先生這樣評價《史記》：「史家之絕唱，無韻之〈離騷〉。」

首先，《史記》是一部偉大的史學著作，它是中國歷史學上一個劃時代的標誌，也是世界史學史上第一部通史鉅著。它開創了中國紀傳體史學的傳統，全面敘述了中國上古至漢初三千年來的政治、經濟、文化多方面的歷史發展，展現了實錄精神，是中國古代歷史的偉大總結，為後代歷史學家提供了史作典範和寶貴的研究資料。

其次，《史記》也是一部偉大的文學著作，它是世界傳記文學史上第一部開山鉅著，不僅開創了中國傳記文學的傳統，在中國散文發展史上也發揮著承先啟後的作用。《史記》確定的散文寫作規範，成為漢以來許多作家學習的榜樣，從唐以後的傳奇散文以至《聊齋志異》等小說，都直接或間接承襲了《史記》的寫作傳統，而當古文家們反對形式主義的繁縟或艱澀古奧的文風時，《史記》常常成為他們的一面旗幟。《史記》中所歌頌的許多英雄人物精神，也鼓舞和激勵了後來的許多封建文士，成為他們精神的重要組成部分。而《史記》中記載的曲折動人的故事，更是成為後來小說和戲劇的題材，如〈竊符救趙〉、〈霸王別姬〉等，一直到今天還流傳不衰，為大眾所喜愛。

生命是不可以隨意拋棄的，司馬遷抱著完成《史記》創作的宏願忍辱含垢地活了下去。今天，當我們翻開《史記》與這位兩千年前的作家對話時，可以清楚地感受到他的憤激之情。沒有人會否認司馬遷是一位偉人，正如沒有人會否認《史記》是古代文化遺產中璀璨的明珠。作家生前所受的屈辱，現在已成了他成就上的耀眼光芒。

風流倜儻的西漢辭賦大家 —— 司馬相如

「相如雖多虛辭濫說，然其要歸，引之節儉，此與《詩》之風諫何
異！」

—— 司馬遷

● 一、人生傳略

西漢武帝時，是中國辭賦最興盛的時代，而這一時期最大的辭賦代
表作家，則是司馬相如。

相司相如（？～前 118 年），字長卿，蜀郡成都人。他少年時喜歡讀
書，也學習劍術。父母最初給他起名犬子，司馬相如完成學業後，慕羨
藺相如的為人，就改名為相如。景帝時，他做過武騎常侍，但景帝不喜
歡他，於是他來到梁孝王手下做門客，這時寫下〈子虛賦〉。不久梁孝王
去世，相如歸蜀，又與富家小姐卓文君私奔到成都。後來漢武帝讀到他
的〈子虛賦〉，十分欣賞，就召來相如詢問。司馬相如長得儀表堂堂，典
雅大方，對皇帝的問話卻能應對自如，武帝感到十分驚喜。於是相如又
為武帝寫了〈上林賦〉。武帝大喜，任命他為郎官，極為寵信。其間相如
奉命出使西南，寫了〈難蜀父老〉一文，對溝通漢與西南少數民族關係
起了積極作用。晚年相如因消渴症（即糖尿病）免官，定居茂陵。他逝
世後，卓文君向朝廷獻上相如遺文〈封禪文〉。

● 二、名人事典

司馬相如的思想可分成兩方面。一方面，漢武帝時期，統一的封建帝國空前繁榮昌盛，大大開拓了文人學士的胸襟眼界，司馬相如與這一實際相呼應，創作出鋪張大賦，以極大的氣魄歌頌了統一的封建帝國，表達了對漢武帝時代顯赫聲威的感受。另一方面，統治者的驕奢淫佚時常引起作家憂慮，司馬相如在作品中也常委婉地主張戒奢持儉，防微杜漸，指出超世成仙的錯誤。這反映了封建盛世之下一個知識分子的矛盾心情。

〈子虛賦〉、〈上林賦〉是司馬相如賦的代表作品。賦中採用問答的形式，開篇假設楚國子虛和齊國烏有先生的互相誇耀。先是子虛炫耀楚國，他說：「楚有七澤，嘗見其一，未睹其餘也，臣之所見，特小者耳，名曰雲夢。」並趁機大力誇耀楚王遊獵雲夢的規模。哪知烏有先生卻以齊國的渤澥、孟諸可以「吞若雲夢者八九於其胸中，曾不蒂芥」，壓倒了楚國。最後無是公出現，他大肆鋪陳漢天子上林苑的壯麗及天子射獵的盛舉，又壓倒了齊楚。這樣一浪高過一浪，形成了文章波瀾壯闊的氣勢。作品的主要部分都誇張帝王的物質享受，渲染宮庭的奢華生活，迎合了武帝好大喜功。在賦的結尾處，作者借無是公之口也表達了另一種思想：即認為過分奢侈不是為後人創功立業發揚傳統的行為，統治者應為長遠利益著想，撤去酒宴，不再打獵，與民同利。但是這段勸誡寫得過於委婉，起的諷諫作用十分有限，正如揚雄所謂「靡麗之賦，勸百而諷一，猶騁鄭衛之聲，曲終而奏雅」。[003]

司馬相如還寫有散文，他的散文常用主賓答問形式和排偶句式，內

---

[003]　華麗的辭賦，讚揚奢侈的語言與提倡節儉的語言是一百比一的關係，這就如同盡情演奏鄭、衛的靡靡之音，而在曲終之時演奏一點雅樂一樣。

容上也與〈子虛〉、〈上林〉有一致之處，辭賦的氣味很濃。著名的有〈難蜀父老〉等。

　　司馬相如不僅文章寫得風流倜儻，為人也狂放不羈。西元前144年，司馬相如回到蜀郡。恰巧他與臨邛縣令王吉是朋友，於是他來到臨邛。一次臨邛富豪卓王孫宴請王吉，也請來相如。相如一向不願意參加這種應酬活動，但礙於朋友的情面，勉強來到卓家。酒興正濃的時候，王吉請相如彈琴，相如辭謝一番，便彈奏了一兩支曲子，滿座賓客無不為他的風采所傾倒。這時卓王孫的女兒卓文君守寡不久，很喜歡音樂，她聽了相如的琴聲，又知道相如的才華，心中十分愛慕。司馬相如也很喜歡這位美麗的才女，於是他用琴聲表達自己的心意：「鳳兮鳳兮歸故鄉，遊遨四海求其皇。」宴會過後，相如用重金買通文君的侍者，以轉達自己的傾慕之情。於是卓文君乘夜逃出家門，私奔相如。卓王孫得知女兒私奔後大怒，斷絕了文君的經濟來源。相如與文君在成都家中分文皆無，十分窮困。於是聰明的夫妻二人想出辦法：他們回到臨邛，開了一家酒店。卓文君親自當壚賣酒，司馬相如則穿著短褲與奴婢們一起做事。卓王孫聽說後，感到很恥辱，連忙分給文君家奴一百人，錢一百萬，以及各種嫁妝。這樣文君與相如回到成都，過上了富裕的生活。

● 三、歷史評說

　　賦是漢代形成的兼有詩歌和散文性質的文體。這一文體在司馬相如手中發展到成熟階段。他的〈子虛〉、〈上林〉賦確立了「勸百諷一」的賦頌傳統，奠定了鋪張大屬的大賦體制。漢賦自司馬相如以後，主要內容都是歌頌王朝聲威和氣魄，後代的賦家沿用不改，於是形成了一個賦頌傳統。但是隨著時代的變化，後世的賦往往流於粉飾太平，對封建帝

王阿諛獻承，失去了司馬相如作品中原有的諷諫作用。

司馬相如才華橫溢，其作品在他生前就很有影響。據說，漢武帝讀過他的〈大人賦〉後，竟然飄飄然有凌雲而飛的感覺；而武帝皇后陳阿嬌失寵後，更用千金請求相如作〈長門賦〉，希望皇帝回心轉意；在司馬相如彌留之際，漢武帝為了保全他的著作，還曾派專人去相如家中收集。司馬相如本身富有傳奇性的軼事，則更為後人津津樂道。

文學家司馬遷十分喜愛司馬相如的賦。他曾把相如作品的諷諫作用與《詩經》相提並論，這雖然過高的猜想了相如賦的思想價值，但就當時四海統一，興隆繁盛的封建大帝國來說，司馬相如的鋪張揚厲也是十分必要的。可以說，武帝時的盛世需要司馬相如這樣的辭賦家，司馬相如這樣的辭賦家，也需要武帝的盛世。

改造文章的祖師 —— 曹操

「老驥伏櫪，志在千里；烈士暮年，壯心不已。」

—— 曹操

● 一、人生傳略

曹操（西元 155 ～ 220 年）不僅中國古代出色的政治家、軍事家，還是漢末的著名詩人、散文家。

曹操，字孟德，小名阿瞞，沛國譙（今安徽亳縣）人。其父曹嵩本姓夏侯，但因是中常侍曹騰的養子，所以改為曹姓。曹操幼時起就機智善變，20 歲因才華出眾被舉為孝廉，不久做了議郎這個官。西元 184 年黃巾大起義爆發，曹操抓住這個機遇，在鎮壓農民起義中擴充軍事實力，並起兵討伐要廢掉漢獻帝的奸臣董卓，取得成功，成了當時北方最強的軍事集團領袖之一。西元 196 年，他把漢獻帝劫持到許（即許昌），從此「挾天子以令諸侯」。西元 200 年，他擊敗袁紹的軍隊統一了北方。西元 208 年，他進位丞相，同年沒有經過充分準備，帶兵南下，在赤壁（今湖北嘉魚東北）與南方地主軍事集團劉備、孫權進行決戰，失敗後退回北方，形成了漢末曹、劉、孫軍事勢力三足鼎立的局面。西元 216 年，他被封魏王，權勢達到極點，成了北方的實際統治者。死後他的兒子魏文帝曹丕追奉他為魏武帝。

● 二、名人事典

曹操生於中國歷史上極度動盪的時代，是一位胸襟開闊眼界高遠的政治領袖，所以，他的作品往往以強烈的現實主義筆法反映了當時的動亂現實，表達了自己頑強的進取精神，既有慷慨悲涼的風格，又有積極向上的精神。

曹操的詩歌多用樂府舊題寫時事。一部分詩歌寫當時天下大亂的情況，如〈蒿里行〉，寫獻帝初年各路兵馬討伐董卓軍隊內部自相殘殺，給百姓帶來巨大災難，「白骨露於野，千里無雞鳴」概括出了軍閥混戰造成的慘象，怵目驚心。另一部分詩則表現他統一天下的雄心和頑強的進取精神，具有濃厚的抒情氣氛。最著名的是〈短歌行〉，全詩以「對酒當歌，人生幾何？譬如朝露，去日苦多」為開頭，抒發詩人對時光流逝，功業未成的深沉感慨。接著透過思念賢才，招待嘉賓的描寫，表現他愛才若渴的心情，最後他以周公自喻，表現招攬人才完成統一事業的宏偉理想。這首詩在深沉的憂鬱之中激盪著一股慷慨激昂的情緒，達到很高的藝術水準。此外，他的〈龜雖壽〉：「老驥伏櫪，志在千里，烈士暮年，壯心不已」，表現了老當益壯的胸懷。〈觀滄海〉：「秋風蕭瑟，洪波湧起。日月之行，若出其中，星漢燦爛，若出其裡」，則透過遼闊雄壯的滄海景色表現了開闊的胸襟，可以說是中國詩史上第一首比較完整的寫景詩。

曹操的散文也有鮮明的個性，他用簡潔樸素的文筆把話自由地寫下來，顯得清峻通脫，不拘一格。如〈讓縣自明本志令〉中用簡樸的文筆把一生心事寫得淋漓盡致，說道：「設使國家無有孤，不知當幾人稱帝，幾人稱王。」極具政治家雄偉的氣魄和鋒芒，這種話是非曹操不能道的。

曹操文如其人，在治國上也表現了雄才大略。他一生為統一天下殫精竭慮，十分注意招收和提拔人才，曾經三次釋出「唯賢是舉」的命令，說：不論門第高低，只要「有治國用兵之術」都可以做官。

西元 200 年，曹操與袁紹在官渡決戰時，自己兵少糧缺，十分苦惱。但曹操禮賢下士，廣泛聽取謀士計策，袁紹卻驕傲自大，不僅不聽手下人獻的破兵良計，還要殺死足智多謀的許攸。為了施展自己的才能，許攸不得不棄暗投明，連夜逃往曹營。當時曹操已經睡覺，但聽說許攸來了，求賢若渴的他十分高興，連鞋都沒來得及穿就跑了出來，拉著許攸的手回到軍寨，向他施禮，稱他為賢士。作為敵軍逃跑的謀士，許攸開始時心中惴惴不安，但看曹操這樣禮遇自己，大受感動，於是連夜為曹操出謀劃策，使曹操茅塞頓開。不久，曹操用許攸的計策以焚燒袁紹軍糧的辦法擊敗的袁紹，終於統一了北方。

● 三、歷史評說

曹操是漢末一位傑出的政治家和軍事家。他在當時階級矛盾尖銳的形勢下，實行了抑制豪強兼併、大興屯田、用人唯才等一系列進步政策，壯大了自己的力量，統一了黃河流域，為後來西晉統一全國奠定了基礎。

曹操也是漢末傑出的文學家和建安文學新局面的開創者。一方面他憑藉政治上的領導地位，廣泛蒐羅文士，造成了「彬彬之盛」的建安文學局面；另一方面他用自己富有創作性的作品開創文學上的新風氣。他繼承了《詩經》中的抒情傳統，把四言詩發揚光大；他以樂府古題寫時事的創作方法直接影響了杜甫的樂府詩歌創作和唐代的新樂府運動；他的文章擺脫了漢代辭賦駢偶化的束縛，對魏晉散文的發展產生了重要影響，被魯迅譽為「改造文章的祖師」。

曹操在中國歷史上無論從政治還是文化方面都作出了不可磨滅的貢獻。他勇於創新、不拘一格的精神在當世就遭來非議，後人對他評價也多有微詞。但是奸雄也罷，梟雄也罷，卻都沒離開英雄之意。

才高八斗的建安之傑 ── 曹植

「捐軀赴國難，視死忽如歸。」

── 曹植

● 一、人生傳略

中國文學史發展到漢末建安時期（西元 196 ～ 219 年），第一次掀起了文人詩歌的高潮。在建安文壇上，最出色的一位詩人就是曹植。

曹植（西元 192 ～ 232 年），字子建，沛國譙人。是曹操之子，魏文帝曹丕之弟。他從小隨父在軍營中長大，因能詩善文，才思敏捷，深為曹操喜愛，幾乎被立為太子，但因為行為任性，飲酒無度而失寵。西元220 年，曹操逝世後，曹丕做了皇帝，曹植因為前期有爭為太子的經歷被曹丕忌恨貶為安鄉侯。不久立為鄄城王，從此飽受迫害，在十一年之間竟然被逼換了四個都城，政治處境十分悲慘。西元 231 年，他被封為陳王，不久在憤懣與憂鬱中死去。諡號思，世稱陳思王。

● 二、名人事典

曹植一生的思想與創作以曹丕稱帝為界，明顯地分為前後兩期。

前期詩人由於父親的常識與寵愛，志滿意得，頗有功名事業心，思想上積極樂觀，大有政治雄心。在詩歌內容上也就多表現了這種要求建功立業的志向。如著名的〈白馬篇〉，描寫邊塞遊俠的矯健形象和高超

的騎射技術；敘述異族入侵，邊城緊急，遊俠奮不顧身，長驅直入，掃蕩寇虜的英勇行為；讚美遊俠獻身國事、不顧家私的高尚精神。詩中洋溢著樂觀與豪壯：「羽檄從北來，厲馬登高堤。長驅蹈匈奴，左顧凌鮮卑。……捐軀赴國難，視死忽如歸。」情調昂揚振奮，風格剛健明快，是詩人青年得意的反映。

　　西元 220 年，做了皇帝的曹丕害怕「懷才抱智」的弟弟與他爭奪權位，便對曹植屢加迫害，有一次他把曹植叫來，對他說：「先父生前常常誇耀你的文章，今天你必須在走十步路的時間裡，作出一首詩來，如果作不出，就處以極刑。」曹植請出題目。當時牆上懸掛著一頭牛墜到井裡死了的畫，曹丕指著畫說：「以此為題。」結果曹植走了不到十步，就作出詩來。曹丕見沒難倒曹植，又進一步逼他說：「十步成詩，不足奇，你能在七步之內，吟詩一首，才算數。」曹植又請出題。曹丕說：「我與你是兄弟，就以此為題，但不可犯著『兄弟』兩字。」曹植昂然前行，悲憤地吟誦道：「煮豆燃豆萁，豆在釜中泣。本是同根生，相煎何太急！」[004]曹丕聽了，不由羞愧滿面。這時他們的母親卞氏聞訊趕來責問曹丕為什麼這樣逼迫弟弟，曹丕無奈，只好貶曹植為安鄉侯放他走了。

　　這就是著名的「七步詩」的故事，曹植也因此更加出名了。

　　面對著曹丕壓抑與迫害，曹植憂鬱憂憤，思想比較消沉，作品更多表現了壯志不得施展的憤激不平之情，也反映了封建統治者的冷酷無情和重重矛盾。西元 223 年，詩人與白馬王曹彪、任城王曹彰去京師朝會，任城王到京後不明不白地死去，詩人與白王馬返回時又被有司所阻，不能同行，於是詩人寫下了〈贈白馬王彪〉一詩。全詩分七章，表

---

[004]　詩的大意是：豆煮在鍋裡，豆萁在鍋下燃燒，豆粒在鍋中抽泣；我與你本是同根生長，為什麼要加急煎熬，一點也不相讓啊！

現了豐富的複雜感情。如「鴟鴞鳴衡軛，豺狼當路衢，蒼蠅間白黑，讒巧令親疏」，痛斥了迫使他們分行的有司；「奈何念同生，一往形不歸」，表現了對任城王暴亡的深沉悼念；「變故在斯須，百年誰能持」，也吐露了詩人在岌岌可危的處境中惴惴不安的心情。全詩交替使用寫景、抒情、敘事、議論等手法而又一氣貫注，景物描寫色彩濃郁，又大量運用比喻、烘托、陪襯等手法，極富藝術感染力。

● 三、歷史評說

曹植流傳至今的作品有詩 80 首，辭賦、散文 40 餘篇。他的作品多激憤之情，充滿追求與反抗的內容，達到建安文學的最高成就，被鍾嶸譽為「建安之傑」。

曹植多寫五言詩，雖脫胎於漢樂府，但努力在藝術上加以創造和發展，講究表現方法，善用比興，語言精鍊而詞采華茂，使詩歌有明顯具有文人詩的面目，對五言詩發展產生了深遠影響，也開了雕琢詞藻的風氣。

他一生不得意的經歷和縱酒放蕩的行為，也被後代封建文人津津樂道，成了他們詩人中經常引用的典故。

曹植是中國文壇上的著名才子。晉代謝靈運曾說：「天下才有一石（十斗），曹子建獨得八斗。」，《詩品》也說曹植的詩「骨氣奇高，詞采華茂」。曹植逸興飛揚的詩篇與他鬱鬱不得志的經歷，一同構成了文學史上一道耐人尋味的風景，被後人傳誦不衰。

崇尚自然，遠離汙濁 —— 陶淵明

> 「一語天然萬古新，豪華落盡見真淳。」
>
> —— 元好問

● 一、人生傳略

在中國晉末黑暗統治的汙濁空氣裡，有一位大詩人，他遠離了喧囂的庸俗生活，回到田園中，以高潔的情操和堅決的態度宣告了與統治階級的徹底絕裂，這就是陶淵明。

陶淵明（西元 365 ～ 327 年），一名潛，字元亮，自號五柳先生，潯陽柴桑（今江西九江西南）人，東晉大詩人，散文家。他出身於沒落的士族家庭，著名的大司馬陶侃是他的曾祖父。詩人少年時代，正值天下大亂，因此曾有濟世的抱負。他 29 歲出仕，做過江州祭酒，因不滿當時士族地主統治的黑暗，辭職歸隱。後來因生活所迫，他又任過鎮軍參軍、彭澤令等，終因個人抱負不得施展，於西元 405 年徹底歸隱田園，自此過著讀書、勞動的隱居生活。歸隱的最初兩年，詩人溫飽尚無憂慮，可是西元 408 年一場大火，房屋化成了廢墟，詩人生活日漸困頓貧苦，最後竟發展到去乞食以解危難的地步。但即便如此，看透了官場黑暗的陶淵明始終保持著松柏一樣的品格，拒絕做官。西元 427 年 11 月，這位偉大的文學家在凜冽寒風中與世長辭。他的朋友根據他一生的品德，共謚他為「靖節徵士」，後人又叫他靖節先生。

● 二、名人事典

　　陶淵明是中國田園詩派的開創者。在當時老莊思想和隱逸風氣盛行的影響下，他早年便有愛慕自然，企羨隱逸的思想。當他目睹黑暗現實後，就更堅定了這種歸隱決心。在長期的田園生活中，詩人衝破了剝削階級意識，與農民共同勞動、平等交往，還提出了沒有剝削和壓迫的桃花源的社會理想。這種樸素的田園生活和嚮往自然的思想，也直接影響了他的創作，尤其是詩歌，往往寫得平淡自然，淳厚有味達到十分渾成的意境。

　　陶淵明的詩歌大部分是田園詩。這些詩往往表現了對汙濁社會的憎惡和對純潔田園的熱愛。如〈歸園田居〉第一首，把統治階級的上層社會斥為「塵網」，把投身其中看成是做了「羈鳥」、「池魚」，把退歸田園說成是衝出「樊籠」，重返「自然」。詩人還細緻描寫了純潔、幽美的田園風光，「曖曖遠人村，依依墟里煙」，寫得寧靜、幽遠，字裡行間流露了作者由衷的喜愛。還有一些田園詩反映勞動生活的內容，像〈歸田園居〉第三首，鮮明塑造了一個帶著月色，從草木叢生的小徑上荷鋤歸來的勞動者形象。當然陶淵明的田園詩也有對田園生活貧困狀況的反映。像〈示龐主簿鄧治中〉說：「夏日長抱飢，寒夜無被眠；造夕思雞鳴，及晨願鳥遷。」還有〈乞食〉：「飢來驅我去，不知竟何之！行行至斯里，叩門拙言辭。」我們從中可以想像出當時農民們更加悲慘的生活情景。

　　陶淵明在努力滿足於田園生活的同時，一直沒有丟掉疾惡與除暴的理想，這在他另一些詩作中有反映。如〈詠荊軻〉熱情歌頌不惜犧牲自己而勇於除暴的壯士荊軻，讚揚道：「其人雖已沒，千載有餘情。」又如〈讀山海經〉第十首歌頌精衛和刑天雖死不屈的精神：「精衛銜微木，將以填滄海。刑天舞干戚，猛志固常在。」這正是詩人不屈意志的表現。

陶淵明的辭賦和散文篇數不多，但寫得很好。其中以〈桃花源記〉最為著名。文中假借漁人的遊蹤，虛構了一個「桃花源」的理想社會，這裡沒有剝削、沒有壓迫，人人參加勞動，「黃髮垂髫，並怡然自樂」，人們「不知有漢，無論魏晉」，生活得富裕、和樂而安寧。這個打著儒家大同理想烙印的烏托邦，既是作家對黑暗現實不滿的反映，也是後代無數進步文人所希冀達到的理想世界。

陶淵明愛慕自然的思想直接影響了他的人生道路，西元 406 年，41 歲的陶淵明在彭澤縣當知縣，一個月只有五斗米的官俸，生活很清苦。11 月的一天下午，陶淵明辦完公事，換上便衣，回到內衙翻看以往的詩作，聯想當時官場的種種黑暗，覺得十分鬱悶。這時，一名小吏突然闖進來報告：「郡府派督郵張大人來縣巡察，快請老爺更衣去迎接。」陶淵明不解地問：「哪個張大人，為什麼非要穿官服不可？」小吏解釋張大人本是土豪劣紳，但家中有錢，深得上司寵信。清高孤傲的陶淵明長嘆了一口氣，憤然說：「我不能為五斗米向一個低能無知的鄉里小兒彎腰行禮！吩咐下去，我立即辭官歸里！」說罷，他取出知縣印信，交給小吏，昂然走出縣衙。這位不願卑躬屈膝地求取官俸的大詩人就這樣永遠地告別了官場。

● 三、歷史評說

陶淵明是兩晉南北朝時期最偉大的文學家，他作品及精神澤被百代，影響極其深遠。

在文學上，陶淵明開創了田園詩體。他的詩歌平淡自然，充滿生活氣息，這在當時玄言詩盛行的東晉文壇，無疑是吹進了一股具有強大生命力的新空氣，為古典詩歌開闢了一個新境界。此後，歷代「擬陶」、

「和陶」相沿成風，田園詩不斷得到發展，到唐代就已形成了田園山水詩派。可以說，中國歷代有成就的詩人很少沒有表示過對他的創作的企羨和受到他的藝術薰陶。

在精神上，陶詩中所表現的光明峻潔人格和堅決不與黑暗勢力同流合汙的高尚品格，以及疾惡除暴的精神，教育、鼓舞了後代無數大詩人（如李白、高適、龔自珍）；他的桃花源理想也成為許多後代進步人士的心靈家園，讓後人欣然神往。此外，陶淵明詩中平靜安謐的境界，也成了後代許多文人追求的理想與目標，他們在不得志時紛紛效仿陶淵明，希望在超脫現實的態度中尋求精神安慰。

陶淵明是中國詩壇上繼屈原之後的又一座高峰。他那平淡自然、情韻醇厚的作品和任真自得的人格，彷彿是中國文學史上一幅最為靜謐、悠遠的水墨寫意畫，傾倒了無數後人。隨著時間的流逝，陶淵明的地位越來越高，在中華文化史上，他具有永恆的意義。

熔田園與山水詩派為一爐的「詩佛」 ── 王維

「行到水窮處，坐看雲起時。」

── 王維

● 一、人生傳略

詩歌發展到唐代，出現一位詩人，他成功地把田園詩派與山水詩派合而為一，成為山水田園詩中最著名的人物，這就是王維。

王維（西元 701 ～ 761 年），字摩詰，太原祁（今山西祁縣）人，生於官僚地主家庭。是唐代著名詩人、畫家，並精通音樂。他 21 歲舉進士，作大樂丞，因令人舞黃獅子（只准舞給皇帝觀看）受到牽連，貶為濟州司庫參軍。後來回到長安，得張九齡提拔，任右拾遺，累遷監察御史、吏部郎中、給事中等官職。其間曾奉命前往邊塞。由於張九齡罷相等原因，王維大約在 40 歲以後就開始過著一種亦官亦隱的生活。最初隱居終南別業，後來在藍田輞川得到宋之問的別墅，生活更為悠閒，每天吃齋奉佛，彈琴賦詩。西元 756 年叛軍安祿山攻陷長安，王維追隨唐玄宗不及，被安祿山所俘，迫受偽職。肅宗回京後，王維一度貶官，最後又升至尚書右丞，不久去世。他是唐代詩人中官位最高者之一，世稱王右丞。

● 二、名人事典

王維的思想以 40 歲左右為限，分為前後兩期。前期時他具有一定政治抱負，積極支持張九齡的開明政治，創作上也寫了一些關於遊俠和

邊塞的詩篇，表現了那個時代人閃動的英雄氣概和愛國熱情。如〈少年行〉：「新豐美酒斗十千，咸陽遊俠多少年。相逢意氣為君飲，繫馬高樓垂柳邊。」寫遊俠的昂揚意氣，很有浪漫主義氣息。還有〈觀獵〉把一次狩獵活動寫得激情洋溢，豪興遄飛，尾句「回看射鵰處，千里暮雲平」更襯托出一位英武豪邁的獵手形象。最著名的一首是〈使至塞上〉，全篇氣勢流暢，寫出了塞外奇特壯麗的風光，畫面開闊，意境雄渾，尤其是「大漠孤煙直，長河落日圓」兩句是「千古壯觀」的名句。

王維後期思想消極。由於母親的影響，他早年就信奉佛教，貶官濟州時就有了隱居的念頭，再加上張九齡罷相、李林甫上臺的政局變化，他漸漸厭倦了仕途生活，開始了萬事不關心的亦官亦隱的生活。到了晚年，他更是完全變成一個「以禪誦為事」的佛教徒了。於是創作上也多寫隱居生活的閒情逸致，轉入淡遠閒靜，幽冷孤寂的風格了。比如〈終南別業〉一首，寫隱居的生活，行雲流水一般，寫出了天性淡逸，超然物外的風采。還有一些絕句，如〈辛夷塢〉：「木末芙蓉花，山中發紅萼。澗戶寂無人，紛紛開且落。」還有〈竹里館〉：「獨坐幽篁裡，彈琴復長嘯。深林人不知，明月來相照。」寫得幽美、寂靜，讓人有物我兩忘的感覺。

此外，王維的一些抒情詩也十分出色。如〈渭城曲〉：「渭城朝雨浥輕塵，客舍青青柳色新。勸君更盡一杯酒，西出陽關無故人。」被譜成〈陽關三疊〉成為送別名曲。還有〈相思〉：「紅豆生南國，春來發幾枝？願君多採擷，此物最相思。」寄意深刻，是歷代傳誦的愛情名作。

和許多大詩人一樣，王維在詩歌創作中也有許多耐人尋味的故事，由於才華出眾，儀表非凡，王維青年時代遊歷京華時，深受王公貴族青睞。王維全無拘束地與王侯們交往，有一次，在寧王李憲的府裡作客時，他碰到這樣一件事。

寧王李憲十分好色，自己有寵妓數十人，還不滿意，看中了鄰居一個餅師的妻子，於是他用金錢和權勢把她霸占到手，十分寵愛。但過了一年餅師的妻子還是整天悶悶不樂。寧王問她：「你還在思念那個餅師嗎？」她默然不語。於是寧王把餅師找來，讓她見面。她看著餅師傷心地哭了。王維當時正在寧王府作客，遇見了這件事，十分同情這對夫妻，於是提筆寫了〈息夫人〉一詩，用楚王霸占息夫人[005]一事勸寧王，詩云：「莫以今時寵，難忘舊日恩。看花滿眼淚，不共楚王言。」寧王看了深受感動，於是把餅師夫妻都放了。

● 三、歷史評說

　　王維繼承了陶淵明田園詩歌「渾成」、「清腴」的特點，又學習了謝靈運山水詩歌語言精工刻劃的描寫，把田園詩與山水詩融合在一起，成為盛唐詩壇上山水田園詩派成就最高的人物，對後世產生深遠影響。與當時另一著名山水田園詩人孟浩然並稱「王孟」。

　　蘇軾曾對王維下過這樣的評語：「味摩詰之詩，詩中有畫；觀摩詰之畫，畫中有詩。」這準確地說出了王維詩歌最突出的藝術特色。王維精繪畫，通音樂，他把繪畫的技巧移入詩中，構成獨特的意境，為後代寫景詩篇提供了典範，在開元時期被公認為「天下文宗」、「獨步當代」。

　　王維是盛唐時代的重要詩人，他一生恬淡，以獨特的個性和生花妙筆勾繪出自然界豐富多彩的景象，給予人美的享受。他的詩作與他本人一同構成了盛唐氣象中不可缺少的一部分。

---

[005]　息夫人本是春秋時息國君主的妻子。西元前 680 年，楚王滅了息國，將她據為己有。她在楚宮雖生了兩個孩子，卻始終不與楚王說話。

唐代笑傲王侯的「詩仙」 —— 李白

「筆落驚風雨，詩成泣鬼神。」

—— 杜甫

● 一、人生傳略

西元 8 世紀，在中國盛唐的詩壇上出現一位具有神仙氣質的浪漫主義詩人，他平交諸侯，長揖萬乘，笑傲權貴，被世人稱作「天上謫仙人」。他就是李白。

李白（西元 701 ～ 762 年），字太白，號青蓮居士，是中國歷史上偉大的浪漫主義詩人。他祖籍隴西成紀（今甘肅秦安），出生於碎葉（今吉爾吉斯共和國境內）的一個富商家庭。五歲時隨父遷居綿州彰明縣（今四川江油）青蓮鄉。少年時代他博覽百家，學習劍術，結交俠士、隱者，遍訪蜀中名勝。25 歲後，為施展政治抱負，辭親遠遊，寫下許多有名詩篇。42 歲時奉詔進京入翰林院，但因傲岸不屈，不拘禮法得罪權貴，於西元 744 年被迫離開長安，開始了長達十年的漫遊生活，其間與杜甫結為好友。安史之亂爆發後，李白入永王璘幕府。永王璘失敗被殺，李白牽連入獄，流放夜郎。西元 759 年，詩人因大赦，被放還。西元 761 年，他聽說李光弼率大軍討伐叛賊，便請纓殺敵，但因病作罷。次年，李白病逝在族叔當塗令李陽冰家。死後情景十分淒涼，初葬採石磯，後人遵其遺志，改葬青山。

● 二、名人事典

　　李白的思想是極為複雜的。一方面他接受了儒家「兼善天下」的思想，另一方面又接受了道家特別是莊子那種遺世獨立的思想的影響。所以他勇於蔑視封建秩序，打破傳統偶像，輕堯舜、笑孔丘。儒家思想和道家、遊俠本不相容，但李白卻把這三者結合起來，「功成身退」，成了他一生的主導思想。但是，在黑暗的現實面前，李白的人生理想始終沒有實現，而他又在始終追求，於是矛盾、衝突、以及遭受打擊後的憤懣、狂放便都產生了。

　　李白的詩以浪漫主義著稱，現存 900 多首，內容十分豐富。首先，有的詩歌抒發建功立業的偉大抱負，熱切關注國家途和命運，如〈上李邕〉中自比大鵬，寫道：「大鵬一日同風起，扶搖直上九萬里。假令風歇時下來，猶能簸卻滄溟水。」表達了一展鴻圖的雄心。又如在〈梁甫吟〉中、透過呂尚、酈食其等故事和一些神話傳說，表達雖遭挫折但繼續進取的信心。其次，在許多詩中李白大膽抨擊時弊，表現了對黑暗現實的強烈不滿，抒發了深受壓抑的苦悶和追求自由的理想。在〈行路難〉中，李白寫了世路艱難和坎坷及仕途上茫然失路的痛苦心情，感嘆道：「大道如青天，我獨不得出！」，還有〈宣州謝朓樓餞別校書叔雲〉連用十一字的散文化長句，放縱不羈，把心中的愁苦寫得起落無跡，卻又破空而來：詩中仰懷古人，自悲身世，覺得「抽刀斷水水更流，舉杯消愁愁更愁」於是整個人生彷彿只有駕著扁舟遨遊江湖一條出路了。再次，李白的許多詩作中也表現了親情、友情及對自然的熱愛之情。名作〈蜀道難〉就是富有浪漫主義奇情壯采的山水詩，詩人以大氣磅礴的激情，奇特的誇張手法，一唱三嘆，極力描寫「蜀道難，難於上青天」的狀況，展現了蜀地雄奇瑰麗的自然景色。著名的〈贈汪倫〉則表達了對

友人的深厚情意。尾句「桃花潭水深千尺，不及汪倫送我情」，把無形的友情變得生動可感，是膾炙千古的名句。除此之外，李白的一些邊塞詩也寫得十分精彩。如〈關山月〉描寫天山以西戍邊兵士懷念鄉土，思戀親人的情緒，開篇即以神來之筆寫道：「明月出天山，蒼茫雲海間。長風幾萬里，吹度玉門關。」把情思寫得緲遠、深永，為一般詩人所不及。

李白奉旨入京時，因才華出眾，受到唐玄宗的隆重接見。當時玄宗「降輦步行，如見綺皓（古代賢者）」，並立命賜食，親為調羹，極為禮遇。而李白生性灑脫，放蕩不羈，以酒為命，有「醉中仙」之稱。一日，玄宗與楊貴妃在宮中沉香亭賞牡丹，想演奏新的樂曲，於是派樂工李龜年去找詩人李白前來寫詩。等了好久，才見李龜年等一群人把李白攙進來 —— 原來李白已經在外面喝得酩酊大醉了。玄宗見他醉態可掬，便免去禮儀，讓他坐下寫詩。李白兩眼矇矓，提筆蘸墨，不假思索，一揮而就。玄宗看時，卻是三首〈清平樂〉：「雲想衣裳花想容，春風拂檻露華濃。若非群玉山頭見，會向瑤臺月下逢。」、「一枝紅豔露凝香，雲雨巫山枉斷腸。借問漢宮誰得似？可憐飛燕倚新妝。」、「名花傾國兩相歡，常得君王帶笑看。解釋春風無限恨，沉香亭北倚欄杆。」玄宗喜道：「人面花容，一併寫到，妙不可言啊！」於是命人用玉花聰馬送李白回住所。從自，李白的名氣就更大了。

● 三、歷史評說

李白是中國偉大的浪漫主義詩人。他繼承了前代浪漫主義創作的成就，以叛逆的思想，豪放的風格以及樂觀向上的精神，擴大了浪漫主義的表現領域，豐富了浪漫主義手法，並在一定程度上展現了浪漫主義與

現實主義結合。他本人被譽為「詩仙」，他的詩則是屈原以後浪漫主義詩歌的新的高峰。

李白對唐代詩歌的革新也有傑出的貢獻。他肯定了唐詩恢復風雅傳統的正確道路，批評了模擬雕琢、忽視思想內容的形式主義詩風。他的努力，使詩歌革新在理論和實踐上都取得了最後成功。

李白詩歌對後代也產生了深遠影響。他的詩名在當代已廣泛傳揚，後來的韓愈、孟郊、李賀、蘇軾、陸游、龔自珍也從他的詩中吸收營養，形成自己的風格。宋代的豪放詞中也可以找到李白浪漫主義的痕跡。而李白的「戲萬乘若僚友」的事蹟傳說，更被寫入戲曲小說，流傳民間，表現出酷愛自由的人民對他的熱愛。

李白是一位奇人，他集遊俠、刺客、隱士、道人、策士、酒徒為一身；李白也是一位追求自由和純潔的人，他一生保持一顆浪漫的童心，以致後人不願承認他與常人一樣去世，而是「懷抱明月而長終」。李白在詩中常自比大鵬，不錯，他正是一隻雄奇的大鵬，永遠俯瞰著中國與世界的詩壇。

唐代憂國憂民的「詩聖」 —— 杜甫

「讀書破萬卷，下筆如有神。」

—— 杜甫

● 一、人生傳略

在中國繁星璀璨的唐代詩壇上，有兩顆巨星光芒萬丈，令周圍才俊黯然失色，其中一位是李白，另一位則是有「詩聖」之稱的杜甫。

杜甫（西元 712 ～ 770 年），字子美，自稱少陵野老，是中國古代最偉大的現實主義詩人。他原籍襄陽（今湖北襄樊市），出生於河南鞏縣一個官僚家庭。祖父杜審言是武則天時著名詩人，父親杜閒做過兗州司馬和奉天縣令。杜甫自幼愛好文學、書法，十四五歲在文壇上嶄露頭角。他早年有進仕熱情，開元後期舉進士不第，開始漫遊生活。天寶時結識李白，後寓居長安近十年。西元 755 年授右衛北府冑曹參軍。安史之亂時被叛軍所俘，後逃至鳳翔，謁見肅宗，被封為左拾遺。長安收復後，他隨肅宗還京，因上書救宰相房琯，被貶為華州司功參軍，不久棄官入蜀，在成都浣花溪建草堂居住。其間他曾在劍南節度使任參謀，做檢校工部員外郎（後人因此稱他為「杜工部」）。

杜甫晚年因避亂攜家出蜀，窮困漂泊，病死在湘江的一條船上。43年後，由孫子杜嗣業將他葬在偃師。

● 二、名人事典

　　杜甫深受儒家思想影響，但他從切身生活體驗出發，對儒家的消極方面也有所批判。如儒家說：「窮則獨善其身，達則兼善天下。」杜甫卻不管窮達都要兼善天下；儒家說：「不在其位，不謀其政。」杜甫卻不管在不在位，都要謀其政。杜甫喜歡勞動，接近勞動人民，甚至願為百姓的幸福犧牲自己。憂國憂民是他的中心思想，這個思想形成了杜甫詩歌的現實主義精神的實質，使他成為中國歷史上政治性最強的偉大詩人。

　　杜甫的詩歌具有高度的人民性，表現如下。首先，杜甫的詩中抒發了對人民的深刻同情。在「三吏」、「三別」中，他反映出了百姓在殘酷的戰爭中所遭受的生靈塗炭、骨肉離異、家破人亡、田地荒蕪的巨大痛苦和犧牲。又如〈趙奉先詠懷〉中，詩人提出了「窮年憂黎元」的觀點，指出勞動人民創造的物質財富養活了達官貴族，揭露了封建社會剝削者與被剝削者之間階級對立的矛盾：「朱門酒肉臭，路有凍死骨！」在〈茅屋為秋風所破歌〉中，詩人更發出寧願自己凍死來換取天下窮苦人民溫暖的宏願：「安得廣廈千萬間，大庇天下寒士俱歡顏⋯⋯吾廬獨破受凍死亦足！」

　　其次，杜甫在詩中還表達了對國家的無比熱愛。詩人一生的喜怒哀樂與國家命運緊緊相連，當國家危難時，他看見春日的花鳥也會傷心落淚，如〈春望〉寫道：「感時花濺淚，恨別鳥驚心。」而大亂初定，消息傳來，詩人又會歡喜得哭泣。如〈聞官軍收河南河北〉：「劍外忽傳收薊北，初聞涕淚滿衣裳。」寫得熱情洋溢，酣暢淋漓。再次，杜甫在許多詩中也譴責了統治階級禍國殃民的罪行。如〈兵車行〉中，透過長安咸陽橋頭送別征人場面的描繪和對征人話語的轉述，揭露了戰爭對社會的破壞和給人民帶來的痛苦，譴責了唐玄宗窮兵黷武的開邊戰爭。還有〈麗人行〉抨擊了楊國忠兄妹的奢侈荒淫。

除此之外，杜甫還寫了大量歌詠自然景物、親情和友誼的詩作。像
〈登岳陽樓〉、〈夢李白二首〉都寫得真摯感人，成為千古名篇。

杜甫一生熱愛勞動人民，他自己雖然生活窮困，卻始終盡最大努力
幫助周圍的貧苦人民，以至於陝西一帶流傳著這樣的民歌：「唐朝詩聖有
杜甫，能知百姓苦中苦。」

西元 767 年，即杜甫漂泊到四川夔府的第二年，他住在瀼西的一所
草堂裡。草堂前有幾棵棗樹，西鄰的一個沒有兒女的寡婦常來打棗，杜
甫從不干涉。後來，杜甫把草堂讓給一位姓吳的親屬，自己搬到離草堂
十幾裡路遠的東屯去。不料這姓吳的一來就在草堂前插上籬笆，禁止打
棗。寡婦向杜甫訴苦，於是杜甫寫了一首詩送給吳姓親戚，勸他不要制
止這位無依無靠的窮苦婦人打棗。這就是〈又呈吳郎〉：「堂前撲棗任西
鄰，無食無兒一婦人。不為困窮寧有此？只緣恐懼轉須親。即防遠客雖
多事，便插疏籬卻甚真。已訴徵求貧到骨，正思戎馬淚盈巾。」傳說吳
郎看了這首詩後，十分慚愧，立即拔掉了籬笆。

● 三、歷史評說

杜甫總結並發揚了中國現實主義優良傳統，把自《詩經》以來的現
實主義詩歌推向了一個的更高更成熟的階段，他在中國現實主義詩歌的
發展過程中有繼往開來的作用，被後人譽為「詩史」。杜甫的「即事名
篇，無復依傍」的樂府詩直接開啟了中唐新樂府運動，為後代詩人指出
一條通向現實，通向人民生活的創作道路。

杜甫的詩歌表現了高度的愛國精神，這不僅在文學上而且在歷史上
發揮著積極的教育作用，陸游、文天祥、顧炎武等人深受杜詩影響，並
從中得到鼓舞。

杜甫利用了當時所有的一切詩體，創造性地發揮了各種詩體的功能，為各種詩體樹立了典範。凡是別人用散文來寫的內容，他都可以用詩的形式來寫。詩，在他的手中成了無所不能的工具。杜甫詩歌風格凝重、質樸、雄渾、跌宕，號稱「沉鬱頓挫」；語言千錘百鍊，聲律精心考究，成為歷代詩人效法的最高典範，被尊為「詩聖」。

　　「李杜文章在，光芒萬丈長。」杜甫與李白的詩歌構成了中國古典詩壇上兩座不可企及的高峰。如果說李白是詩中的大鵬，那麼杜甫則是詩國裡的鳳凰，兩者並駕齊驅成為中國古代文學史上少見的雙子星座，為世界各國人民仰慕。

「文起八代之衰」的唐代文學家 —— 韓愈

「世有伯樂，然後有千里馬。千里馬常有，而伯樂不常有。」

—— 韓愈

● 一、人生傳略

韓愈（西元 768 ～ 824 年）字退之，是中國唐代著名的散文家、詩人，古文運動的領導者、唐宋散文八大家之首。

他生於河陽（今河南孟縣），因郡望在昌黎，故自稱韓昌黎。韓愈出身於官僚家庭，三歲喪父，由嫂鄭氏撫養成人。他 24 歲成進士，隨獨孤及、梁肅學習古文，28 歲進入仕途。此後十年間，升降不定，曾四為博士，並倡導古文運動，出現了許多追隨者，一時「韓門弟子」甚眾。西元 817 年因隨裴度平淮西吳元濟有功升為刑部尚書。西元 819 年因諫迎佛骨觸怒唐憲宗，被貶為潮州刺史。穆宗即位後，他奉召回京，升國子祭酒，鼓勵眾生講學。西元 821 年因獨自和平解決鎮州叛亂而榮升吏部侍郎、京兆尹，威震六軍。

西元 824 年，韓愈死於靖安里第，諡號「文」，世稱韓文公。著作有《昌黎先生集》440 卷，《外集》10 卷，《昌黎先生遺文》1 卷，《論語解》1 卷。

● 二、名人事典

　　韓愈是中唐古文運動的重要領袖，他熱烈提倡儒家正統思想，認為文章是傳達儒道的手段，作家必須重視文章的思想內容，摒棄形式華麗而內容空虛的騈文。韓愈還提出「大凡物不得其平則鳴」這一具有現實性和戰鬥性的思想。他認為一切文辭、一切思想都是不同時代、不同現實環境的產物，這一思想對他的文學成就有重大影響，當他從現實社會生活出發來考察問題，他就自然地突破了陳腐的儒家正統思想的羈絆，因而他的創作和理論也就放射了動人的光輝。

　　韓愈的散文，內容複雜豐富，形式也多種多樣。他的議論文，發揮了散文的戰鬥性功能，許多作品達到思想藝術完整的統一。如〈師說〉，闡明了師的作用、從師的必要性、擇師的標準和方法，批判了恥於從師的不良社會風氣，提出一系列帶有民主性精華的精闢教育思想。像他認為「無貴無賤，無長無少」都可以為師，「道之所存，師之所存也」，「弟子不必不如師，師不必賢於弟子」等，打破了封建傳統的師道觀念，對我們今天仍有借鑑價值。

　　韓愈的敘事文，也有許多文學性較高的名篇。如著名的〈柳子厚墓誌銘〉，有重點地選取事件，從柳宗元年輕時的才學和名氣，寫到被貶後的政績，以及危難之中勇於助人的事蹟，行文中感情飽滿，不僅指責了官僚大夫社會的冷酷無情，敘述了柳宗元一生不幸的政治遭遇，而且也突出了「議論證據今古，出入經史百家」的一個文學家的形象。內容豐厚，令人深思。韓愈的一些抒情散文，寫得也很成功。他的〈祭十二郎文〉是前人譽為「祭文中千年絕調」的名篇。文中突破了以稱頌死者為主的陳舊觀念，以明白如話的散文體，結合家庭，身世和生活瑣事，反覆抒寫悼念亡姪的悲痛，感情真實，起伏激盪，事因情生，情隨事發，

一字一淚，肝腸寸斷，形成了震撼人心的藝術力量。

　　韓愈還是一位別開生面，勇於獨創的詩人。他的詩歌奇崛險怪，雄健壯麗，像〈左遷至藍關示姪孫湘〉表達了無辜放逐的悲憤、正言直諫的勇氣和衰朽殘年的哀傷，流暢而有氣勢；還有〈早春呈水部張十八助教〉描寫早春微雨景色，極為新鮮別緻。

　　韓愈在思想上是儒家的忠實信徒，在行為上也是一位勇於直諫的大臣。

　　昏庸的唐憲宗十分信仰佛教，為了尋找長生不老的方法，西元 819 年他把長安西北法門寺的佛祖遺骨隆重地迎進長安供奉，又送出去公開展覽，轟動一時。一向反對佛教迷信的韓愈大為憤慨，他認為託佛求福浪費國家大量財富，有弊無利。於是就寫了一篇〈論佛骨表〉呈給皇帝，說東漢以來信佛的天子都短命，並主張把佛骨毀掉，以絕後患，憲宗大怒，差點殺掉韓愈。經多人說情，韓愈被貶到潮州（今廣東潮安）去作刺史。

　　潮州當時自然環境十分惡劣，而且當地溪水河流中有許多鱷魚，經常捕食人畜，危害極大。韓愈了解這種情況後，便命令下屬在深潭邊祭祀鱷魚，還寫了〈祭鱷魚文〉，歷數鱷魚罪狀，並宣布七天之內鱷魚若不離開潮州，就將把牠們全部捕殺。奇怪的是，韓愈這篇文章寫完後不久，潮州的鱷魚竟然真的消失了。後人說，也許是韓愈的誠意感動了上天。

● 三、歷史評說

　　韓愈是中唐古文運動的傑出領袖。他不僅培養了一批新型的散文作家（即「韓門弟子」），而且創作出大量優秀散文。他的文章奇偶交錯，巧譬善喻，雄奇奔放，氣勢磅礴，為後代作家大力推崇。經過努力，韓

愈的文章擊敗了六朝以來的駢文，在北宋中葉的文壇上確立了統治地位，成為散文創作的典範。

韓愈還是中國古代的語言巨匠之一。他創造性地使用古代詞語，又吸收古代詞語創造出新的文學語言，有不少現在成為成語（如「佶屈聱牙」、「動輒得咎」、「不平則鳴」、「雜亂無章」等），至今還在人們口頭流傳。

在詩歌創作上，韓愈不僅糾正了大曆以來的平庸詩風，而且在中唐詩壇上開啟了一個新局面，他以詩為文，把寫文章的手法融入詩歌，開拓了一條和李杜不完全相同的創作道路，這種影響一直延及北宋、晚清的許多詩人。

在政治鬥爭尖銳的中唐時期，韓愈首先發起了復興儒學的運動，幻想透過加強儒學思想的統治，改變藩鎮割據的局面。他的這種政治主張雖未成功，但他所倡導的反對六朝駢儷文風，恢復先秦兩漢散文傳統的文體改革卻獲得多方支持，形成了規模宏大的古文運動。他的創作顯示了散文在藝術表現上的優越性，終於使駢文失去了文壇的統治地位。魯迅評價他為「文起八代之衰」。

「唯歌生民病」的中唐大詩人 —— 白居易

「文章合為時而著，歌詩合為事而作。」

—— 白居易

● 一、人生傳略

中國文學發展到唐代中期，現實主義逐漸進入嶄新階段，散文方面以韓柳領導的古文運動為代表，詩歌方面則由白居易等人發起了新樂府運動。

白居易（西元 772 ～ 846 年），唐代傑出的現實主義詩人。字樂天，晚年居住香山，自號香山居士，又曾官太子少傅，後人因稱白香山，白傅或白太傅。他出身於一個小官僚家庭，在藩鎮割據的戰亂中度過青年時代。西元 800 年，白居易進士及第。不久做了翰林學士。西元 815 年，宰相武元衡被奸人暗殺，身為贊善大夫的白居易上書皇帝，請求捉拿凶手，引起當權者忌恨，被貶為江州司馬。其後他歷任杭州刺史、蘇州刺史，頗有政績。西元 829 年白居易任太子少傅，從此定居洛陽。晚年白居易官至刑部尚書，在朝廷中德高望重。西元 864 年 8 月，詩人壽終正寢，葬於洛陽龍門山，晚唐大詩人李商隱為他寫了墓誌銘。

● 二、名人事典

白居易的思想帶有濃厚的儒、釋、道三家雜糅的色彩，但主導思想是儒家的「窮則獨善其身，達則兼善天下」，這一思想不僅支配了他的政

治態度，也支配了他的創作方向。

從入仕到貶為江州司馬以前，是白居易「志在兼濟」的時期。與這抱負相適應，在創作上，他發起了新樂府運動。新樂府運動就是用新題材、新內容、新題目創作詩歌。白居易反對嘲風雪，弄花草的形式主義作品，他認為社會現實中的一切情況、政治得失和風俗好壞，都應該用詩歌反映出來。於是，白居易提出「文章合為時而著，歌詩合為事而作」的創作綱領。白居易在這種詩歌理論指導下創作了大量樂府詩歌。

白居易的樂府詩涉及的社會內容相當廣泛，有反對統治者橫徵暴斂的，有同情勞動人民疾苦的，有反對非正義戰爭的，也有反映封建社會婦女問題的。著名的有〈賣炭翁〉，這首詩寫了一個賣炭翁被官府搶劫的悲慘遭遇。當時皇帝派出太監到市上購物，名義上叫「宮市」，實質就是隨意勒索、掠奪的搶劫行為。詩人以白描手法，透過人物的衣著、外貌、動作、心理等富有特徵的細節描寫，展示了賣炭翁生活的貧苦和燒炭的不易。結尾寫「一車炭，千餘斤，宮使驅將惜不得。半匹紅綃一丈綾，系向牛頭充炭直！」賣炭老人於寒天中渴望炭貴以補衣食之需，所得不過是低廉而於無益的抵代品，含蓄有力地揭露了宮市掠奪的殘酷，引人深思，又如〈杜陵叟〉，詩歌描寫在農民天災人禍襲擊下繳租納稅，「典桑賣地」官吏卻一再「急斂暴徵」。當農民把租稅交得差不多時，統治者卻偽善地降下「德音」，「豁免」了官稅。詩歌指責了削剝階級「剝我身上帛，奪我口中粟」的卑鄙行為，揭穿了統治階級虛偽殘酷的本質，諷刺極深。

貶官江州到逝世，是白居易「獨善其身」時期。政治上的打擊使他佛、道思想增長，從此創作上大量描寫閒適和感傷的詩歌代替了前期言詞激烈的樂府詩。這其中最具勝名的是長篇敘事詩〈長恨歌〉。詩歌描

寫唐玄宗與楊貴妃的愛情故事。先寫楊貴妃入宮倍受寵愛；繼寫安史之亂，馬嵬兵變，楊貴妃被迫自盡；又寫唐玄宗在淒涼晚景中對貴妃的思念，以及貴妃的靈魂對玄宗表達堅貞不渝的愛情。詩人對唐玄宗的重色誤國進行了諷刺和批判，對李楊間專一的愛情及悲劇結局表示了讚美和同情。此詩將歷史故事和神話傳說合起來，形成現實主義與浪漫主義交融的特色，一唱三嘆，纏綿悱惻，動人心絃。

中國文壇上絕大多數詩人都有一個共同特點，即早慧。白居易也是如此。

西元 787 年，年僅 16 歲的白居易帶著自己的詩卷到長安拜見當時名士顧況。年屆六旬的大詩人顧況看見「居易」二字，便打趣道：「長安米貴，居大不易。」言外之意就是京城不好混飯吃。可當看到〈賦得古原草送別〉詩中有「離離原上草，一歲一枯榮。野火燒不盡，春風吹又生……」的句子，大為讚賞，高興地對白居易說：「有才如此，居易不難。」年輕的白居易顯露了詩才。

● 三、歷史評說

白居易最大的貢獻和影響在於繼承從《詩經》到杜甫的現實主義傳統掀起一個現實主義詩歌運動，即新樂府運動。他所提出的現實主義詩論和基於此所進行的樂府詩歌創作，對這一運動發揮著指導和示範的作用。白居易的詩論和詩歌對隨之而起的元稹、張籍，以及後來的梅堯臣、陸游、直到晚清的黃遵憲都有一定影響。

白居易的另一影響是形成一個「淺切」派，即通俗詩派。由於語言的平易近人，他的詩在當時就流傳於社會的各階層乃至國外。他的〈長恨歌〉、〈琵琶行〉流傳更廣，並為後來的戲劇提供了素材。

白居易生活在李唐王朝日趨衰落的時代，殘酷的政治現實使他從
「兼濟天下」的鬥士轉變成「獨善其身」的循吏，但是他始終淡泊名利，
保持了一個正直封建知識分子的清白名節。任地方官期間，他還盡力推
行仁政，減輕人們負擔，一直受到人民的尊敬與懷念，由此杭州人民把
西湖白沙提改名為白公堤，又稱白堤沿用至今。

以山水遊記獨步唐代文壇的大文豪 —— 柳宗元

「千山鳥飛絕，萬徑人蹤滅。孤舟簑笠翁，獨釣寒江雪。」

—— 柳宗元

● 一、人生傳略

柳宗元（西元 773 ～ 819 年）字子厚，河東（今山西永濟縣）人，世稱柳河東。他是唐代傑出的散文家、詩人，古文運動的領導者，以及著名的思想家。

柳宗元出生於長安官宦世家，幼年隨父四處搬遷，閱盡四方風情。13 歲時因文才出眾出了「奇名」。他 21 歲考中進士，24 歲任祕書省的校書郎，管理國家經典圖書，31 歲做了監察御史，仕途上極為得意。順宗即位，用王叔文等執政，他參加了王叔文集團，被任命為禮部員外郎。這時他和王叔文、劉禹錫等積極從事政治、經濟、軍事等方面的改革，做了不少有利於人民的大事。但不到七個月，遭到宦官和舊官僚反攻，改革失敗。領導者王叔文、王伾遭到貶斥，柳宗元、劉禹錫等八人被貶為司馬，這就是有名的「二王八司馬」事件。此後柳宗元做了十年永州司馬，西元 815 年改為柳州（今湖南省邵陽縣）刺史，西元 819 年，柳宗元死於柳州，後人又稱他為柳柳州。

● 二、名人事典

柳宗元是中國歷史上有名的哲學家,他在〈天說〉、〈天對〉等論著中明確表達了自己樸素唯物主義的觀點。他認為「元氣」是物質的客觀存在,根本否認在「元氣」之上還有最高的主宰。並提出天地、元氣、陰陽不能「賞功而罰禍」,打擊了當時流行的因果報應思想。這種進步的世界觀也決定了他的政治思想基本上是儒家的民本思想。

在創作上,柳宗元是當時古文運動的重要倡導人物,他提倡文以明道,指出真正優美的文學作品,不僅應具有完美的形式,而且必須有正確而充實的內容,二者不可偏廢。他的作品有諷刺當時社會和政治腐敗的寓言,也有取材於封建社會中被侮辱被損害的下層人物的傳記,內容十豐富。其中最著名的是他的山水遊記。柳宗元做司馬時寫過〈永州八記〉,以清新秀美、富有詩情畫意的文筆寫了八處景致,一方面借山水之樂得到精神安慰,同時也抒發了自己憂傷憤懣的情懷。在〈鈷鉧潭西小丘記〉裡,他把一普通的小丘,描繪得異常生動,那些無知的奇石,經過作者的比喻彷彿具有了血肉靈魂。他感嘆小丘山水之美,卻為「唐氏之棄地」、「農夫漁父過而陋之」、「連歲不能售」,語意雙關,隱喻自己懷才不遇、被貶邊荒的不幸遭遇,寄託了個人身世之悲。又如〈至小丘西小石潭記〉純以寫景取勝,細緻地描寫水、樹木、岩石、游魚,創造出清冷幽邃的境界,烘托自己孤獨而自傲的心態。

此外,柳宗元的詩歌創作也十分引人注目。這部分作品多抒發自己悲憤憂鬱和離鄉去國的情思。如著名的〈登柳州城樓寄漳汀封連四州〉不僅表現自己離鄉別友的悲苦,也流露了對時事的憂傷和處境的險惡。他的山水詩寫得情致深沉委婉,藝術成就也很動人,並表現出自由生活的境界。還有名作〈江雪〉:「千山鳥飛絕……獨釣寒江雪。」在茫

茫大雪中突出地寫一個寒江獨釣的老翁，隱然見出詩人高懷絕世的人格風貌。

西元 815 年在永州做司馬的柳宗元被召回京城又派出去做刺史。當時劉禹錫也在被派遣之列，應當到播州（今貴州省遵義市，當時是環境惡劣的地方）。柳宗元流著淚說：「播州不是一般人能居住的地方，而且夢得（劉禹錫）家還有母親。」為了能讓劉母晚年安心，柳宗元決定向朝廷請求，情願拿柳州換播州，即使再次獲罪，死也無憾。雖然後來皇帝了解到情況，把夢得改連州，但柳宗元「以柳易播」的感人事蹟，也充分展現了他患難之中勇於助人的高尚品行。

到了柳州後，柳宗元決心一定做出政績。於是他根據當地買賣人口猖獗的實際情況，制定措施，責令放回因貧困賣身為奴的子女。觀察使把他的辦法推廣到別的州，到了一年，免除奴婢身分而回家的將近一千人。湖南一帶的讀書人也以柳宗元為老師，學習他的文章。柳州當地百姓愛戴這位刺史。柳宗元死後，當地人修了柳州祠紀念他。

● 三、歷史評說

柳宗元是唐代傑出的大文豪，他一生創作極為豐富。由於他先進的世界觀及長期貶謫而有機會接近下層人民的生活，使他的詩文具有強烈的現實主義精神，在藝術上的獨創性，也十分突出。他繼承前人成就，大量創作寓言，使寓言成為一種獨立、完整的文學作品，進入了新的發展階段；他的傳記散文從暴露現實、批判現實的角度選取人物，是傑出的現實主義作品；他的山水遊記繼承《水經注》的成就，而又有所發展，為遊記散文奠定了穩固基礎；他的山水詩細緻簡潔，達到了與陶淵明並稱的地位。

柳宗元與韓愈共同領導的古文運動，打垮了駢文的長期統治，恢復了散文的歷史地位，把散文的實用範圍推廣了，使散文在傳統的著書立說之外，找到了表現自己的寫景、抒情、言志的廣闊天地。他們是司馬遷以後最大的散文作家，文學史上並稱「韓柳」。

　　柳宗元一生出仕不到 30 年，貶斥時間卻將近 20 年，可謂命薄。但試想倘若他的困厄不達到極點，又怎能在文學辭章上痛下苦功，達到流傳後世的水準呢？所以後人評價他是唐代作家中學屈原文章成就最好的一位，不是沒有道理的。

中唐詩壇上才高命短的「詩鬼」 —— 李賀

「大漠沙如雪，燕山月似鉤。何當金絡腦，快走踏清秋。」

—— 李賀

● 一、人生傳略

李賀（西元 790 ～ 816 年），字長吉，福昌（今河南宜陽縣）人。他是唐代詩歌中繼承浪漫主義傳統的傑出詩人。他出生在一個沒落的皇室後裔家庭，父親李晉肅只做過邊疆小吏，而且早死，家境相當貧苦。李賀自幼才華出眾，為韓愈、皇甫湜所重，有「神童」之稱，但仕途極不得意。20 歲時他參加進士考試，因才學高受到別人忌恨。他們藉口說李賀的父親名叫晉肅，「晉」與「進士」的「進」同音，他應為父名避諱，不能參加考試，於是斷絕了求官的道路。後來他做過三年奉禮郎一類的小官，不久又因病辭官。李賀終生潦倒，鬱鬱而終，年僅 27 歲。

● 二、名人事典

李賀少年才高，有很大的志向和報負，但在仕途上遭到致命打擊，於是在他的思想中感慨人生多變，悲嘆懷才不遇就占了很大成分，這也成為他詩歌創作的主要思想。同時李賀又繼承前人創作經驗，結合自身特點，形成了一種奇崛幽峭、穠麗悽清的浪漫主義風格。

在李賀現有的二百多篇詩歌中，最多的是抒發懷才不遇的悲憤和

積極進取不與世俗妥協的鬥爭精神。他在〈致酒行〉中以主客對答的形式，用漢代主父偃和唐朝馬周等歷史人物早年潦倒而後顯達的事情來勉勵自己，不應因一時的困頓而氣餒；並表示一定要努力爭取光明的前途。詩中有一種積極向上的力量，其「天荒地老無人識」、「雄雞一唱天下白」寫得意境豁達。另一首寫得更為深沉感人的是他的七言古詩〈金銅仙人辭漢歌〉。傳說漢武帝為長生不老，在漢宮建造了一尊金銅仙人，魏明帝時它被拆離漢宮，運往洛陽，將要出發時，銅仙人眷戀漢宮，流下眼淚。李賀的〈金銅仙人辭漢歌〉就是歌詠金銅仙人離開咸陽時的情景。全詩 12 句，分三個部分。前四句描寫漢宮荒涼景象，感嘆韶華易逝，人生難久。中四句用擬人手法寫金銅仙人初離漢宮時的悽婉情態：金銅仙人目睹了漢王朝的興衰，本已對滄桑鉅變感慨萬千，現在又要被強行拆離，於是興亡的感觸與離別的情懷一切湧上心頭，他眷戀著已往，不由流下淚水。末四句寫出城後月冷風淒，一片蕭瑟悲涼之景，「衰蘭送客咸陽道，天若有情天亦老」有力烘托了金銅仙人的艱難處境和悽苦的情懷。這首詩作者借金銅仙人離開咸陽的悽楚情景和悲涼心情，寄託了關心唐朝、眷戀君國的思想感情。那金銅仙人的離別情懷不正是當日詩人進仕無望，被迫離開長安時的心境嗎？

在詩人作品中還有少數反映社會矛盾的現實主義詩歌，如〈老夫採玉歌〉，描寫了一位採玉老人飢寒交迫的悲慘處境，揭露了統治者追逐豪奢，濫用民力的罪行。此外，李賀有十來首以鬼為題材的詩歌，寫得孤寂幽冷，成為他「詩鬼」稱號的由來。

李賀作詩十分刻苦，相傳他每天作詩，通常不是先選題目，而是早上騎馬出去，邊走邊觀察構思，遇到好的題材，就立刻吟成詩句，寫在紙條上，放在背袋裡，回家以後，再整理成完整的詩稿。李賀的母親見

他這樣勤奮地做詩，很為他健康擔心，每天他外出回來時，就要叫人去看一看他的背袋，如果見到裡面的詩句多了，便要責備他：你這孩子照這樣下去，要累垮身體，連心血都會吐出來的。

李賀就這樣嘔心瀝血的寫作，在他短暫的一生中，留下了二百多首不朽詩篇。

● 三、歷史評說

李賀是一個很富於創造性的詩人，在他短促的生命中，為詩歌開闢了一個新天地。他繼承了楚辭九歌、南朝樂府神絃歌的傳統，受到李白浪漫主義精神的直接啟發和韓愈「陳言務去」精神的影響，在詩歌的形象、意境、比喻、辭語上，都不重複前人的模式。他的詩歌用奇特的想像、濃重的色彩、富於象徵性的語言來表現作者的精神面貌，形成了一種奇崛幽峭、穠麗悽清的浪漫主義風格。

李賀的詩在文學史上有一定影響。晚唐的杜牧、李商隱、溫庭筠的詩，都多少受過他的影響。南宋、金元也有一些詩人刻意模仿他的詩歌，但往往並不成功。

李賀用他的創作為中國古典詩歌開拓了新的藝術境界，在中唐詩壇，乃至整個詩歌史上，他都可以說是異軍突起、獨樹一幟的天才詩人。

風流才子，誤為人主 ── 李煜

「問君能有幾多愁，恰似一江春水向東流。」

── 李煜

● 一、人生傳略

中國歷史上有許多才子皇帝，李煜就是其中最著名的一位。

李煜（西元 937 ～ 978 年），號鍾隱，初名重光。他是五代時最著名的詞人，也是南唐最後一位皇帝。他於西元 961 年繼位，在位 15 年。剛登皇位時，他曾想勵精圖治，可是當時南唐內部政治腐敗，北方趙宋政權又逐漸強大，李煜本人雖善詩文、書畫，通曉音律，在治理國家上卻無能為力，所以只好作罷，無可奈何地在滅國被虜的陰影下過日子。西元 971 年，李煜向宋稱臣，去唐號，稱「江南國主」，希望能夠保全國家，但無濟於事。西元 975 年，宋太祖終於攻破南唐國都金陵，俘虜了李煜。從此，李煜由一國之主變為階下之囚，開始了忍辱含垢的生活。然而，大宋政權最終不能容忍這位亡國之君，三年後，李煜在汴京被毒死，年僅 42 歲。

● 二、名人事典

李煜擅長寫詞，由皇帝到囚徒的巨大變化，使他作品的思想內容和風格前後截然不同。

前期李煜過著皇帝的享樂生活，他的作品大多寫宮庭的豪華生活，注重文字的雕琢，內容多是南朝宮體和花間詞風的繼續。如〈浣溪沙（紅日已高三丈透）〉，得意洋洋地寫他日以繼夜的酣歌狂舞生活，藝術上雖無可挑剔，但在南唐王朝日趨衰落的當時，可算是十足的亡國之音。所以，他前期的詞作雖在藝術上精雕細刻，但思想成就不高，對詞的發展也沒什麼開拓貢獻。

後期李煜遭受家國之難，成了俘虜，他的眼界一下開闊起來，對人生的痛苦也有了更深的思索。痛之深，言之切，李煜在詞裡傾瀉他「日夕以淚洗面」的深哀巨痛，而且透過高超的藝術手法，把自己經過特殊經歷的痛苦寫成普通人也能感受到的感情，這樣他後期的詞作就引起無數讀者的共鳴，產生了巨大的藝術感染力。〈浪淘沙令（簾外雨潺潺）〉是他去世前不久的作品，詞中由夢醒寫夢中的歡樂，「夢裡不知身是客，一餉貪歡」，又連繫起眼前寂寞零落的殘春，用「流水落花春去也」感嘆往事不可追回，用「天上人間」比喻自己人生經歷巨大的變化，是一支宛轉悽苦的哀歌。還有〈破陣子（四十年來家國）〉一詞，以亡國前的太平景象對比被俘後的淒涼悲苦，語言明白如話地敘述了被俘辭別太廟的情景：「最是倉皇辭廟日，教坊猶奏別離歌。垂淚對宮娥。」表達了鬱結在心中卻又無法排遣的愁苦，十分感人。

李煜是南唐皇帝李璟的六兒子，李璟在位時，李煜整日與愛妻娥皇談詩論詞，發現並整理已失傳的唐代名曲〈霓裳羽衣〉，過得逍遙自在，無意於當皇帝。可是複雜的宮廷鬥爭，把李煜推上了皇帝寶座，他終於走上了條無可奈何的悲劇之路。

國家滅亡後，李煜被押往汴京，封為「違命侯」，過著幽居的日子。當時的宋太祖心胸比較寬厚，沒有太為難詞人，可是後來繼位的宋太宗

卻心胸狹窄，這樣李煜的日子就十分難過，常常以淚洗面。西元 978 年七夕是詞人的生日，他看著眼前所剩不多的故國宮人，想起以前的生活，感慨萬千，揮筆寫下千古絕唱〈虞美人〉：「春花秋月何時了，往事知多少？小樓昨夜又東風，故國不堪回首月明中。雕欄玉砌應猶在，只是朱顏改。問君能有幾多愁，恰似一江春水向東流。」寫完，李煜命歌女演唱，聲音傳到寓所之外。宋太宗得知此事大怒，命令秦王趙廷美把牽機藥 [006] 賜給李煜，一代詞家就這樣含恨而死了。

● 三、歷史評說

李煜在中國詞壇上歷史地位，更多地決定於他的後期作品。

李煜改變了晚唐五代以來詞人透過一個婦女的不幸遭遇，無意流露或曲折表達自己心情的手法。他直接傾瀉自己的深哀巨痛，這就使詞擺脫了長期在花間酒前曼聲低唱中所形成的傳統風格，成為作者可以多方面表露胸懷的新體詩，開一代詞風，對後來豪放派詞人在藝術手法上有很大影響。

李煜擅長抒情，他的語言優美、明淨，常用白描的手法抒寫生活感受，如「小樓昨夜又東風，故國不堪回首月明中」、「夢裡不知身是客，一餉貪歡」，都構成了畫筆不能達到的意境。他還善於用貼切的比喻將抽象的感情形象化，如「恰似一江春水向東流」、「離恨恰如春草，更行更遠還生」等都達到前所未有的抒情效果，以致許多後人紛紛仿李煜的風格填寫詞句。

李煜的才能在於文學，而不在於治國，許多人都為他誤作皇帝感到惋惜。但試想倘李煜從未經歷過亡國之痛，又怎能寫出後期的優秀詞作，成為詞壇上的一流作家呢？可見一個人的創作成就與他的個人經歷是密切相關的。

---

[006] 牽機：一種毒藥，喝後頭彎向胸口，屍體形狀如弓。

詞壇上的「白衣卿相」 —— 柳永

「便縱有千種風情，更與何人說！」

—— 柳永

● 一、人生傳略

詞是中國古代詩歌的一種，由民間興起。到了北宋，出現一位專力寫詞的文人作家，這便是柳永。

柳永（西元 987 ～ 1053 年）原名三變，字耆卿，崇安（今建崇安縣）人，景祐元年（西元 1034 年）中進士，在浙江的桐廬、定海等處做過幾任小官，因其官名為屯田員外郎，世人又稱其為柳屯田。柳永出身於世代儒學官宦的家庭，是工部侍郎柳宜的小兒子。他早年在汴京（今開封）過著風流才子的生活，雖然詩名很高，但是放蕩不羈的性格被統治者認為不符合封建道德傳統，所以青年時期屢試不第，於是他便沉淪在秦樓楚館（妓院）中，與樂工、妓女做朋友，並為他們寫下大量詞作，受到他們的尊敬。

柳永晚年死在潤州（江蘇鎮江縣）。據說他一生窮困，死後情景十分淒涼，他的葬禮是由他生前交好的妓女們集資辦的。

● 二、名人事典

由於仕途不得意，柳永長期生活在市民階層之中，受當時歌妓、樂工們的影響，創製了大量慢詞（詞的一種，篇幅較長，字數較多），在這

種可以容納更多內容的新的形式中，柳永抒發了自己內心的種種思想，成為婉約詞派的代表。

首先，柳永的詞多寫流落江湖的感受。他善於捕捉悽清冷落的秋景，點染離愁別恨，將自己窮愁潦倒、不能施展抱負的苦悶委婉地說出來。〈雨霖鈴（寒蟬悽切）〉是這方面的代表作。這首詞透過寒蟬、長亭、驟雨、蘭舟、煙波、暮靄、楚天、楊柳、曉風、殘月等景物，烘托離別的感情，達到情景交融的藝術境界。全詞百餘字，可以說句句是傳世名句。

其次，柳永生活的年代，北宋國力強盛，都市繁榮，他的一些詞就以此為內容歌詠城市風光，寫得氣勢宏偉。最為著名的是歌頌杭州政績的〈望海潮（東南形勝）〉。詞中用大開大闔的筆法，寫了城市戶口的蕃庶、地勢的險要、風光的旖旎、人民生活的富裕美滿，彷彿在讀者面前展開一幅宏偉壯麗的歷史畫卷，把杭州寫成人間天堂，令人神往。據說，當時北方金國皇帝完顏亮讀了這首詞後，便有了南下滅宋的野心。

此外，由於柳永長期被封建統治排斥，因此對那些聰明而不幸的妓女懷有深切的同情。在許多詞中都表達了她們渴望過正常夫婦生活的願望，以及被一些輕薄少年欺騙時的痛苦。這部分詞深得宋元時歌女的愛好。

柳永仕途不得意與他寫詞闖禍有很大關係。

柳永少年時就有很高的才華，初次進京應試自信會黃榜高中，沒想倒卻名落孫山。看著才華不如自己的考生都已進士及第，年輕氣盛的柳永寫下了著名的〈鶴沖天（黃金榜上）〉來諷刺號稱清明盛世的朝代卻不能做到「野無遺賢」。在詞中，他把自己稱作「明代遺賢」，並自封為「白衣卿相」來對抗黃金榜上的功名，還說「青春都一餉，忍把浮名，換

了淺斟低唱！」[007] 其實，這只是詞人的一時負氣之言，但皇帝仁宗卻耿耿於懷。柳永再次應試時，本已中試，臨發榜時，仁宗故意將他的名字刪去，並說：「且去淺斟低唱，何要浮名！」後來又有人在仁宗面前舉薦他，仁宗批了四字說：「且去填詞。」柳永受了這種打擊後，別無出路，只好以開玩笑的態度，自稱「奉旨填詞柳三變」，在汴京、蘇州、杭州等地過著流浪生活。直到後來，他改了名字去應考，才中了進士。

● 三、歷史評說

柳永是中國文學史上第一位大量創造慢詞的專業詞人。這為後人提供了除小令之外可以容納更多內容的新形式。在內容上他更多地從都市生活中攝取題材，表現他生活在市民中間的感受，這是文人創作中的一種新的現象，對後來通俗文學的發展有一定影響。在藝術上他以白描見長，大量吸收口語入詞，一掃晚唐五代詞人的雕琢風氣，並且善於鋪敘景物，情景交融，音律感強，對後世影響很大。

柳永的詞在宋元時流傳最廣，相傳當時「凡有井水飲處，即能歌柳詞」。

因為寫詞，柳永一生鬱鬱不得志，也因為寫詞，柳永為後代文壇留下了優美篇章。今天，也許我們應該感謝那位氣量狹窄的仁宗皇帝，他雖沒讓柳永在政壇上大展抱負，卻逼得柳永憤而填詞，成為詞壇一代大家。

---

[007]　意思是：青春短暫，怎忍虛擲，為浮名而犧牲賞心樂事。

豪放曠達的宋代大文豪 —— 蘇軾

「會挽雕弓如滿月，西北望，射天狼。」

—— 蘇軾

● 一、人生傳略

「大江東去，浪淘盡，千古風流人物。」中國廣袤遼闊的土地上不知孕育了多少才俊，宋代的蘇軾就是其中突出的一位。

蘇軾（西元 1037 ～ 1101 年）字子瞻，又字和仲，號東坡居士，眉州眉山（今四川省眉山縣）人。他是北宋傑出的詩人，詞人、散文家、書畫家，是中國歷史上罕見的全能文士。他出身於一個有文化修養的家庭，父親蘇洵早有文名，母親能教他讀《漢書》，又由於他自己的刻苦學習，青年時代就具有廣博的歷史文化知識和多方面的藝術才能。西元 1057 年，蘇軾進士及第，不久任太常博士，因反對王安石新法的激進措施，被貶為黃州團練副使。宣仁太後臨政時，新法被廢，蘇軾也升為翰林學士，但生性耿直的他對執政者司馬光全面否定新法不滿，於是又被貶到杭州、穎州、定州等地。59 歲時，主張變法的人士再度當權，蘇軾又被貶到嶺南的惠州和海南的瓊州。

蘇軾一生經歷了從仁宗到徽宗五朝，屢遭貶斥，但卻始終保持一種豁達樂觀的精神，不僅寫下大量優秀詩文，而且每到一地都為當地百姓做了許多好事。西元 1100 年，徽宗大赦，蘇軾由海南返回中原，西元

1101 年 7 月 28 日，於常州病死。噩耗傳出，在百姓和士子中引起了巨大悲哀。詩人遺體埋在汝州嵩陽峨眉（今河南郟縣三蘇墳）。

● 二、名人事典

蘇軾的思想比較複雜，儒家思想和佛道思想在他的世界觀中既矛盾又統一。他在政治上，以儒為主，積極進取，以天下為己任，在日常生活中則更多表現佛道兩家超然物外，與世無爭的灑脫態度。因此他一生雖屢受挫折，但始終孜孜不倦地進行文藝創作，沒有走向消極頹廢的道路，在文、詩、詞各方面都達到很高的成就。

在文章方面，蘇軾不僅認為文章應注重思想內容，還指出文藝有自身的美學價值，要追求能表現事物特徵的神妙之處。他的論文隨機應變，是宋代應舉士子的入場券；他的散文，夾敘夾議，隨筆揮灑，表現了坦率的胸懷。如〈赤壁賦〉，以詩一樣的語言抒寫江山風月的清奇和對歷史英雄人物的感慨，從內容到形式都像一首美妙的散文詩，讓讀者有羽化登仙的感覺。

詩歌創作是蘇軾的又一特長。他的詩構思獨特，境界開闊，比喻奇特，多抒發個人情懷，描繪山川景物、反映社會矛盾和人民疾苦的內容。如「欲把西湖比西子，淡妝濃抹總相宜」（〈飲湖上初晴後雨〉），「竹外桃花三兩枝，春江水暖鴨先知」（〈惠崇春江晚景〉）以及「不識廬山真面目，只緣身在此山中」（〈題西林壁〉）等詩句，用景物特徵，寓託哲理，耐人尋味，為歷代傳誦。

蘇軾最高成就在於詞，他用寫詩的方法填詞，抒寫生活中各式各樣的感受，氣勢磅礴，感情奔放，是豪放詞派的重要代表。如〈江城子·密州出獵〉寫自己在射獵在所激發的要為國殺敵立功的壯志；〈浣溪

沙‧徐州石潭謝雨道上作〉寫出一幅充滿浪漫氣氛的農村生活圖景。還有〈水調歌頭（明月幾時有）〉由幻想瓊樓玉宇的「高處不勝寒」轉向現實，發出「但願人長久，千里共嬋娟」的浩嘆，以及〈念奴嬌‧赤壁懷古〉中描寫了赤壁戰場的雄奇景色和英雄人物的形象，壯麗豪邁，表達了熱愛生活的樂觀態度和要求建功立業的心情。此外，還有一些悼亡的詞作，如〈江城子（十年生死兩茫茫）〉悼念亡妻、情真意切，催人淚下，都成為詞壇上膾炙人口的名作。

蘇軾為文灑脫，不拘格式，這裡還有一段鮮為人知的插曲。西元1057年，年僅21歲的蘇軾與其弟蘇轍同科登進士，當時禮部初試的考題是〈刑賞忠厚之至論〉，隨機應變的蘇軾杜撰了一個典故：堯與法官皋陶論刑，皋陶三次主張殺，堯則三次主張寬恕。蘇軾杜撰典故是為了論述方便，可卻給考官帶來了疑惑。歐陽脩、梅堯臣這兩位文壇大家看過不知出處，以為自己記憶有了問題。於是在後來蘇軾拜見考官時，歐陽脩問他典出何處，蘇軾說在《三國志‧孔融傳》裡，歐陽脩查此書，也沒找到，只好再問。蘇軾解釋道：孔融為諷刺曹操把敗軍之將的妻子賜給曹丕時曾說，過去武王伐紂時，以妲己賜周公。曹操問什麼書上有記載，孔融說：「以今度之，想當然耳。」所以自己文中的典故也是想當然，不須出處。歐陽脩聽罷，大笑不止。當然，政論文中虛構史實是不允許的，但這也正好表現蘇軾要求擺脫束縛，大膽創新的精神。

● 三、歷史評說

蘇軾是中國歷史上罕見的全能之士。

在文學上，他的詩內容豐富，手法變化多樣，意趣高妙悠遠，奠定了宋詩體制的基礎，史稱「蘇詩」；他的詞，不拘格律，「一洗綺羅香澤

之態」，開一代詞風，成為豪放詞派的創始；他的散文波瀾起伏，汪洋恣肆，在唐宋八大家中名列前茅，被宋孝宗譽為「一代文章之宗」。後代文人，有的愛好他的詩歌，有的繼承他的詞派，有的學習他議論的縱橫、追摹他小品的清雋，出現許多名人。

蘇軾還是一位傑出的藝術家，他的書法和繪畫，獨闢蹊徑，成為世界性的藝術瑰寶，他本人也與顏真卿、柳公權、歐陽詢並稱為中國書法史上四大家。

政治上，蘇軾雖一生坎坷，但作為地方官，他愛民如子，政績斐然，以致去世後，所任官之地的民眾都「相與哭於市」。

此外，蘇軾曠達豪放，在逆境中安然處之，隨緣自適，達到普通人難以達到的人生境界。這種笑傲人生的個人品格，也成為後代不得志的封建文人效法的重要方面，產生了深遠影響。

蘇軾少年登科，被當世傳為美談，仁宗皇帝還曾說可以把蘇軾留給子孫作宰相。然而命運多蹇，蘇軾不但沒有拜相，還有過性命之憂。可見人生不如意十之八九，我們最應該把握和珍惜的只有眼前。

深閨弱質，憂國憂民 —— 李清照

「不徒俯視巾幗，直欲壓倒鬚眉。」

—— 李調元

● 一、人生傳略

在中國漫長的封建社會中，婦女在各方面都受到壓迫和歧視，文學領域也不例外。然而，就在這種不合理的社會制度下，仍出現許多優秀的女作家，她們如同一顆顆明星，透過層層障礙放射了出光芒，李清照就是其中最耀眼的一顆。

李清照（西元 1084 ～ 1151 年），自號易安居士，是宋代著名的詞人，詩人。她出生在風景優美的泉城濟南。父親李格非官至禮部員外郎，以文章受知於蘇軾，母親王氏是狀元出身的宰相王準之孫女，文化教育頗深。在這種書香門第的薰陶下，李清照很早就有詩名，為晁補之賞識。18 歲時，李清照與志同道合的金石學家趙明誠結婚，此後 20 多年的歲月李維婦二人唱和詩詞，並致力於《金石錄》的編寫工作，生活十分美滿。西元 1127 年，金兵南下，北宋滅亡。李清照和趙明誠向江南逃難，畢生收集的金石書畫大部分毀於戰火。1129 年趙明誠在建康病死，從此，李清照在戰亂中開始了孤苦無依的漂泊生活。她先後到過臨安（今杭州）、越州（今紹興）、金華等地，在憂國、悼夫與思鄉中艱難度過淒涼的晚景，寫下大量沉鬱悲涼的作品，最後不知所終。

● 二、名人事典

　　李清照是詩、詞、散文都有成就的作家，但最擅長的還是詞。她早年寫的〈詞論〉批評了從柳永、蘇軾到秦觀、黃庭堅的一系列作家，提出了「詞別是一家」的觀點，認為詞在藝術上要有自身的特點，如協音律、有情致等。

　　李清照的詞委婉清麗，是婉約派之正宗，可以南渡為界，分為前後二期。前期詞主要描寫少女、少婦時期的安閒生活，流露出對大自然的喜愛和對愛情生活的嚮往。如〈如夢令（昨夜雨疏風驟）〉，是一首表達惜春愛花之情的小詞。前兩句寫天氣，然後是詞人與侍女的對話，既有對侍女不關心花事的輕嗔，又有對花落的痛惜，其中「綠肥紅瘦」描寫海棠花少葉茂，新巧別緻，讓人讚賞。又如〈一剪梅（紅藕香殘玉簟秋）〉描寫對丈夫的思念之情，用白描手法，寫得情景交融，語意飄逸。「才下眉頭，又上心頭」巧妙而細緻表達出夫婦二人志同道合，甘心老於學術之鄉的深厚感情。

　　南渡後，李清照連續遭到國破、家亡、夫死的苦難，長期流亡生活又開闊了她的眼界，她終於寫下了以悲身世、憂家國的更為動人的作品。最著名的是〈永遇樂（落日熔金）〉，詞中寫經歷過中州盛日元宵節的快樂生活的詞人，「如今憔悴」，再也提不起興致參加元宵的詩酒盛會，只能「向簾兒底下，聽人笑語」。詞中反映出金兵南下前後兩個截然不同的時代和相差懸殊的生活境遇，以及它們在詞人心靈上投下的巨大陰影，也表現了詞人對現實懷有的深切憂慮。這首詞寫出了北宋遺民共同的身世之悲，極富感染力，南宋末年著名愛國詞人劉辰翁讀後為之涕下。又如〈聲聲慢（尋尋覓覓）〉，全篇連用十四個疊字，寫出詞人晚年的空虛寂寞和無無奈何的悽慘心情，然後又描寫鴻雁、黃花、梧桐、細

雨，逐漸把哀思愁緒推向高潮，是文學史上抒情詞作的名篇。

此外，李清照還遺留下少數詩文，大多是南渡後的作品。她的詩風格剛健清新，強烈表現希望收復失地的思想和關心現實政治的積極精神，與她的詞大不相同。如〈烏江〉用楚霸王「不肯過江東」的故事作題材，諷刺了南宋王朝統治集團偏安一隅不思恢復的庸弱行為，提出「生當作人傑，死亦為鬼雄」的人生標準，表達了強烈的愛國思想。散文如〈金石錄後序〉，介紹了《金石錄》的內容與成書過程，回憶了婚後幾十年的憂患得失，感情真摯，優美動人，是不可多得的散文佳作。

李清照的文學創作與她的婚姻生活有很大關係。她與趙明誠是中國古代藝術界少有的佳偶，他們除了有金石考古與文獻學校勘的共同愛好外，還時常寫作詩詞互相唱和。

一次，趙明誠離家遠遊，敏感的李清照，對他思念不已，於是寫了一首〈醉花陰〉寄給他。詞中寫道：「薄霧濃雲愁永晝，瑞腦銷金獸。佳節又重陽，玉枕紗櫥，半夜涼初透。東籬把酒黃昏後，有暗香盈袖。莫道不消魂，簾卷西風，人比黃花瘦。」這首詞的精華都在最後三句。趙明誠接到後，為愛妻的真情感動之餘，突發奇想，要與妻子比試文采。於是他三天閉門謝客，廢寢忘食，填成 50 首新詞。然後把夫人的詞夾在其中，拿給好友陸德夫評鑑。陸德夫玩味良久，認為「莫道不消魂，簾卷西風，人比黃花瘦」三句最好。趙明誠大為感嘆，只好認輸。

● 三、歷史評說

李清照是中國古代文學史上最傑出的女作家。在士大夫大力提倡封建禮教、控制婦女思想、扼殺婦女才能的宋代，她並沒有被馴服。她不僅掌握了廣博的文化知識，而且勇於干預閨房以外的事情。她早年曾獻

詩給自己的公公，當朝丞朝趙挺之，用楊國忠的典故諷刺他；南渡後她更寫下了大量的詩作鞭撻南宋統治集團的腐朽。她成為中國文學史上桀驁不馴、憂國傷時的女作家的典型。

在文藝創作上，李清照沒有一般封建婦女的自卑感。她的才能是多方面的，她能寫散文、駢文、詩、詞，擅長書畫，精通金石考證，還勇於批評許多久負盛名的作家。她詞的語言大多明白如話，較少粉飾，卻又含蓄委婉，飽含感情；句子則流轉如珠，富有聲律美。其成就超過了以往婉約派詞家，有時還兼有豪放派之長，這使她能夠在兩宋詞壇上獨樹一幟。她的詞作，被後人推崇為「婉約之宗」，她的詞風則被譽為易安體，後人紛紛效仿，影響很大，有的甚至超出詞的領域，像王實甫《西廂記》中就有學習李清照的痕跡。

李清照是中國文壇上的奇女子。在封建制度下，婦女們沒有任何政治地位和自由權利，但她卻勇於在作品中表示強烈的民族意識和愛國精神。時光漫漫，在封建禮教統治的時代，這位不安分的才女子遭受了太多的謗議，她的佳作也散失甚多。但畢竟還流傳下來一些，否則，我們的詞壇應該感到寂寞吧。

「位卑未敢忘憂國」的南宋愛國詩人 —— 陸游

> 「僵臥孤村不自哀，尚思為國戍輪臺。夜闌臥聽風吹雨，鐵馬冰河入夢來。」

—— 陸游

● 一、人生傳略

南宋時期，國家分裂，人民顛沛流離。這種嚴酷的現實促使文壇上湧現了一批反對民族壓迫，要求統一國家的進步文人。在詩歌領域，陸游是最傑出的代表。

陸游（西元 1125 ～ 1210 年），南宋著名愛國詩人，詞人。字務觀，號放翁，越州山陰（今浙江紹興）人，出身於一個具有愛國思想的士大夫家庭。幼年時飽嘗金人南侵所造成的痛苦，從小立下殺敵報國的宏願而發憤讀書，十七八歲就有了詩名。西元 1153 年，陸游赴臨安應進士試，因才華出眾遭到秦檜排擠。秦檜死後，他得以出仕，連任地方官，但因積極主張抗金救國，始終遭到投降派壓制，幾次遭貶。西元 1170年，陸游入蜀，先任夔州通判，後入四川宣撫使王炎、范成大的幕府，在川陝經歷了九年的戍邊生活，寫下許多熱情洋溢的愛國詩篇。陸游一生堅決主張抗戰收復失地，晚年閒居故鄉的歲月裡，他也時刻惦記著統一中原。然而南宋昏庸的統治者始終沒有勵精圖治的決心，西元 1210年，85 歲的老詩人抱著遺恨與世長辭。

● 二、名人事典

陸游幼年時慘痛的經歷和環境的薰陶，從小就培養了他憂國憂民的思想。成人後，在政治上，他始終堅決主張抗戰，統一中原；在詩歌創作上，他從現實生活中汲取題材，往往表現強烈的愛國思想，形成宏麗悲壯的風格。

陸游愛國詩篇充滿了強烈的戰鬥性。這些詩有的表現「鐵馬橫戈」、「氣吞殘虜」的英雄氣概和「一身報國有萬死」的犧牲精神；有的表現了對投降派的堅決鬥爭和尖銳諷刺；也有的反映了當時嚴重的階級矛盾，表達了對勞動人民疾苦的同情。著名的如〈關山月〉，描寫了南宋與金議和後統治階級更為腐敗，整日尋歡作樂；戍邊士兵徒有報國壯志，無處施展，有的熬白了頭髮，有的已經死去；北方遺民心懷故國，盼望恢復，然而年復一年，不見王師北伐，只能對月垂淚。詩人運用對比、烘托等手法寫了同一月下三種人不同的境遇和心情，強烈譴責了和議的惡果以及投降派的「文恬武嬉」，全詩激盪著悲憤之情。又如七律〈書憤（早歲那知世事艱）〉，也是陸游代表性的作品。詩前四句回首往事，寫早年的壯志和經歷，「中原北望氣如山」，氣勢雄放豪壯，格調激昂慷慨；後四句寫今時的處境、時局和心情，「鏡中衰鬢已先斑」，轉為沉鬱、憂傷、憤懣，抒發壯志未酬的感情。陸游還經常用幻想或夢境寄託報國理想。如「夜闌臥聽風吹雨，鐵馬冰河入夢來。」（〈十一月四日風雨大作〉）寫臥病在床的老詩人，在風雨交加的深夜卻想到為國戍邊，其愛國精神感人至深。

陸游愛國家愛人民，也愛生活。他在歌頌愛國主義精神的同時，在許多詩中也歌詠了生活中的美好事物，流露出親切淳厚而自然的感情。如「山重水複疑無路，柳暗花明又一村」（〈遊山西村〉）、「小樓一夜聽

春雨，深巷明朝賣杏花」（〈臨安雨初霽〉），都是這方面的名句。

陸游的一些詩詞也記載了他辛酸的愛情故事。

紅酥手，黃藤酒。滿城春色宮牆柳。東風惡，歡情薄。一懷愁緒，幾年離索。錯，錯，錯。

春如舊，人空瘦。淚痕紅浥鮫綃透。桃花落，閒池閣。山盟雖在，錦書難託。莫，莫，莫！

上面這首〈釵頭鳳〉當年題在山陰城南沈園的牆壁上，是陸游詞作的名篇，並凝聚了他與唐琬愛情悲劇的刻苦之痛。

陸游的原配夫人唐琬是一位大家閨秀，她才貌雙全，與陸游情投意合，十分融洽。這本來是人間美事，遺憾的是身為婆婆的陸母對這位有才華的兒媳產生惡感，逼著陸游休妻。陸游只好對母親採取敷衍態度，表面上休了唐琬，暗地裡在外面租了一所房子，照樣與她過恩愛夫妻生活。不久，陸母發現了這個祕密，這位封建家長採取斷然措施，終於把這對有情人拆散了。不久陸游另娶、唐琬改嫁，兩人斷了音信。

幾年過後一個春日，陸游在沈園與偕夫同遊的唐琬相遇，彼此想見感慨萬千。唐琬派人給陸游送來精緻的酒菜，陸游百感交集，乘醉把多年的痛苦渲洩出來，在沈園牆上題了〈釵頭鳳〉（即上面的詞）。唐琬看罷，悲痛欲絕，也回了陸游一首詞 [008]，不久傷心而死。但是不幸的婚姻，給詩人留下了永遠的痛苦，此後他多次重遊沈園，又寫下許多思悼唐琬的悼亡詩。

---

[008]　唐琬寫的是〈釵頭鳳〉：「世情薄，人情惡，雨送黃昏花易落。曉風乾，淚痕殘。欲箋心事，獨語斜闌。難，難，難！人成各，今非昨，病魂常似鞦韆索。角聲寒，夜闌珊。怕人尋問，咽淚裝歡。瞞，瞞，瞞！」

● 三、歷史評說

陸游以其詩歌思想上和藝術上的卓越成就，在中國文學史上占有很高的地位。他繼承並發揚了現實主義和浪漫主義優良傳統，樹立起一面進步文學的光輝旗幟，在南宋當時，陸游就有「小李白」的稱號，後來更被人推為「中興四大詩人」之首。可以說整個南宋後期的詩壇，都是在陸游的籠罩下發展的。到了明代，更有人把他與杜甫相提並論。

陸游的愛國詩篇，不僅在當時打擊了敵人和投降派，鼓舞了人們的鬥志，而且也打擊了以後的民族壓迫者和民族敗類，直到「五四」時代，還鼓舞著反帝鬥爭的人民。

陸游一生忠君愛國，對統一國家的大業始終耿耿於懷。雖然他生不逢時，壯志難酬，但他的一腔熱血化作了光耀千古的詩篇，照亮了為國家前途而鬥爭的愛國人民的道路，成為強大的精神動力。從這點來說，陸游死而無憾。

「補天裂」的南宋愛國詞人 —— 辛棄疾

「了卻君王天下事，贏得生前身後名。可憐白髮生！」

—— 辛棄疾

● 一、人生傳略

中國古代史中有這樣一個人，說他是書生，他卻能在萬人軍中取上將首級；說他是武將，他卻以如椽巨筆開一代詞風。這個人便是南宋傑出的愛國詞人、詩人辛棄疾。

辛棄疾（西元 1140 ～ 1207 年），字幼安，號稼軒。出生在金人統治下歷城（今山東濟南）的一個官宦世家，自幼目睹了女真人暴政，立下報國之志。西元 1161 年，辛棄疾率自己領導的起義軍參加耿京領導的抗金義軍。耿京被害後，他率領部下投奔南宋。歷任右承務郎、江陽鑑判及湖北、湖南、江西、福建、浙東安撫使等職。一生堅持主張抗金收復失地，反對議和的投降政策。任職期間，他訓練軍隊，獎勵耕戰，做了大量抗金準備工作，遭到統治者忌恨，始終不委以重任，並兩次被迫退職，在江西上饒、鉛山賦閒 20 餘年。最後雖被起用，仍難以施展抱負。西元 1206 年九月十八日，壯志未酬的辛棄疾在病榻上大呼「殺賊」數聲，溘然長逝。

● 二、名人事典

辛棄疾是豪放詞派的代表作家。他一生最大的政治抱負就是投身於當前最尖銳的鬥爭中，主動打擊敵人，恢復國家統一。這也是辛詞的主要內容。而且，由於辛棄疾有過一段參加農民起義的經歷和南歸後政治地位的孤危，他的這種愛國思想和戰鬥精神在作品中表現得比同時代的其他作家更深沉，更震撼人心。

在這部分作品中，詞人不僅懷念了被分裂的北方，讚揚了抗金鬥爭，還諷刺了南宋統治者不思進取偏安一隅的醜陋行為，並表達了自己懷才不遇，壯志難酬的痛苦心情。著名的如〈摸魚兒（更能消幾番風雨）〉，上片由暮春景象寫起，接下去寫惜春、留春、怨春等複雜的感情。下片寫美人失寵，又寫楊玉環、趙飛燕恃寵而驕等，分別寄託國家前景黯淡，愛國志士受排擠，奸臣小人當道，國事令人憂慮的思想，從而深刻揭露了南宋統治的腐敗、投降的罪行，抒發了作者的滿腔悲憤。又如〈破陣子（醉裡挑燈看劍）〉，詞中極力描繪了戰場檢閱、撕殺等場面，刻面了叱吒風雲的抗金英雄形象，充滿昂揚振奮的激情，然而最後一句陡轉，以「可憐白髮生」表達了壯志未酬，報國無門的感慨，深藏了憂鬱不平之氣。還有著名的〈永遇樂（千古江山）〉，上片追懷孫權、劉裕兩古代英雄的業績，表達了對英雄豪傑的景仰和抗金北伐的決心；下片提出古人草草北伐失敗的歷史，暗示南宋朝廷韓侂胄等人沒有周密準備輕易北伐的冒進誤國行為，最後以廉頗自比，痛惜朝廷不能重用人材。此詞慷慨蒼涼，沉鬱雄放，是詞人晚年之作。

此外，辛棄疾還寫了一些反映田園風光的詞。如〈清平樂（茅簷低小）〉，寫農村中一家老翁與老婆用柔軟好聽的「吳音」說笑，還有他們三個兒子分別在鋤豆、織雞籠、偷吃蓮蓬，猶如一組反映農村生活小景

的鏡頭，畫面有動有靜，有聲有色，親切動人。

辛棄疾詞如其人，他青年時期就智勇雙全。他在耿京軍任掌書記時，曾勸耿京與南宋朝廷連繫，在軍事上配合行動，以圖大事。西元1162 年，耿京派辛棄疾代表起義軍到建康（今南京）去見宋高宗。然而在他北歸時，聽到噩耗：叛徒張安國已謀害了耿京，並劫持了部分起義軍投降金人。辛棄疾震驚之餘，率 50 騎兵直入張安國五萬人大營。當時張安國正與部屬酣飲，猜不出辛棄疾來意，便出來想見。辛棄疾出其不意抓住張安國，把他綁在馬上，又當場號召了上萬名士兵反正，帶領他們向南晝夜疾行，直到渡過淮水才得以休息。然後把張安國押至臨安，斬首示眾。

辛棄疾親率 50 精騎，於 5 萬人軍營中捉回叛徒張安國，這種罕見的英雄壯舉，顯示了青年辛棄疾的機智、勇敢和不凡的軍事才能，極大地鼓舞了南宋軍民的士氣。

● 三、歷史評說

辛棄疾是繼蘇軾以後豪放詞派的又一位重要代表。他繼承蘇軾變革詞風的傳統，將詞引到動盪的社會現實中，把豪放詞的創作推向了藝術高峰，從而完成了詞體和詞風的大解放、大變革，成為南宋最傑出的愛國詞人，對後世創作產生深遠影響。

在藝術技巧上，辛棄疾以文為詞，不僅運用古近體詩的句法，還吸收了散文、駢文、民間口語入詞，並開始運用大量典故，豐富了詞的創作技巧，達到卓越成就。

辛棄疾的詞是鼓舞南宋人民反對妥協投降、力爭抗金勝利的號角，在當時就產生很大影響。辛派詞就是受辛棄疾影響而形成的南宋中葉聲

勢最大的愛國詞派。後來金末的元好問、近代的梁啟超等，都特別喜愛或推崇他的詞，這不僅出於個人愛好，也是民族的危機促使他們要從這些作品中汲取鼓舞力量。

辛棄疾是中國歷史上一位罕見的文武全才。他文能安邦，武能定國，可惜生不逢時，飽受排擠，以致壯志難酬，鬱鬱而終。但是他至死不渝的愛國熱情和統一天下的雄心壯志，始終受到後人敬仰，並引以為楷模。

中國戲劇史上最偉大的戲劇家 —— 關漢卿

「我是個蒸不爛、煮不熟、捶不扁、炒不爆、響璫璫一粒銅豌豆。」

—— 關漢卿

● 一、人生傳略

歐洲首屈一指的戲劇家是莎士比亞（Shakespeare），在中國則應推元代關漢卿了。

關漢卿是中國元朝最著名的戲曲家、散曲家。號已齋叟，大都（今北京）人。大概生於金朝末年，卒於元代成宗大德年間。早年他曾在太醫院裡做官，元代滅金後，他再也沒有入仕，開始從事戲劇活動，曾參加玉京書會（民間藝人與文人合作創作戲劇的組織）。他多才多藝，博學能文，曾經親自登臺演出，與當時元雜劇的著名演員朱簾秀是好朋友。晚年，關漢卿到過杭州，寫了一套散曲歌詠杭州的景物，最後不知所終。

● 二、名人事典

關漢卿的雜劇不論是取材於現實生活還是取材於歷史故事，都熱情地歌頌被壓迫人民的鬥爭，多方面揭露社會的黑暗和殘酷，表現了積極的戰鬥精神。這些雜劇從思想內容來看，可分為三類。

第一類是歌頌人民的反抗鬥爭、揭露社會黑暗和統治者的殘暴，反

映當時尖銳的階級矛盾的作品。最著名的是《寶娥冤》，這部劇寫寶娥與婆婆被誣陷殺人，善良的寶娥為了不讓年邁的婆婆受刑，自己被屈打成招。在法場上她對天地鬼神提出震撼人心的控訴：「地也，你不分好歹何為地？天也，你錯勘賢愚枉做天！」有力地揭露了「衙門自古向南開，就中無個不冤哉」這個封建社會裡的普遍情況。此外，《蝴蝶夢》、《魯齋郎》等也是這類的代表作。

第二類主要寫下層婦女的生活和鬥爭，突出她們在鬥爭中的勇敢和機智。那些貌似強大的大壞蛋，在他們聰明的對手面前，一個個都被弄得像洩了氣的皮球，具有喜劇意味。如喜劇《救風塵》的女主角趙盼兒，機智、老練而富有義氣。她看透了紈褲子弟虛偽的面孔，因此，當結拜妹妹宋引章要嫁給周舍時，她再三勸阻。宋引章不聽勸告入了火坑後，趙盼兒又抓住周舍這個流氓喜新厭舊的弱點，引周舍入了圈套，用周舍欺騙宋引章的手段對付他自己，終於救出了宋引章，制服了這個流氓，收到大快人心的喜劇效果。另外《望江亭》中的譚記兒、《金線池》裡的妓女杜蕊娘等，都是聰明伶俐的女子，她們為追求幸福的鬥爭可以說是當時人民對敵鬥爭的一面鏡子。

第三類是歌頌歷史英雄的雜劇，以《單刀會》最為突出。劇中極力渲染了三國時代關羽的英雄業績和蓋世威風，在蒙古族統治中原的當時，一定程度上流露了作者的民族感情，鼓舞了人民與壓迫者鬥爭的勇氣和決心。其中第四折關羽的唱詞，氣勢豪邁，可算是雜劇中有名的一段。

關漢卿不僅在創作中表現出不與惡勢力妥協的堅定精神，在日常生活中也極富正義感。

據說，有一天半夜，關漢卿正在屋中寫戲，突然闖進來一位因劫富

濟貧而被追捕的青年。關漢卿二話沒說,把他藏進了樓的頂棚,然後鎮定自若地繼續寫作。抓人的馬快闖進房中,喝問道:「你把賊藏哪兒了?」關漢卿卻唱得有板有眼:「賊不留他為哪椿,為何三更闖我堂?」馬快聽不清他唱什麼,急得瞪眼:「問你賊在哪兒?」關漢卿又故意用唸白指著他們說:「呵賊,賊都在這裡嗎?」馬快們氣得沒辦法,胡亂搜了一遍,埋怨道:「真倒楣,遇見這麼個戲魔,我們趕快追吧!」說著三分鐘熱風跑了出去。關漢卿望著他們的背影,冷冷一笑,又唱了起來:「追到西來追到東,追來追去一場空……」

● 三、歷史評說

關漢卿是中國文學史上偉大的作家之一,是中國戲曲的奠基人,我們中華民族今天引以為豪的國粹 —— 平劇的源頭,就是在他的時代開始發展起來的。關漢卿一生創作了 60 多種雜劇,不僅鼓舞了當時人民反對階級壓迫和民族壓迫的鬥爭;而且對後來的戲劇創作產生了巨大的影響。他作品裡帶來理想色彩的現實主義精神為後代作家所繼承。他的許多作品,如《竇娥冤》、《拜月亭》、《單刀會》等七百年來上演不衰,並為中國戲曲裡的悲劇、喜劇的情節處理、各種人物舞臺形象的塑造,提供了典範。他的一些劇目也被翻譯成多國文字,受到外國觀眾的歡迎。

關漢卿是一位人民作家,在封建社會中他的作品經常遭到竄改和禁演,他本人也受到貶低。但是他那種鮮明的愛憎感情、卓越的藝術技巧得到了人民的愛戴,他永遠活在人民心中。

幽冥難隔，唯性情是真 —— 湯顯祖

「情不知所起，一往而深，生者可以死，死可以生。」[009]

—— 湯顯祖

● 一、人生傳略

湯顯祖（西元 1550 ～ 1616 年）是中國明代著名戲曲家、詩人。他字義仍，號海若、若士、清遠道人、玉茗先生、繭翁。他出身於江西臨川的一個書香人家，早年就有文名，但由於不肯阿附權貴。直到 34 歲才中進士。起先他在南京做禮部主事，西元 1591 年寫文章抨擊社會道德腐敗和宰相專橫，觸怒了宋神宗，被貶官到雷州半島的徐聞縣做典史。後來調任浙江遂昌知縣，在當地打擊豪強地主，為百姓驅除虎害，還在除夕放囚犯回去和家人團聚，受到人民的擁護和愛戴。但是這些措施遭到地方封建勢力的反對和上級官吏的挑剔。西元 1598 年，湯顯祖懷著滿腔悲憤，棄官歸隱臨川。以後的十八年，湯顯祖過著讀書著述，教子養親的生活。西元 1616 年，湯顯祖在臨川病逝，留下了四部著名戲曲「臨川四夢」以及詩文集《紅泉逸草》、《問棘郵草》等。

---

[009] 這是〈牡丹亭題〉中的一段話。意思是：愛情不知為什麼會萌發，對自己的心上人嚮往而不能自止，可以讓活人死去，也可以令死者復生。

● 二、名人事典

　　湯顯祖少年時期就從他的老師羅汝芳那裡接受了王學左派的思想影響。這一派學者重視人民的要求，帶有比較濃厚的平民色彩。後來他又傾心佩服當時具有民主主義色彩的思想家李贄和反對封建禮教的紫柏和尚，這就使他在思想深處對當時的封建道學十分反感。他認為「情有者理必無，理有者情必無」，這就是從一般人情出發反對理學家維護封建秩序的一套理論。晚年由於政治上失意和愛子的夭折，湯顯祖消極出世的思想也有所增長。

　　湯顯祖最著名的作品是戲曲「臨川四夢」，包括《牡丹亭》、《紫釵記》、《邯鄲記》、《南柯記》四個傳奇。其中《牡丹亭》成就最高，作者本人也說：「一生四夢，得意處唯在牡丹。」《牡丹亭》又名《還魂記》，講述了一個悽婉浪漫的愛情故事。主角杜麗娘是南安太守杜寶的獨生女兒，從小受到嚴格管教，過著囚徒般的生活：她在官衙住了三年，連後花園都沒去過；白天睡了一會兒都被認為違反了家教。這種寂寞的環境，空虛的精神生活，使這個正成長的青春少女感到苦悶。終於有一天，在丫鬟春香的誘導下，她第一次來到後花園，那盛開的百花，成對兒的鶯燕，紛至沓來，開啟了這個少女的心扉。她一面悲嘆青春虛度，個人才貌被埋沒，一面執著於自由、幸福的追求，她的青春覺醒了。回來以後，她做了一個夢，見到書生柳夢梅，並與之相愛。夢醒後她十分傷感，於是自繪畫像，相思而死。死後杜麗娘的靈魂獲得了自由，她在向閻王殿下的胡判官訴說自己感夢而亡的全部經過，感動了胡判官，得到允許，去尋找夢裡的情人。三年以後柳夢梅到南安養病，偶然得到了杜麗娘的自畫像，深為愛慕。這時杜麗娘的魂魄也找到了柳夢梅，兩人想見，難捨難分，終於感動上天，杜麗娘死而復生，衝破種種阻撓，有情人終成眷屬。

湯顯祖透過《牡丹亭》熱情歌頌了反對封建禮教、追求自由幸福的愛情和強烈要求個性解放的精神。杜麗娘成為中國古典文學中最為光輝動人的痴情女子形象，至今不知感染了多少女子。

湯顯祖寫下了浪漫故事《牡丹亭》，而關於他的寫作也同樣有一段浪漫的傳說。

據傳湯顯祖隱居寫戲，當寫到杜麗娘因愛情而死時，十分傷心，不由來到後院撲到一堆乾柴上痛哭起來。淚水浸溼了乾柴，有一枝幹樹苗竟吐出了嫩芽。作家覺得十分奇怪，就把它栽在窗前，每天用洗硯水洗灌。過了一段時間，小樹居然活了，長得亭亭玉立，可是他的戲卻再寫不下去了。一天深夜，冥想戲情的湯顯祖進入夢境，夢見一位自稱玉茗仙子的美麗女子為他唱出了杜麗娘死後的劇情，並叮囑道：「願君不辭辛苦，將此曲傳於世人，當戲上演時，我再來祝賀。」夢醒後，湯顯祖急忙追記玉茗仙子的歌唱，從此思路大開，不久完成了創作。首次上演就在作家院子裡，許多人前來觀看。戲臺鑼鼓一響，湯顯祖窗前的小樹頓時開出滿樹白花，異香四溢。作家想起了夢境，就把這株樹叫做玉茗花樹，把自己的書房稱為玉茗先生。所以他的「臨川四夢」，也叫做「玉茗堂四夢」。

● 三、歷史評說

明代中後期，許多戲曲家紛紛著書立說，片面強調整音韻、格律，湯顯祖卻能獨闢蹊徑，突破南北舊格律的束縛，創造性地繼承了唐人小說和元人雜劇的優良傳統，寫出了「臨川四夢」。他的戲曲，人物心理刻劃細膩，曲調優美，對當時的戲曲作出傑出的貢獻，對後來戲曲的發展也有較大影響。湯顯祖在婦女個性飽受壓抑的時代，塑造出勇敢追求

自由幸福的杜麗娘這一形象，雖然沒有為當時青年指出一條現實鬥爭的道路，但那種藝術描繪已使當時的青年婦女從杜麗娘身上看到自己的影子，並從她的朦朧理想中得到鼓舞。據說，當時觀看《牡丹亭》，竟出現傷心而死的女子。今天《牡丹亭》成了中國戲曲舞臺上的傳統劇目，其中杜麗娘遊園一段的唱詞更是中國戲曲中的名段，深受戲迷喜愛。

　　湯顯祖的時代是中國歷史上對人性束縛最強的時代，他的作品是對當時傳統道德的叛逆，也是時代的理想。但是倘若離開當時的社會背景，湯顯祖是難以寫出如「人性頌歌」一般的《牡丹亭》的。可見，任何藝術都離不開現實，任何藝術都是現實生活的反映。

這位鬼狐先生，能讓花草講話，鳥獸有情 —— 蒲松齡

「集腋成裘，妄續幽冥之錄；浮白載筆，僅成孤憤之書。寄託如此，亦足悲矣！」[010]

—— 蒲松齡

● 一、人生傳略

蒲松齡（西元 1640 ～ 1715 年）是中國文學史上最著名的短篇文言小說家，清代詩人。

他字留仙、劍臣，號柳泉居士、西周先生，因為他的室名聊齋，後人又稱他為聊齋先生。蒲松齡是山東淄川（今淄博）人，出生於小康家庭。父親早年科學考察未中，棄儒經商。受社會風氣和家庭影響，蒲松齡從小熱中科名，19 歲時連考取縣、府、道三個第一，名振一時。但此後卻屢試不第。31 歲時，因為貧窮，他應徵為寶應縣知縣孫蕙的幕賓，一年後回到家鄉，主要在本地縉紳人家做教書先生維持生計，一直到七十歲才回到家中閒居，並完成了青年時代就開始創作的短篇小說集《聊齋志異》。

71 歲時，按照封建社會的舊例，蒲松齡熬得了一個貢生的科名，四年後便死去了。

---

[010] 這是作家在〈聊齋自志〉裡的一段話，意思是：「積少成多，姑且寫下這些不符合現實的離奇故事；把這些故事寫成文字，也不過是一本表達自己孤憤心情的書：這樣來寄託自己的感情，真是可悲呀。」

● 二、名人事典

蒲松齡窮愁潦倒一生，使他對科舉制度的腐朽、封建仕途的黑暗有深刻的認識和體會。因為生活貧困，他常常直接感受到封建剝削的壓力，較其他的士大們來說，他更能體會民間疾苦，這不僅使他生出對黑暗封建社會不滿的情緒，甚至還激發了他為民請命的精神。這種進步的思想在他的代表作《聊齋志異》中有多方面展現。

首先，描寫愛情主題的作品在《聊齋》中數量很多，它們表現了強烈的反對封建禮教的精神。在許多作品中，作者都透過花妖狐魅和人的戀愛，表現了自己理想的愛情。如〈香玉〉中的黃生愛上了勞山下清宮中的白牡丹花妖香玉，不幸花被他人移去，他日日臨穴哭吊，終於感動花神使香玉復生。〈蓮香〉中的女鬼熱愛桑生，使桑生害了病，不得不忍痛分手，但她「憤不歸墓」，終於借屍還魂，與桑生結合。這些男女主角不顧封建禮教束縛，大膽去追求自己的心上人，都獲得了幸福。描寫愛情主題的另一些作品是揭露封建社會對青年男女愛情生活的種種阻礙，表現他們的反抗鬥爭。如〈鴉頭〉中的狐女鴉頭是一個勇於反抗家長淫威的典型，而〈細侯〉則揭露了富商對青年幸福的破壞和妓女細侯的強烈反抗。

其次，抨擊科舉制度的腐敗是全書的另一重要主題。〈葉生〉中的葉生「文章詞賦，冠絕當時」，卻屢試不中，鬱悶而死。最後只好讓自己的鬼魂幫助一個邑令之子考中舉人，這裡作者飽含感情地揭露了科舉制度埋沒人才的罪惡，表現了對懷才不遇者的極大同情。類似的如〈神女〉、〈於去惡〉等都抨擊了封建社會考場的黑暗和考官們的有眼無珠。

再次，《聊齋志異》還揭露了現實政治的腐敗和統治階級對人民的殘酷壓迫。〈促織〉是最典型的一篇。由於皇帝鬥蟋蟀，地方官吏為討好皇

上便勒索百姓。成名一家交不出蟋蟀受盡官府拷打，最後成名的兒子被逼死，變成了輕捷善鬥的蟋蟀，才挽救了一家被毀滅的命運。這個悲劇揭露了封建壓榨的殘酷。

此外，《聊齋志異》還有一些有意義的篇章。如〈顏氏〉寫女子顏氏女扮男裝，參加科學考察，中進士而官至御史，這在男尊女卑的封建社會極富叛逆色彩。還有〈畫皮〉描寫了一個披著人皮的惡鬼騙人的故事，告誡人們要透過外貌看本質。

總之，《聊齋志異》是一部極有特色的小說集。故事的主角多為花妖鬼狐，他們往往具有超現實的力量，做常人不能做的事情。這些鬼怪們在作者筆下真誠可愛，有高尚的道德情操，以他們為主角，也是作家對當時黑暗社會的一個諷刺。

《聊齋志異》的創作從蒲松齡青年時代就開始了。他早年時兄弟分居，自己守著幾畝薄田和三間農場老屋度日，由於屢次不第，家境十分貧困。但他把所有的才華都傾注在這部書中。為了廣泛地蒐集資料，在家門口開了一個茶鋪，席地而坐，汲柳樹下的泉水烹茶，並告訴過往行人，只要給他講一個鬼怪故事，就可以免費喝茶歇息。消息傳開，很多人都跑到蒲松齡這裡來喝茶講故事。年深日久，蒲松齡的日子越過越窮，故事卻越積越多。周圍的人都不理解他的做法，可蒲松齡卻毫不介意。他經過 40 年的整理、修改、潤色，終於完成了《聊齋志異》的創作。

● 三、歷史評說

蒲松齡的《聊齋志異》創造性地繼承了文言小說的傳統，用唐人傳奇手法來寫志怪，既擺脫了六朝志怪小說的窠臼，又衝破了唐人小說的

模式；既反映了豐富的社會生活，又有很高的藝術造詣，開闢了一個嶄新的創作境界，達到了中國文言小說的創作高峰。尤其是書中情節曲折離奇，人物栩栩如生，至今仍為讀者喜愛。如今他的許多故事已被搬上螢幕，並流傳於世界文學名著之林了。

此外，蒲松齡具有多方面藝術才能，他的《聊齋詩集》、《聊齋俚曲》及《聊齋文集》中儲存的詩、文、詞、賦、曲等作品，也有很高的藝術價值。

蒲松齡一生著述「聊齋」，用來寄託自己懷才不遇的鬱悶心理。他曾說過：「寄託如此，亦足悲矣！」但是倘若蒲松齡真的仕途順利，一生享盡榮華富貴，那麼這部《聊齋志異》恐怕是無從著筆吧。試想如果真沒有這個部小說，那才是真的可惜和悲哀。

忠於史實的清代戲曲作家 —— 孔尚任

「白骨青灰長艾蕭，桃花扇底送南朝；不因重做興亡夢，兒女濃情何處消。」

—— 孔尚任

● 一、人生傳略

中國戲曲發展到清代，終於有一部戲，跳出了以往才子佳人悲歡離合愛情故事為主題的藩籬，把國家興亡的政治鬥爭搬上了舞臺，這便是名劇《桃花扇》，它的作者則是清代著名戲曲家、詩人孔尚任。

孔尚任（西元 1648～1718 年）生於山東曲阜，是孔子的 64 代孫。他字聘之，又字季重，號東塘，別號岸堂，自稱雲亭山人。他多才多藝，對詩人、樂律都有研究。早年他在家鄉過著隱居生活。西元 1684 年康熙南巡北歸時到曲阜祭孔，孔尚任因御前講《論語》受到褒獎，被任命為國子監博士。39 歲時，奉命赴江南治水，歷時四載。回京後，歷任戶部主事、廣東司外郎，並寫成《桃花扇》。西元 1670 年，他因文字禍罷官，二年後回鄉隱居。西元 1718 年，這位享有盛譽的一代戲曲家，在曲阜石門家中與世長辭。留有詩文《湖海集》、《岸堂稿》、《長留集》等。

● 二、名人事典

孔尚任生活在漢族士人亡國傷痛還未完全平復的清初，作為一位封建士人，他深刻地思索了南明王朝命運短促以及明朝三百年基業覆亡的原因，並總結了這些歷史教訓，給後人留下借鑑。這些思想在他的《桃花扇》裡有深刻展現。

《桃花扇》以南明王朝的興亡為背景，借侯方域和李香君的愛情故事為線索，為觀眾展現出歷史大變動時期南明內部的腐朽和黑暗。南明是被李自成滅掉後朱氏貴族在江南建立的小朝廷。侯方域是個落第考生，居住在莫愁湖畔，加入了反對閹黨的復社，和名妓李香君相識，並展開他們的愛情故事。作家巧妙地把侯、李愛情政治化，融進南明的興亡鬥爭。他們幾經波折，終於結合，成婚時卻發現這是閹黨阮大鋮為拉攏復社志士的手段，李香君怒不可遏，毅然卻奩，打破了敵人的如意算盤。於是侯李二人被捲入政治漩渦，進步力量與權奸鬥爭的主線全部展開。以李香君為代表的底層人民，以復社文人為代表的進步力量，以史可法為首的忠義將士，一直與阮大鋮的復辟和馬士英的喪國罪行進行了針鋒相對的鬥爭。後來由於阮大鋮的誣害，侯方域逃往外地，閹黨人士憑藉權勢妄想占有香君，遭到香君強烈反抗。

在〈守樓〉中她以頭撞壁，血濺與侯方域定情的桃花扇，也不肯嫁給奸黨；在〈罵筵〉中，她借勸酒唱曲之際，將自己滿腔憤怒盡情披露，把馬、阮的罪行一一控訴，言語擲地有聲，反映了百姓對權奸的痛恨和鬥爭，表現了光輝的愛國思想。這個家國飄零的歲月裡，侯方域與李香君經歷了清兵南下，目睹了民族英雄史可法死守揚州卻受南明統治者排斥最終沉江殉國的歷史事件。南明覆亡後，兩人又意外重逢，不由悲喜交集。正當他們傾訴相思之苦時，一個傳道法師當頭棒喝：「你看國

在那裡，家在那裡，君在那裡，父在那裡，偏是這點花月情根，割他不斷嗎？」他們猛然驚醒，斬斷情絲，雙雙入道。南明的結束，也是侯、李的愛情了斷，他們愛情具有深刻的政治意義和強烈的亡國之痛。

《桃花扇》一劇指出，正是南明統治集團裡那些最腐朽黑暗的勢力由生活上的苟且偷安、腐化墮落，一步步把國家民族推向覆亡的道路；也正是他們由政治上的把持權位、排擠異己，一步步走向了投降敵人的道路。具有深刻的現實意義。

孔尚任的《桃花扇》是經過他畢生努力才完稿的。

早在出仕之前，孔尚任就了解到許多南明王朝興亡的第一手史料和李香君的軼事，萌發了寫一部反映南明興亡的歷史劇的念頭。做官後，他目睹了黑暗的社會現實，迫切地希望用創作來抒發憂鬱的情懷。尤其是赴江南治水的 4 年，他的足跡踏遍南明故地，結識了冒闢疆、鄧孝威、杜於皇、僧石濤等明代遺民，得到了不少遺聞和史料，豐富了創作《桃花扇》的構思。回京後，又經過十年慘澹經營和三次易稿，終於在康熙三十八年寫成了《桃花扇》。一時間洛陽紙貴，劇本不僅在北京頻繁演出，而且流傳到偏遠的地方，連「萬山中，阻絕入境」的楚地容美，也有演出。

● 三、歷史評說

孔尚任創造性地總結了明清傳奇作家的創作經驗，不僅忠於歷史事實，又透過精心的藝術創造，寫出了優秀的傳奇作品《桃花扇》。這部傳奇把主角的愛情緊密結合明清之際的歷史形勢展開，展現了重大的政治內容，把傳奇戲曲推向了前所未有新高度，並為後人創造內容更為豐富、繁雜的戲曲開闢了道路提供了典範。

孔尚任的《桃花扇》取之於生活，卻又高於生活。戲曲中的侯方域保持民族氣節，最後入道，而生活中的侯方域卻喪失尊嚴，去參加順治年間的科學考察。今天我們津津樂道戲曲中的人物，對生活中實際的侯方域卻很少提及，倘他本人地下有知，也應感到汗顏吧。孔尚任是中國戲曲史上一個有代表性的作家，《桃花扇》是戲曲苑中的一顆明珠。

傳統文化的集大成者，氣勢恢弘的小說家 —— 曹雪芹

「滿紙荒唐言，一把辛酸淚！都云作者痴，誰解其中味？」

—— 曹雪芹

● 一、人生傳略

曹雪芹（西元 1715 ～ 1764 年）是中國清代偉大的現實主義作家。他與他的名著《紅樓夢》一起構成了中國文學史上最偉大而又最複雜的內容。

曹雪芹名霑，字夢阮，號雪芹、芹圃、芹溪。他的祖先是關外漢人 [011]，後來成了正白旗內務府「包衣」[012]，康熙朝時，曹府成了顯赫一時的貴族世家，從曾祖父到父輩，曹家三代世襲江寧織造，曹雪芹的兩個姑姑都被選為王妃，康熙六次南巡，有五次以曹府為行宮。祖父曹寅是當時名士，詩詞歌賦無所不能。曹雪芹少年時代就是在這樣的家庭裡過著錦衣玉食的生活，並受到了良好的文化教育。可是，好景不長，曹家被捲入了宮廷內部鬥爭，雍正五年，父親曹頫因事株連，獲罪落職，家產抄沒，次年全家北返，家道衰落。到了乾隆初年，曹家似乎又遭到一次更大的禍變，從此一敗塗地。曹雪芹一生經歷了曹家盛極而衰的過程，他遷居北京後曾在宗學工作，晚年居住在北京西郊，生活十分

---

[011] 曹雪芹祖籍有兩種說法，一在河北豐潤，一在東北遼陽。
[012] 「包衣」即奴隸。

困頓，《紅樓夢》就是在這種淒涼環境中創作的。可惜還沒完稿，作家就因幼子夭折，感傷成疾，在一年的除夕擱筆長逝了。死後，他留下的只有掛在牆上的琴劍和無人整理的手稿，幾個好友草草埋葬了這位偉大作家。

● 二、名人事典

曹雪芹一生經歷了曹家盛極而衰的全過程，從宮廷貴族下降到「舉家食粥」的地步。這種不平常的經歷，使他有機會接觸更廣闊的社會現實，對社會上種種黑暗和罪惡的認識比別人更全面、更深刻，對封建階級沒落命運的感受也比別人更深切。所以作家在當時的「乾隆盛世」中敏銳地感到時代風雨的來臨，於是在自己豐富生活經驗的基礎上，創作了不朽鉅著《紅樓夢》。

《紅樓夢》[013] 以賈、王、史、薛四大家族的興衰為背景，描寫封建貴族青年賈寶玉、林黛玉、薛寶釵之間的戀愛和婚姻悲劇，描繪了當時社會的廣闊圖景，顯示了封建社會必然走向滅亡的趨勢。賈寶玉是封建家庭的叛逆者，他雖自幼被安排下功名富貴、光宗耀祖之路，本人卻蔑視功名利祿，討厭八股文章，並對貴族家庭內部的勾心鬥角感到厭倦。林黛玉是另一位叛逆，她本因父母雙亡才投靠賈府，但生性清高，目下無塵，大有魏晉名士之風。他們兩人在相互了解和思想一致的基礎上產生了愛情，並渴望能夠衝破封建勢力的阻撓而結合。薛寶釵出身於「珍珠如土金如鐵」的皇商家庭，為人世故，善於奉承，冷酷無情，是封建家長看好的淑女形象。雖然她本人並未得到寶玉的愛情，但在封建家長的安排下與寶玉結婚。於是黛玉因此而死，寶玉憤而出家，寶釵孤苦伶

---

[013] 《紅樓夢》一書內容繁雜，博大精深，恕筆者三言兩語難以說清。

仃地做了犧牲品。圍繞這三個主角，作者還塑造了眾多個性鮮明，栩栩如生的人物形象。貴族如陰險貪婪、心狠手辣的王熙鳳，潑辣嚴正、有補天之才的賈探春，性情豪爽的史湘雲；奴隸如性格倔強、敢怒敢罵的晴雯，強烈反抗壓迫寧死不做妾的鴛鴦，為了追求自由愛情而殉身不惜的司棋等，都給讀者留下了深刻印象。

《紅樓夢》不像以往小說以情節曲折取勝，而是描寫了細膩、逼真的日常生活。這就更有利於表現封建貴族的罪惡。它寫封建主子們窮奢極欲，他們吃一種茄子，也要配幾十種佐料；辦一點酒席就要花掉莊稼人一年的生活費；若遇到貴妃省親，秦可卿出殯，賈母做生日，花銀子就更像淌水一樣。書中還寫封建主子的荒淫無恥，如賈赦頭髮花白，兒孫成群，還硬要討母親的丫鬟做小；鳳姐為了三千兩銀子，破壞了張金哥的婚事，害死兩條人命；整個賈府中矛盾重重「一個個都像烏眼雞似的，恨不得你吃了我，我吃了你」，只有門前「兩個石獅子乾淨罷了！」

可惜的是，曹雪芹生前《紅樓夢》並未完全定稿，只有前八十回流傳下來。到了西元 1791 年，高鶚續完了後四十回並出版了全書，使小說成為結構完整的作品。但高鶚的續書照原作有很大差距，他把本應一敗途地的賈府又寫成重新復興，違背了原作的精神，還有寶玉中舉，被封文妙真人等事，也使人物性格走了樣。

曹雪芹在晚年困頓生活中寫作，但這並未消磨他的志氣，相反更促使他嗜酒狂放傲岸不屈的精神。

乾隆 27 年秋天的一個清晨，正下著雨，秋風冷徹衣衫，曹雪芹從西郊來到北京宣武門內太平湖側的槐園看望朋友敦敏，卻和另一朋友敦誠巧遇。當時敦敏還未起床，曹雪芹思酒如狂。敦誠無奈，只好解下了自己的佩刀當作買酒的錢，為這位才高命苦的朋友沽酒。雪芹喝酒後十分

高興，於是寫了一首長詩給敦誠做為答謝，敦誠也即興回了雪芹一首，大家最後盡歡而散。可惜的是，曹雪芹所作的詩今已失傳了。

　　由於曹雪芹為人豪放，才學又高，還愛喝酒、朋友們都把他比作晉朝的阮籍。

● 三、歷史評說

　　曹雪芹除一部殘稿《紅樓夢》傳世外，幾乎沒有別的文字儲存下來，然而憑此一書，誰也不會懷疑他的多才多藝。

　　《紅樓夢》氣勢恢弘，描寫了上至皇親貴戚，下至地痞流氓的各色人物，寫出了封建社會中各式各樣的矛盾，為讀者展現了廣闊而全面的封建社會的畫面。在中國文學史上，還沒有一部作品能把愛情悲劇寫得像《紅樓夢》那樣富有激動人心的力量，也沒有一部作品能把愛情悲劇的社會根源揭示得如此全面、深刻，從而對封建社會作出了最深刻有力的批判。

　　《紅樓夢》接受民族文化傳統是多方面的。書中醫學、建築、繪畫、烹飪、服飾、文學評論無所不及，特別是把詩詞與人物揉合在一起，對人物性格的塑造起了相當重要的作用。《紅樓夢》是古典小說語言藝術的高峰，也是現實主義小說的高峰，魯迅說：「自有《紅樓夢》出來以後，傳統的思想和寫法都打破了。」

　　《紅樓夢》問世不久，就以手抄本流傳開來。活字印刷出版後，立即流行南北，成為當時人們談論的中心。清代人們都說：「開談不說《紅樓夢》，縱讀詩書也枉然！」後來以《紅樓夢》為題材創作的詩、詞、戲曲、小說、電影就更不勝列舉。直至今天，人們對《紅樓夢》的研究從未間斷，大量的研究著作產生，終於成為一種專門的學問—「紅學」，

這在中國文學史上是罕見的現象。

目前，海外的許多學者作家也對研究《紅樓夢》產生了濃厚的興趣，但由於其展現的中國深邃的古典文化精神，給翻譯工作帶來很大困難。至今沒有出現優秀的翻譯版本。

一部「紅樓」，賺盡世人淚水。曹公有書如此，生又何求，死又何憾！高鶚續書，雖有續貂之嫌，但補全一部奇書，卻也功不可沒。倘今日《紅樓夢》流傳的盛況雪芹地下有知，也當含笑九泉。

清末輿論界的「驕子」—— 梁啟超

「美哉我少年中國，與天不老；壯哉我中國少年，與國無疆。」

—— 梁啟超

● 一、人生傳略

古今中外每一次政治變法之前革新派都會製造輿論，而在中國清末戊戌變法之前後充當最重要的思想啟蒙者的人，則是梁啟超。

梁啟超（西元 1873～1929 年）字卓如，號任公，別號滄江，筆名有飲冰室主人、中國之新民等。他是近代資產階級改良運動的傑出宣傳家，新史學的奠基人，著名學者、社會活動家。父親是一位飽學之士。他自幼聰慧過人，16 歲中舉人，有神童之稱。西元 1891 年就學於康有為，接受維新思想影響，西元 1895 年協助康有為發起「公車上書」，組織強學會。西元 1896 年在上海組織《時務報》，次年主講長沙時務學堂，積極鼓吹和推進維新運動。西元 1898 年參與百日維新，以六品銜辦京師大學堂、譯書局。變法失敗後，逃往日本，辦《請議報》、《新民叢報》，鼓吹君主立憲，成為保皇派中堅人物。1918 年梁啟超放棄政治活動，在清華園講學，專門從事學術研究。著有《飲冰室合集》。1929 年 1 月 19 日，在北平逝世。

● 二、名人事典

作為資產階級改良運動的代表人物，梁啟超在政治上主張變革國體，實行君主立憲，興民權，提倡西學，淘汰陳腐的封建思想和封建制度，相應地在文學上，梁啟超也主張打破傳統形式，自由抒寫，表現了當時新興上層資產階級的文化要求。

在散文上，他追求文體解放，打破原有舊文體的束縛，主張「務為平易暢達，時雜以俚語、韻語及外國語法，縱筆所至不檢束」，並認為只有這樣才能「條理明晰，筆鋒常帶感情，對於讀者，別具一種魔力」。配合維新變法需要，梁啟超曾在進步報刊上發表許多論文，與封建頑固派論戰，其中〈變法通議〉最為著名，文章宣傳「窮則變，變則通，通則久」的道理，猛烈抨擊封建頑固派的因循守舊。在文中他主張摧毀束縛知識分子的科學制度，大力培養人才，革新政治制度。並指出日本以「自變」而自強，印度以「不變」而淪為英國殖民地，只有實行變法才是救亡圖存的唯一出路。他在 1900 年作的〈少年中國說〉更是新文體的典型作品。在這篇文中，作家透過封建古老的中國和自己心目中未來的「少年中國」作對比，指出創造出一個少年的中國是中國有志少年的責任。作家針砭了老年的消極守舊思想，並用紅日、河水、潛龍、乳虎、鷹隼、奇花、幹將等比喻少年奮發向上，勇敢改革的創新精神，還大量動用排比遞進的句式，語言或奇或偶，或文或白，或中或外，表達十分自由，熱情洋溢，感情充沛，產生了極大的鼓動作用，許多青年看了梁啟超的文章後，都感到痛快淋漓，一心想做變法維新的志士，對習八股、考功名失去信心。

此外，梁啟超還提倡「詩界革命」和「小說界革命」，主張自由抒發自己的情感。在創作實踐上，他曾用小說戲曲表現「新理想」，但成就

不大。他詩作多流亡國外的作品，有些詩揭露清廷頑固派阻撓變法的行徑、反映民族危機深重、抒發個人感慨激憤，寫得熱情奔放。如「吾願爾為我一聲轟轟振天地，叱吒淋漓走魑魅，黨破群聾起沉睡」（〈雷庵行〉）；「是處無衣搜杼軸，幾人鬻子算租庸」（〈歲暮感懷〉）就是此類作品。

戊戌變法失敗後，在國內資產階級民主革命高潮到來的情況下，梁啟超不改初衷，仍然走改良主義道路，成為一名道地的保皇主義者，但是他熱愛國家，救亡圖存的理想卻始終未變。辛亥革命後，長期流亡海外的梁啟超，為了在政治上有所作為，他接受了袁世凱的聘任。然而袁世凱的倒行逆施專制獨載的復辟行為終於激發了他的反袁思想。於是，他寫了〈異哉所謂國體問題者〉一文，駁斥袁世凱政客的反動謬論，反對帝制，表示「在現行的國體之下，而思以言論鼓吹他種國體，則無論何時皆反對之。」袁世凱聽說此文，令人以 20 萬元高價收買，被梁啟超拒絕了。來人威脅他，梁啟超便倔強地回答道：「余誠老於亡命之經驗家也，余寧樂此，不願苟活於此濁惡空氣中也。」1925 年秋，就在袁世凱緊鑼密鼓地進行復辟帝制活動的時候，這篇文章終於發表出來，引起強烈反響。

● 三、歷史評說

作為近代思想啟蒙者，梁啟超積極宣傳西方資產階級哲學、政治學、社會學、經濟學、思想文化等，並與保守派展開筆戰，有力地駁斥了因循守舊，反對變法的反動言論，在當時知識界學術界產生巨大影響。

作為作家，梁啟超對晚清文學有多方面影響。首先，梁啟超主張用

新文體寫作，充分發揮了散文的宣傳教育作用，使散文成為政治鬥爭的有效工具，被譽為「驚心動魄，一字千金」，因而風靡一時，為晚清的文體解放和「五四」的白話文運動開闢了道路。他還提倡「詩界革命」、「小說界革命」，這對傳統詩壇的衝擊和「新派詩」的產生與發展，以及小說地位的提高和創作的繁榮，均起了促進作用。

作為學者，梁啟超是一位「百科全書」大家，他的學術著作囊括古今，兼及中外，涉及各種領域，並按照資產階級理論規劃了中國通史及各專門史的編寫方法，成為中國資產階級新史學的開拓者和奠基人。

梁啟超一生走改良主義道路，起先他作為一名革新派的先鋒，振臂吶喊，然而隨著歷史的發展，終於變成了阻礙革命的頑固保皇派。但是我們永遠不能否認他的愛國熱忱和救國的探索，他在民主啟蒙運動中和新文體改革中功不可沒。

鐵骨錚錚，民族魂魄 —— 魯迅

「橫眉冷對千夫指，俯首甘為孺子牛。」

—— 魯迅

● 一、人生傳略

魯迅（西元 1881 ～ 1936 年）是中國現代偉大的文學家、思想家和革命家，也是一位有世界影響的文化巨人。

他原名周樹人，字豫才，出身於一個破落的封建家庭。祖父周福清是清代翰林，父親也熟讀經史。這樣的家庭使魯迅自幼受到嚴格的古典文化教育。他 12 歲時，祖父獲罪入獄，父親重病臥床，魯迅奔走於當鋪與藥店之間。西元 1898 年他往南京求學，1902 年東渡日本，先在仙臺學醫，不久棄醫從文。1909 年先後在杭州、紹興執教。辛亥革命後，曾任南京臨時政府和北京政府教育部部員，兼在北京大學、女子師範大學授課。1918 年起，他開始參與《新青年》的編輯活動，逐漸成為新文學的旗手。1926 年 8 月因支持北京學生愛國運動，被反動當局通緝，南下廈門大學任教。1927 年至中山大學任教。1930 年起他積極參加文學界和文化界的抗日民族統一戰線，以雜文為武器，抨擊反動勢力醜惡行徑。

1936 年 10 月 19 日，病逝於上海。

● 二、名人事典

魯迅從小受傳統文化與民間文化的薰陶，後來又廣泛接觸了西方文化。在經歷了從上世紀末開始的中國社會、思想、文化的巨大變遷以後，逐漸形成了自己的獨立思想。起初，進化論觀點在他思想中占據很長時間，他認為新的必勝舊的、將來必勝過去和青年必勝老人。1920 年代，殘酷的階級鬥爭事實，把魯迅進化論的思路「轟毀」，階級論和唯物辯證法開始成為他研究問題的重要理論武器。

魯迅堪稱一位全才作家，他在各種文學體裁上都有優秀作品產生，其中以小說、雜文最引人注目。

魯迅的小說多寫於 1930 年代以前，反映從辛亥革命前後到 1925 年的「五卅」運動這一時期社會現實，以農民問題、婦女問題、知識分子問題以及舊民主主義革命的歷史教訓問題等以主要內容，特別關注「病態社會」裡人的精神「病苦」。如〈藥〉裡僅用「滿幅補丁的夾被」暗示華老栓一家的生活拮据，正面描寫的卻是他們的精神愚昧；〈故鄉〉中，最震動人心的不是閏土的貧困，而是他一聲「老爺」所顯示的心靈麻木；〈祝福〉的深刻性正是在於描寫了祥林嫂在封建神權下感受到的恐怖。

最著名的是《阿Q正傳》，阿Q是辛亥革命前後農村未莊的貧困流浪僱農。他無家無業，無親無故，靠給人做短工維持生活。他處於未莊社會的最底層，在與趙老太爺、假洋鬼子，以至王胡、小□的衝突中，永遠是失敗者。但他卻對自己的失敗命運與奴隸地位採取了令人難以置信的辯護與粉飾態度。或者「閉眼睛」，根本不承認自己的落後與被奴役；或者「忘卻」：剛剛捱了哭喪棒，就忘記一切而且「有些高興了」；或者向更弱者（如小尼姑）洩憤，在轉移屈辱中得到滿足；或者自輕自

賤：「我是蟲豸 —— 還不放麼？」在這些都失靈後，就自欺欺人，以精神勝利法滿足自己，說一聲「兒子打老子」就心滿意足。但是阿Q有著過去者對壓迫者的仇恨心和要求改革不幸命運的願望，他幻想著革命，在辛亥革命開始時禁不住大喊：「造反了，造反了！」然而辛亥革命並未改變農民的處境，阿Q最終被地主豪紳白舉人，趙太爺之流誣為盜犯而槍決了。《阿Q正傳》畫出了沉默的國民靈魂，批判了當時存在於廣大社會階層身上的思想弱點和精神病態，也批評了辛亥革命的不徹底性，是現代小說的開山之作。

30年代以後，魯迅的雜文進入大豐收時期。他的雜文真實地紀錄了中國現代社會的發展軌跡及思想文化戰線上鬥爭的歷程。有聲討中外反動派的賣國和侵略罪行的，如〈「友邦驚詫」論〉；有進行反文化「圍剿」鬥爭的，如〈為了忘卻的紀念〉；有批評革命文藝隊伍內部「左」、「右」傾錯誤的，如〈論現在我們的文學運動〉；有解剖人民群眾身上消極落後思想意識的，如〈習慣與改革〉等。他的雜文攻擊時弊，語言犀利，批判性極強，被譽為「匕首」、「投槍」，充分展示了作者的思想才能和文學才能。

魯迅的人生道路始終與救國連繫在一起。他到日本留學時起先學醫，準備畢業後，救治像他父親似的被誤的病人的疾病，戰爭時便去當軍醫，促進國人對維新的信仰，但是一件事改變了他的人生道路。

那是一次細菌課程後，教師給他們放映時事幻燈片，畫面有一個中國人，在日本軍人的挾持下押赴刑場，據說是給俄國人當偵探，要公開斬首示眾。在周圍觀看是來鑑賞這示眾盛舉的國人，他們體格健壯，卻麻木不仁。「萬歲！」這時教室裡響起日本學生的歡呼。屈辱、悲痛一

起湧上心頭，魯迅憤怒了。他深深感到，凡是愚昧的國民，無論體格如何健壯，也只能做毫無意義的示眾材料和看客，對這樣的人來說醫學不發揮作用，當務之急是應該改變人們的精神，而改變精神的工具首推文藝。為了喚醒國家人民，魯迅就這樣走上了棄醫從文的道路。

● 三、歷史評說

魯迅是新文學的開創者和奠基人，也是一位具有世界影響的文化巨擘。

他一生堅持不懈地探索「改造國民性」，揭示國民性的軟弱、懶惰、卑下、貪婪，引起治療的注意，造成振聾發聵的作用。他以戰鬥的姿態進行寫作，批判了反動文人的反動言論，領導進步作家粉碎了敵人一次又一次的反動圍剿。他創造了足以與中國傳統文學及世界文學並肩而立的現代文學經典，他的作品是中國現代文學成熟的標準，也是中國現代文學自立於世界文學之林的偉大代表，幾乎所有的中國現代作家都是在魯迅開創的基礎上，發展了不同方面的風格體式，他的精神深刻地影響著一代又一代的知識分子，代表了中國現代文人最寶貴的精神品格。

魯迅一生還翻譯了大量外國進步作品，介紹國外許多著名繪畫木刻，並蒐集、研究、整理了大批中國古典文學作品，其中許多工作在文學研究史上占有開創性地位，為學術領域做出了不可磨滅的貢獻。

魯迅堪稱現代中國的民族魂。他沒有絲毫的奴顏媚骨，他在文化戰線上，代表全民族的大多數向敵人衝鋒陷陣，是勇敢而堅決的民族英雄。中華民族有幸擁有魯迅，也應該認真地繼承和消化魯迅，把魯迅留給我們的寶貴遺產轉化為巨大的精神動力，永遠前進。

激情四射的革命文學家 —— 郭沫若

「鳳凰在烈火中涅，更在痛苦中得到永生。」

—— 郭沫若

● 一、人生傳略

郭沫若（西元 1892 ～ 1978 年）是中國現代傑出的作家、詩人、戲劇家、歷史學家、古文字學家和社會活動家。原名郭開貞，後來取家鄉沫水（大渡河）與若水（青衣江）二水之稱，以為筆名沫若。其他筆名尚有郭鼎堂、麥克昂、易坎人、石沱、高汝鴻、谷人、羊易之等。

郭沫若出生於一個地主家庭，自幼受中國古典文學薰陶，青少年時就寫了不少舊體詩詞。1914 年赴日留學，1921 年發表著名詩集《女神》，同年與成仿吾、郁達夫等發起創造社，1923 年畢業於日本帝國大學醫學。1924 年起，開始倡導革命文學。1926 年任中山大學院院長，同年參加北伐戰爭。。1978 年 6 月 12 日病逝於北京。

● 二、名人事典

郭沫若前期思想比較複雜，其中占主導地位是愛國主義、革命民主主義和社會主義思想，同時也存在泛神論、無政府主義，對社會現實有了比較深刻的認識，思想中社會主義等主導方面的因素有了很大增長，無產階級立場逐漸鮮明起來。在創作中，郭沫若以這些思想為指導，以

火熱的激情表現自我，形成了獨特的浪漫主義風格。

　　詩集《女神》充分展現了郭沫若熱情奔放的浪漫主義特點。在詩集中，詩人表現了他對社會變革的特殊敏感，一方面他對黑暗的舊社會深惡痛絕，充滿了反抗現實的猛烈精神；另一方面他對未來充滿希望，表現出對理想社會的熱烈追求和積極創造的精神。如長詩〈鳳凰涅槃〉像一首莊嚴的時代頌歌，宣告著在「五四」開闢的新時代裡，世界上最古老的中國民族如鳳凰一般正經歷著偉大的涅槃，在「死灰中更生」的歷史過程。詩人以自我犧牲的英雄氣概寫了鳳凰自焚的沉痛、壯美的悲劇場面：「火光熊熊了。香氣蓬蓬了。時期已到了。」詩中「凰歌」以低昂、悲壯的葬歌結束了中華民族歷史上最黑暗的一頁，以熱烈、和諧的歡唱預示著生動、自由、淨朗、華美的民族振興時期的到來。在這部詩集中，詩人還熱情歌頌了無產階級革命導師和工農勞動大眾。在〈匪徒頌〉中，詩人讚頌了革命導師列寧，在文壇上第一次喊出了無產階級偉大導師的名字，向他三呼「萬歲」，充滿無限崇敬的感情。又如在〈西湖記遊〉中詩人把鋤地的老農視為自己的父親，他寫道：「我想去跪在他的面前。叫他一聲：『我的爹！』把他腳上的黃泥舔乾淨。」整部《女神》詩集充滿「五四」激情，是新詩運動的開山之作。

　　郭沫若還寫了大量歷史劇，從不同歷史朝代取材，圍繞愛國與賣國，統一與分裂，自由與專制，光明與黑暗的鬥爭，歌頌了光明與正義，鞭笞了黑暗與邪惡，唱出了中華民族不畏強暴，爭取解放的心聲。如《屈原》、《虎符》等都是這方面的優秀作品。

　　郭沫若寫作速度極快，他的許多作品都是興來落筆，一揮而就。〈地球，我的母親〉是學校放假時候寫的。詩人上午到福岡圖書館看書，忽然詩興大發，於是他跑出來，來到館後僻靜的石子路上，先是赤腳踱

來踱去，後來索性倒在路上，真切與地球母親親暱，用皮膚擁抱大地，他覺得自己有發狂的感覺，於是就在那樣的狀態中感受著詩的激盪、鼓舞，終於把它完成了。又如〈鳳凰涅槃〉是一天之中分兩個時期寫出來的。上半天郭沫若在學校課堂聽講時詩興大發，便在筆記本上東鱗西爪寫了一點，晚上就寢時詩意又來，於是伏在枕上用鉛筆飛快地寫。詩人渾身寒冷，牙齒打顫，就那樣奇怪的把詩寫了出來。

● 三、歷史評說

郭沫若和魯迅一樣，是中國現代文化史上一位學識淵博、才華卓著的著名學者。他的第一部詩集《女神》以嶄新的內容與形式，為新詩的發展開拓了廣闊道路，成為新詩的奠基之作。他的歷史劇注入了作者在生活現實中感受到時代悲劇精神，成為新時代的革命號角，昭示著仁人志士奮起反抗舊世界，追求嶄新的理想，在當時黑暗的社會中帶來了巨大的鼓舞作用。

郭沫若是一位卓越的無產階級文化戰士，他曾因堅持真理，要求進步被學校三次開除學籍，也曾為挽救國家危亡，別婦拋雛冒死回國。他一生經歷無數危險，但革命激情熱情洋溢，從未減退。人們常說文如其人，在郭老的身上看來是正確的。

為人生而藝術，左翼文學大師 ── 茅盾

「快到了春蠶發種之時，竟隕落了巨星！眼前映現兩個字『烏鎮』和紹興享有同等的名聲。」

── 龍彼得

● 一、人生傳略

茅盾（西元 1896 ～ 1981 年）是中國現代傑出的作家和革命戰士。原名沈德鴻，字雁冰。「茅盾」是他發表第一篇小說《幻滅》時開始使用的筆名。

茅盾的父親是個「維新派」，母親很有文學修養。比較開明的家教，使童年的茅盾就受到科學民主思想的薰陶。1916 年他接編並革新了《小說月報》，開始文學活動，主要從事翻譯和文學評論。1921 年，他和鄭振鐸等人發起成立「文學研究會」，鼓吹為人生的藝術和寫實主義文學。「五四」後，他積極投身革命運動。大革命失敗後，他專事文學創作。1930 年加入左聯並提任領導工作。抗戰時期，他從事抗日救亡運動。1938 年後曾到新疆、延安等地講學。於 1981 年 3 月 27 日逝世。

● 二、名人事典

茅盾倡導文藝為人生的寫實主義文學，主張文學「表現人生」、「表現社會生活」，提倡「激勵民氣的文藝」，革命民主主義和現實主義是他政治

思想和文學思想的主要方面。茅盾在小說中，總是以精細觀察和動用一定的社會科學思想對社會生活進行分析，成為「社會剖析小說」的典型。

長篇小說《子夜》茅盾最重要的作品。它講述了民族資本家吳蓀甫為發展民族工業的抗爭。吳蓀甫是民族資本家的典型，他富有冒險精神，對發展民族工業懷有極大的熱情和野心。他遊歷歐美，學到經營管理企業的本領，創辦了裕華絲廠，以自己的精明強幹和過人才華吃掉多個絲綢廠，又組織益中信託公司，一舉吞併八個日用品製造廠。他雄心勃勃，幻想擺脫帝國主義控制，發展民族工業，成為 20 世紀的「工業王子」。他與帝國主義掮客、金融資本家趙伯韜進行了激烈的角逐。趙伯韜是帝國主義金融勢力的代表，是半殖民地半封建中國社會的特殊產物，他與軍閥官僚相勾結，精心設定圈套，把吳蓀甫的益中公司推向一籌莫展的困境。隨著事業的不斷受挫和苦悶心情的日漸增長，吳蓀甫的資產階級生活的腐朽性也日益暴露，酗酒、女人成他填補精神空虛的方式。買辦資本、工人罷工、農民暴動的種種不利因素，形成了他不可踰越的障礙。最終他在趙伯韜的猛攻之下，在公債市場上一敗塗地，只得把益中公司頂給外商，連公館也抵押出去，一走了之。吳蓀甫的失敗在於民族資產階級的兩重性，也在於中外反動勢力的兩面夾擊。

《子夜》還塑造了許多其他人物形象：如陰險詭詐、忠實的奴才屠維嶽；沒有勇氣衝出家庭牢籠的資產階級女性吳少奶奶林佩瑤；在激烈鬥爭中湧現出的工人運動帶頭人朱桂英等，都從各方面反映了社會的現實，給人留下深刻印象。

《子夜》揭示了帝國主義侵略和國民黨反動統治所造成的民族災難，反映了民族資產階級的兩重性格、困難處境及悲慘命運，達到高度的思想性和藝術性的統一，一經出版，震動文壇。

● 三、歷史評說

茅盾是現代傑出的現實主義作家。他從典型環境來解釋並塑造典型人物，對魯迅所開創的現代短篇小說文體作了新拓展，大大提高了現代小說反映生活和人的心靈深廣度的可能性，徹底改變了「五四」中長篇小說的幼稚狀態。他的作品成為左翼文學正宗的代表，是中國革命現實主義的奠基之作，產生了深遠影響。

茅盾還是中國現代批評的開創者之一。他積極投身中國現實主義文學理論體系的建設，從「五四」時提出「為人生」的現實主義，到後來的革命現實主義，他都是核心人物之一，對中國現代文學中革命現實主義主導地位的形成，起了重要的推動作用。

茅盾能夠擔負起開創新文學表現方式的歷史任務，絕非偶然。他是在理論、經歷、文學底蘊各方面做了充分準備後才開始創作的。在茅盾漫長的文學生涯中，數次形成高峰。他藝術風格沉穩細緻，具有開放的民族心理，是一位不知疲倦地創造時代典型與宏偉敘事體式的左翼文學大師。

傑出的人民藝術家 ── 老舍

「我永遠不刻意地模仿任何文派的作風和技巧，我寫我的。」

── 老舍

● 一、人生傳略

老舍（西元 1898 ～ 1966 年）是現當代著名小說家、劇作家。他原名舒慶春，字舍予，出生於一個破落了的旗人家庭。1900 年八國聯軍進攻北京時，老舍父親作為守城戰士陣亡，母親把他養大。1918 年他畢業後，任一所小學的校長職務，不久辭職，到中學做教員。1924 年，老舍赴英國講學，開始小說創作，顯露了諷刺、幽默的藝術才能。1930 年回國，先後任齊魯大學、山東大學教授，抗日戰爭爆發後到武漢，從事抗戰文學運動，主持全國文藝界抗敵協會工作。1946 年老舍應邀赴美國講學一年，然後留在美國繼續寫作。新中國誕生後，他回到日夜思念的國家，積極投身到社會主義文藝事業建設中。1966 年，處於創作高峰的老作家於北京逝世。

● 二、名人事典

老舍出身貧苦，自幼就和掙扎在黑暗社會最底層的人交往，熟悉他們的生活，與他們在感情上有密切連繫。在創作過程中，這位愛國作家把半殖民地半封建社會的市民階層引入藝術領域，不僅真實地再現了城

市底層人民的生活場景，展示了他們的痛苦心境和命運，而且提出了如何改變這一階層命運的重大社會課題。

《駱駝祥子》是老舍的優秀代表作，寫了 1930 年代初北平城內人力車夫的生活。主角祥子是個來自農村的破產青年農民，他勤勞、善良，想憑自己的力氣，買上一輛新車，擺脫車廠主的盤剝，做一個獨立勞動者。為了買車，他「風裡雨裡咬牙，飯裡茶裡自苦」，生了病也捨不得拿錢買藥，頑強地與生活反覆搏鬥。這樣，祥子用三年的血汗錢換來一部新車，可是好景不長，戰爭的消息傳來了，城內人心惶惶，祥子連車帶人被大兵們捉去，受盡折磨。

祥子並沒有向命運屈服，逃出來後，到曹宅拉車，仍幻想著擁有一輛新車。他拚命勞動，同時也表現出勞動者的許多優秀品格：如一次拉車不小心讓曹先生受傷，撞壞了車把，他便主動提出不要工錢；一次遇見車夫老馬在風雪的夜晚拉車，又冷又餓暈倒在地，他立即買 10 個包子給他充飢。

然而祥子的生活並沒有這樣「好」下去。追捕曹先生的特務搶走了他的積蓄，祥子感到走投無路。這時車廠主的女兒虎妞出現了，她是一個三十多歲嫁不出去的老女孩，面對著虎妞的誘騙以及為他買新車的許諾，祥子與虎妞結合了。婚後，虎妞拿出自己的積蓄，為祥子買了一輛新車，但兩人的生活並不幸福。一方面，虎妞對祥子的感情有真誠的一面，還因此與父親斷絕了關係；但另一方面，她懂得怎樣對付窮人，露骨地想利用經濟中的優勢，在祥子身上滿足自己的情慾，要祥子完全服從自己。這種要求與祥子想成為獨立勞動者的願望是尖銳對立的，在他們的糾葛中，祥子身心疲憊，感到無能為力。後來虎妞難產死去，為了埋葬虎妞，祥子再次買掉了洋車，精神處於崩潰邊緣。最後他滿懷希望去找自己的意中人小福子，卻發現小福子已自縊而死，於他徹底崩潰

了。從此後，祥子在殘酷的生活面前變成了另外一個人：「吃、喝、嫖、賭、懶、狡猾」，「變成了走獸」。

《駱駝祥子》生動地概括了半殖民地半封建的舊中國受壓迫、受剝削，而又找不到正確出路的勞苦大眾的共同命運，否定了企圖以個人奮鬥改變自己命運道路。小說動用多種藝術技巧，有強烈的藝術感染力，吸引了中外讀者，博得了世界聲譽。

老舍是人民作家，這與他早年經歷不無連繫。老舍幼年家庭十分困苦，父親去世後，全家重擔落在母親身上。為了養活家人，她拚命給人家縫補洗衣。她極為勤勞認真，白天，她往往洗一大綠瓦盆的衣裳，即使是黑如鐵的布襪，也給洗得雪白；晚上她則對著一盞小油燈，縫縫補補，直到半夜。一到年關，為了吃上一頓有肉的餃子，母親更加緊做事。每當年幼的老舍向母親報告「當鋪的劉家宰了兩頭大肥豬，放債的孫家請了兩座供佛的『蜜供』」時，母親總會說：「我們的餃子肉少菜多，但是最好吃。」她要兒女們相信，只要辛勤勞動，日子總會好起來的。就這樣，母親咬著牙給大兒子娶了媳婦，把女兒嫁了出去，送老舍讀私塾。多年後，當不滿 19 歲的老舍從師範學校畢業後謀得職位時，老舍對母親說了一句話：「以後，您可以歇一歇了！」母親的回答是一串串眼淚。

母親堅韌不拔的毅力給老舍以終生影響。後來老舍說：「我的真正教師，把性格傳給我的，是我的母親。母親並不識字，她給我的是生命的教育。」

● 三、歷史評說

老舍是文學史上著名的愛國作家，他以勤奮的創作和特有的藝術才華為中國現代文學事業作出了傑出貢獻。

首先，他成功地把處於半殖民地半封建社會市民階層的命運、思想、心理引進藝術領域，彌補了「五四」以後新文學創作中描寫市民生活作品的匱乏，為現代文學畫廊增添了不少個性鮮明的市民形象。因此有人說，老舍對現代文學的貢獻，相當於狄更斯（Dickens）對 19 世紀英國文學的貢獻。

其次，老舍是第一個以諷刺小說登上文壇的作家，也是第一個寫諷刺長篇，第一個從事市民諷刺和世俗諷刺的作家，在中國現代諷刺小說的藝術殿堂中有重要地位。

其次，老舍還是一位語言大師。他以口語豐富了文學語言，對中國文學語言藝術的發展作出了突出貢獻。

今天，老舍的許多作品都享有世界聲譽。他的小說《駱駝祥子》、劇本《龍鬚溝》被翻譯成多國文字，《茶館》在國外上演時被譽為「東方舞臺上的奇蹟」。

作為一位現代文學大師，老舍沒有參加新文化運動，也沒有站在五四運動漩渦的中心。但作為一位正直愛國的知識分子，老舍敏感的握住了時代脈搏，他以更加冷靜的頭腦去思索社會，思索文化，他的作品是五四以後新文學創作的呼應和補充。這位人民藝術家將永遠受到人們懷念。

現代文壇上童心永駐的「世紀老人」── 冰心

「有了愛，就有了一切。」

── 冰心

● 一、人生傳略

冰心（西元 1900 ～ 1999 年）是傑出的兒童文學家以及詩人、翻譯家。

她原名謝婉瑩，筆名有冰心女士、男士等。冰心出生於一個極富書香氣息的海軍軍官家庭，自幼受到良好的文化薰陶。「五四」運動爆發時，她參加了學生愛國運動，並於 1919 年發表第一篇小說〈兩個家庭〉，以獨具風格的「問題小說」步入文壇。1921 年，她參加了文學研究會。1923 年畢業後赴美留學。1926 年回國，先後在燕京大學、清華大學女子文理學院任教，曾在東京大學新中國文學系任教。1993 年出版《冰心全集》總結了平生作品。1999 年 2 月 28 日 21 時，冰心安祥辭世，走完了一個世紀的漫長旅程。

● 二、名人事典

冰心是「五四」運動中嶄露頭角的新時代作家，在她的思想中，除了沾染了當時新文化作家要求個性解放，追求平等與自由的共同點外，還有著自己的獨到之處，即冰心「愛」的哲學。這位胸懷寬闊的女作家

在文章中謳歌「母愛」、「童真」與自然的美。母愛、兒童、大海構成了冰心「愛」的哲學的主要內容，其中母愛又是基石，這些往往成為冰心作品的主要思想。但應該看到，冰心對愛與人性的謳歌同樣展現了個性解放與人性覺醒的要求，這和整個「五四」時代精神息息相通。在後來革命鬥爭日益尖銳的年代裡，冰心也創作了表達對勞動人民同情的作品。

冰心的散文以優美的抒情著稱，在她所有的作品中成就最高，以《寄小讀者》為代表。《寄小讀者》29 封信是冰心 1923 年秋天至 1926 年 7 月去美國前前後後寫的，內容可概括為「景」和「情」兩方面。她寫了海上的「空靈妙景」、「銀海一般閃爍」的慰冰湖、沙穰山中的「天光雲影」、「朝霞」、「落日」等。她還寫了一部分人生和痛苦的現實：同情不幸的家庭、孩子和難民，讚美印第安民族的英雄傳奇故事。在這些作品裡，作者的感情十分樸實，她說她愛「蒲公英」，因為沒有蒲公英，顯不出雛菊，沒有平凡，顯不出超絕，而且不能因為大家都愛雛菊，世上便消滅了蒲公英；不能因為大家敬禮超人，世上便消滅了庸碌。」這 29 封信以小朋友為對象，其中「有幼稚的歡樂，也有天真的眼淚」，文筆「清麗」、「典雅」、「純潔」，極具「冰心體」的特色。

冰心的小詩也極具特色，她能在三言五語中表達一種思想，直接或間接反映時代精神。代表作如詩集《繁星》和《春水》。在這些詩中，詩人希望在「愛」的世界裡尋找精神的安慰和解脫，如「母親啊！／天上的風雨來了，鳥兒躲到他的巢裡；／心中的風雨來了，我只躲到你的懷裡！」（《繁星》）又如《春水》中的「牆角的花！／你孤芳自賞時，／天地便小了。」思想精深，意境優美，既富哲理性，又給讀者留下回味的餘地。

在小說上，冰心以「問題小說」著稱。她的作品探討「五四」時期的種種問題，反映了國家的前途、人才的命運、父子矛盾、婦女解放、軍閥混戰、窮人疾苦等問題。著名的〈兩個家庭〉、《斯人獨憔悴》、〈在一個軍官的日記裡〉、〈分〉等。

冰心女士的丈夫是著名社會學家吳文藻，同為文化名人的夫妻二人志趣相投，出了許多佳話。

吳文藻一心研究學問，很少顧及其他，有一天，親友們請他賞花，他便站在丁香前應酬似地問冰心是什麼花。冰心騙他說是香丁，他便相信了。還有一回冰心要他去買「沙琪瑪」（點心名）和雙絲葛的夾袍面子，這位學者丈夫跑到鋪子裡卻說不出東西的名字，只說買「馬」和「羽毛紗」。後來店員打電話給冰心問到底怎麼回事，冰心哭笑不得。後來清華大學的校長梅貽琦與夫人到冰心家作客，冰心想到清華是丈夫的母校，便寫了寶塔詩把怨氣發洩到清華身上，她寫道：

馬

香丁

羽毛紗

樣樣都差

傻姑爺到家

說起真是笑話

教育原來在清華

梅校長看罷，笑著補了兩句：

冰心女士眼力不佳

書呆子怎配得交際花

寫完後在座人大笑不止。吳文藻心無旁騖可堪學者本色，冰心聰穎靈秀也不失才女性格，兩人算得上是文化界的佳偶了。

● 三、歷史評說

冰心在漫長的一生中，筆耕不輟，為後人留下寶貴的文學財富。她在「五四」時的小說創作把問題小說推向了一個新階段，引發了「人生派」作家創作「問題」小說的風氣；她的哲理小說注重形象和暗示，含蓄不露，三言兩語就能表達一種思想，在中國文壇上引起共鳴，許多人爭相模仿，形成了一個「小詩的流行時代」，為現代詩歌的發展作出貢獻，她的散文優美典雅，以獨特的「冰心體」打破了白話不能寫美文的迷信，為後人的白話散文創作提供了典範並開闢了道路。

建國後，她積極參加新中國文化事業的建設，成為少年兒童心中慈祥貼心的老祖母，成年人心中深愛受敬仰的好作家。

冰心老人活了一個世紀，創作了一個世紀。她的作品歌頌了人類永恆的主題 —— 母愛和自然。她的文章雖不是振聾發聵，但卻如一陣陣春風，一絲絲春雨，給我們帶來催化、復甦的希望，成為許多人汲取營養的地方。

把握生活激流，譜寫青春讚歌 —— 巴金

「不管我的筆多麼無力，我的聲音多麼微弱，我也要為這個偉大的時代和英雄的人民獻出自己的全部力量，讓這一滴水落到奔騰的汪洋大海裡面。」

—— 巴金

● 一、人生傳略

巴金是中國著名作家，他原名李堯棠，字芾甘，於 1904 年出生在一個封建官僚大家庭裡。「五四」運動時期，他開始接受民主主義思想。1927 年留學法國，開始文學創作。1928 年回國後，主要從事文學寫作和翻譯工作，1933 年他的小說《家》出版單行本，轟動文壇。抗日戰爭爆發後，巴金緊握戰鬥之筆，投入了抗戰洪流，成為反侵略的勇敢戰士，期間顛沛流離、輾轉各地。巴金一生樂觀而頑強，今天在這充滿希望與朝氣的新世紀，這位近百歲的老人將會以更加樂觀而頑強的精神鼓舞我們前進！

● 二、名人事典

巴金是一位封建制度、封建家庭的大膽叛逆者，接受了資產階級民主主義思想的教育和薰陶，一開始就走上民主革命道路。早年，他雖受過無政府主義思想的影響，但是他接受無政府主義的目的是基於反帝反

封建的革命要求，而不是打擊馬克思主義。所以巴金的思想是進步的。這樣他結合自身經歷，在作品中往往揭露了軍閥統治和封建家庭的罪惡，表現了歷史轉折時期青年人的生活和思想，表達了對勞對人民悲慘生活的同情。

《家》是巴金影響最大的一部長篇小說。作品描寫了一個正在崩潰的封建大家庭中人們悲歡離合的故事。家中最高統治者高老太爺是前清一個大官僚，他在任期間治下這份家業。他像一個專橫的皇帝，忠實地執行著封建制度，把家裡一二百口人的命運操縱在手中。在這個「死囚牢」似的家中，天天都發生著殘忍的罪惡事件。大少爺覺新與梅表妹相愛，然而在封建教義的左右下，家長們竟然用抽籤的方式，為覺新抓到一個終身配偶，拆散了覺新與梅青梅竹馬的愛情，梅因此憂鬱病死；大少奶奶臨盆，但因高老太爺剛死，被長輩們以「避血光之災」為藉口，趕出高家，到城外荒涼之處分娩，結果得不到及時治療而死去。至於奴婢、傭人的遭遇就更加悲慘和不幸了。他們沒有地位，沒有人身自由，任由主子們驅遣打罵，甚至買賣、送人。鳴鳳是個善良美麗的少女，在高家做了七年丫頭後，竟被高老太爺當作禮物送給年近古稀的封建地主馮樂山作妾，逼得十六歲的鳴鳳投湖自盡。接著，丫頭婉兒代替鳴鳳被塞進轎子抬走，繼續著鳴鳳未了的人生悲劇。

但是，在這個陰森的王國中，不是所有人都忍氣吞聲，任人宰割。在五四運動的影響下，高家的一些年輕人採取各種手段向封建制度和傳統道德發起反擊。覺民因不滿包辦婚姻而出逃；琴發出做一個「跟男人一樣的人」的呼喊；覺慧的反抗更為強烈，他參加了學生運動，面對老太爺的訓斥毫無懼色，據理力爭，並無視「門當戶對」的封建家規，大膽與婢女鳴鳳戀愛，最後更以「出走」的方式宣告了與「家」的徹底決裂。

《家》以火樣的革命激情抨擊了封建家庭的罪惡，歌頌了青年一代的覺醒和反抗，自從出版以來就引起人們，尤其是青年人的喜愛，幾十年來暢銷不衰。

讀過《家》的人都不會忘記書中大少爺覺新這一人物，巴金在塑造這個形象時是有生活原型的。

巴金父母早喪，大哥早早放棄學業支撐起家庭。巴金的父親是長子，生前曾幫助祖父料理家務，對此幾個叔叔非常不滿，於是大哥便成了各房攻擊的目標。而大哥作為晚輩，又受封建禮教影響很深，在叔嬸面前只能委曲求全，一心希望弟弟們與他重整家業。巴金雖然與他的思想不同，但心中始終對大哥充滿了愛和感激。後來他與大哥商量，想以自己的家庭為背景寫一部小說，受到了大哥的贊同。於是巴金動手寫作，並以大哥為模特塑造了覺新。然而萬萬沒有想到，就在《家》發表的第二天便接到大哥破產自殺的消息，大哥竟沒來得及看這部作品，巴金悲痛欲絕。

● 三、歷史評說

巴金是中國現代文學史上一位重要作家。他和魯迅、郭沫若、茅盾、老舍、曹禺一起創造了輝煌燦爛的中國現代文學的歷史，使中國文學進入了一個嶄新時代。他用全部心血和精力辛勤耕耘，為中國現代文學的發展，為世界進步人類的文代事業作出了巨大貢獻。

巴金還用他偉大真誠的品格，啟迪教育著人們嚮往真善美。在他的身上展現著中華民族的自尊，燃燒著堅韌不拔的鬥爭精神，煥發著以魯迅為代表的中國革命文學家臨危不屈的高尚情操。

巴金的作品已被譯成英、俄、法、德、波等近二十種文字，在海內

外享有崇高聲譽。從 1978 年開始，法國曾掀起一股「巴金熱」。

巴金是現代文壇上一位多產的作家，他數十年如一日，筆耕不輟，共寫近 800 萬字的文學作品。正是這些作品為世界文學寶庫增添了奪目的瑰寶，構成了「文壇上偉大的存在」。

中國現代劇壇上的「莎士比亞」 —— 曹禺

「我們可以飛，飛到一個真真乾淨、快樂的地方，那裡沒有爭執，沒有虛偽……」

—— 曹禺

● 一、人生傳略

曹禺（西元 1910 ～ 1996 年）原名萬家寶，是中國現代話劇史上傑出的劇作家。他誕生在一個沒落了的封建官僚家庭，從小耳聞目睹了黑暗的社會現實，並受到五四新文化運動的影響。他閱讀了大量世界名著，特別是戲劇作品，大大開拓了藝術視野。1934 年他在北京《文學季刊》上發表多幕劇《雷雨》，聲震文壇，從此開始戲劇生涯。1935 年，他大學畢業，先後發表了《日出》、《原野》、《北京人》等劇作，顯示了非凡的劇作才能。1996，曹禺在北京逝世。

● 二、名人事典

縱觀曹禺近 60 年的創作道路，我們不難看出其思想特點。首先，他始終站在人民群眾一邊，自覺地為國家、為人民、為社會服務。他對舊社會一直懷有「時日曷喪，予及汝皆亡！」的心情，所以他的劇作對舊制度的詛咒越來越強烈，對反動剝削階級的抨擊越來越深刻。其次，曹禺對舊社會的批判從未停留在一般性的揭露和無可奈何的感傷裡，而是

不斷執著地探索新的人生、新的世界，追求光明的理想和未來。所以在許多劇作中，作家都不倦地描摹光明，力圖把自己在生活中發現的光明告訴人們。

悲劇《雷雨》是曹禺的代表作，它以 1923 年前後的中國社會為背景，描寫了周、魯兩家三十年的悲劇。三十年前，在無錫做少爺的周樸園為了娶富家千金，逼走了與他同居並生有二子的丫鬟侍萍，大兒子周萍留在周公館，二兒子由侍萍抱走。侍萍投河自殺後，周樸園搬家到北方，靠剝削礦工，成了一個具有封建色彩的資本家。他又娶了繁漪生下周衝，並妄圖以自己的意志建立一個最圓滿、最有秩序的家庭，在這種壓抑的家庭中，與繁漪年紀相近的周萍引誘並占有了後母，並很快拋棄了她，與公館內的丫鬟四鳳相愛，如同三十年前的周樸園一樣，周萍使四鳳有了身孕。這時周樸園回到家裡，解決礦上罷工的事情，在外向做工的四鳳母親 —— 魯媽也到周公館探望四鳳，這一切引起了矛盾的激化。先是繁漪出於嫉妒，讓魯媽帶女兒走，後是周樸園見到魯媽，認出她竟是多年前投河自殺的侍萍，而在礦上領導罷工的工人魯大海竟是自己的親生骨肉。侍萍十分痛苦，決意帶女兒遠走高飛，但四鳳與周萍難捨難分。幾經衝突，在一個雷雨交加之夜，繁漪公開了自己與周萍的關係，不明就裡的周樸園也指出周萍與四鳳本是異父兄妹。四鳳深受打擊，當夜獨電身亡，繁漪的兒子周衝為救四鳳而死，周萍開槍自殺，魯大海憤而出走。繁漪與侍萍先後瘋了。最後周樸園把周公館捐給醫院，自己孤苦伶仃。

《雷雨》展示的是一幕人生大悲劇，是命運對人殘忍的作弄。專制偽善的家長，熱情單純的青年，被情愛逼到絕路的女人，痛悔罪孽卻又犯下更大罪孽的公子哥，還有家庭的祕密，身世的祕密，所有一切都在雷

雨夜爆發。有罪的、無辜的人一起走向毀滅。曹禺以極端雷雨般恣肆的方式，以詩一樣的語言，發洩被壓抑的憤懣，深刻揭露了資產階級家庭和上層社會的罪惡。

曹禺在戲劇上的成就與他少年時代的愛好和努力是分不開的。

曹禺的繼母喜歡戲劇，每次去戲院都帶著曹禺。於是他在年輕尚幼的時候就看了不少平劇和地方戲，甚至還看過「文明戲」。這使他從小愛好戲劇，覺得它們是「這樣一個美妙迷人的東西」。他少年時代在老師的指導下，不僅登臺演戲，而且改寫劇本，從易卜生（Ibsen）的《玩偶之家》（*A Doll's House*），到高爾斯華綏（Galsworthy）的《鬥爭》（*Strife*）、莫里哀（Moliere）的《吝嗇鬼》（*The Miser*）……從 15 至 20 歲之間，他改寫了許多戲劇。這一切都激發了作家的創作熱情，他曾有一段時間泡在西洋劇本堆中學習，終於寫出了《雷雨》。

● 三、歷史評說

曹禺具有卓越的戲劇才能，他的作品記載和揭露了舊社會的黑暗、腐朽。無論在戲劇語言的運用，舞臺氣氛的烘托，場景的安排，還是在細節選擇，人物刻劃等方面，他都努力借鑑中外傳統戲劇的表現方法，並煉鑄成獨特的藝術風格，成為中國現代戲劇史上最具代表性的作家。曹禺的劇作是對生活的天才再現，也是中外傳統戲劇經驗的結晶。

從 1933 年創作《雷雨》至今，曹禺以半個世紀的創作實踐為中國的話劇運動做出了重大貢獻。他的代表作不僅顯示了 1930 年代中國話劇運動的實績，而且在為促進話劇民族形式的發展上提供了寶貴經驗。曹禺在中國現代話劇史上占有重要的、光輝的地位。

外國著名文學家

歐洲文學的源頭，希臘行吟詩人 —— 荷馬

「每一個人都是一個整體，本身就是一個世界，每個人都是一個完滿的有生氣的人，而不是某種孤立的性格特徵的寓言式的抽象品。」

—— 黑格爾（Hegel）

● 一、人生傳略

在人類文學發展的童年時期，出現了兩部瑰麗的史詩 ——《伊里亞德》（*Iliad*）、《奧德賽》（*Odyssey*），它們最終成為歐洲文學的源頭。據說作者是一位名叫荷馬（Homer）的行吟詩人。

作為一位遠古的偉大詩人，荷馬的生平多不可考。後人推斷他大概生活在西元前 9 至 8 世紀，是一位上了年紀的盲歌手，過著流浪生活。當時希臘有許多行吟詩人，在他們中代代相傳，到了西元前 12 世紀末希臘與特洛伊人之間發生十年戰爭中的英雄傳說和短歌。於是荷馬對它們進行加工整理，最後形成了具有完整情節和統一風格的兩部史詩，即荷馬史詩。西元前 6 世紀由雅典宮廷文人用文字寫完。

● 二、名人事典

荷馬史詩的內容非常豐富，它廣泛地反映了古希臘時代的經濟、政治、軍事、文化等方面的情況以及當時人們的生活、鬥爭和思想感情，堪稱人類社會童年的「百科全書」。

《伊里亞德》是關於特洛伊戰爭的長詩。特洛伊王子帕里斯在出使希臘時拐走了斯巴達王墨涅拉俄斯的妻子 —— 全希臘最美的女人海倫，引起了希臘人與特洛伊持續十年的戰爭。眾神各助一方，最後希臘人用奧德修斯的木馬計獲勝。史詩描寫了戰爭進行到第十個年頭第 51 天以後發生的事。希臘聯軍統帥阿伽門農專橫地奪走希臘最英勇的戰士阿基里斯的女俘，阿基里斯不堪受辱當場拔刀相問，繼而退出戰爭。但他對自己的部落有著強烈的責任心和榮譽感，時刻關心著戰局，不久他的好友被特洛伊主師赫克託耳殺死，希臘軍頻臨絕境。他悲痛欲狂，披掛出馬，用長槍刺死赫克託耳，一戰而勝。史詩在特洛伊人為赫克託耳舉行的隆重葬禮中結束。這裡主要英雄即是阿基里斯，他不能忍受個人屈辱，但最終仍以部落利益為重，展現了古希臘人民的道德準則和理想願望。

《奧德賽》敘述了希臘英雄奧德修斯在特洛伊戰爭結速後歷險回鄉的故事。在奧德修斯還鄉漂流的十年間，獨目巨人吃掉了他的許多同伴，神女喀耳刻又把他的同伴用巫術變成豬。他曾到了環繞大地的瀛海邊緣，躲過女妖塞壬迷惑人的歌聲，逃過怪物卡律布狄斯和斯庫拉，還曾被女神卡呂普索留在島上。最後他到了菲埃克斯人的國土，向國王講述了海上經歷，國王送他返回故鄉。由於奧德修斯多年不歸，家鄉人認為他已死去，雖然他的妻子忠貞不渝，許多貴族卻盤踞在他的王宮中向她的妻子求婚，並盡情消耗他的財產。於是奧德修斯喬裝乞丐設計復仇，與妻子終於團聚。史詩歌頌的奧德修斯對故土的熱愛和思念之情正是氏族社會中人們對部落的血肉深情。

這兩部史詩貫穿著相同的思想基調和生活觀點，因而被看成是既獨立又相關聯的姊妹篇。它們布局精巧，語言自然、質樸、簡潔、形象，比喻極為豐富，具有較高的藝術價值。

因為荷馬史詩的偉大成就，荷馬也受到人們的尊重。人們一方面研究荷馬的生平，一方面也以荷馬引為驕傲。於是，在古代希臘就發生了七城爭荷馬的事情。雅典、阿爾戈斯、羅得斯等地的人都認為荷馬是自己家鄉的人，他們各執一端，莫衷一是。彷彿荷馬是哪個地方的人，哪個地方就特別榮耀。關於荷馬的傳記也很多，古希臘就傳下來九種，其中最早的可以追溯到西元前 6 世紀，但這些傳記中不僅充滿了虛構，而且互相間矛盾百出，沒有科學的結論。到了 18 世紀，又有一些西方學者開始懷疑荷馬其人存在的真實性，這又使對荷馬的研究複雜化了。19 世紀後期德國學者謝里曼（Schliemann）在小亞細亞海岸的希薩里克發掘出特洛伊城遺址，20 世紀初，英國學者伊文思（Evans）又在克里特島完成了新發現。這兩次考古發現印證了荷馬史詩的內容以及人們對荷馬的一些傳統說法。然而隨著時間的推移，我們距離荷馬的年代越來越遠，荷馬生平也許會成為人類歷史上永遠的不解之謎。

● 三、歷史評說

荷馬是希臘偉大的民族詩人。他的史詩展現了古希臘氏族社會向奴隸制社會過渡時期的歷史生活圖景，堪稱人類社會童年的「百科全書」，希臘人民的智慧寶庫。

荷馬史詩以絢麗多彩的生活畫面、氣勢雄渾的高昂格調、單純質樸的藝術風格在歐洲文學史上建立了第一座豐碑。它啟迪著後世詩人豐富的靈感，促成了無數著作的誕生，兩千年來被西方公認為古代最偉大的史詩。

荷馬史詩展現了人類童年的好奇和成年的熱情，具備某種超越個別文化，超越個別時代地域的普遍意義，使任何讀者都更容易產生共鳴，

發生興趣，散發出永恆的魅力。

　　在西方荷馬問題已成為一個專門問題，關於荷馬和荷馬史詩的研究，還在繼續深入。然而不管荷馬問題將來如何解決，都不能否定荷馬史詩在文學史上的崇高地位，也不能妨礙我們對荷馬史詩的鑑賞和研究。

十全十美的古希臘悲劇詩人 —— 索福克里斯

「偶然控制著我們，未來的事又看不清楚，我們為什麼懼怕呢？最好盡可能隨隨便便地生活。」

—— 索福克里斯

● 一、人生傳略

人類文明發源地之一的希臘，於西元前 6 世紀翻開了人類戲劇史的篇章。一百年後，這裡出現了一位著名的悲劇詩人，他的創作把希臘悲劇推向成熟階段。這就是古希臘三大悲劇詩人之一 [014] —— 索福克里斯（Sophocles）。

索福克里斯（約西元前 496 ～前 406 年）生於雅典近郊科隆諾斯的一個富商家裡。他從小受過良好教育，曾拜當時著名音樂家蘭普洛斯為師，在音樂和體育方面都表現出過人的才華。據說他曾向埃斯庫羅斯（Aischulos）學戲，不久就勝過了他。索福克里斯躬逢盛世，不僅取得卓越創作成就，還積極參加政治、宗教和文藝事業各方面活動。

西元前 406 年，索福克里斯因病逝世，為後人留下寶貴文化遺產。

---

[014] 古希臘三大悲劇詩人：埃斯庫羅斯、索福克里斯、尤里比底斯。

● 二、名人事典

索福克里斯一直保持著溫和的民主政治和保守的宗教思想，他是雅典民主政治繁榮時期意識形態最完善的表達者。他相信神，相信命運，但他的神不是具體的靈物，而是抽象的概念或信仰。所以在他的悲劇裡，人的命運問題占有突出地位。他認為人的命運是無法改變的，但人們不能因此對生活採取消極態度，無所作為。相反，人們應該積極地面對現實，發揮個人的聰明才智和獨立自主的精神，選擇自己的生活道路，堅決地同困難作鬥爭。他的悲劇展現了古希臘人的英雄主義思想和勇敢的戰鬥精神。

《伊底帕斯王》（*Oedipus*）是索福克里斯最傑出的作品。主角伊底帕斯被命運注定要殺父娶母，為了擺脫這個厄運，其父忒拜國國王萊瑤斯和母親約卡斯塔王後把他的腳刺穿並扔棄於山野。但科任託斯國王的僕人把他拾回，獻給了國王，沒有孩子的國王波呂玻斯把他撫養成人。一次偶然的機會，伊底帕斯得知自己殺父娶母的命運，為防止這種事發生，他逃離了科任託斯來到忒拜。在一個三岔路口，他殺死了一個老人（事實上即是忒拜國王），而後又戰勝了獅身人面的怪獸，被擁立為國王。於是不明身世的伊底帕斯娶了自己的母親為妻。17 年後，賢明正直的伊底帕斯王為平息忒拜的瘟疫而請求神諭時，他了解到一切事實的真相。王后絕望地自殺了，伊底帕斯則用金針炙瞎了雙眼，離開忒拜城，自我流放。

《伊底帕斯王》透過這個悲慘的故事，表達了人與命運的衝突。具有堅強意志的英雄對無法抗拒的命運的鬥爭構成了尖銳的悲劇衝突，表達了人無法逃脫命運的羅網這一主題。

索福克里斯多才多藝，在音樂、體育、戲劇等方面都很有天賦。

西元前 480 年，在希臘人為薩拉米戰役獲勝而舉行的慶祝大會上，年輕的索福克里斯曾領導著一支歌隊高唱凱旋歌。28 歲時他第一次參加戲劇比賽，就擊敗了被後世人稱為「希臘悲劇之父」的埃斯庫羅斯，得了頭獎。他是希臘悲劇家得獎最多的一位，一共獲了 24 次頭獎和次獎，從未得過第三名。大約距他第一次奪冠軍後的 27 年，才輸給尤里比底斯（Euripides）。索福克里斯的悲劇深受世人喜愛，他在生前就獲得很高聲譽。在西元前 406 年他去世時，雅典和斯巴達正進行戰爭，交通受阻，詩人的遺體不能歸葬故鄉。斯巴達的將軍聽說這位偉大的詩人死了，特別下令停戰，讓雅典人埋葬詩人。詩人的墳墓上立著一個善於歌唱的人頭鳥的形象。

● 三、歷史評說

索福克里斯一生共寫了 130 部作品，流傳下來的只有七部，但這足以奠定他悲劇大師的地位。他改變了埃斯庫羅斯的創作傳統，不再寫三部曲，而寫三部單一的劇本，並為悲劇增加了第三個演員，使劇本可以更加廣泛的反映社會生活。他的語言接近現實，最能表現性格，他被譽為語言大師。

索福克里斯在歐洲戲劇發展史上占有重要地位。自亞里斯多德（Aristotle）開始，歐洲歷史上的許多著名作家和文藝理論家都對他做過高度評價。他的《伊底帕斯王》被譽為「十全十美」的悲劇，成為佛洛伊德（Freud）精神分析學說的「戀母情結」（即「伊底帕斯情意綜」）的來源。他的創作方法一直影響到包括易卜生在內的現代作家。

索福克里斯的悲劇創作為人類戲劇史寫下了輝煌的一頁，對西方戲劇發展有著深遠的、不可磨滅的貢獻。

　　索福克里斯是一位詩人，他的詩劇創作給他帶來了比政治活動更大
的聲望。正因如此他的去世竟使政治鬥爭的最高形態戰爭得到暫時停
止。既然這樣，我們還可以輕視文學對政治的巨大作用嗎？

智慧女神的奴僕，古印度最著名的詩人 —— 迦梨陀娑

「在古代希臘，竟沒有一部書能夠在美妙的女性溫柔方面，或者在美妙的愛情方面與《沙恭達羅》相比於萬一。」

—— 席勒（Schiller）

● 一、人生傳略

迦梨陀娑（Kalidasa）是印度古代最著名的詩人和劇作家。他的身世歷史上沒留下可靠記載，關於他的生卒時間，世界上的學者眾說紛紜，至今未得出公認的結論。但是大多數學者認為他大約誕生於西元 350 至 472 年之間，那時印度政治統一、經濟繁榮、達到了奴隸社會的全盛時期，於是產生了迦梨陀娑這樣的大作家。

● 二、名人事典

迦梨陀娑的作品多取材印度古老的傳說，並且能夠突破原有故事傳說的陳詞濫調，推陳出新，進行更高的藝術加工。他的作品流利而不油滑，雍容而不靡麗，謹嚴而不死板，具有濃厚的抒情意味。詩人雖未留下任何文學論著，但從代表作《沙恭達羅》（Shakuntala）中，我們可以看到迦梨陀娑的思想特點和理想追求。

《沙恭達羅》是古印度的不朽劇作，取材於印度大史詩〈摩訶婆羅多〉和一些往世書。故事寫國王豆扇陀外出打獵，在一座靜修林中與美

貌絕倫的靜修女沙恭達羅邂逅，一見鍾情，並自主成婚。臨別時國王給她一個戒指作為信物。沙恭達羅思夫心切，失神落魄，怠慢了一位脾氣暴躁的仙人。仙人大怒，發出詛咒，說豆扇陀將不認妻子。後經沙恭達羅的苦苦求情，仙人才允許國王見到信物後，夫妻方能相認。後來沙恭達羅攜子進城尋夫，國王果然拒絕相認。沙恭達羅想拿出信物，卻遍尋不出，原來在途中已失落河裡。她百口莫辯，悲痛欲絕怒斥國王背信棄義，這時一個天女出現把她接上天去。後來有漁夫捕到一條大魚，在魚腹中發現戒指，交給國王。豆扇陀如夢方醒，悔恨交集，終於在淨林裡找到了妻子和兒子，一起回到京城。他們的兒子婆羅多，相傳是印度最早的轉輪王。

《沙恭達羅》的基本戲劇衝突是追求理想愛情和破壞理想愛情的衝突。這種衝突表面上由仙人咒語造成，但實際上存在於沙恭達羅與豆陀扇之間。國王的喜新厭舊和行雲流水式的愛情生活，是造成沙恭達羅痛苦的根本原因。迦梨陀娑透過這一劇歌頌了真摯熱烈的愛情和自由結合的美滿婚姻，譴責了奴隸制婚姻和夫權思想的罪惡，在一定程度上寫出了下層人民對幸福的嚮往與追求，表達出理想境界與不理想的現實之間的矛盾。同時，作者也透過豆扇陀愛獵成癖，不理政務以及對恭沙達羅的前後態度，諷刺、鞭撻了統治者。這些是《沙恭達羅》的主題，也是迦梨陀娑的思想主張。

《沙恭達羅》雖然寫的是古代文學中最常見的主題 —— 愛情，但作家卻能利用古老的故事，平凡的主題，以出色的抒情描寫，突破以往寫離愁別緒的陳詞濫調，創造出萬古常新的美的形象。

迦梨陀娑的生平事蹟，只留下一些傳說。相傳他出身於一個婆羅門家庭，很早就成了孤兒，一個牧人將他養大，是一個毫無文化教養、野

蠻粗鄙的牧童。當時有一位才貌雙全的公主，選婚標準很高，只肯嫁給
辯論中占上風的人。許多貴族子弟前來應選，結果無一人成功。他們心
懷不滿，決心報復。於是美貌少年迦梨陀娑被帶來，公主親自與他討論
學術問題，但他始終不屑一顧，不予理睬。公主以為他學識淵博，就和
他結了婚。婚後才發現他原來「金玉其外，敗絮其中」，於是把他攆了出
來。迦梨陀娑羞愧萬分，向迦梨（智慧）女神祈禱，女神給他超人的聰
明智慧，他終於變成一個偉大的詩人和學者。公主與他言歸於好。他就
起名為迦梨陀娑（意為「智慧女神的奴僕」），表示不忘女神賜福。但這
只是一個傳說，不足為信。

● 三、歷史評說

署名迦梨陀娑的作品有 40 多部，其中多數是後人附會和偽造的。
真正屬於迦梨陀娑的作品只有七部。在這些作品中，迦梨陀娑表現了高
超的語言技巧和別具一格的藝術風格，成為文學史上成就空前的典範。
一千多年來，印度人們高度讚揚他的作品，公認迦梨陀娑是梵文文學中
最偉大的詩人。

《沙恭達羅》是印度人民引以為豪的名劇。不少梵文學者能把它全篇
背誦。至今還有人用梵文原文上演它，深受印度人民喜愛。《沙恭達羅》
也是世界文學中的燦爛明珠，它被譯為多種文字，在世界各國舞臺上不
斷上演。

迦梨陀娑是極少數生平事蹟都不可考的世界聞名的作家之一。今
天，還有許多學者為考證他的出身費盡心血。但是，對這位偉大的文學
家來說，只要我們能夠好好地記得他的作品，不斷從中吸取營養，這已
經足夠了。

以波斯語拯救伊朗的詩人 ── 菲爾多西

「他的詩名極高，在歐洲人所知道的波斯詩人中，他是他們所熟知的
第一個大詩人，如希臘之荷馬一樣。」

── 鄭振鐸

● 一、人生傳略

菲爾多西（Ferdowsi，西元940～1020年）是伊朗著名詩人及語言大師。

他出身於沒落貴族之家，故鄉是今日伊朗霍拉桑州多斯城效外的達
巴朗村。他幼年時代受過良好教育，精通阿拉伯語和巴列維語，對神學
和哲學也有一定研究。菲爾多西早年曾研讀過大量的波斯史籍和民族史
詩中的傳說故事，深受傳統文化和民間文學的影響。他生活的年代政局
動盪不安，他忍受著貧病交加、愛子夭折的痛苦，用35個春秋寫出了長
篇英雄史詩《列王紀》（*Shahnameh - Book of Kings*），但是由於與當政
者政治和宗教上的分歧，詩人遭到伽色尼王朝統治者的迫害，被迫流落
異鄉。

詩人垂暮之年返鄉，逝世後埋在自家後院。

● 二、名人事典

菲爾多西的世界觀由善與惡永恆鬥爭的觀念構成。他生活在內戰紛
起，戰火連年，民不聊生的動盪時代，詩人對黑暗現實和當權者強烈不

滿，他認為外國入侵者和暴君奸相等，是給波斯帶來災殃的惡者；而與之作鬥爭的聖君賢相和英雄勇士，則被譽為善的化身。最後應以善者的完全勝利和惡者的徹底失敗告終。因此，譴責暴君苛政，嚮往明君統治下的太平盛世，反對異族和封建割據，強調維護民族獨立和國家統一，成為詩人作品的基本思想傾向。

《列王紀》是菲爾多西的重要作品，長達六萬聯，內容分三個部分，即：

1. 神話傳說。這部分包括伊朗古代關於人類起源的傳說以及文明的萌芽，農耕的開始，衣食的製作等。這部分涉及到了伊朗國王法里東把世界分封給三個兒子，以及鐵匠卡維率眾起義，反抗暴君伊哈克的故事。

2. 勇士故事。這是全書的精華。主要描寫伊朗與敵國土蘭的戰爭。勇士魯斯塔姆是其中的佼佼者。他出生時就具神異，成年後英勇異常，在救護波斯國王卡烏斯的戰鬥中，出生入死，歷盡千難萬險，戰勝了獅子、巨龍和妖魔鬼怪，顯示出獨冠群雄的英雄本色。魯斯塔姆之死是這部分的結尾。

3. 歷史故事。主要寫發生在薩珊王朝的故事，與前兩部分相比，這部分具有更多的現實色彩，但是，人物與事件並不是歷史實錄。

菲爾多西描寫政治鬥爭的同時還寫了不少愛情故事，它們往往與重大政治事件緊密交織在一起，在複雜衝突中展現了男女雙方的性格。其中男主角大多是伊朗勇士，女主人大多為敵國公主。女方在愛情中表現得執著專一，甚至不惜生命。

《列王紀》是菲爾多西為波斯帝國唱出的一曲莊嚴頌歌。貫穿史詩的中心思想就是讚揚伊朗歷代王朝的文治武功，歌頌保衛國家的勇士們的

英雄業績，為過去的歷代王朝塗上了一層瑰麗而神聖的色彩。

菲爾多西的《列王紀》既給他帶來榮譽，也給他帶來不幸。

西元 994 年，菲爾多西完成了《列王紀》的初稿，西元 1010 年最後定稿。然而在此 16 年間，波斯的政局發生了翻天覆地的變化，伽色尼王朝取代了波斯正統的薩曼王朝。突厥族國王馬赫穆德（Mahmut）是個窮兵黷武、殘害異教徒的暴君。《列王紀》的矛頭正是指向這類統治者。但是，迫於當時慣例，詩人不得不將詩稿獻給這位異族國王。馬赫穆德拒絕接受，並發動宮廷詩人對他圍攻。菲爾多西忍無可忍，寫了一首諷刺詩回敬國王。國王大怒，下令將他踩死在象蹄下。詩人聞訊逃走，流落異鄉，直到垂暮之年才偷偷返回。逝世後，他被穆斯林教長視為「不潔的異教徒」，不准葬入公墓，只好埋在自家後院。這位波斯文學史上最偉大鉅著的作者下場竟如此悲慘，令後人為之不平。

● 三、歷史評說

菲爾多西的最大貢獻在於《列王紀》。《列王紀》產生於波斯人民愛國熱情空前高漲的年代，一經問世，立即在人民心中產生影響，在團結人民，激勵他們的愛國熱情，鼓勵他們抵禦外侮方面發揮了巨大作用。在後來，當外族入侵時，為保衛國家的伊朗戰士送行就朗讀《列王紀》的一些章節。

菲爾多西為波斯的文學發展也作出了巨大貢獻。他的《列王紀》對古代口頭創作和神話傳說、英雄故事進行了全面系統的藝術加工，為後世提供了豐富的創作素材，成為波斯敘事詩的源頭，在文學史上有承前啟後的作用。詩人在阿拉伯語盛行的當時，堅持用波斯語創作《列王紀》，確立了波斯語的歷史地位，為波斯文學語言的發展奠定了基礎。

菲爾多西生前遭到統治者的殘酷迫害，以致流離失所，但這絲毫不能抹煞詩人的巨大貢獻和《列王紀》的永恆價值。真正的藝術品是經得起歷史的考驗的，就是「爾曹身與名俱滅，不廢江河萬古流」，菲爾多西留下的《列王紀》是波斯文學史上最偉大的鉅著，也是人類的寶貴財富。

一代曠世才女，世界長篇小說始姐 —— 紫式部

「只恐怕世上完全一無是處的與完全完美無瑕的女子，同樣也是少有
的吧。」

—— 紫式部

● 一、人生傳略

紫式部（約西元 978 ～ 1016 年）是日本平安朝中期的女作家。真名
不詳，有人考證其本名為藤原香子，但論證不足。當時宮中女官多以父
兄官銜為名，她的父親任式部丞，時人便稱她為藤氏部，後來她寫小說
《源氏物語》，書中女主角紫姬為人稱頌，故得名紫式部。

紫式部出身於貴族門第兼詩書世家，曾祖父、祖父、父親都是著名
歌人。她自幼隨父親學漢詩，讀古文，長大後更承襲家風，對文學、音
樂、佛經，尤其是中國古典詩文等都有較高素養。後來家道中落，22 歲
時嫁給年長自己 20 歲的地方官藤原宣孝。兩年後丈夫去世，她帶著幼女
苦度孤寂的生活，著手創作《源氏物語》。書未寫完抄本就流傳於上層貴
族社會，紫式部也因此成名。西元 1006 年她被召入皇宮，成為中宮皇后
彰子的侍從女官，負責講解《日本書紀》和《白氏文集》，並完成了鴻篇
鉅著《源氏物語》。西元 1013 年，紫式部為已成為皇太后的彰子私傳信
件事發，被迫離開彰子。

由於體弱多病，紫氏部 38 歲左右辭世，為後人留下了寶貴的文學遺產。

● 二、名人事典

　　紫式部雖為女子，但她見多識廣，足跡遍及京師、地方，經歷過各種生活的挫折，備嘗憂患、喜樂、悲歡離合，從而在進行創作過程中，情同親歷，得之於心，應之於手。尤其是宮廷生活的十年，她親眼目睹了貴族們生活的奢華和掩藏在後面的深刻、複雜的矛盾和鬥爭，看到許多曾經盛極一時的人物走向衰敗。而貴族婦女們在那種一夫多妻制的社會裡，被等級森嚴的中世紀貴族制度牢牢地束縛著，無法為自己尋找自由和愛情的淒涼命運，更在她心中留下不可磨滅的印記。紫式部以旁觀者的身分看著身邊的悲歡離合。篤信佛教的她認為一切都是前世的罪孽，無限的男女歡愛、榮華富貴總是過眼雲煙，轉瞬即逝，人生最後只是一齣大悲劇；人在茫茫天意的擺布下誰也不能逃脫衰老死亡、人去樓空的結局。正是帶著這種浩嘆，紫式部開始了《源氏物語》的創作。

　　《源氏物語》是紫氏部的巔峰之作。全書共三部，54 卷，近百萬字。前 44 卷主要描寫源氏的一生。源氏是某朝天皇桐壺帝與低賤妃子更衣所生，他從小色藝雙全，光彩照人。12 歲時源氏娶左大臣的女兒葵上為妻，但並不愛她，卻愛上了外貌酷似更衣的皇妃藤壺，私通後生下一子，即後來的冷皇帝。兩人為此深感不安。生性好色，放蕩不羈的源氏又先後與六條妃子、空蟬、軒端荻、夕顏、末摘花、朧月夜等貴族女子發生戀情，這給多情的女子們帶來無限的煩惱和哀愁。在葵上死後，他娶紫姬為妻，異常寵愛。桐壺帝死後，源氏一度被敵人暗算，流放到荒涼的須磨。但不久冷皇帝即位，他便奉召回京，從此青雲直上，權勢達到了頂點。他建成富麗堂皇的官邸六條院，迎入過去相愛的眾多女性，共享榮華富貴。然而好景不長，源氏的另一個妻子女三宮與人私通，生

子薰，源氏認為這是自己與父皇妃子曖昧關係的報應。但女三宮痛不欲生，削髮為尼。不久，恩愛多年的妻子紫姬也在憂鬱之中與世長辭。源氏彷彿失去了五臟六腑，感到人生無常，往日的榮華富貴，歌舞昇平不過是一場大夢，於是看破紅塵，留下辭世詩，進入嵯峨山中，不知所終。後 10 卷又稱「宇治 10 卷」，主要描寫源氏的後代薰君追逐貴族少女浮舟的故事，仍以悲劇收場。

《源氏物語》真實地暴露了當時貴族社會的腐敗與墮落，深刻地揭示出封建統治階級不可克服的內部矛盾和必然崩潰的歷史命運。這是為日本封建貴族譜寫的一首輓歌，一部衰亡史。權欲和情慾構成了它的二重奏，而虛無思想是其精神世界的主調。

紫式部少年時期就聰敏穎慧，才智過人，非常有文學天賦。《紫式部日記》中記載她幼年時，父親藤原為時教授紫式部兄長唯規漢學書籍，唯規不能很快領悟理解的時候，在一旁觀看的幼小的紫式部就完全悟解並背誦下來，而且全無一點差錯。父親不由嘆惜說：「可惜呀，你不是個男孩。這真是我們家的不幸。」

紫式部一生追求一種對自己未來開拓、搏擊與進取的精神。她早年喪母，長時間寄居外祖母家，20 多歲還未出嫁。直到後來遇見藤原宣孝，他熱情致函紫式部，紫式部受到感動，很快應允婚姻。兩人年齡懸殊，與其說是夫妻，倒不如說是父女。《源氏物語》中一再出現的的那種誼同父女，而情同夫妻的特殊戀愛關係的描寫，大概就是這段經歷的曲折投影。好景不長，兩年後，宣孝去世，留下紫式部和女兒賢子，紫式部又開始了孤寂的生活。但正是這種坎坷的人生經歷，促使才華橫溢的紫式部把自己的才學渲洩出來，最終進行文學創作的。

● 三、歷史評說

紫氏部對文學史的最大貢獻在於她的《源氏物語》。

《源氏物語》具有很高的藝術成就，小說涉及 4 代天皇，上下 70 餘年，登場人物 400 多個，其中個性鮮明、性格突出的人物形象有幾十個之多。行文如流水，文風清秀典雅，詩文妙合無痕，結構上前後呼應，令人讚嘆，被推為日本文學的典範。

《源氏物語》是世界上最早的一部長篇小說，比中國第一批長篇小說《三國演義》、《水滸》，以及歐洲的《十日談》（Decameron）早 300 多年。它是探索人生問題的經過集中概括的現實主義小說，代表了日本物語文學的最高成就，奠定了日本文學語言的基礎。它所開創的表現幽情的「心靈文學」傳統，為後世作家繼承，對日本近、現代文學產生深遠而巨大的影響。

1965 年聯合國教科文組織編寫的《世界巨人傳》中，紫式部和但丁（Dante）、歌德（Goethe）等並列為世界文化名人。

紫式部在顛沛失意中度過大半生。她是一位曠世才女，也是一個柔弱紅顏。自古紅顏多薄命，紫式部一生不幸之至。但正是這位不幸的才女在男性雄踞的文壇上，創造出世界上最古老的長篇敘事小說，這不僅是一個奇蹟，也是對當時男尊女卑社會習俗的一個反諷。

浪跡天涯的波斯大詩人 —— 薩迪

「為人不應拘泥於一人一地／地廣天寬／世上人物濟濟／看那卑瑣的人終日困守家門／何不啟程遠行／像鴿子一樣飛向天際？」

—— 薩迪

● 一、人生傳略

薩迪（Sadi，西元 1208 ～ 1292 年）是 13 世紀波斯的著名詩人，也是聞名世界文壇的波斯詩人之一。

他生於伊朗南方名城設拉子的一個下層神職人士家庭，早年喪父，跟隨母親寄食他人籬下，飽嘗孤兒之苦。青年時代，薩迪在他人資助下就學於巴格達最高學府「內扎米耶」書院。大約 13 世紀 30 年代，他離開書院，以一名行腳僧的身分開始了三十年的流浪生涯。他的足跡遍及亞非地區，先後到過埃及、摩洛哥、衣索比亞、印度、阿富汗和新疆。在旅途中，他歷盡艱驗，向百姓們傳經布道，並為後來的文學創作累積了寶貴經驗。1257 年，薩迪結束流浪生涯，返回故鄉。他帶回來的故事詩集《果園》（*Orchard*）使他有了莫大榮譽。國王於是邀請他做宮廷詩人，但他傲慢地拒絕了。

晚年，薩迪隱居在設拉子城效外，從此深居簡出，著書立說，直至去世。

●二、名人事典

　　薩迪是一個具有人道主義精神的作家。他具有一顆愛人的心，他強調人的價值與尊嚴，提倡尊重人和愛護人。他反對暴政而提倡仁政，並強調知識的重要意義，肯定教育在改造社會和人類方面的巨大作用。基於這種思想，詩人作品中，同情人民疾苦，怒斥暴君苛政以及鞭撻社會罪惡往往成了主題。

　　《真境花園》是薩迪千古留芳的作品。這是一部散韻結合的訓誨性的故事集。全書分八章，由 180 個散文故事和 102 首格言詩組成。首先作品中譴責暴君的內容占有很大比重。薩迪認為，人民是「國家的根基」，帝王只有保護人民的義務，沒有欺壓百姓的權利，那些殘酷欺壓人民的暴君一定會死於非命。其次，作品還揭露了法官的貪贓枉法和聖徒僧侶的無恥、偽善。《真境花園》中有一則故事諷刺一個聖徒，他為了抬高身價，在國王召見之前服了一劑使人消瘦的藥物，因而送命。最後，作品中最有價值的東西，是詩人對人生的思考與探索。在宗教勢力猖獗、出世思想氾濫的中世紀，作家意識到人的尊嚴與價值，提出了人應當珍惜今生今世的主張。此外，在作品中薩迪熱情的讚美學識和勞動，把它們看作人生追求的兩個目標。

　　薩迪在《真境園》中對社會的揭露和批判，目的是要消除社會矛盾，探索解決社會問題的途徑。在這部作品中，詩人寫下了許多哲理名言，寓意深刻，發人深思，幾百年來一直為人們傳誦。

　　薩迪一生中最重要的事件是三十年的漫遊，這為他累積了創作素材，也發生了許多傳奇性的故事。

　　一次，他被基督十字軍捉住，被迫在的黎波里挖戰壕，多虧一位熟識的商人路過，用十塊金幣將他贖出。然後商人又把自己的女兒嫁給

他，還贈送了一百金幣的嫁妝。詩人本以為結束了流浪生活，有了一個溫暖的家，誰知妻子竟是個潑婦，把薩迪視為家奴，常常對詩人破口大罵。有一次她竟然說：「若不是我父親花十塊金幣從法蘭克人手裡把你贖出來，你會有今天嗎？」「不錯！」詩人回敬道：「我是他買出來的。可又用一百金幣把我賣給你了。」這位惡妻弄得詩人「毫無幸福可言」，正直倔強的薩迪，豈能忍受潑婦的辱罵？於是他憤然出走，重新過起流浪的生活。

● 三、歷史評說

薩迪在文學藝術上作了獨特的貢獻。他是波斯的語言大師。他的作品語言明白曉暢、自然優美、亦莊亦諧，語句中既閃動智慧的光輝，又飽含詩人的激情。薩迪還在詩歌體裁發展上作出貢獻。他在頌體詩中增加了向統治者諷諭勸諫的內容，給這種體裁注入新的血液；他還提高了抒情詩的地位，為後人創作開拓了道路。

薩迪的詩歌在世界流傳很廣。早在 14 世紀，就有中國歌人演唱薩迪詩歌的記載；他的「亞當子孫皆兄弟」的著名詩句，已被聯合國用作闡明其宗旨的箴言。

1952 年，伊朗政府在設拉子市建造了薩迪塑像。詩人身披僧衣，長髯飄飄，用沉思的目光注視著遠方，彷彿在追憶自己雲遊四方的奇特經歷，也彷彿在低吟那膾炙人口的詩句。無論多麼鮮豔的花朵都將凋謝，無論多麼長壽的人都會死去。然而薩迪卻用才華和筆紙創作出永不腐朽的精神財富 ── 《真境花園》。今天他的身體雖然逝去了，但他的精神卻附著在他的作品裡世代相傳，他正是文學百花園裡一朵永不凋零的薔薇。

為文藝復興披荊斬棘的詩人 —— 但丁

「他是中世紀的最後一位詩人，同時又是新時代的最初一位詩人。」

—— 恩格斯（Engels）

● 一、人生傳略

但丁・阿利吉耶里（Dante Alighieri，西元 1265 ～ 1321 年）是歐洲中世紀向近代資本主義過渡時期最偉大的義大利詩人。

他出生於義大利佛羅倫斯城的一個小貴族家庭。他的高祖曾獲騎士稱號。到他父親時，已經家道中落。但他自幼拜著名學者拉丁尼為師，得到良好的教育。

但丁的大半生都是在政治迫害中度過。當時的義大利處於分裂狀態，黨派之間鬥爭激烈。但丁從西元 1295 年起積極參加政治活動，先後擔任佛羅倫斯百人議會的成員、特使、行政官。其間，他秉公處理黑白兩黨的矛盾，激怒了羅馬教廷。1302 年，黑黨藉助教皇的支持取得政權，但丁遂以反對教皇、貪汙公款等罪名被判罰款和流放。由於但丁拒絕承認強加的罪名，同年又被判為終身流放。並宣稱若仍不服罪，宗教裁判所就要把他活活燒死。但丁無耐，流亡外鄉。後來拉文那（義大利北部著名古城）的君主仰慕但丁的才能，便邀請他到拉文那定居。從此，但丁得以安度晚年，完成了《神曲》（*Divine Comedy*）的創作，並培養了許多學者。

1321 年 9 月 14 日，他身染虐疾與世長辭，拉文那為他舉行了盛大的國葬。

● 二、名人事典

　　但丁的思想與其所處的時代密不可分。十三世紀下半葉的義大利正處於由封建社會向資本主義社會轉變的過程中。封建勢力僵而不死，資產階級隊伍尚需發展，政治上還有待成熟。作為義大利歷史轉折時期的偉大詩人但丁，思想就不可避免地打上了這種時代矛盾的烙印：既有中世紀宗教世界觀的痕跡，又有人文主義思想的萌芽；既反對教會教皇，又強調信仰至上，不反宗教；既要求統一、批判貴族分裂勢力，又擁護皇帝，把帝制理想化。集中表現但丁這種思想的作品即是他的驚世奇作 —— 《神曲》。

　　長篇敘事詩《神曲》原稱《喜劇》，分《地獄》（*Inferno*）、《煉獄》（*Purgatorio*）、《天堂》（*Paradiso*）三部。作品採用了中古夢幻文學形式，敘述但丁在人生中途（35 歲時）在森林裡迷路，危急時刻，古羅馬詩人維吉爾出現，受貝緹麗彩之託搭救但丁，並引導他遊歷了地獄和煉獄，最後由貝緹麗彩親自引導他遊歷天堂。詩人描寫了他在地獄、煉獄和天堂所見所聞的一切。其中地獄是現實情況的反映，煉獄代表從現實到理想必經的苦難歷程，天堂則代表詩人為之奮鬥的理想。

　　全書廣泛地反映了社會現實，緬懷了祖先的輝煌，總結了黑暗的中世紀歷史，展現了新時代曙光，並成為人文主義思想的濫觴。雖然《神曲》具有封建迷信、宗教觀念和唯心主義的局限性，但永不失為一部具有劃時代意義的偉大作品。

　　但丁的創作和他一生中經歷的兩件大事有關，一件是流亡，另一件就是對年輕女子貝緹麗彩的精神戀愛。

　　據說但丁 9 歲時第一次見貝緹麗彩就對這位端莊純潔的小天使產生了愛慕之情。隨著年齡的增長，詩人對她的愛慕越來越強烈，以致刻骨

銘心，至死不忘。後來，這位女孩嫁給了一個銀行家，西元 1290 年，不幸夭亡。貝緹麗彩的去世使但丁痛不欲生。至親好友為了把他從悲哀中解脫，便為其娶親。然而，沒有愛情的婚姻是可悲的，婚後的無限煩惱更喚起了他對戀人的深沉思念。於是但丁懷著深情把西元 1283 至 1292 年為她作的愛情詩歌用散文串連起來，寫成他的第一部文學作品，取名〈新生〉（西元 1292 ～ 1293 年），後來又在名著《神曲》中把她寫成「聖女」形象。

● 三、歷史評說

　　但丁為文藝復興時代的文學發展開闢了道路。他在作品中闡述的政教分離思想為後來的宗教改革提供了思想基礎。他出是中世紀第一個提出個性覺醒和理性覺悟的作家，他以無限的熱情歌頌現實生活的意義，展現了一種強烈的人文主義思想。他是義大利第一位用通俗語寫學術著作的作家，並提出把俗語作為義大利文學中的科學語言，為義大利民族語言的發展奠定了基礎。特別是長詩《神曲》，在思想、藝術都達到了時代的先進水準，被譽為中世紀的百科全書，對後來的世界文學藝術產生了深遠影響。

　　但丁‧阿利吉耶里為義大利的統一奮鬥了一生，他是一位用詩的武器進行戰鬥的戰士。由於秉公執法，他被終生流放。但他認為自己為真理而鬥爭，放逐是光榮的。正是以這種輝煌的創作成就，剛正不阿的高尚品格、反抗邪惡的鬥爭精神，但丁在人民心中修建了一座永恆的紀念碑。但丁不僅屬於義大利，也屬於整個世界。

人曲的歌唱者 —— 薄伽丘

「但丁結束了一個時代，薄伽丘開創了另一個時代。」

—— 桑克提斯

● 一、人生傳略

喬凡尼‧薄伽丘（Giovanni Boccaccio，西元 1313 ～ 1375 年）是義大利文藝復興時期的代表人物、人文主義者、著名作家。

他是佛羅倫斯的一個富裕金融商人的私生子，在父親和後母家裡度過了寂寞的童年。薄伽丘從小愛好文藝，期望成為大詩人。但老薄伽丘不顧兒子志趣，把他送到那不勒斯去習商，六年後改學教會法典，並得以出入宮廷，研讀了大量古代文化典籍，開始文學創作。西元 1339 年，老薄伽丘遭到了經濟上的打擊，薄伽丘不得不結束優閒生活，於西元 1340 年底，回到佛羅倫斯，並投入擁護共和政體的尖銳政治鬥爭，曾多次擔任城邦的外交使節奔走他鄉。晚年薄伽丘在教會迫害下停止了文學創作，潛心研究古希臘文化和各種古代典籍，致力於《神曲》的詮釋和講解。西元 1375 年冬，薄伽丘在貧困和孤獨中離開人間。

● 二、名人事典

一個人的思想產生與他幼年經歷密切相關。首先，薄伽丘從小在市民環境中長大，具有新興的資產階級思想；其次，在出入那不勒斯宮庭期間，他

接觸了大批開明人士和法蘭西的人文主義思想家，接受了他們的進步思想；最後，由於他生活在中世紀的封建社會之中，耳濡目染，思想深處也不免打上了舊意識的烙印。所以薄伽丘思想中充滿了戰鬥激情，要求進步的同時，也常常暴露出消極落後的方面。這就決定了作家在歌頌美好事物、批判封建、反對禁慾主義時，也或多或少表現出不徹底和矛盾的情形。

薄伽丘的這種思想在其代表作《十日談》中有充分展現。

《十日談》起筆於西元 1348 年發生在義大利在一場可怕的瘟疫，美麗繁榮的佛羅倫斯城死屍遍地，喪鐘長鳴，有十名青年男女相約來到鄉間避難。為消磨時日，每人每天講一個故事。歷時十天，共講故事一百個，所以叫《十日談》。作品取材於歷史事件、中世紀傳說、東方故事和宮廷傳聞乃至人們街頭巷尾的閒談。薄伽丘把這些故事以人文主義觀點進行再創造，使它成了一部抒發文藝復興時期自由思想和反映義大利現實生活的傑作。

首先，作者把矛頭指向了當時炙手可熱的天主教會，剝開僧侶們偽善的畫皮，淋漓盡致地寫出他們的醜態，代表了整個時代的批判精神。其次，薄伽丘提出了自己的人文主義思想體系，主張用人性反對神性，反對禁慾主義，讚美婦女，歌頌愛情，抨擊買賣婚姻和門第觀念。這表現了新興資產階級要求擺脫教會約束和封建枷鎖的強烈願望。當然，《十日談》與任何歷史上的優秀作品一樣，有它的局限性，其中有的故事說教氣味很濃，有的則表現了強烈的享樂主義。

薄伽丘創作了《十日談》，向偽善的宗教發出了勇敢的衝擊。然而，在他的身上卻發生了思想改宗的悲劇。這要從作家創作過程談起。

作家寫作當時，黑暗勢力占絕對統治地位，《十日談》創作未完三分之一時，就招來了反動派的誘勸、威脅、辱罵。他們不斷圍攻作者，要他停下筆來。這種情況下，作家雖以極大毅力完成了傑作《十日談》，但

精神始終受著嚴重衝擊。西元 1362 年，一個狂熱而反動的苦修教派僧侶對薄伽丘進行咒罵、威脅、勸誡，給作家思想造成了極大壓力，他逐漸喪失戰鬥鋒芒，最終妥協屈服了。於是他打算「改邪歸正」，徹底拋開了人文主義者的立場，甚至要把《十日談》和其他著作付之一炬。幸而為好友彼特拉克（Petrach）勸阻。

然而，薄伽丘的懺悔和投降並未得到教會勢力的寬恕。他們在作家死後挖掉了他的墳墓，搬走了他的墓碑，並刪改了《十日談》。作家的改宗就這樣成為文學史上的一次悲劇。

● 三、歷史評說

薄伽丘的最大貢獻在於《十日談》。他和前輩的作家不同，他把文藝和現實生活緊密結合在一起，清晰地表達了人民對美好生活的嚮往，對封建反動勢力作了無情的諷刺和揭露。

他還採用故事集的文學體裁寫作，開闢了義大利小說創作的道路，對西歐 16 和 17 世紀現實主義文學產生了很大影響。薄伽丘勇於採用「不登大雅之堂的佛羅倫斯方言」進行創作，這使他與前輩詩人但丁一同成為義大利民族文學的奠基者。他的《十日談》也與《神曲》並峙立兩大高峰，代表了義大利 14 世紀文學的最高成就，也是世界文學中不可多得的傑作。

作為義大利偉大的人文主義者和文藝復興運動的先驅，薄伽丘貢獻是巨大的。他出身商賈，而終生獻給文藝，雖遭孤立和利誘，卻仍然堅持寫作，這種精神是可貴的。儘管晚年他拋棄了自己的信仰釀成悲劇，但這絲毫不影響《十日談》在文學史上的崇高地位和它所產生的歷史進步作用。由於對人性的歌頌，後人譽《十日談》為「人曲」。

寫出法國第一部長篇小說的作家 —— 拉伯雷

「金錢是戰爭的筋骨，智慧是人生的血液。」

—— 拉伯雷

● 一、人生傳略

佛朗索瓦・拉伯雷（Francois Rabelais，約西元 1493 ～ 1553 年）是法國文藝復興時最重要的人文主義作家、知識淵博的學者。

他出生於素有「法蘭西花園」之稱的希農城，是家中的小兒子。拉伯雷自幼接受教會教育，青年時曾在聖方濟修道院做過修道士，受當時人文主義思想影響，熱心學希臘文和哲學，與許多人文主義學者來往，遭到反動勢力迫害。1928 年以後，他漫遊法國，1930 年進蒙彼利埃大學學醫，次年在里昂行醫。不久他根據民間故事寫成《巨人傳》（*Pantagruel and Gargantua*），出版後，遭到反動當局查禁，出版人被當眾燒死，拉伯雷也不得不外出避難。

拉伯雷在與封建社會的抗爭中耗盡了精力。西元 1553 年年初，他相繼辭去了兩處本堂神甫的職務。4 月初，於巴黎孤寂地離開人世。

● 二、名人事典

拉伯雷是一位人文主義者，他的人文主義精神思想在其唯一著作《巨人傳》中有充分展現。

《巨人傳》共分五卷。第一卷寫卡岡都亞出生就會說話，一次能喝
17,913 頭母牛的牛奶，做一件衣服就用了一萬多尺布。他最初接受中
世紀經院教育，越學越傻。後來到巴黎接受人文主義教育，得到全面發
展。當敵國入侵時，他及時趕回，擊退敵人，建立了人文主義者理想的
烏托邦「德廉美修道院」。第二卷寫卡岡都亞的兒子 —— 另一巨人龐
大固埃到巴黎求學，研究各種學問；遇到巴汝奇，巴汝奇協助他征服了
迪普索德國。第三卷寫巴汝奇為解決婚姻中的問題遍訪女巫、詩人、術
士、郎中等人，一無所獲，只有瘋子說了「神瓶」兩個字。第四和第五
卷寫龐大固埃和巴汝奇為探討結婚的利弊，遠涉重詳，尋訪神瓶。他們
先反經過後教皇島、教皇派島、偽善島、盜竊島等地方，遇見許多奇怪
的人。最後他們終於找到神瓶並得到這樣的啟示：「請你們暢飲，請你們
到知識的泉源那裡去，……研究人類的宇宙，理解世界的規律。……請
你們暢飲知識，暢飲真理，暢飲愛情。」

在《巨人傳》中，拉伯雷猛烈批判了神權及宗教勢力的愚昧、虛
偽，以及封建司法制度的腐敗，勇敢地禮讚了中世紀西歐社會進步力量
同黑暗的封建統治進行的英勇鬥爭，總結了當時封建法國的動盪不安的
社會情況，勾畫出了陰險冷酷的專制統治者、假仁假仁的偽君子，虛偽
無知的「學者」們的臉譜，表達了強烈的追求自由和個性解放的人文主
義思想。

拉伯雷的《巨人傳》出版經歷了極為艱難的過程。

西元 1532 年，《巨人傳》剛出版時，為了避免文字之禍，拉伯雷使
用了假名，但作品仍被列為禁書。後來，由於他在醫術和外交方面的才
能，受到宮廷重視，於是在完成作品第三部後，拉伯雷上書國王，要求
「恩准」出版。經國王頒詔，該書於西元 1546 年問世。為了增加保險係

數，生性機敏的作家在卷首特地給那伐爾王后——法蘭索瓦一世的姐姐題了獻詞。那伐爾王后思想開明，酷愛文藝，被法國的人文主義者和新教徒看作最高保護者。拉伯雷此舉正是想喚起她的注意和支持。做了這些後，拉伯雷大膽地在作品上署了真名。但國王的庇佑也未能保住作品的命運。尖銳的批判鋒芒，使作品再次遭禁。拉伯雷的好友、出版商埃季艾姆慘遭極刑，作家本人也逃往他國。但倔強的作家並未停筆，終於在西元 1552 年完成小說第四部，因此被投進監獄，而小說的第五部則是作家去世後的西元 1564 年才得以出版。但是，《巨人傳》受到人民極大歡迎，短短兩個月內銷量就超過《聖經》（*Bible*）九年的銷量。

● 三、歷史評說

拉伯雷多才多藝，學識淵博，不僅是一位傑出的文學家，而且是一位頗富盛名的人文主義者，對醫學、天文、地理、數學、植物、哲學、音樂、建築、法律等方面都有深入研究，是一位博學多才的精神巨人。

《巨人傳》構思統一，處處閃耀著人文主義光芒，形成了一個完整的有機體，開創了長篇通俗小說的先河，是法國文學史上第一部長篇小說，在歐洲長篇小說的發展史上也有奠基意義，歐洲後來的浪漫主義及現實主義作家，都或多或少地受其影響。拉伯雷本人也被人們與塞凡提斯 (Cervantes) 相提並論。

拉伯雷早年就有強烈的人文主義思想，據說他曾衝破教會法規，親手解剖屍體。也因為此他受到殘酷迫害。然而他沒有屈服，以堅強的毅力完成了《巨人傳》。他就像他在作品中描寫的人物一樣，也成了一個精神上的巨人。

獨臂作家、現代小說之父 —— 塞凡提斯

「名人而不遭誹謗，那是絕無僅有的。」

—— 塞凡提斯

● 一、人生傳略

米格爾・德・塞凡提斯・薩維德拉（Miguel de Cervantes Saavedra，西元 1547 ～ 1616 年）是西班牙文藝復興時期最偉大的現實主義作家、戲劇家、詩人。

他出身在西班牙馬德里附近的一個沒落貴族家庭。塞凡提斯雖好學，但因家貧，只上過幾年學。西元 1569 年他曾隨紅衣主教遊歷羅馬等地，閱讀了大量文藝復興時的作品。次年從軍，參加抗擊土耳其帝國的侵略戰鬥，身負重傷，左手致殘。西元 1575 年從軍隊回國途中被土耳其海盜掠去，在阿爾及利亞做了五年奴隸，後被西班牙三位一體會修士贖回國。回國後他一貧如洗，雖當過軍需員和收稅員，但因堅持正義而得罪權貴及教會，多次入獄。在獄中，他開始了《唐吉訶德》（Don Quixote）的創作。

這部作品為作家贏得極高聲譽，卻未改變他的貧困狀況。西元 1616 年，塞凡提斯因水腫病在馬德里逝世，甚至沒有人知道他的墳墓所在。

● 二、名人事典

　　由於長期與下層人民接觸，塞凡提斯對西班牙的現實和人民的思想、生活有較為真切深刻的認識。這種認識使他在作品裡表現了強烈的現實主義特點，散發著民主思想的光芒。

　　長篇小說《唐吉訶德》是作家的代表作。寫的是拉曼卻地方一個窮鄉紳阿隆索·吉哈諾讀騎士小說入迷，便改名唐吉訶德，效仿古老的遊俠騎士，外出遊歷冒險。第一次出遊，他把旅店當城堡，舉行受封儀式。他解救被地主痛打的牧羊童，卻使牧羊童遭到更凶狠的毒打。後來他自己也被一隊商人的騾夫打得遍體鱗傷。第二次出行他說服了貧苦農民桑丘做侍從，其間他把風車當巨人，進行作戰，還把羊群看成交戰大軍，遭到牧羊人石塊的襲擊。接著唐吉訶德解救了一隊被押到海船上做苦工的犯人，犯人卻恩將仇報，偷走了他的衣物。於是唐吉訶德留了一封信決定進山修練，被桑丘設計把他押回家去。第三次外出，唐吉訶德成全了一對相愛的青年男女，桑丘則當上一個小鎮的「海島總督」，並受到小鎮所屬的一位公爵的盡情捉弄，主僕二人離開了那裡，向巴塞隆納前進。途中，他們遇到由大學生加爾拉斯果裝扮的「白月」騎士。唐吉訶德與之決鬥，結果戰敗，只得服從命令，從此停止遊俠活動。臨終之際，唐吉訶德終於恍然大悟，意識到騎士小說的胡說八道，自己中毒太深。他立下遺囑，將財產留給姪女，條件是姪女必須嫁給一個沒有讀過騎士小說的人。三天後，他與世長辭。

　　《唐吉訶德》用摹擬騎士小說的諷刺筆調，否定了荒誕的騎士小說，無情嘲笑了騎士精神和騎士制度，廣泛暴露了邪惡勢力的殘暴，深切同情下層人民的苦難，並讚美了勞動群眾的聰明才智，集中展現了作者的人文主義思想。

　　文學史上，許多偉大的作品都有著艱難的創作過程，《唐吉訶德》就是如此。

　　塞凡提斯回國後貧困潦倒，他的寓所位於最喧鬧的地區。作家書房底下是一個下等酒館，經常有酒徒爭吵、廝打，上方則是難得安靜的妓院。更令人厭惡的是，連線樓下酒館和樓上妓院的扶梯正好穿過書房。塞凡提斯的書桌可以說是「架在酒桶上，踩在腳底下」。就在這樣的惡劣環境下，這位獨臂作家最後完成了《唐吉訶德》。而後西元 1614 年，又有人借化名寫了小說的續篇，歪曲原著，並對作者進行人身攻擊。塞凡提斯異常憤慨，帶病趕寫了第二部，一時轟動西班牙，宮廷市民爭相閱讀，一年內再版六次。據說西班牙國王有一天看見一個年輕人手捧一本書，邊走邊笑，手舞足蹈，便對身邊的大臣說：「他如果不是瘋子，那他一定是在讀《唐吉訶德》。」有個好事的大臣於是派了僕人去問，那青年果然在讀《唐吉訶德》。

● 三、歷史評說

　　塞凡提斯採用過當時各種流行體裁進行創作。他的戲劇作品有二三十種，還有短篇小說集《訓誡小說》（*Novelas ejemplares*，西元 1613 年），然而影響最大的還是《唐吉訶德》。

　　《唐吉訶德》一書廣泛涉及了當時的政治、經濟、道德、文化和風俗等方面的問題，是一部生動反映 16 世紀末至 19 世紀初西班牙封建社會的生活史詩，也對西班牙人民擺脫封建奴役進行了革命的思想啟蒙，成為歐洲最早的優秀現實主義長篇小說，是歐洲長篇小說發展史上的一座里程碑，被馬克思（Marx）譽為「衰落的騎士制度的史詩」。

　　自《唐吉訶德》問世以來，在世界各國共翻譯出版了 1,000 多次，影

響了幾代人。唐吉訶德成為世界人民喜聞樂道的典型形象,成為理論脫離實際的人物的代名詞。

塞凡提斯出身貧寒,一生坎坷。他熱衷於建功立業以創造輝煌的人生,但卻屢遭挫折,多次身陷囹圄;雖生前已譽滿歐洲,但卻一生貧困潦倒,衰弱不堪。然而他為近代小說的發展作出了貢獻,他的鉅著《唐吉訶德》至今仍放射出奪目的光輝,與作家的名字一併為人們熟知,將永遠銘刻在世界文學的豐碑上。

最偉大的戲劇天才，世界文學巨人 —— 莎士比亞

> 「他不屬於一個時代，而屬於所有的世紀。」
>
> —— 班·強生（Ben Jonson）

● 一、人生傳略

威廉·莎士比亞（William Shakespeare，西元 1564～1616 年）是歐洲文藝復興時期英國偉大的戲劇家和詩人。

他出生於英國中部沃里克艾汶河畔的斯特拉福鎮，是個富裕的平民家庭的長子。他的父親是個文盲，從事商業活動，西元 1568 年任鎮長。大約七歲時，莎士比亞入當地文法學校唸書，後因家道中落輟學謀生。西元 1582 年，莎士比亞和他年長八歲的安妮·哈瑟薇（Anne Hathaway）結婚。西元 1585 年，他背井離鄉到倫敦謀生。在那裡，他經歷了西元 1588 年海戰前後全國上下愛國熱情普遍高漲的年代，同時他也由做劇院門口的馬車夫開始，到串演小角色，以至擔任導演，最後熟悉掌握了戲劇工作的整個模式和全過程。西元 1594 年，他在「內務大臣劇團」工作，成為劇團的支柱。這樣，莎士比亞在倫敦逐漸富裕起來。西元 1596 年，他以父親的名義申請的象徵鄉紳地位的家徽獲准，西元 1597 年後，他又在家鄉大置房地產業，西元 1599 年劇團新建「環球劇場」時，他是股東之一。西元 1603 年，莎翁所屬的劇團改為「國王劇團」，他本人也受封為「宮廷侍從」。

西元 1611 年，莎士比亞榮歸故里，並於西元 1612 年封筆。西元 1616 年 4 月 23 日去世，埋葬在當地的三一教堂。

● 二、名人事典

莎士比亞隻身闖倫敦期間，結識了許多具有人文主義思想的青年新貴族和大學生，又由於他與社會各階層保持著廣泛接觸，這使作家追求人文主義思想時，始終關注人民大眾的生活。但莎士比亞這一思想隨著歷史進程的推進，也不斷發生變化，按思想的發展可把他的創作分為三個時期。

第一時期（西元 1590 ～ 1600 年）一般稱為歷史劇、喜劇時期。這時正值伊莉莎白女王統治的極盛時期，經濟繁榮，國力強盛，莎士比亞和當時許多人文主義者一樣，對現實抱樂觀態度。他認為現實中的矛盾可以在英明君主統治下得到解決，人文主義理想可以實現。所以作品中充滿明朗、歡快的基調。代表作有《仲夏夜之夢》（*A Midsummer Night's Dream*，西元 1595 ～ 1596 年）、《威尼斯商人》（*The Merchant of Venic*，西元 1596 ～ 1597 年）等。第二個時期（西元 1601 ～ 1607 年）稱為悲劇期。這時社會矛盾趨於激化，人文主義理想在日益增長的社會罪惡面前變得蒼白無力。莎翁作品中揭露和批判的力量加強，出現了背信棄義、爾虞我詐的罪惡陰影，風格也悲憤沉鬱，進入了創作高峰。代表作為「四大悲劇」，《哈姆雷特》（*Hamlet*，西元 1601 年）、《奧賽羅》（*Othello*，西元 1604 年）、《李爾王》（*King Lear*，西元 1606 年）、《馬克白》（*Macbeth*，西元 1606 年）。第三時期（西元 1608 ～ 1613 年）為傳奇劇時期。隨著社會矛盾的日益尖銳，莎士比亞深感現實與人文主義互不相容，於是開始在幻想境界中尋找烏托邦。於是寬恕和妥協的調子

在劇中占了重要地位。代表作《暴風雨》（ *The Tempest*，西元 1611 年）。

在莎翁劇作中，《哈姆雷特》是最重要的作品。它講述了丹麥王子哈姆雷特突遭橫禍：父親死去，叔父篡位，母親改嫁。一日，父親的鬼魂向他訴說自己死亡的真相，是叔父下毒。哈姆雷特痛苦不已，決定為父報仇。他假借發瘋以迷惑叔父。為了進一步證實叔父謀殺父親，他授意戲搬演了一齣弟殺兄、篡位、娶嫂的戲劇。新國王果然大驚失色。哈姆雷特的母親企圖說服他，但王子責備了母親。於是新國王企圖借刀殺人，派哈姆雷特出使英國。哈姆雷特得知內情半途逃走，回到丹麥，他刺死了叔父，自己也中毒身亡。

這部劇本塑造了哈姆雷特這一文藝復興時期人文主義者的形象。他有敏銳的思考能力和執著的探索精神，感到對世間不平難以容忍，想按照人文主義理想來重整乾坤。他一個一個地處死了宮廷罪人，但最終只是與敵人同歸於盡，未能改變罪惡的現實。哈姆雷特的悲劇是他以個人力量與強大的惡勢力抗爭的必然結果。這一形象反映了英國現實社會與人文主義思想之間的尖銳矛盾，是人文主義者的悲劇，也是時代的悲劇。

許多偶然的事件往往能改變人的一生。莎士比亞就是這樣。

莎翁年輕時精力充沛，喜歡打獵。有一次闖下了大禍。事情是這樣的，距斯特拉福鎮不遠住著一位露西爵士，他愛鹿如子，花園裡養了許多鹿。一天，莎士比亞與幾個好事青年外出行獵經過花園，經不住呦呦鹿鳴的誘惑，便舉槍射殺一隻牝鹿。一向刻薄寡恩的露西爵士自然不會饒過獵鹿人。他把莎士比亞囚禁了一夜，並親自主持審訊，盡情地侮辱一番，第二天早上才將他釋放。前任鎮長之子，年輕氣盛的莎士比亞從未受過這種奇恥大辱，他回到家，把露西爵士的敗行劣跡加以集中，寫

成諷刺詩貼在爵士的大門口。露西爵士氣得暴跳如雷，揚言要告上法庭。為了自由和安全，莎士比亞不得不出走倫敦。

這件偶然事件，改變了莎士比亞的生活道路。從此，斯特拉福鎮失去了一個手藝不高的梳羊毛的人，而全世界卻獲得了一位不朽的作家。

● 三、歷史評說

莎士比亞為後人留下了兩首長篇敘事詩，154 首十四行詩，以及 37 部震撼舞臺的戲劇，這奠定了他在文學史上的不朽地位。

莎士比亞的劇作真實而深刻地反映了文藝復興時期英國錯綜複雜的社會矛盾，表現了時代精神；他創作的一系列典型人物更具有性格的豐富性和複雜性，已被列入世界文學的藝術畫廊；莎劇情節上不受「三一律」限制，以生動豐富、不落俗套著稱於世；他的語言追求口語化同時，融入詩的優美，創造出生動的意象，美妙的韻律，開一代風氣。莎士比亞的劇作總結了前人的經驗，把英國戲劇藝術提高到一個前所未有的高度，使英國文學達到當時全歐的最高水準。他成為世界上最重要的劇作家之一。

如今，莎西比亞研究機構遍及世界各地，莎劇已被譯成 70 多種文字，廣為流傳。在莎翁故鄉上空飄揚著 105 個國家的國旗，以示敬意。莎士比亞的確不屬於一個時代，而屬於所有世紀，屬於全世界。

莎士比亞以劇院門口的牽馬人身分，一步步進入戲劇創作殿堂，他那震撼舞臺的劇作至今還散發著不朽的魅力。他在西方，莎士比亞與荷馬、但丁和歌德並稱為世界四大詩人。儘管後來的有許學者曾對莎士比亞提出質疑，但他們始終無法自圓其說，無法否定莎士比亞在文學史上的崇高地位。

法國古典主義悲劇的創始人 —— 高乃依

「使英雄們說話，使他們行動，他描寫羅馬人。他們在他的詩裡比在歷史上更偉大，更像羅馬人。」

—— 拉布呂耶爾（La Bruyere）

● 一、人生傳略

高乃依（Pierre Corneille，西元 1606 ～ 1684 年）是法國古典主義悲劇的創始人，世界聞名的劇作家。

他出生於諾曼底省魯昂城的一個法官家庭，從小受天主教影響，喜愛拉丁文與雄辯家的著作。中學畢業後，高乃依攻讀法律，兩年後獲法律學士學位。後來，他的父親買了兩個律師職位給她」他，使他過上悠閒舒適的生活，也為他的文學創作提供了條件。當時的魯昂是戲劇出版和上演的中心，在環境影響下，高乃依開始戲劇創作。他以寫喜劇步入文壇，以悲劇《熙德》（Le Cid）成名。其間他曾因職位受到威脅等問題擱筆三年，於西元 1640 年又開始創作。晚年，他獨立不羈的性格在統治者的壓抑的打擊下消逝殆盡，在極度貧困和默默無聞中度日。

高乃依於西元 1674 年停止創作，10 年後，西元 1684 年 9 月 31 日夜裡，這位老人在寂寞中結束了生命。

● 二、名人事典

高乃依的創作原則是：一切都應當是逼真的。他的悲劇大多取材於羅馬歷史，以理性、感情意志、慾望、義務和激情的矛盾為主要戲劇衝突，反映了專制王權極盛時期的時代特點。作品充滿了忠君愛國的思想，人物多是具有堅強意志和高度責任感的英雄。詩句音律鏗鏘，氣勢豪壯。

悲劇《熙德》是高乃依最重要的作品，該劇取材於西班牙傳說。主角羅德里克與施曼娜相愛，施曼娜的父親因妒忌羅德里克的父親當了太子師傅，當眾打了他一記耳光。按照封建榮譽觀，羅德里克必須為父報仇，以挽回家族榮譽，但這樣他又會失去愛情。經過激烈的思想鬥爭，羅德里克殺死了施曼娜的父親。而施曼娜不得不為了家族榮譽請求國王處死自己的愛人。這時適逢摩爾人入侵，羅德里克奉命殺敵，建立了奇功，成了民族英雄，被人稱為「熙德」（意為「將軍」、「首領」）。施曼娜雖為他感到驕傲，但仍被迫再次提出報仇要求，並選定了另一貴族與羅德里克決鬥。國王接受了她的請求，宣布：她將屬於勝者。決鬥前羅德里克向施曼娜表示：為了讓她復仇，自己將在戰鬥中死去。至此，施曼娜不得不吐露真情，轉而用愛情激勵他。英雄受到鼓舞，果然戰勝對手。最後在國王的開導下，施曼娜服喪一年，兩人終於結為夫妻。

《熙德》的內容具有明顯的政治性。劇本所展示的榮譽與愛情的衝突，實際上就是封建思想和資產階級思想的衝突。作者對這一衝突的處理，採取了調和態度，既照顧了封建榮譽觀念，又照顧了個人幸福，展現了新的時代精神，也反映了資產階級對國王的信賴和企望。

高乃依的創作生涯受政治影響很大。他早年曾受宰相黎塞留的賞識，受僱於他進行戲劇創作。但是作家獨立不羈的性格與黎塞留發生齟

齬，終於退出了寫作團隊，開始真正的戲劇生涯。不久，《熙德》問世，得到人民熱烈讚揚，並使黎塞留親自組織編寫的劇本黯然失色。這激怒了對高乃依早有怨恨的宰相，於是藉口作家的劇作違背了「三一律」，授意法蘭西學院對其攻擊。幾個回合，高乃依敗下陣來。這件事使高乃依認識到得罪當權者的危險，於是他逐漸屈服於貴族右翼勢力的壓力，作品也逐漸失去了反映現實的積極因素。到了老年，這位劇壇元老居然變得阿諛奉迎了，他竟對年紀輕輕的國王路易十四（Louis XIV）講出這樣令人肉麻的話：「您指揮，我行動；您命令，我照辦。」但是，瑕不掩瑜，高乃依始終是受人尊敬的偉大作家。有一次他到劇院去看戲，整個劇院大起轟動：演員停止演戲，全體觀眾一齊向他發出暴風雨般的歡呼。

● 三、歷史評說

高乃依是法國古典主義戲劇的創始人，他為戲劇事業奮鬥了整整半個世紀，給後人留下 30 多部題材廣泛，技藝精湛的戲劇珍品，深刻地顯示了 17 世紀法國的社會生活，成為法國文學史上最全面的戲劇大師。他與後來拉辛（Racine）的創作不僅代表了法國，而且代表了歐洲古典主義悲劇的最高成就。

高乃依的代表作《熙德》是古典主義第一部典範作品。它給法蘭西戲劇帶來無尚的光榮，是法蘭西人民真正民族尊嚴的象徵。它上演不久，就被譯成德、英、意、西班牙等文字，風靡歐洲劇壇。

高乃依為法蘭西戲劇事業作出了偉大貢獻，但他本人卻在貴族右翼勢力的壓迫下，逐漸屈服，變得卑微可憐。他晚年在政治和人品上的軟弱絕不能抹殺創作的光輝，但倘若他一生始終保持高傲的人格，也許留給後人的精神財富不止是幾部悲劇吧。

不朽的盲詩人，自由的戰士 —— 彌爾頓

「誰要希望自己能成功地寫出值得稱讚的詩作，就得自己成為一首真正的詩。」

—— 彌爾頓

● 一、人生傳略

約翰・彌爾頓（John Milton，西元 1608 ～ 1674 年）是 17 世紀英國最傑出的詩人，也是英國資產階級革命時期的堅強戰士。

他生於倫敦一個清教徒家裡。父親是一個富有公證人，又是一個學者。這使彌爾頓有條件接受一流的教育。他先後畢業於英國著名的聖保羅學校和劍橋大學，受到人文主義思想的薰陶。少年彌爾頓讀書極其勤奮，常常夜讀到半夜。西元 1632 年，彌爾頓獲得碩士學位後，無憂無慮地回到中產階級頗有積蓄的父親養老的鄉間，埋頭讀了六年。這段學習生涯為他以後的文學創作打下了扎實的基礎。西元 1638 年，在母親死後的一年，彌爾頓得到父親的同意，去歐洲大陸遍訪名勝古蹟。他以文會友，寫了許多拉丁文和義大利文的詩歌。其間他拜訪了偉大的科學家、思想家伽利略（Galileo），他被伽利略威武不屈、貧賤不移的精神，終生鼓舞著。西元 1639 年 8 月，彌爾頓回到家鄉，參加反對國王和教會的鬥爭，發表了許多政論，鼓吹革命主張，成為資產階級革命隊伍中最卓越的政論家。共和國成立後，他被任命為拉丁文祕書，繼續撰寫政論為

革命辯護，駁倒了當時國際最有名的學者沙爾馬修，自己也因積勞成疾雙目失明。王政復辟後，彌爾頓獨居陋巷，備受迫害，但他毫不畏懼，在極困難的條件下口述了三部鉅著〈失樂園〉（Paradise Lost，西元 1667年），〈復樂園〉（Paradise Lost，西元 1671 年）和《力士參孫》（*Samson Agonistes*，西元 1671 年）

1674 年，彌爾頓在貧病中逝世。

● 二、名人事典

彌爾頓的父親是一位思想激進的人文主義者，彌爾頓在學校裡又接受了進步思想的薰陶，這一切使他成為思想革命衝鋒陷陣的戰士。他批判地繼承了文藝復興時期的人文主義思想，從廣泛的經驗中抽出某些基本的、簡單的概念作為自己詩和散文的主導思想，表現人類是自由的，在一定程度上能夠主宰自己的命運。他認為人們在感情衝動時常排斥理智，從而變成激情與衝動的奴隸，然而人類的自制與自強的思想是永遠存在的。這些觀念構成了詩人全部作品的基本主題。

長詩〈失樂園〉是彌爾頓最重要的作品，取材《聖經》，敘述了人類始祖亞當與夏娃，被逐出伊甸園的故事。撒旦原是大天使，他背叛上帝，掀起天上大戰，失敗後被打入地獄火湖。為了報復，他施展陰謀，企圖毀滅上帝創造的人類。上帝知道了這個陰謀，便派天使拉斐爾警告亞當和夏娃。然而夏娃沒有抵制住撒旦所變的毒蛇的誘惑，不僅自己吃了樹上的禁果，又使亞當吃了禁果，違背了上帝的旨意。於是撒旦失去了天上的樂園；亞當和夏娃也失去人間的樂園，從此遭受人間磨難。

詩人透過亞當夏娃的墮落，象徵性地闡釋了英國資產階級由於道德墮落、驕奢淫逸而失敗這一重大歷史事件。但詩人又指出人類還是有希

望的，只要認識自己的罪過，經過漫長的考驗，終究還會有光明的前途。長詩把撒旦描寫成一個集驕傲狂妄、野心勃勃的惡魔與反抗強暴、藐視上帝的英雄於一身的形象，他那種不屈不撓的精神很像當年的資產階級革命者。長詩繼承了古希臘羅馬史詩和悲劇的藝術傳統。規模宏偉、風格崇高，充滿政治激情和時代氣息。

彌爾頓激進的人文思想與他的性格分不開。少年時代的彌爾頓就性格倔強，曾公開反對過自己的導師。

西元 1625 年，16 歲的彌爾頓進了劍橋大學的基督學院。但他對大學並不滿意，他覺得劍橋的課程多半是經院式的繁瑣哲學，教學水準也比聖保羅學校落後。尤其是他的導師查配爾，是反動頭子勞德派分子，視進步思想為毒蛇猛獸。彌爾頓公開反對那種封建陳腐的課程和咬文嚼字的啃書方式，鼓吹要連繫實際，衝破樊籠，到大自然中去。普配爾想竭力驅使自己的學生走上學究式訓練的正路，而彌爾頓卻認為導師拖自己學習知識的後腿，並且在規定的拉丁文作業中插進英語英雄詩體疊句。這處桀驁不馴的作法使他受到處罰，據說還捱了鞭打，以至於被迫離開大學。直到一個學期後，學校當局為他換了個新導師才返回學校，完成作業。

從此，彌爾頓逐漸在拉丁文和詩歌上嶄露頭角。

● 三、歷史評說

彌爾頓是 17 世紀歐洲最偉大的詩人，在英國文學史上的地位僅次於莎士比亞。他以詩為武器，鬥爭終身。他的長詩〈失樂園〉不僅使彌爾頓進入偉大詩人的行列，而且為源遠流長的英國詩歌增加了一座令人仰視的高峰。

彌爾頓在歐洲文化運動中也是一個關鍵性的歷史人物。他既是文藝

復興運動的殿軍，又是啟蒙運動的啟蒙者，是兩大運動的橋梁，他參與政事期間，寫過許多論文和小冊子，為爭取自由和權利，為提高革命人民的信心做出貢獻。

三百多年來，彌爾頓經過時間的考驗，被肯定為不朽的詩人，影響到整個世界。

約翰・彌爾頓一生具有史詩性質，他幼年胸懷大志，要做大詩人；中年投身革命，追求自由與人權；晚年又以驚人的毅力寫出三部鉅著。他以崇高的風格，做為 17 世紀英國革命的豐碑，贏得後人的景仰。

偉大的喜劇詩人 —— 莫里哀

「就他的光榮而論，並沒有缺少什麼；就我們的光榮而論，倒是缺少了他。」

—— 法蘭西學院莫里哀像題詞

● 一、人生傳略

偉大的法國古典主義喜劇作家莫里哀（Moliere，西元 1622 ～ 1673 年）原名讓‧巴蒂斯特‧波克蘭（Jean-Baptiste Poquelin）。莫里哀是他從事戲劇活動以後所用的藝名。

他出生於巴黎一個富商家庭，是家裡的長子。13 歲時，對他寄予厚望的父親把莫里哀送進有名的貴族學校 —— 克萊蒙中學。在那裡他接受了很好的文化教育。中學畢業後，父親又為他弄到了一張法學學士證書。但莫里哀既不願當律師，也不想繼承父業。由於從小愛好喜劇，西元 1643 年他宣布放棄世襲權力並成立了「光耀劇團」，正式開始戲劇生涯。由於劇團經營不善，負債纍纍，莫里哀兩次入獄。父親將他贖出後，他仍不改初衷，西元 1654 年秋，他與幾個志同道合的朋友一起加入了迪福雷納的劇團到外省巡迴演出。這期間他廣泛接觸社會，為以後的創作打下了扎實的基礎。西元 1685 年，流離顛沛 13 年的莫里哀已成為劇團的領導人，他幾乎凱旋式地返回巴黎，並在凡爾賽宮演出，獲得很大成功。當時巴黎上流社會崇尚悲劇，而莫里哀卻發展了喜劇。他的許

多作品揭露和諷刺了貴族和教會的虛偽，正適合當時路易十四的專政王權，得到了國王的支持，榮獲「喜劇詩人」的稱號，他的劇團也被封為「王家劇團」。但由於莫里哀進步的民主思想，晚年的創作越來越強烈地表現出反封建等級觀念的積極思想，這不能為統治階級所接受，於是國王對莫里哀越來越疏遠。

西元 1673 年莫里哀在一次演出後與世長辭。由於天主教不給他墳地，他被埋葬在一個小孩子的墓地。

● 二、名人事典

青年時代的莫里哀足跡踏遍了大半個法國，目睹了教會勢力的猖獗，外省小貴族的敗落和資產階級暴發戶的各種醜態，也了解到鄉間民情。這種經歷加深了他對社會的認識，增進了他世界觀中的民主因素，在後來的喜劇創作中，他始終保持進步的思想，針砭時弊，打擊了貴族和教會的反動勢力，揭露和批判了資產階級的「原始罪惡」和貴族化現象，譴責了封建勢力的胡作非為。作家的這種思想分別展現在他的各個劇作裡，這裡僅講他的《偽君子》（ *Tartuffe*，西元 1644 年）。

《偽君子》是一部揭露教會偽善的諷刺喜劇。劇情圍繞偽君子達爾杜弗披著宗教外衣欺騙、掠奪、陷害巴黎富商奧爾恭一家的罪惡活動展開。達爾杜弗偽裝成虔誠的天主教徒，騙取了奧爾恭的信任，被他當作「良心導師」接入家裡。奧爾恭向他吐露家中祕密，並打算把女兒嫁給他，而他卻去勾引奧爾恭的後妻，還唆使奧爾恭把兒子趕出家門，並立下字據把全部家產轉讓給他。當虛偽面目一暴露，他便凶相畢露，不僅要霸占奧爾恭的財產，還要向國王告發奧爾恭的祕密，企圖以政治罪名將恩人置於死地。最後國王明察實情，寬恕了奧爾恭，懲處了達爾杜

弗。透過達爾杜弗的形象，作者揭露了宗教的欺騙性和危害性。《偽君子》代表了莫里哀創作最高成就，此劇一出即遭多方指責，幾度遭禁。

莫里哀創作了大量喜劇，然而卻無法擺脫人生給予的悲劇命運。他只活了五十一歲，是累死在舞臺上的。

西元 1673 年 2 月 17 日晚上，法國皇家大劇院上演莫里哀劇作《無病呻吟》（*The Imaginary Invalid*），他親自主演阿爾岡。因幾天前受了風寒，本已很嚴重的肺病加重了，莫里哀覺得頭暈目眩，四肢無力。他的妻子和學生都勸他不要登臺，但考慮到劇團 50 個工人等著當天的薪資吃飯，他帶病登臺。他出色而逼真的表演使觀眾沉浸於快樂之中，而他自己卻不斷咳嗽、喘氣，觀眾誤以為這是表演的需求，回報他陣陣掌聲。結果，戲一結束，莫里哀就暈倒了。他被人送回家中，剛一醒來，便連聲劇咳，鮮血從口中噴出，無法止住，並不斷要水喝，他有氣無力地說：「給我……肉湯！」當肉湯端來時，莫里哀已停止了呼吸，此時距演出結束僅四個小時，一個喜劇大師如此悲劇式的死亡，讓人不禁潸然淚下。

● 三、歷史評說

莫里哀是 17 世紀法國最傑出的戲劇家，他一生的劇作甚為豐富，共創作了三十多部喜劇。這些喜劇所反映的時代氣息和反映社會生活的廣度和深度都超出了同時代的作家。他所塑造的人物，從吝嗇鬼、嫉妒蟲到高傲者，都成為世界熟悉的典型人物。莫里哀的創作使法國古典主義文學達到這一時期歐洲文學的最高成就。整個 18 世紀的歐洲喜劇都源出於這位戲劇大師，許多優秀的作家都把莫里哀看作自己的學習榜樣。他的劇本已譯成各種文字在世界廣泛流傳。

　　莫里哀童年時代便對戲劇產生了極大興趣，成年後，他忤逆父意，從事戲劇創作，一生未變。他在戲劇實踐中創造了新劇種 ── 風俗喜劇。這是莫里哀終生的事業，他為之而生，為之而死，並為法國以及整個歐洲戲劇事業的發展，作出了重大貢獻。

十七世紀法國古典主義悲劇典範 ── 拉辛

「這幸福的時代一去不復返了。一切都改變了面貌。」

── 拉辛

● 一、人生傳略

讓‧拉辛（Jean Racine，西元 1639 ～ 1699 年）是 17 世紀後半期法國古典主義全盛時期的悲劇詩人，是古典主義悲劇的代表作家。

他出生在一個小市鎮上的一個官吏家庭。父母早亡，由姑母和祖母撫養，家境十分艱難。但這種坎坷的遭遇使小拉辛因禍得福，迫使他從小背井離鄉，離開那個閉塞陰沉的地方，大展才華。受姑母和祖母影響，他從小進了波爾羅亞爾修道院免費讀書，但拉辛沒有像師友所期待的那樣在修道院過一輩子隱居的生活，西元 1658 年他到巴黎的阿固爾學校攻讀邏輯學，成為一個世俗人。他熱衷於文學，與志同道合的朋友交往，決心把寫作當作自己的終身事業。他曾寫詩祝賀路易十四婚姻，獲得國王嘉許，後來了創作了大量悲劇，致使與波爾羅亞的師友關係破裂。西元 1673 年他被選為法蘭西學院院士，西元 1674 年受任為國王的顧問。但由於他的戲劇抨擊現實過於猛烈，遭到反對派的破壞，被迫擱筆 12 年。從西元 1677 年起，拉辛過著安靜的家庭生活，幾乎不再寫戲。這期間，他做過法蘭西史官，國王侍臣、國王的私人祕書，並三次隨路易十四出征。

西元 1699 年 2 月 21 日拉辛逝世，路易十四表示了深切的哀悼。拉辛的遺體先是葬在波爾羅亞爾修道院的墓地，西元 1712 年遷葬於聖愛蒂安・德・蒙教堂。

● 二、名人事典

拉辛的悲劇的主要思想往往是借古代希臘或聖經故事等來影射和批判當時的封建專制政治和反動貴族的罪惡。這種主題與作家所處的時代和本人經歷是分不開的。首先，拉辛生活的時代，法國君主專制政治日益衰落，資產階級壯大起來，封建貴族和資產階級之間矛盾日益尖銳。其次拉辛少年就讀的學校是深受封建王朝和反動教會迫害的讓森派教派所創立的，所以他對這種階級衝突有深刻的印象，加上早年人文主義精神對他的薰陶，在後來拉辛作品中就自然而然形成了批判封建王權和反動貴族的主題。

拉辛的傑作《昂朵馬格》（*Andromaque*，西元 1667 年）使他登上悲劇劇壇盟主的寶座。這是一部五幕悲劇，取材於古希臘。主角昂朵馬格是英雄赫克託耳的遺孀，特洛伊城陷落後，她成為希臘人愛庇爾國王卑呂斯的俘虜。卑呂斯傾慕她的美貌，想拋棄未婚妻愛妙娜娶昂朵馬格。安德洛克忠貞不屈，但卑呂斯以殺死她的兒子相要挾，無奈她在卑呂斯答應宣誓保護她兒子並幫助重建特洛伊的條件下答應求婚，但暗下決心婚禮一結束便自殺。愛妙娜得知後，妒恨交加，便利用希臘使者俄瑞斯特對她的愛情，唆使他率領希臘士兵殺死卑呂斯。卑呂斯被殺後，愛妙娜悔恨交加，跑到卑呂斯身邊自刎而死。俄瑞斯特因失去了舊日情人，又犯了弒君瀆神的罪行，也發了瘋，而昂朵馬格母子卻倖免於難。

拉辛透過《昂朵馬格》一劇深刻而形象地揭露了國王和貴族們的專橫暴虐和腐化墮落。並把自己感受到的兩大階級矛盾融進了劇本，激起

了有同樣感受的觀眾的強烈反響。此劇一出，轟動巴黎。

許多大作家在創作過程中，常常因集中注意力冥思苦想而忘掉身旁的一切，拉辛就是如此。

有一次，拉辛為構思一部新作品，來到花園，一邊想一邊走，完全沉浸在興奮中，幾乎忘記了周圍的一切，以致緊靠著一片池塘走了十多遍。一位正修剪草坪的園藝匠看到他不修邊幅，神情異常，不禁起了疑心，以為這個人一定是想尋短見，便趕忙跑過去挽住拉辛的手臂說：「先生，您，您可千萬別往下跳啊！」拉辛猛醒過來，對這位好心的園藝工人致謝，解釋自己並非有什麼跳水的意思，並說：「連這旁邊的池塘，我還不曾看到呢！」

● 三、歷史評說

拉辛是法國古典主義全盛時期的作家，也是最符合古典主義創作標準的作家，他遊刃有餘地動用三一律創造出了許多經典悲劇。他更加擅長分析人物內心衝突，並擅長描寫人物之間的連鎖反應，特別對貴族社會婦女的分析更為出色。

拉辛的作品以「屬於他的時代」著稱於世，他的劇作中處處震盪著他所生活的那個嚴峻時代的回聲，呈現出他那個世紀的激烈衝突。他與高乃依並稱古典主義悲劇兩大作家，他們的作品不僅代表了法國，而且代表了歐洲古典主義悲劇的最高成就，為戲劇史譜寫了光輝的篇章。

拉辛出身於教會學校，然而他不顧師長和家人的勸告，不願終生為宗教服務，而熱衷於文學創作，做一個世俗人。於是他開始進行戲劇創作，而這被他的師友們認為是傷風敗俗。但是他仍然堅持走自己路，走得堅決而義無返顧。也正是這種倔強的性格最終使他成為傑出的戲劇家。

西方近代現實主義小說的祖師 —— 笛福

「我預設無意的安排，現在我開始占有這種安排，開始相信一切安排已是最佳。」

—— 笛福

● 一、人生傳略

丹尼爾‧笛福（Daniel Defoe，西元 1660 ？～ 1731 年）是英國最重要的啟蒙作家之一，一生寫出了許多出色的現實主義小說。

他生於倫敦西部的聖賈爾斯教區，父親是個屠夫。笛福一家是拒絕信奉國教的異教徒，因此他心頭從小長出不滿意現實的幼苗。他曾就讀於倫敦近郊開明的紐溫頓學校，笛福一生通曉時務，熟悉列國形勢，並掌握六七種外語，與這段學習生涯密不可分。他 24 歲結婚，兒女眾多，所以常為生計奔波，經營過各種行業，屢遭破產。經商的同時，笛福從事政治活動，寫了不少小冊子，諷刺政府。雖曾得到國王威廉三世（Willem III）讚賞，也得罪了很多上層人士，所以終於被捕入獄，被罰款並戴枷示眾，但卻被倫敦市民視為英雄，得到了花環。後來他因大臣哈萊的疏通得以出獄，以後他參與政治，曾為蘇格蘭、英格蘭兩國會合併奔走。他還替政府大臣在新聞報刊方面出力，創辦了《評論報》，寫了不少有關政治、經濟方面的小冊子。其後又因言論過激三次被捕。直到 59 歲才開始正式創作小說。

笛福一生都在負債中度日，臨死前為了避債不得不離家藏起來，最後死在異鄉。

● 二、名人事典

笛福沒受過太多學校教育，但他一生處在資本主義原始累積正在進行、資產階級政權逐漸鞏固時期，生活使他獲得了豐富知識，他成為新興資產階級的代言人。他熱烈擁護資本主義制度和殖民政策，反對封建殘餘，主張信仰自由，反對宗教歧視，強調資產階級，尤其是商人對國家的重要作用，反對專制和貴族門第偏見。這些觀點在他的作品中都有充分流露。

《魯賓遜漂流記》（*Robinson Crusoe*）是笛福最受歡迎的小說。主角魯賓遜是一個勇於進取、充滿冒險精神的資產者。他雄心勃勃，毅然捨棄了安逸的生活，跨海遠行，結果半生孤獨地飄泊荒島。但是在長達二十八年的荒島生活中，他與大自然作了頑強的鬥爭。先是把沉船上的食物、槍枝等工具運回荒島，並開闢住所；爾後他找到了淡水，從獵禽為食到開荒種田，直至吃上自己做的粗麵包、用上自己製作的家具，還把全部遭遇以日記形式記錄下來。

第十七年時，他在島上打死了外來的食人野人，並救了他們的俘虜。魯賓遜把這個俘虜收為自己的僕人和朋友，取名「星期五」。星期五告訴他還有十七個白人可能遇難，於是魯賓遜便派他偶然救下的一個西班牙人和「星期五」的父親去解救他人。正在此時，一艘內部鬧事的英國船在島上拋錨，魯賓遜解決了船上紛爭並搭船回國。回國後他娶妻生子，成了富翁。然而熱衷於冒險性格再次使他遠行，他來到原先的荒島，發現島上人丁興旺，一片繁榮，便滿意地駕船而去。

《魯賓遜漂流記》塑造了文學史上第一個資產階級的英雄形象。主角堅韌不拔的實幹精神使小說具有巨大的藝術魅力，在群眾中廣泛流傳。

許多作家寫作的靈感，往往由普通的素材觸動引起。而作家用新的觀點提煉素材，往往能點鐵成金，創作出不朽之作，《魯賓遜漂流記》誕生就是這樣。

一次，《英國人》雜誌上有這樣一篇特寫。西元 1704 年一艘英國船隻在南美海域航行，船上一名叫塞爾柯克的蘇格蘭水手與船長發生矛盾，被殘忍地遺棄在一個距離智利海岸 500 英里的孤島上。可憐的水手在島上生活四年零四個月。當著名的航海家渥地士‧羅吉斯發現他時，他已變成了一個不食人間煙火的野人。這件新聞在社會上轟動一時，笛福讀了，興奮地說：「這是一個很好的題材。」於是他以閃電般的速度寫了出來，並經過藝術加工賦予主角勇於冒險，百折不撓的精神，反映了資本主義原始累積時期新興資產階級的精神面貌，頌揚了人與自然鬥爭及勇於進取的冒險精神。小說一問世，就受到人們的熱烈歡迎，這就是我們現在看到的《魯賓遜漂流記》。

● 三、歷史評說

笛福寫作的範圍很廣泛，他的著述涉及政治、經濟，歷史等各個方面，有作品 500 餘種。他曾與 26 家雜誌有連繫，有人稱他為「現代新聞報導之父」。他繼承了文藝復興時期西班牙流浪漢小說的傳統，開創現實主義的回憶錄、遊記和長篇小說體裁，熱烈歌頌了資產者的進取和冒險精神，成為英國現實主義小說的奠基人。

對於一般讀者來說，笛福最大的功績是創作了《魯賓遜漂流記》。它既是兒童文學的經典之作，又是成人文庫中的世界名著。他不僅給笛福

贏得了近 500 個頭銜，而且各種譯本，仿作出了近 700 種，且前此數目仍在增加。

　　丹尼爾·笛福一生富有傳奇色彩，他才華橫溢，思維跳宕，追求冒險。一生因遊戲筆墨四次失去人身自由，而終安然無事。這種豐富的閱歷使他創造出與當時作家不一樣的文字，他有意為中下層讀者寫作，從而贏得了讀者的心。

18 世紀的英國諷刺大師 —— 史威夫特

　　「偉大的功績在君王眼裡算什麼，如果一時你拒絕滿足君王的奢望，即使你從前立過大功也決不能得到寬恕。」

—— 史威夫特

● 一、人生傳略

　　強納森·史威夫特（Jonathan Swift，西元 1667 ～ 1745 年）是英國啟蒙主義文學中最傑出的諷刺作家，也是英國啟蒙運動激進民主主義派創始人、傑出的政論家。

　　他生於愛爾蘭都柏林的一個貧寒家庭，是個遺腹子，由伯父養大。15 歲時，他進了柏林大學，但他對神學十分厭惡，只得到了「特許學位」文憑。畢業後，到鄧潑爾爵士家作私人祕書，接觸到許多名流學者，閱讀了大量書籍。西元 1699 年爵士去世後，史威夫特開始表具有強烈正義感的諷刺論文。後來幾年他做了記者，熱心政治，成了第一流政論家。但他的政治夥伴知道史威夫特的立場遠遠超出了當時英國爭鬥中的兩個黨派，於是把他從倫敦支開。西元 1713 年，他只好接受了愛爾蘭都柏林聖帕特里克大教堂的教長職位，以後的大部分時光皆在此度過。

自西元 1714 年後，史威夫特兩次回訪英國，並於西元 1726 年出版了《格列佛遊記》（*Gulliver's Travels*）。西元 1724 年他患嚴重精神病，於西元 1745 年 10 月在都柏林去世。

● 二、名人事典

史威夫特在思想上是一位激進的英國啟蒙主義者。他的作品常常把批判矛頭指向當時的英國社會，辛辣地諷刺宗教紛爭、宗教迷信和種種宗教制度，猛烈抨擊當時政治的欺騙性及種種社會惡習。他在揭露和批判資本主義上升時期的英國社會方面，超過了與他同時代的一些重要作家，這使他的作品具有巨大的政治意義。

《格列佛遊記》是史威夫特唯一的小說。記載了愛好航海的醫生格列佛在四個國家的奇遇。第一個國家叫利立浦特，是個小人國。這裡面臨兩大危機：強敵入侵和黨內鬥爭，戰爭原因是兩國爭論吃雞蛋應該先吃大頭還是小頭，黨爭原因是兩派鞋跟高低。格列佛幫助他們打敗了敵國，卻捲入了黨爭之禍，不得不逃離此國。作家透過格列佛俯瞰小人社會全貌，批判了英國政治 —— 兩黨之爭以及和羅馬教皇矛盾的實質。

第二個國家是大人國，在這裡透過他們開明的君主對英國法庭、軍隊、教會、議會和財政管理了中肯的批判。不久，格列佛來到飛島。這裡的人成天都在緊張的思考，他們的思想永遠跟線和圓連繫，除了數學和音樂外，他們對其他學問無比遲鈍。他們的房子都蓋得歪歪斜斜，因為應用科學不是他們的研究對象。這裡作家嘲笑了脫離實際的科學。最後一次出海，格列佛來到智馬島。這裡的主人是有智慧的馬，友誼和仁慈是他們的美德，供馬驅使的則是猥瑣野蠻的人類。格列佛在這裡生活三年後被迫返回國，感到人類社會臭氣熏天、骯髒不堪，於是總閉門獨

處，只有在馬廄裡才感到幸福。

在《格列佛遊記》中，作家動用天才的想像，創造了一個個光怪陸離的夢幻世界，反映了 18 世紀前期英國社會的一些矛盾，批判了英國統治階級的腐敗與罪惡，以及英國資產階級在資本主義原始累積時期的瘋狂掠奪和殘酷剝削。

史威夫特不僅在作品中批判社會的黑暗及不合理現象，在現實生活中他也十分關心政治。

西元 1723 年，史威夫特領導了著名的「半便士鬥爭」。那時由於愛爾蘭發行一種半便士新幣，物價猛漲，人民活不下去，便起來抵制新幣。英國首相瓦普爾卻蠻橫地強迫愛爾蘭人民接受。在這場鬥爭中，史威夫特擔任了愛爾蘭人民的代言人和首領，與政府據理力爭。英王害怕釀成暴亂，於是收回了半便士鑄幣的特許狀。愛爾蘭人民歡欣鼓舞，把史威夫特這個英國人視為自己的民族英雄。瓦普爾氣急敗壞，想逮捕他，可卻得到謹慎的提醒：「得先準備一萬士兵護送傳遞逮捕令的人。」

● 三、歷史評說

史威夫特是英國文學史上傑出的諷刺家。當笛福還在為讚美資產階級創業精神高歌時，他卻站在歷史的高度，在資本主義在英國興起不久，還未充分發展之際，就清醒地認識到這個制度的罪惡和給人民群眾帶來的災難，他對當時社會進行的辛辣的諷刺和有力的抨擊，對以後英國文學發展產生了巨大的影響，為英國現實主義小說發展作出了貢獻。後來的菲爾丁（Fielding）、拜倫（Byron）、蕭伯納（Bernard Shaw）等都受到史威夫特的影響。

名著《格列佛遊記》是世界諷刺文學的一部傑作，它極盡諷刺之能

成為諷刺文學的一個里程碑。它也是第一部被譯成中文的西方名著。中國的《鏡花緣》、《老殘遊記》都曾受其影響；魯迅對它更是推崇備至，把它譽為絕品。

　　世界各國的人民都有自己的罵人方式，它們各不相同。然而史威夫特在《格列佛遊記》中極盡諷刺之能，有僅罵了當世社會的不合理現象，還罵了人類社會的虛偽和貪婪，通篇不露髒字，這大概是罵人中的最高境界了吧。

英國小說之父 —— 菲爾丁

「沒有人像他那樣善於揭示人類內心的隱祕,他活著是為了別人,而是不是為了他自己。」

—— 菲爾丁墓誌銘

● 一、人生傳略

亨利·菲爾丁（Henry Fielding,西元 1707 ～ 1754 年）是英國 18 世紀偉大的現實主義小說家和戲劇家,英國現代小說奠基人之一。

他出生於英國西南部薩默塞郡格拉斯頓伯里附近的一個貴族家庭,少年時代過著富裕生活。早年菲爾丁在伊頓中學讀書,閱讀了許多文學作品,為後來戲劇和小說的創作打下扎實基礎。西元 1728 年,赴荷蘭萊頓大學學習語言,因家道中落,一年後輟學。回國後,他決定自力謀生,為倫敦劇院寫劇本,開始了寫作生涯。西元 1737 年,他所辦的劇院被迫關閉,於是轉向小說創作。迫於生計,他 30 歲時學習法律,於西元 1740 年取得律師資格,先後擔任過地方法官、警察廳長。這些生活,為他後來的小說創作提供了廣闊的素材。

菲爾丁青年時身體健壯,後來顛沛流離,病魔纏身。西元 1754 年 3 月,他辭去法官職務,去葡萄牙療養,10 月 8 日客死里斯本。

● 二、名人事典

　　菲爾丁是一位現實主義作家。他的創作摒棄了以前作品中常見的寓言、傳奇、道德說教和宗教神祕色彩，把直接的生活現實作為描寫對象，將錯綜複雜的社會矛盾反映到作品中，並透過日常生活細節的描寫來塑造人物，表現生活本質。在英國進行殘酷的原始累積的當時，菲爾丁以極端的批判態度對待英國統治階級，他的感情完全站在普通人民一邊。但是，他認為解決社會問題的辦法不是透過社會改革，而是透過人們自己的道德改善。

　　《湯姆·瓊斯》（Tom Jones）是菲爾丁的長篇鉅著。小說情節是：棄嬰湯姆·瓊斯被鄉紳奧爾華綏先生收為養子。年輕的湯姆與毗鄰的鄉紳威斯登的女兒索菲亞相愛，但他們的婚姻遇到了障礙：鄉紳威斯登不容許這種有失身分的婚姻。由於湯姆·瓊斯放蕩不羈，所作所為得不到某些人歡心，而奧爾華綏先生的外甥布利菲少年又從中挑撥詆毀，終於使奧爾華綏趕走了湯姆。索菲亞得知後也逃離家庭去尋找湯姆。魏斯頓發現女兒逃走，便率眾追趕。三路人馬都向倫敦而去。他們在路上各經歷了各種冒險事件，湯姆與索菲亞最終相遇，並結成美滿婚姻。最後真相大白，原來湯姆也是奧爾華綏的外甥。他以自己的正直、忠厚、坦率重新獲得了奧爾華綏先生的信任，被立為合法繼承人。

　　《湯姆·瓊斯》把幾條情節線索有機地結合起來，大大激發了讀者的興趣和想像力，提高了全書的趣味性。這種天才的結構能力歷來被人讚賞不已。

　　菲爾丁走向小說創作生涯極富諷刺意味。在他西元 1730 年至 1735 年間創作的 20 幾個劇本中，無情地揭露了資產階級道德的虛偽和政治的黑暗，激怒了當權者。倫敦劇院的老闆們者害怕得罪權貴，拒絕上演菲

爾丁的戲。於是菲爾丁與朋友合買了一個劇團，親自領導並組織自己的劇目。他的喜劇諷刺力使政府吃驚，最初在報紙上政府發出了對他的警告，可是菲爾丁置若罔聞。西元 1737 年 6 月，英國首相瓦普爾專門針對菲爾丁在議會上透過了「戲劇檢查法」，要求劇本上演 14 天前送審，違者罰款並吊銷劇院執照。後來，為了進一步鎮壓擁護菲爾丁劇團的市民，又實行了「擾亂治安法」，使整個倫敦市的市民不敢去看菲爾丁劇團演出。此後，菲爾丁劇院不得不關閉，他的戲劇生涯也被迫結束。菲爾丁就是這樣走向小說創作道路的。

● 三、歷史評說

菲爾丁對文學的最大貢獻是他創作的現實主義小說。他用現實主義手法，處理現實題材，諷刺當時的統治階級和不合理現象，這種創作理論和作品為英國小說和歐洲許多國家的小說發展開闢了新境界。他的創作方法對後來的薩克萊（Thackeray）、喬治·艾略特（George Eliot）及拜倫都產生了深遠影響。

菲爾丁雖只活了 47 歲，但他的作品是不朽的，司各特曾把他稱作「英國小說之父」，蕭伯納也說：「除了莎士比亞，菲爾丁是英國從中世紀到 19 世紀間最偉大的戲劇家。」

雖然，西元 1737 年，由於統治者的粗暴干涉，菲爾丁被迫結束了戲劇生涯、生活也陷入貧困，然而也是這種結束，促使了他另一種開始，他最終成為英國現代小說奠基人之一。看來生活中充滿了許多轉機，一個不幸很有可能成為另一種成功的契機。

傑出的德意志民族詩人 —— 歌德

「只有每天爭取自由和生存的人／才有享受自由與生存的權利」

—— 歌德

● 一、人生傳略

約翰·沃夫岡·馮·歌德（Johann Wolfgang von Goethe，西元 1749 ～ 1832 年）是德國的偉大詩人，「狂飆突進」運動的代表人物，德國古典文學和民族文學的主要代表。

他生於美因河畔的法蘭克福城一個富裕的市民家庭。父親是法學博士，當過該市參議員；母親是該市市長的女兒。他幼年有著良好的家庭環境，從小受過多方面教育，西元 1765 年，歌德遵從父親的意願到萊比錫大學學習法律，西元 1770 年，又到斯特拉斯堡大學學習。歌德是個天生的浪漫主義詩人，七十年代前期，他成了「狂飆突進」運動（1770 年代德國文學青年掀起的一次反封建的文化思想運動）的代表人物。其成名作《少年維特的煩惱》（*The Sorrows of Young Werther*）即誕生於此時。西元 1775 年深秋時節，歌德應魏瑪公爵的邀請，到魏瑪先後任樞密顧問和首相等職。但宮廷中的虛偽和角鬥使他感到厭倦，遂於西元 1768 年 9 月悄悄逃往義大利。西元 1788 年，歌德返回魏瑪，後來提任魏瑪宮廷劇院領導，並與席勒建立了親密的友誼，此後他們密切配合，共同促進了德國古典文學的繁榮。

晚年的歌德埋頭寫作，過著隱居生活。他寫完《浮士德》（*Faust*）第二部以後，不久身患傷寒症於西元 1832 年與世長辭。根據遺囑，他的遺體與席勒的遺體一同葬在魏瑪的宮墓中。

● 二、名人事典

歌德生活在大歐洲政治、經濟、文化不斷發生變化的時代，歌德的思想適應這個時代的特點，是新興資產階級進步知識分子的典型。早在大學時期，他就接受了哲學家史賓諾沙（Spinoza）的思想，促進了他唯物主義世界觀的形成。「狂飆突進運動」更形成了他強烈的反封建、反教會、追求個性解放的精神。他的世界觀的核心是人道主義，但他有時也有沉溺愛慾、「執著塵世」的消極思想。這些思想在他的代表作《浮士德》中有充分反映。

詩劇《浮士德》代表了十八世紀歐洲文學的最高成就。全劇內容由兩次賭賽引起。在「天上序幕」中，魔鬼靡非斯特與天帝打賭，他認為中世紀學者浮士德正陷入對一切不滿的絕望深淵，此時向他伸出魔手，引他墮落、背離天帝，定能成功。於是魔鬼來到浮士德的書齋，與浮士德打賭訂約：魔鬼做浮士德的僕人，供他驅使、滿足他一切欲望，但浮士德有朝一日滿足生活而停止探索，說一聲「你真美呀，請停留一下！」他就失敗了，生命從此結束，靈魂歸魔鬼所有。詩劇集中描寫了浮士德探索所經歷的五個階段：知識悲劇和愛情悲劇（第一部）、政治悲劇、追求古典美的悲劇、追求古典美的悲劇和事業悲劇（第二部）。最後浮士德雙目失明，但他仍雄心勃勃，聽到為他掘墓的鎬頭聲，還以為是群眾在挖溝築壕進行創造性勞動、不禁滿意地說：「停一停吧，你真美麗！」但浮士德所說一瞬間，不是惡魔用享樂將他迷住的瞬間，而是他實現為人

民造福理想的一瞬間。所以魔鬼無法占有他的靈魂，天使下降，將浮士德的靈魂帶往天國。

這部詩劇圍繞浮士德形象的發展、探索過程，對現實作出了廣泛而深刻揭露與批判。作品中有對宮廷社會的抨擊、對教會罪惡活動的描繪，對當代德國一般資產階級的精神面貌的描繪和對資本主義的金錢勢力及其他罪惡的揭發，肯定了人的探索精神和追求理想的活動，也表現了歌德對於現實的深邃了解。這部作品中現實主義與浪漫主義相結合，是一個色彩繽紛的藝術總匯。

歌德一生經歷了十多次戀愛，這些感情經歷對他的創作產生很大影響，名著《少年維特的煩惱》的創作就與此有關。

1792 年初夏，歌德遵從父命到韋茨拉爾高等法院實習。不久，在一次舞會上對年輕姑娘夏綠蒂一見鍾情。夏綠蒂也鍾情於歌德，但她不願拋棄原來的未婚夫。於是在歌德向她表白愛慕時，她委婉地訴說了自己的苦衷。為了夏綠蒂，歌德懷著深深的痛苦離開了韋茨拉爾。他剛到家，就聽見夏綠蒂結婚的訊息，接著又聽到他的朋友耶路撒冷愛上了一個有夫之婦，最後失戀自殺的事情。不愉快的事接踵而至，使歌德陷入痛苦的深淵不能自拔。於是他埋頭寫作，只用四個星期的時間便寫成了《少年維特的煩惱》。此書一經問世，立即轟動歐洲，掀起「維特熱」。甚至有人模仿小說的主角自殺。為此，在本書再版時歌德不得不在扉頁上題詩說：

「請看，他出穴的精靈在向你耳語，

做個堂堂的男子漢，不要步我後塵。」

● 三、歷史評說

歌德一生為後人留下了大量的珍貴文學遺產,其詩歌、戲劇、小說及傳記等作品,在世界各國廣為流傳。他的文學成就展現了德國人民精神生活和語言的統一,他對德意志民族意識的形成做出了決定性貢獻,他的作品啟發了德國人民族意識的覺醒,因此他是德意志的民族詩人,為德國文學雄立世界各民族文學之林奠定了基礎。

歌德的許多鉅著早已為全世界人所熟悉,尤其是《少年維特的煩惱》和《浮士德》得到各國讀者的高度評價,所以他也是世界各國人民的詩人。

歌德一生從事文學創作,研究自然科學,並參與政治活動。他在「狂飆運動」中登上文壇,整整60年,用心血譜寫出一部歐洲形象的斷代史。他以自己的方式度過了人生,並與另一位大詩人席勒並稱18世紀德國文壇的雙擘。

倔強堅強，不畏貧病的民主作家 ── 席勒

「上帝降臨的時候，什麼裝飾和體面的頭銜都會一錢不值，只有心卻
比什麼都高貴。」

── 席勒

● 一、人生傳略

約翰·克里斯多福·弗里德里希·馮‥席勒（西元 1759 ～ 1805 年）
是 18 世紀德國著名詩人和劇作家，「狂飆突進」運動的先驅。他和歌德
一起開創了德國文學的「古典時期」。

他生於德國施麗本地區的符騰堡公國的內卡河畔的馬爾巴哈。他的
父親是一位軍醫，母親是麵包師的女兒，9 歲時席勒進入拉丁學校讀書，
很快學會希臘文、希伯來文。13 歲時，他被迫進入有「奴隸培訓所」之
稱的軍事院校。但他一直熱愛文藝，並很早就開始文藝創作。西元 1781
年他以劇本《強盜》（*The Robbers*）一舉成名，但他因在觀看這個充滿
「狂飆」精神的劇作演出時，因擅離職守被公爵關了禁閉，並受到不準再
寫作的警告。席勒無法忍受這種封建專橫，於 1782 年逃出公國，到處流
浪成為著名歐洲的德國「狂飆突進」的傑出代表。西元 1785 年，他移居
萊比錫。西元 1787 年他又來到魏瑪公國，被任命為耶納大學歷史學副教
授。西元 1791 年初，他辭去工作，回魯多爾養病。西元 1792 年因進步
創作獲法國國民會議頒發的法蘭西共和國榮譽公民證書。西元 1795 年，

他與歌德建立了深厚友誼，二人合作到席勒去世。西元 1799 年，席勒遷居魏瑪，完成了他最後的優秀作品。

席勒一生勤勞，不停寫作。早年貧病交加，命運多舛，後來雖經濟好轉，但身體已累垮，時常舊病復發。西元 1805 年 5 月 9 日晚上，席勒死於肺病，葬於魏瑪宮壙中。五年後，歌德也葬於此。兩墓相鄰，共塑二友雕像，合稱歌德席勒墓。

● 二、名人事典

席勒早年曾進軍事學院，8 年囚徒式的生活，激發了他對專制統治的憎恨和對自由的渴望。其間他還偷偷地閱讀莎士比亞和啟蒙大師的著作，接觸了民主思想，後來的「狂飆運動」也使席勒受到了鍛鍊，這一切培育了他思想的形成，使得他的創作有著強烈的革命色彩和叛逆精神，傾向性十分明顯，具有反封建，反教會，追求個性解放的精神。

《陰謀與愛情》（Intrigue and Love）是席勒的代表作。劇中故事發生在一個小公國裡，宰相的兒子裴迪南愛上了音樂師的女兒露易絲。由於門第懸殊，還由於鞏固自己權勢的需要，宰相反對兒子的戀愛，並逼兒子娶公爵的情婦，而這時情婦與公爵依然有曖昧關係。裴迪南不從，宰相設下陰謀，把露易斯的父親關進監獄，脅迫露易絲向宮廷侍衛長寫假情書，以此作為釋放她父親的條件。為了救父親，女孩只好照辦。裴迪南以為露易絲背叛了自己，盛怒之下把露易絲毒死，自己也服毒自盡。臨死前，露易絲才說出真相。

這部悲劇充滿現實主義的深刻描寫，刻劃了封建統治階級和市民階層的人物，以及介於兩者之間的裴迪南的形象。其中人物性格複雜化，較少「傳聲筒」傾向。揭露和控訴了封建統治階級的殘暴、腐朽與墮

落，讚揚了市民階級的道德與尊嚴，被恩格斯稱為「德國第一部有政治傾向的戲劇」。

席勒不慕虛榮，創作熱情很高，總是想盡一切辦法促進自己寫作。

據說席勒寫作中有一個怪習慣，喜歡一邊寫作，一邊聞爛蘋果味。一次歌德來找席勒，恰巧席勒不在，女主人請他稍待片刻，歌德便在主人書桌上寫點雜記。他慢慢地感到一種又酸又黴的氣味陣陣襲來，幾乎暈了過去。後來他發現怪味來自身旁的一個抽屜，開啟抽屜，卻大吃一驚，原來裡面全是爛蘋果。席勒的夫人走進來，講起了爛蘋果的祕密，原來席勒覺得爛蘋果的氣味對他寫作有益，常常有意裝滿一抽屜。

席勒專心致志，認真寫作的態度給了歌德很大的影響，後來哥德對席勒說：「你給我第二次青春，使我作為詩人而復活了。」

● 三、歷史評說

席勒不但是偉大的戲劇家和詩人，而且是一位偉大的哲學家、美學家、歷史學家。他與歌德聯袂構成了德國近代文學史上最輝煌的一頁 ——「古典主義」時期。建立的合作達到了德國近代資產階級進步文學的頂峰，發展了反封建、反教會，要求個性解放的時代精神，形成了民族文學的人道主義傳統，奠定了現實主義的美學基礎，為世界文學作出了巨大貢獻。

席勒以其勤奮的筆耕和孜孜不倦的學習精神，為人類留下了一份彌足珍貴的文化瑰寶。

席勒短暫的一生中歷盡顛沛流離的苦楚，嘗遍了貧病交加的磨難，他整個命運和文學創作，使他後來與歌德一起成為德國民族文輝煌時期的一對雙星。

能與莎士比亞相提並論的淑女作家 —— 奧斯丁

「文學口味的翻新影響了幾乎所有作家的聲望，唯獨莎士比亞與奧斯丁經久不衰。」

—— 艾德蒙·威爾遜（Edmund Wilson）

● 一、人生傳略

英國著名小說家珍·奧斯丁（Jane Austen，西元 1775 ～ 1817 年）生於英國南部漢卜夏郡的牧師家庭。她父親是教區長，母親是位思想敏捷的太太。

奧斯丁在一個和睦相愛的多子女家庭中長大，年齡相近的孩子們經常在家裡演戲、演奏音樂，舉行朗誦會，她從七歲到九歲期間曾跟姐姐上過住宿學校，時間很短。她父親是個淵博的學者，藏書很多，這使奧斯丁從小博覽群書，從幼年起就積極的錘鍊自己的語言。她從 12 歲到 17 歲不間斷地寫作，還煞有介事地把它們「獻」給家裡成員。長大些，奧斯丁參加舞會和親友家的各種喜慶宴請，也時常旅行，長她三歲的姐姐是她一生中最親密的伴侶，她倆一輩子形影不離。在這種英國紳士生活環境裡，奧斯丁的日子緩緩流過。

奧斯丁一生大部分時間在鄉下度過，終身未嫁，從未外出謀生，也沒有什麼危機打破她生活的緩流。西元 1813 年，她發表了代表作《傲慢與偏見》（*Pride and Prejudice*），一舉成名。

　　西元 1817 年 5 月重病的奧斯丁前往溫斯特求醫，不久去世。臨終時照顧她的人問她要什麼，她回答：「死亡，此外一無所求。」

● 二、名人事典

　　奧斯丁本人的生活沒有什麼鉅變，但她平日不聲不響的觀察與思考，不斷磨練自己的機智幽默和爐火純青的語言藝術。她曾說：「（小說）不過是這樣的作品：它們展現了智慧的偉大的力量；作者用最精確的語言向世界傳達了對人性的最徹底的了解，而且巧妙地描述了其中豐富多采的各個方面，文中充滿了最活潑的機智和幽默。」奧斯丁知道自己的局限，善於在自己熟悉的小天地裡發揮自己的特長，寫出了時代特徵。

　　《傲慢與偏見》是奧斯丁最受歡迎的小說。小說圍繞著班奈太太如何把五個女兒嫁出去的主題展開，小說主角伊麗莎白出身於小地主家庭，卻為豪門子弟達西所愛。但他們兩人之間誤會重重，開始達西極為傲慢，在舞會上拒絕與伊麗莎白共舞，於是在另外一次舞會上，伊麗莎白以同樣的方式報復了達西。在後來的家庭互訪、膳食、舞會中，達西與伊麗莎白不斷的展開舌辯。伊麗莎白憤怒地拒絕了達西自信和帶著優越感的求婚。達西拂袖而去，第二天送來一封信答覆她的責難。伊麗莎白讀完信後十分後悔，覺得自己對達西有偏見。第二年夏天，他們在彭伯里莊園相遇，終於消除了誤會，並衝破達西姑媽凱瑟林夫人的阻撓幸福的結合了。作者還寫了伊麗莎白的幾個姐妹和女友的婚事、以此與女人公理想的婚姻相對照。小說中男主角富有而驕傲，代表傲慢，女主角年輕而任性，代表偏見。小說既反對為金錢而結婚，又反對把婚姻當兒戲，比較強調感情對於締結理想婚姻的重要性。作品情節曲折、生動幽默，是一部社會風俗喜劇傲作。

奧斯丁一生大部分時間在鄉下度過，周圍的村民從未意識到她的小說家身分，奧斯丁也有意隱瞞，她只有在沒人時才伏在一張小桌上寫作，外面一旦有響動，她便急忙收好稿子，裝作做家務的樣子。她的寫作主要在起居室進行，為了自己的寫作不被僕人、客人以及本家以外的任何人發現，她用小張紙寫作，並準備了吸墨水紙，以便把剛寫在稿紙上的字消去。她房間的門一開便會嘎嘎吱吱作響，但她從不讓人給折葉上油因為這正是很好的報警器。奧斯丁的創作就這樣與自己的日常生活交融在一起。

　　如今，奧斯丁的住所已成為一個博物館，那扇會響的門還儲存著，表達人們崇敬之情和獨特的紀念方式。

● 三、歷史評說

　　奧斯丁是一個以描繪日常平凡生活中平凡人物見長的小說家，她創造了一群具有永久魅力的人物形象，流露出超越歷史時代的對人性的透視。奧斯丁的作品在暴露、嘲諷中仍舊保留著喜劇風格，令人既受到思想上的啟迪又獲得精神的愉悅，成為社會風俗喜劇佳作，她本人也被稱為「散文中的莎士比亞」。

　　奧斯丁以其作品在世界文學史中占據著穩固的地位。她的名作《傲慢與偏見》除以它精雕手法和諷刺天才，給予 19 世紀乃至現在許多作家營養外，還成為當時婦女的必讀書目，這部小說後來還被改編為戲劇、電影，進入文學史上的經典行列。

　　奧斯丁一生平淡無奇，但她博覽群書，在自己短暫而平凡的一生中達到了對生活的深刻透視。她的出色描寫，根植於平日對生活的細膩觀察和深沉的思索。在英國作家中，唯有她享受與莎士比亞相提並論的殊榮。就像她臨終的遺言，除了留給世人一筆無比寶貴的文學遺產，她自己一無所求。

生前寂寞的心理小說家 —— 司湯達

「我的幸福，值得我本人去爭取的，我今天的生活，絕不是我昨天的
生活的冷淡的抄襲。」

—— 司湯達

● 一、人生傳略

司湯達（Stendhal，西元 1783 ～ 1842）是法國 19 世紀傑出的批判
現實主義作家。原名馬利·亨利·貝爾（Marie-Henri Beyle），司湯達是
筆名。

他生於法國南方格勒布林城一個富裕的律師世家。7 歲喪母，自幼
與父親感情不和，由信奉伏爾泰（Voltaire）的外祖父教養成人。西元
1796 年司湯達入當地中心學校學習，他興趣廣泛，努力攻讀法國文學和
哲學，對莎士比亞的詩劇和「百科全書」派的著作愛不釋手。西元 1799
年司湯達來到巴黎，次年入軍政部任職。從此，他除有幾年離職潛心攻
讀外（西元 1801 年～ 1806 年），一直追隨拿破崙（Napoleon）的軍隊南
征北戰，和當時許多青年一樣崇拜而羨慕拿破崙。

西元 1841 年，波旁王朝復辟後，司湯達僑居義大利達七年之久，並
開始步入文壇他把義大利看作自己的第二故鄉，甚至在墓誌銘上將自己
戲稱為「米蘭人」。後來由於他支持義大利人反對奧地利壓迫者的鬥爭被
驅逐出境。西元 1821 到 1830 年，司湯達住在巴黎，過著清貧的寫作生

活。西元 1830 年七月革命後，出任義大利教皇轄區一座小城的領事，直到去世。

西元 1842 年 3 月 22 日，司湯達去參加一個大型宴會，途中突然中風不省人事，次日與世長辭。葬在蒙瑪特公墓，只有三人餐加葬禮，墓誌銘由本人生前擬好，寫道：「亨利‧貝爾，米蘭人。寫作過，戀愛過，生活過。」

● 二、名人事典

司湯達幼年時代，在外祖父的直接培養下，曾大量閱讀歐洲啟蒙思想家的作品，後來在學校激進派教師影響下，進一步學習了唯物主義哲學。正是在啟蒙思想和法國大革命氣氛的薰陶下，司湯達形成了進步的世界觀。縱觀司湯達的作品，在宗教方面，他是唯物論者；在政治方面，他既是波旁王朝的激烈反對者，又是資產階級唯心論者；在文學方面，他倡導走莎士比亞道路，反對古典主義美學，強調文學應走現實主義道路。

《紅與黑》（*The Red and the Black*，西元 1831 年）是司湯達的代表作，它的副標題是「1830 年紀事」。故事發生在波旁王朝復辟時期，主角於連‧索黑爾為了錦繡前程，透過教會的階梯往上爬，在老神父幫助下，他進了市長德‧瑞那先生家當家庭教師，不久與德‧瑞那夫人發生曖昧關係。事情敗露後被迫轉入神學院學習，後又被介紹到巴黎極端保王黨要人德‧拉‧木爾侯爵手下當私人祕書，很快得到了侯爵的賞識和重用，成為保王黨上層貴族、高級教士的忠實爪牙。後來他成了侯爵女兒瑪特爾的情人，瑪特爾懷孕後，侯爵不得不承認既成事實，準備給他一塊地產，並使他成為貴族。這時，教會一手策劃的告密信揭發了他的過

去，使他的飛黃騰達毀於一旦。氣憤之下，於連開槍射傷了被教會特務逼迫寫告密信的市長夫人，被判死刑。於連在監獄裡經歷了一種根本變化，他悔恨而孤傲地反省了自己短暫而複雜的一生，在法庭上，他大聲宣布，他不乞求任何恩惠。因為，他清楚地意識到，那些證明他有罪的人才是真正的罪犯，他們對自己的懲處，僅僅是因為自己出身低賤。於連死後，瑪特爾埋葬了他的頭顱，德·瑞那夫人也離開人世。

《紅與黑》透過一位平民青年野心膨脹與破滅的悲劇，揭露了保王黨和反動教會復辟封建專制主義舊秩序的陰謀，深刻地表現了七月革命之前法國社會歷史的本質特徵。通常，人們都認為書名中的「紅」是象徵拿破崙時代的軍服，「黑」是王政復古年代的僧侶黑衣。也有人以為，紅是德·瑞那夫人的鮮血，黑是瑪特爾的喪服。更有人猜想，紅與黑象徵賭盤上的黑點紅點，而輪盤則象徵人生的遊戲。

司湯達在寫作上十分謙虛，他喜歡把自己的文稿給別人看，並希望別人不客氣地批評。

他有一條座右銘：「誰只要做『白紙上寫黑字』這一行，別人說他笨拙，就不應該驚訝或動氣。」他在創作中，切實遵照這條座右銘，對別人批評從不惱怒，總是冷靜思考，認真研究。有好幾次，他請人看的稿子被加了許多評語，甚至加上討厭之類的不恭之詞；還有的書出版後，幾乎被人嘲諷得一無是處，他也從不計較、生氣，仍然同那些批判家保持良好關係。

著名作家梅里美（Merimee）讚揚他說：「我沒有見過任何人在批評時比他更坦率，或者接受朋友的批評比他更大方正直。」這是對司湯達人格的確切評價。

● 三、歷史評說

作為法國 19 世紀傑出的批判現實主義作家，司湯達以其進步的思想傾向，對當時社會階級關係和典型性格進行了深刻的描寫和出色的刻劃。他的文學觀為法國 19 世紀現實主義文學奠定了理論基礎。他寫的許多作品充分表現了這種現實主義精神，具有很高的文學價值。

司湯達的名作《紅與黑》在心理描寫技巧上遠遠超過了同時代作家。它開創了後世「意識流小說」、「心理小說」的先河。後來的許多作家紛紛仿效這種所謂的「司湯達文體」，使小說創作發展到注重心理刻劃、情緒抒發的現代形態。後人因此稱司湯達為「現代小說之父」。

100 多年來，《紅與黑》被譯成多種文字，並被多次改編為電影、戲劇，主角於連也為世界人們熟知。法國現在有專門研究司湯達的學問 ——「司湯達學」，還有專門的研究刊物 —— 《司湯達俱樂部》。

司湯達一生嘗遍了生活各種滋味，對革命歲月的懷念，對復辟王朝的仇恨，對少年戀情的追憶，這些激發了他寫作的靈感。他生前清貧寂寞，他的作品幾乎無人重視，本人也幾度絕望企圖自殺。然而隨著時間的流逝，作品經受了時間的考驗，越來越受到後人重視。這個生前寂寞的作家，在死去 50 多年後，譽滿全球。

勇敢無畏的鬥士，憤世嫉俗的浪漫詩人 ── 拜倫

「自由啊，你的旗幟雖破而仍飄揚天空。」

── 拜倫

● 一、人生傳略

喬治‧戈登‧拜倫（George Gordon Byron，西元 1788 ～ 1824 年）是英國十九世紀初期偉大的浪漫主義詩人。

他生於倫敦，屬於英國貴族中一個古老但已破落的家族。拜倫幼年喪父，由母親教養。10 歲時繼承了家族的爵位和領地，成為第六世勛爵。他天生跛足，這種缺陷使他異常敏感和痛苦。為了與顯赫的身分相配，他先後進入貴族學校哈羅公學和劍橋大學學習，在那裡，他一面廣泛閱讀文史哲著作，一面過著閒散放蕩的時尚生活。20 歲前後他到歐洲大陸和地中海沿岸的遊歷了兩年，這段經歷為以後的創作累積了重要資料。回國後拜倫開始政治活動，以一個反對派的面目出現在上議院中最終激怒了英國反動統治集團。被迫於西元 1816 年永遠離開了英國。西元 1816 至 1817 年拜倫在瑞士度過，與另一位詩人雪萊（Shelley）結下了深厚的友誼。西元 1817 至 1823 年，拜倫客居義大利，進入畢生創作最輝煌的時期。

西元 1823 年夏天，正當詩人創作《唐璜》（*Don Juan*）時，從希臘傳來反土耳其鬥爭高漲的訊息。他立即停筆，前往希臘，傾囊資助希臘

人民的民族解放鬥爭。第二年在沼澤地患熱病去世。他逝世的 4 月 19 日
希臘宣布為國哀日。

● 二、名人事典

　　拜倫求學期間深受啟蒙主義思想的薰陶，成年以後，又逢歐洲各國
民主民族革命興起，這些都深深地影響了詩人，使他形成了反對專制壓
迫，支持人民革命的進步思想。於是他的詩歌中充滿了獨立、熱情、奔
放與不妥協的精神。他的詩歌辛辣地諷刺現實社會，如狂濤厲風，盪滌
著一切陋習。

　　抒情敘事詩〈恰爾德‧哈羅爾德遊記〉（Childe Harold's Pilgrimage）‧
是拜倫的代表作之一。是詩人根據兩次出國遊歷的見的聞和觀感寫成
的。全詩共四章，4700 多行，以第三人稱描寫主角哈羅爾德的遊歷，抒
情中主角又不斷以第一人稱在長詩中出現，或評論時政，或懷古撫今，
或歌詠大自然，或進行哲理性的沉思議論。長詩的第一章主要寫西班牙
人民在拿破崙鐵蹄下的苦難、反抗和對自由解放的渴望。第二章主要寫
希臘人民的光榮歷史和在土耳其奴役下的悲慘生活，指責東方暴君的無
恥、凶狠。第三章主要是對拿破崙歷史功過的思考和對法國大革命及其
先驅者盧梭（Rousseau）、伏爾泰的追憶，號召人民拿起武器，與歐洲
反動勢力進行鬥爭。第四章主要透過對義大利光榮歷史的歌頌，來對照
在奧地利統治下的現實苦難，並激勵人民為自由解放和民族統一而繼續
鬥爭。

　　長詩的中心是民族解放鬥爭，主題是反對侵略和奴役，讚美被壓迫
民族的反抗鬥爭。哈羅爾德這一形象概括了當時歐洲那些雖不滿現實，
卻又尋找不到出路，因而變得憂鬱、悲觀，染上所謂「世紀病」的資產

階級知識分子的思想特徵，具有典型意義。其中，他的孤獨、憂鬱、悲觀和冷漠的性格特徵，形象地反映了拜倫這一時期世界觀中的消極因素。

拜倫一生與他的政治活動緊密相連。西元 1816 年他離開國家表面是由於謠言，實際是英國統治階級的驅逐。

西元 1811 年，拜倫從國外遊歷回來，恰逢英國工業區發生以搗毀機器為口號的工人運動 —— 路德運動。英國政府派兵前往鎮壓，並想制定法案，把罷工和破壞機器的工人判處死刑。西元 1812 年 2 月 27 日，當這項殘酷的法案提並上議院透過時，作為議員的拜倫昂然起立，當發表了早已準備好的演說，為路德派工人辯護，反對政府的鎮壓措施。然而議會不顧拜倫單槍匹馬的抗議，悍然透過了血腥法案。幾乎與此同時，拜倫在《紀事晨報》上不署名地發表政治諷刺詩，譴責英國政府把機器看得比人命還貴重。過了將近兩個月，拜倫在國會又發表了第二次演說，痛斥了英國統治者對愛爾蘭人民的壓迫政策。

拜倫的叛逆行為，使他與英國的反動統治集團結下了無法調解的仇恨。於是他們利用拜倫的不幸婚姻製造謠言，整個輿論把名噪一時的詩人看成寒誓背盟、亂倫棄妻的罪人，政治界更把他定為叛國者。面對著倫理與政治的兩把不公正刀子，拜倫憤然離開了全世界反動勢力的支柱 —— 英國，終生沒有回來。

● 三、歷史評說

拜倫卓越的詩歌創作是歐洲文學界的一面光輝旗幟，有力地支持了法國大革命後席捲全歐的民族革命運動。他的作品中充滿了東方情調和異國氣息的華美想像和激情，是英國浪漫主義文學的傑出代表。後人評

價他是「19 世紀最偉大的天才」、「思想界的君王」、「浪漫主義詩人中最『現代』的一個」。

拜倫既是位才華橫溢的詩人，又是勇敢無畏的鬥士；他在疆場上叱吒風雲，在情場中流連忘返；他恃才傲物、憤世嫉俗、玩世不恭。正當他英勇地企圖恢復希臘古代的自由與光榮時，不幸逝世。他的死給希臘人帶來了悲痛，給土耳其人帶來了狂喜，給英國人帶來了震驚。他廣泛地被人模仿著、崇敬著、辱罵著。他的詩所產生的社會影響，遠遠超過了文學領域，無數為自由和民族解放而鬥爭的志士們無不從他的精神和行動中汲取奮進的力量。

天才的預言家，勇敢的叛逆者 —— 雪萊

> 「冬天已經到來，春天還會遠嗎？」

—— 雪萊

● 一、人生傳略

珀西・比希・雪萊（Percy Bysshe Shelley，西元 1792 ～ 1822 年）是英國 19 世紀前期與拜倫齊名的浪漫主義詩人。

他生於英國蘇塞克斯郡的一個貴族家庭。祖父是男爵，父親當過國會議員，思想保守。雪萊少年聰穎，8 歲能詩，10 至 12 歲在賽恩學館學習，12 歲入伊頓公學，西元 1810 年進入牛津大學，因宣揚無神論，於西元 1811 年被開除。不久，他又出於同情娶了受家庭虐待的赫利埃特（Harriet），被父親逐出家門，從此成為英國上流社會排擠的對象。此後他開始積極參與愛爾蘭反英鬥爭。西元 1814 年雪萊訪問葛德文（Godwin），並與葛德文女兒瑪麗（Mary）相愛，不久與志趣不合的赫利埃特離婚，與瑪麗結合。這種進步的愛情婚姻觀招致了英國反動當局無體止的責難與迫害。西元 1818 年，英國法院剝奪了雪萊對子女的教養權，雪萊寫下〈致大法官〉一詩憤然離國。西元 1816 年 5 月到瑞士，結識拜論，兩人駕艇互訪，結下深厚友誼。9 月雪萊回英國。西元 1818 年 3 月，雪萊前往義大利。在這最後的歲月中，詩人寫下了許多不朽名著。

西元 1822 年 7 月 8 日，雪萊泛舟返回斯貝齊亞海灣城鎮勒里奇住所

時不幸遇難。傳說詩人遺體燒盡後，只留下一顆心是完整的，人們說這顆心是金子鑄的，所以它才能關心別人比關心自己更甚。

● 二、名人事典

雪萊從小就具有叛逆思想。在伊頓公學期間，他便醉心於閱讀狄德羅（Diderot）、伏爾泰、霍爾巴赫（Holbach）等人的著作，這些對法國大革命產生過強烈影響的啟蒙思想家的著作，促使了雪萊反對壓迫奴役、追求自由民主思想的形成。後來英國思想家威廉・葛德文（William Godwin）的《社會正義》（*Enquiry Concerning Political Justice*）一書也給雪萊十分重要的影響，他一生抨擊不合理的社會制度，主張用教育改革社會，又主張純潔自由的愛情的思想與此書密不可分。這些叛逆的思想在雪萊詩歌中有所展現，他的詩作抗議代替了因襲，抒情代替了說教，恣肆代替了拘謹，極富浪漫主義色彩。

詩劇《解放了的普羅米修斯》（*Prometheus Unbound*）是雪萊的代表作。取材於希臘神話和埃斯庫羅斯悲劇。神王丘庇特（宙斯）奴役著追求自由與知識的人類，又因普羅米修斯為人類從天上偷盜智慧之火，囚禁了這位曾幫助自己奪取王位的功臣普羅米修斯。但普羅米修斯堅毅勇敢，追求自由，即使被鎖在懸崖上也決不低頭。他的英勇、頑強的氣概感動了大自然的力量，才被脫去鎖鏈。他的解放也象徵著人類的必然解放。這部詩劇熱情讚揚了人類從奴役中解放以後的新生，同時深刻地指出一切暴力統治者必然陷入深淵的可恥下場，預示了革命一定會到來，人民對專制暴力壓迫的反抗鬥爭也一定會勝利。對於民族解放運動正在高漲的歐洲，這無疑是一個熱情的號召與天才的預言。詩劇想像豐富，內容廣闊，充滿幻想和朦朧的形象，成為積極主義的典型劇作。

在生活中，拜倫是雪萊的好朋友凡是想了解拜倫的人，就一定要了解雪萊，凡是想了解雪萊的人，也一定要了解拜倫。這兩位詩人的交遊在世界文學史上傳為佳話。

西元 1816 年，來到瑞士的雪萊結識了拜倫。相通的思想、相似的經歷、共同的追求以及相同的才華橫溢使他們一見如故。兩人在日內瓦湖畔住下，一起泛舟、遊覽、吟詩。雪萊佩服拜倫詩才豪放，拜倫喜愛雪萊的純潔無邪。他們都從對方身上看到自己的不足而互相傾慕。據說一天拜倫與雪萊泛舟水上，突起暴雨，小船勢將傾覆，不會游泳的雪萊紋絲不動穩坐船頭，鎮定自若，這種驚人的膽略使拜倫讚賞。而又一天拜倫把剛寫就的《恰爾德·哈羅爾德遊記》第三章朗誦給雪萊，雪萊聽得如痴如醉，更加佩服拜倫的詩才。

兩位詩人朝夕相處，形影不離，在氣質上互相補充，思想上互相影響。然而不幸的是，雪萊過早的夭亡了。

西元 1822 年 7 月 8 日雪萊在從比薩的拜倫住所乘小船返回時暴風突起，舟沉身死。10 天後，屍體在海濱出現。拜倫參加了葬禮，親手把香料、鹽和酒灑在摯友的遺體上，默默地凝視烈火將遺體火化。當一代詩才頃刻間化作一堆骨灰時，拜倫抑制不住內心悲痛，脫掉上衣，瘋狂向大海奔去，用他特有的方式，向雪萊表示深切哀悼。

● 三、歷史評說

雪萊是熱情的政治詩人，他猶如詩壇上的普羅米修斯，以堅韌不拔的精神同反動邪惡勢力勇敢鬥爭，滿腔熱情地向被壓迫人民和被奴役民族傳播革命火種。雪萊也是優秀的抒情歌手，他歌唱自然、愛情、人生和理想，表達了對自由、民主、光明、幸福和美的熱烈追求，給予人積

極向上的鼓舞力量和淨化靈魂的藝術享受。雪萊的詩作和雪萊的精神，影響了各國一代又一代的戰鬥者，朝著光明與愛不斷前進，直至如今。

雪萊的創作極大的豐富了英國的文學寶庫，他在英國讚美革命，抨擊舊傳統的浪漫派詩壇上，占有極其重要地位，對後世詩歌的發展產生了深遠影響。

雪萊是一位抒情詩人，他一生都寫作抒情詩，他的長詩、詩劇，甚至政論，無不充滿著抒情味，他的作品正如其人，純潔而明淨。雪萊是一曲未完的歌，正當他的詩才像鮮花一樣怒放的時候，不幸早逝了。人們在他的墓碑上寫著：「珀西・比希・雪萊，眾心之心。」

詩國中歌唱革命鬥爭的海燕 —— 海涅

「一棵松樹北方，孤單單生長在枯山上。冰雪的白被把它包圍，它沉沉入睡。」

—— 海涅

● 一、人生傳略

海因里希·海涅（Heinrich Heine，西元 1797 ～ 1856 年）是 19 世紀德國著名的民主主義詩人、文藝批評家和政論家。

他出生於萊茵河畔杜賽爾多夫城的一個貧苦的猶太家庭，父親是呢絨商人，母親受過良好的教育。海涅童年時代的教育主要由母親負責。青年時代，他寄居在伯父家，愛上堂姐阿瑪利亞，這成了他早期詩歌的主要內容，但寄人籬下的生活和對戀愛失望，給他的創作抹上了憂鬱的色彩。西元 1819 至 1823 年，他先後在波恩大學和柏林大學學習法律與哲學，親耳聆聽過德國浪漫派首領詩人史雷格爾和大哲學家黑格爾的講課。這段大學時期是海涅詩歌創作的鼎盛年代，奠定了他在歐洲文壇上的地位。西元 1824 年，海涅來到歌丁根大學，並於西元 1825 年在此獲得法學博士學位。此後他越來越關注現實中的政治鬥爭。七月革命後，海涅到達巴黎，結識了文藝界傑出人士巴爾札克（Balzac）、蕭邦（Chopin）、大仲馬（Alexandre Dumas）、雨果（Hugo）、李斯特（Liszt）、喬治·桑（Georges Sand）等人，決定為溝通德法兩國文化作貢獻。1843

年，海涅回國探望生病的母親，這次旅行為海涅提供了長詩〈德國，一個冬天的童話〉的素材。返回巴黎後結識馬克思，兩人成為莫逆之交。1848 年以後，海涅身患重病，但仍堅持寫作。

西元 1856 年 2 月 17 日，寶劍終於從垂死的戰士手中掉落，偉大的詩人、戰士、思想家、革命家海涅於巴黎逝世。

● 二、名人事典

海涅出生地離德法邊界不遠，西元 1795 年拿破崙軍隊對這一地區的占領，促進了自由、平等、博愛思想的傳播，所以從童年起，海涅就接受了法國資產階級革命思想的影響，決定了他一生思想與創作發展的方向。而後來海涅親眼所見親身經歷的德國人民特別是猶太人民蒙受的深重災難，更增強了革命信念和決心。這種政治思想的逐漸堅定也促進了詩人創作由浪漫主義向現實主義的轉化。他的詩作反映了封建專制下個性受到壓抑以及前途渺茫的苦悶，也陳述了自己對共產主義的看法，呼喚了革命早日到來。

詩人的代表作〈德國，一個冬天的童話〉是一部「詩體旅行記」。長詩以壓抑萬物生機的嚴冬和隸屬夢幻境地的童話為標題，一開始便把諷刺揭露的矛頭直指向德國的社會現狀。全詩 27 章，按詩人的旅行足跡，逐章對普魯士統治下德國的檢查制度、封建政體、教會勢力、軍隊狀況、分裂局面乃至統治者的心態，進行無情的揭露和批判。它把普魯士的關稅人員嘲諷為一群只熱衷於「私貨」的「蠢人」；把普魯士的軍隊譏諷為一幫逃兵；把勸人忍受塵世苦難以企求天國幸福的天主教會痛斥為禁錮人民思想的「巴士底獄」；把象徵封建制度的國徽上的鷹形容為一隻「醜惡的凶鳥」。詩人指出，改變德國現況必須動用革命的手段。作品深

刻揭露了德國社會的腐朽和黑暗，指出德國反動制度必然滅亡的趨勢，表達了詩人對建立新的德意志的美好嚮往。長詩把現實主義內容與浪漫主義形式有機結合，使讀者在受到藝術感染的同時，在認識現實生活方面也受到深刻啟迪。

海涅不僅是一位詩人，也是一名戰士。他在詩人的桂冠和戰士的利劍中選擇了後者。他身體多病，然而卻一直以驚人的毅力堅持戰鬥到最後。

早在 30 年代，海涅上身便已出現癱瘓的跡象，健康狀況每況愈下，頭痛和眼病折磨著他。西元 1848 年 2 月革命爆發時，海涅的鍵康狀況已瀕於全面崩潰的地步。5 月，海涅最後一次出門上街，從此完全癱瘓，在被他稱作「褥墊墓穴」的病床上躺了八年之久。這期間，作為進步的民主主義者，他的信仰始終沒有動搖。他以驚人的英雄氣概與病魔鬥爭，以口授的方式寫下了詩集《羅曼採羅》。西元 1848 年革命失敗後，許多詩人不再歌唱革命，而重病纏身的海涅卻一直歌唱，直到生命最後一刻。海涅早就這樣問過：「我不知道將來我的棺材上是否有資格放上一頂桂冠？」他自己回答道：「但是，放一把劍在我棺材上吧，我是人類自由戰爭中的一名勇敢的武士！」

西元 1856 年，海涅病逝，在他的遺稿裡留下這樣的豪邁的詩句：「我是利劍，我是火焰！」

● 三、歷史評說

海涅是德國最偉大的抒情詩人，他的許多愛情短詩優美動人，在一代又一代的世界青年中產生了巨大的影響。然而他不僅是一個歌唱玫瑰、荷花、愛情的夜鶯，更是一個呼喚革命風暴的海燕。他目光犀利，

思想深邃，在許多政治詩中對革命鬥爭表現出極大的熱情。海涅既是詩人，又是民主戰士，他一生追求民主主義精神，始終走在革命潮流的前列，即使病入膏肓之時，也沒有停止過革命的歌唱。他的許多詩作被李斯特、孟德爾頌（Mendelssohn）等大作曲家譜成 5,000 餘首動人歌曲，傳唱不衰。

海涅的一生除創作大量驚才絕豔的詩歌外，還撰寫了一系列關於宗教、哲學、文學、音樂、繪畫、政治等評論。這些作品都貫穿了民主主義的崇高理想，表達了對德國封建專制的厭惡及對黑暗現實的批判。

海涅的創作極大地豐富了德國文學寶庫，被認為是歌德以後德國最重要的詩人。

俄羅斯文學之父 ── 普希金

「只要月光下的世界上還有一個詩人／我的聲名將永垂千秋。」

── 普希金

● 一、人生傳略

亞歷山大‧謝爾蓋耶維奇‧普希金（Alexander Sergeyevich Pushkin，西元 1799 ～ 1837 年）是俄國偉大的民族詩人，俄羅斯近代文學的奠基者和俄羅斯語言的建立者。

他出生於莫斯科一個沒落的貴族家庭，父親崇尚法國文化，叔父是個詩人，家中藏書很多，富有文化氣氛。童年時代普希金由法國家庭教師管教，保母又培養了他對民間創作的興趣，因此他酷愛文學，八歲便開始寫詩。

西元 1811 至 1817 年普希金就讀於彼得堡皇村學校，畢業後進外交部任職。這期間，他參加了文學團體「綠燈社」，並創作了一系列詩篇鞭撻專制暴政。這引起了沙皇的憤怒，他被流放到俄國南部。四年後，由於他與南俄總督關係惡化，再加上一封反宗教的書信被政府查獲，西元 1824 年 7 月，再次被流放到他父親的莊園。

十二月黨人起義失敗後，尼古拉一世為籠絡人心於 1826 年秋把詩人召回莫斯科。但普希金始終忠於十二月黨人的理想，並在作品中對封建等級制度和貴族階級的殘暴進行了有力控訴。這種進步思想威脅著沙皇

專制制度。於是在一次敵人陰謀安排的決鬥中，普希金身負重傷，於西元 1837 年 1 月 26 日在彼得堡逝世。

● 二、名人事典

　　普希金一生叛逆，嚮往獨立和自由。他的叛逆和嚮往獨立思想的形成與幼年成長的環境有極其重要的連繫。

　　首先，普希金出身於古老的曾顯赫一時但已失去往日豪富的貴族家庭。他的祖父在西元 1762 年葉卡捷林娜二世與彼得三世的奪權中，因站在彼得三世一邊而獲罪。他的家族正是由於歷史關頭的幾次錯誤抉擇，而一步步沒落。這種叛逆性傳統在詩人的記憶中留下不可磨滅的印象，對其叛逆思想的形成有著不可估量的影響。其次，普希金雙親追求安逸的生活，由於母親的冷漠和家庭教育的鬆弛，詩人童年時便產生了對自由強烈嚮往和渴望獨立的性格。最後，早年詩人接受了法國啟蒙思想，結交了一些未來的十二月黨人，這也促使了進步思想的形成。

　　普希金的進步思想促使他創作出一系列不朽的文學名著，這裡介紹一篇。

　　詩體長篇小說《葉甫蓋尼‧奧涅金》（*Evgeny Onegin*），以奧涅金與達吉雅娜的感情糾葛為主要事件，成功地塑造的奧涅金這一俄國貴族社會中「多餘人」的典型。奧涅金是當時貴族青年的典型，他厭惡貴族社會虛偽，而又無力自拔，他不願虛度一生，但又找不到生活的目標而毫無作為。作者透過這一形象表達了那個時代的俄國青年的苦悶、不幸和悲哀，提出了貴族青年的生活道路問題，從而曲折地反映了專制農奴制的危機和一代人的探索與覺醒。與之相對，女主角達吉雅娜是詩人心中美的化身，她純樸、崇高、真摯、美麗，道德上高於庸俗的貴族，永遠

忠於自己高貴純潔的天性。以致最後拒絕了奧涅金的求愛，被譽為「俄羅斯婦女的聖像」。

《葉甫蓋尼・奧涅金》廣泛而真實地展現了俄國社會生活，有「俄羅斯生活的百科全書和最富有人民性的作品」之稱。

普希金的一生命運與他桀驁不馴的性格緊密相連。

詩人的妻子岡察洛娃（Goncharova）容貌傾國傾城，她與詩人真誠相愛，但她的美貌引起了尼古拉一世的垂涎，於是沙皇先賜給詩人宮廷近侍的頭銜，又私拆詩人寫給妻子的信件，並公然誹謗他。這傷害了詩人的自尊心和聲譽，引起詩人的震怒和反感。

西元 1836 年冬，敵人製造的謠言在彼得堡傳開，他們說法國貴族丹特士在追求岡察洛娃，企圖傷害岡察洛娃的名譽，並侮辱普希金。詩人忍無可忍，為維護名譽，他約丹特士決鬥，沙皇政府不但不加制止，反而慫恿。西元 1837 年 1 月 27 日，決鬥在黑溪進行。這是一個寒冬的黃昏，地下還有積雪。普希金走到障礙物，端槍瞄準，而丹特士還未走到障礙物便開槍擊中詩人腹部。詩人應聲倒地，終於還了一槍。丹特士栽倒了，詩人歡呼：「好啊，他死了！」但是丹特士只受了輕傷。

普希金被抬到家中，對決鬥一無所知的岡察洛娃悲痛欲絕。西元 1837 年 1 月 29 日，因傷勢過重，這位偉大的詩人的心臟停止了跳動，年僅 37 歲。

● 三、歷史評說

普希金是俄羅斯最偉大的詩人，除了創作大量詩歌，他在散文、小說、戲劇和童話領域都有傑出貢獻。他的作品深刻地反映了俄羅斯人民在沙皇專制下的生活面貌，照亮了一代又一代進步青年的行程。他建立

了俄羅斯文學，把文學從上流社會的消遣品中解放出來。他把書面語、口語和民間語言結合起來，從而革新了文學語言，為俄羅斯文學的繁榮創造了極好條件。

　　普希金開創了俄國文學的新時代，他不僅是俄羅斯浪漫主義文學的傑出代表，也是俄國現實主義文學的奠基人，被譽為「俄羅斯的太陽」，是 19 世紀世界詩壇的一座高峰。

　　普希金作為俄羅斯偉大的民族詩人，集中展現了人民要求民族尊嚴、國家獨立、社會進步的願望和心聲，他對本國作家的巨大影響無人能比。他叛逆、桀驁的性格是他創作的激情，也是他一生飽受迫害的根源。他的不朽貢獻永載史冊，鼓舞後人前進。

記錄法蘭西社會的優秀書記員 —— 巴爾札克

「他和國家的星星在一起，熠耀於我們上空的雲層之上。」

—— 雨果

● 一、人生傳略

奧諾雷‧德‧巴爾札克（Honore de Balzac，西元 1799 ～ 1850 年）是 19 世紀法國批判現實主義的小說家，也是法國批判現實主義的文學奠基人和最偉大的作家之一。

他生於法國古城圖都爾的一個中等的資產階級家庭，出生後不久便被送到附近的鄉村寄養。8 歲到 13 歲就讀於旺多姆學校，過著極其嚴格的幽禁生活。巴爾札克沒能享受到家庭生活溫暖，童年生活的痛苦使他終身難忘，為後來從事文學創作提供了素材。西元 1814 年，他來到巴黎，先學法律，隨後在訴訟代理人和公證人事務所當見習生，透過形形色色的案件，了解到當時社會的內幕。父母希望他能當一名律師。但從小酷愛文學的巴爾札克卻總去巴黎大學聽文學講座。西元 1819 年 8 月，他在幾乎跟父母鬧翻的情況下，毅然搬進貧民區的公寓，開始拚命寫作。早期他寫過悲劇和長篇小說，都未成功。西元 1825 年他轉向經營印刷廠出版古典作品，以失敗告終，以致負債累累，終身窮困。這段經歷雖使巴爾札克喪失了爭錢奪利的勇氣，卻豐富了他的寫作經驗累積。西元 1829 年，他的《朱安黨人》問世，走向現實主義創作道路，此後他用

畢生精力創作了有「社會百科全書」之稱的《人間喜劇》（*Comedie Humaine*）。

西元 1850 年 3 月巴爾札克與神交 17 年的漢斯卡（Hanska）夫人結婚，8 月因心臟病發作逝世。葬在巴黎拉雪茲神父公墓。他的未完作品後來由妻子續完。

● 二、名人事典

巴爾札克一生經歷了雅各賓專制、拿破崙專政、王朝復辟及七月王朝統治，也目睹了幾次聲勢浩大的工人運動，生活在法國歷史上矛盾衝突極其尖銳的年代。這種矛盾深深影響了作家的思想。他痛恨金融資產階級專政，揭露貴族階級腐朽無能，同情勞動人民的苦難。但他對中央集權和發展實業競爭的君主立憲政體長期嚮往，對貴族階級的歷史衰亡又始終同情，對勞動人民群眾的歷史作用也一直缺乏正確認識。可是作家主要是個唯物論者，他始終遵循著現實主義的寫作方法，於是這許多矛盾在現實主義的大旗下得到了統一，忠實地記載了資產階級和貴族階級的興衰史。

〈高老頭〉（Father Goriot）是《人間喜劇》這個藝術整體的中心點。主角高老頭是資本主義社會中「父愛」的悲劇典型。他年輕時用政治投機和糧食生意大發橫財。他愛兩個女兒勝過愛金錢，用鉅萬的陪嫁作為條件，使她們當上貴婦，自己感到無比欣慰。但兩個女兒揮金如土，負債累累，如吸血鬼一樣，向父親要錢還債，最後高老頭一貧如洗，病死在一家破爛的小公寓。彌留之際，他呼天搶地渴望見見女兒，但她們都推辭不來，反而盛裝豔服地「踏著父親的身體去參加舞會」。高老頭死後由拉斯蒂涅埋葬，而拉斯蒂涅是從外省來到巴黎讀書的大學生，他原想

刻苦攻讀，做一個正直的法官。但巴黎上流社會的黑暗現實教育了他，使他最終成為權位和財勢的追逐者。

巴爾札克透過高老頭與拉斯蒂涅這兩個典型形象，著重揭露資本主義金錢的罪惡，上層社會的腐朽，人與人關係的冷酷，展現了封建貴族的日趨沒落，資產階級的上升得勢，為我們勾畫了一幅波旁王朝復辟時期法國社會的生動圖畫。

藝術作品的創作往往與藝術家的某種嗜好相連繫，巴爾札克創作過程中，唯一信賴和不可缺少的東西就是咖啡。

巴爾札克喝咖啡的歷史，是從他創作開始之日開始到創作完成之日結束的。巴爾札克把自己當成一座時鐘，而給時鐘上發條的「鑰匙」就是咖啡。為了讓自己爭分奪秒地寫作，他不得不用咖啡刺激神經。為此他把咖啡調製得濃黑有力，而且為保持效力，有時還在其中摻合藥物。他常常不惜穿過巴黎幾個街區跑到很遠的藥店去採購，他把咖啡看成比吃飯睡覺還重要，總把煮咖啡的用具帶在身邊，即使在狼狽躲債，反覆搬家時，也從未丟棄過咖啡壺。

巴爾札克的一生嘗盡了咖啡的甜頭，也嚼夠了咖啡的苦頭。每一部作品，都是流成河的咖啡澆灌出來的花朵。咖啡促進他辛勤勞動，也嚴重損害了他的健康。他曾說：「我將死於 3 萬杯咖啡。」果然，慢性咖啡中毒成為他的死因之一。

● 三、歷史評說

巴爾札克是法國最偉大的作家之一，他極大豐富和發展了現實主義的創作方法，他提出的強調文學的真實性、典型性、社會性的文藝觀，不僅深刻、系統地奠定了批判現實主義文學的理論原則，而且在許多方

面都超越了他的以前和同時代的人。

巴爾札克留下的文學鉅著《人間喜劇》包括 91 部作品，真實而生動地反映了社會劇烈變革時期的法國社會生活，為世界文學人物長廊增添了許多動人的人物形象，成為世界文學中規模最宏偉的創作之一，也是人類精神勞動最輝煌的成果之一。巴爾札克以其《人間喜劇》成為當時法國社會出色的書記員。

奧諾雷‧德‧巴爾札克天資不高，但他少懷大志，終身勤奮，他曾在書房拿破崙的小像上寫下這樣的座右銘：「我要用筆完成他用劍所未完成的事業。」他用正確的文藝觀彌補了自己思想中的不足，他的《人間喜劇》如同一座雄偉而光輝的紀念碑，矗立在文學史上，而他的名字則在碑頂閃閃發光。巴爾札克不僅屬於他的時代，也不僅屬於法蘭西民族，他是全人類的驕傲。

他是一個風流才子，也是法國最受歡迎的通俗小說家 —— 大仲馬

「這位作家強大有力、熱情奔放，有如奔騰的洪流一樣豪放不羈。」

—— 愛德蒙·阿布

● 一、人生傳略

亞歷山大·大仲馬（Alexandre Dumas，西元 1802 ～ 1870 年）是法國著名小說家和戲劇家，是一位以通俗小說傲視文壇的作家。

他誕生於法國北部的維萊科特雷。祖父是一位侯爵，父親仲馬將軍是一個堅定的共和主義者，但是大仲馬父母早喪，他未得到任何遺產，生活貧困。他在 10 歲前上過幾年小學，後來在戲劇和小說上的成就，除了他獨具天賦外，主要靠刻苦自學。西元 1822 年大仲馬來到巴黎，在公證人事務所當見習生。西元 1823 年在奧爾良公爵辦公室當抄寫員。西元 1825 年開始寫劇本，後來加入以雨果為首的浪漫派行列。西元 1829 年巴黎上演了他的《亨利第三和他的宮廷》，引起轟動。大仲馬憎恨復辟王朝，他參加了西元 1830 年七月革命，西元 1831 年任砲兵副連長。由於他的共和觀點，當局曾企圖逮捕他，於是出國遊歷。四十年代他開始同別人合作，為報刊撰寫連載小說，逐漸成為法國最受歡迎的通俗小說家，西元 1848 年革命時期，大仲馬熱情的迎接革命，曾帶兵進入巴黎，並編輯報紙。拿破崙第三發動政變後，他持反對態度，不得不流亡到布

魯塞爾，西元 1860 年，他又到義大利去協助加里波第領導的民族解放戰爭。

　　大仲馬一生奢華，在愛情、政治和戰爭中尋求奇遇，收入雖多，但常常入不敷出。西元 1870 年他因中風病倒，同年 12 月 5 日在其子小仲馬看護下逝世。

● 二、名人事典

　　大仲馬自幼受家庭影響，對共和派思想忠心耿耿，極其憎恨共和王朝，這種思想在作家的作品中有一定流露。大仲馬喜歡以歷史為背景，藝術地再現 16 至 18 世紀所發生的許多重大事件。但他不是歷史學家，他寫的是小說而不是教科書。他小說中寫到的歷史事件大多與真正的史實相去甚遠，他總是要歷史為自己的小說而服務，創作出優秀的文學作品。

　　《基度山恩仇記》（*The Count of Monte Cristo*）是大仲馬最負盛名的長篇小說。小說裡的主角基度山伯爵，原名愛德蒙·鄧蒂斯，是埃及王號船的大副，因老船長病死繼位代理船長。媚上傲下的押運員鄧格拉斯想得到船長的職務，漁人弗南力圖占有鄧蒂斯的未婚妻，於是他倆相勾結誣告鄧蒂斯是拿破崙的專使。於是在鄧蒂斯和她美麗的未婚妻舉行婚禮時，他被捕了。代理檢查官維爾弗為了自己的前程，將鄧蒂斯投入了孤島上的死牢。鄧蒂斯在死牢裡過了十四年暗無天日的生活，看透了人間爾虞我詐的社會本質，明白了鄧格拉斯、弗南，維爾弗是自己的仇人，心中埋下復仇的種子。一個偶然的機會，他與另一囚徒法利亞長老邂逅，得知了一個叫基度山的小島上埋著一筆巨大的財富。法利亞長老死後，鄧蒂斯裝死，逃出死牢，找到財寶，成了億萬富翁，於是他以懲

惡揚善的面目出現了。他先向替自己叫屈喊冤的埃及王號船主摩萊爾報恩，替他還債，幫他復興產業，然後代名為基度山伯爵回到巴黎進行復仇。這時他的三個仇人都飛黃騰達，地位顯赫。基度山伯爵對他們採取不同方式，首先他在聽證會上讓自己收養的阿里總督的女兒揭發弗南為了兩百萬資產出賣他的主人的醜惡歷史，使弗南身敗名裂，自殺身亡；其次他破壞了鄧格拉斯女兒的婚姻並使鄧格拉斯投機破產，成了窮光蛋；最後，對維爾弗採取了用家族內部自相殘殺，自取滅亡的上好良策，讓他家破人亡，最後變成了瘋子。這本書情節曲折動人，生動而富有戲劇感，人物栩栩如生，此書一出，風靡法國。

大仲馬一生揮霍無度，風流韻事不斷，鉅額的開銷自然要靠稿酬來維持。他寫作速度極快，能同時為幾份報刊寫作，這種旺盛的精力他一直保持到晚年。

有一次大仲馬從義大利歸來，已是晚上 10 點鐘了，來接他的小仲馬（Alexandre Dumas, fils）建議他立刻回家休息，但他卻堅持去看一個老朋友，凌晨 4 點時他們才回到家裡，到家後他又說：「現在，兒子，你拿盞燈給我。」「做什麼？」小仲馬問。「我要工作。」早上小仲馬起床後，發現書桌上放著大仲馬為三家雜誌寫的稿子，而大仲馬本人正對著鏡子刮鬍子，還邊刮邊唱，這種充沛的精力使小仲馬感到自愧不如。

● 三、歷史評說

大仲馬這位小說家兼戲劇家，是一位舉世聞名的多產作家，他從事創作四十年，自稱著書一千二百卷，共出全集二百七十七冊，包括九百部小說、劇本、詩歌、史書、遊記、回憶錄等，被人稱之為「小說工廠」。

大仲馬最負盛名的是長篇小說，他是講故事的高手，他的小說以情節取勝，生動而富有戲劇感。其中《基度山恩仇記》被公認為通俗小說中的典範，一百多年來，被譯為多種文字，吸引了難以計數的讀者，尤其是青年人；在法國和美國多次被拍成電影；「基度山伯爵」這個人物已成為復仇之神的代名詞，它的影響早已超越了國界。

　　亞歷山大‧大仲馬，一生生活奢侈豪華，飄浮不定，然而這種放蕩的生活在一定程度上也刺激了他的創作，並為他的創作提供了靈感和素材。他為各種奇思異想揮霍掉數百萬法郎，但也留下了可與王侯家產相媲美的財富。大仲馬在文學史上地位並不高，但他的作品卻吸引了如此多的讀者，不愧是一位深受讀者喜愛的浪漫主義作家。

悲天憫人的偉大作家，和平民主的捍衛者 ── 雨果

「多少對他下過判詞的活人都已經死去了，但是他卻雖死猶生。」

── 羅曼‧羅蘭（Romain Rolland）

● 一、人生傳略

維克多‧雨果（Victor Hugo，西元 1802 ～ 1885 年）是群星燦爛的法國作家行列裡的一顆耀眼的巨星。他不僅是小說家、戲劇家、詩人，還兼有政治活動家之稱。

雨果出生在法國東部的貝藏松城，父親參加過西元 1789 年法國資產階級大革命，母親是一名虔信宗教和保皇主義者。由於政治觀點不同，父母常常發生爭吵。雨果的童年在義大利和西班牙度過，西元 1812 年回國後，在母親的督導下他依靠自己的智慧和不屈不撓的毅力叩開了文學大門。西元 1852 年，拿破崙第三發動政變，自稱皇帝。雨果堅定站在共和派一邊，甚至參加了共和黨組織的武裝起義，以致長期流亡國外，西元 1870 年第二帝國傾覆後才結束了 19 年的流亡生涯。返回巴黎的雨果立即參加了保衛國家的鬥爭。西元 1871 年巴黎公社起義遭到凡爾賽劊子手殘酷鎮壓時，他挺身而出，為公社辯護，呼籲赦免全部公社社員，並讓流亡的公社社員在自己住宅避難。

西元 1885 年，雨果因病逝世。法國人民為他舉行了國葬，百萬人高唱《馬賽曲》（*Marseillaise*）為其送行，他的遺體被送進專葬偉人的先賢祠。

● 二、名人事典

雨果早年受母親影響，思想中有明顯保王傾向，公開站在為復辟王朝服務的偽古典主義一邊，創作上追求中世紀的神祕主義，作品具有消極浪漫主義色彩。20年代後期反波旁王朝鬥爭的高漲和查理十世的倒行逆施，使雨果受到很大教育，他毅然站到進步陣營方面，成為法國積極浪漫主義文學的領袖。

《悲慘世界》（*The Miserable Ones*）是雨果一生的代表作。整部小說的貫穿情節是主角冉阿讓的悲慘生活史。他在兒童時代因飢餓為姐姐偷了一片麵包，被判刑，飽受歧視，自暴自棄。越獄潛逃後，他來到卞福汝主教家，半夜偷走銀器逃走。被抓回後，主教沒有怪他，還替他開脫罪名。冉阿讓深受感動，決定重新做人。多年後，他變成了馬德蘭先生，成為工廠廠主和蒙特漪市市長，由於樂善好施，市民對他愛戴備至。恰此時一個流浪漢被誤認為是潛逃的冉阿讓遭到拘捕，冉阿讓良心受責，走上公堂亮出身分，再次入獄，不久他又逃走，並救出自己工廠中已故貧苦女工芳汀女兒珂賽特，在修道院將其養大。

珂賽特與革命者馬呂斯相愛，巴黎起義時，馬呂斯深負重傷，昏死過去，為冉阿讓所救。不久，馬呂斯與珂賽特結婚。冉阿讓將全部財產贈給他們，並講述了自己的過去，遭到馬呂斯誤解，冉阿讓陷入孤獨與悲哀中。後來從他人之口，馬呂斯知道了冉阿讓是自己的救命恩人，並消除了誤解，他立即懷著悔恨心情與珂賽特看望冉阿讓。冉阿讓正值彌留之際，他看著這對理解自己的年輕人和牆上的十字架，安詳地離開了人間。

《悲慘世界》塑造了一批被損害與被侮辱的形象，反映了當時法國社會的嚴酷現實，是雨果作品中浪漫主義的典型。

　　雨果之所以能寫出這些驚世駭俗的作品，是因為對社會生活有著深切了解及反覆深入的思考。

　　西元 1818 年夏天一個中午，16 歲的雨果經巴黎法院廣場，看見一群人圍著一位亂髮蓬鬆、衣裳襤褸的姑娘，她的腳下有一盆燒紅的炭，一把木柄烙鐵插在炭火中。突然教堂的鐘聲響了，一個男子從後走出，解開姑娘背上的繩子，然後拿起盆裡的烙鐵，迅速放在姑娘肩上，並使勁往下按。烙鐵和劊子手霎時被一陣白色煙霧遮蓋了，姑娘的慘叫撕裂著雨果的心。他趕緊閉上雙眼。後來雨果才知道，這個被施以酷的姑娘是因為被指控犯了所謂「僕役盜竊罪」。姑娘的慘叫始終震撼著雨果的那顆人道主義之心，40 多年後，正是憑著對這件事的回憶以及對人民苦難生活的深重思索，雨果寫出了震驚文壇的《悲慘世界》。

● 三、歷史評說

　　雨果漫長的一生，幾乎占據了整個 19 世紀，他共寫了 26 卷詩歌、20 卷小說、12 卷劇本、21 卷哲學理論著作。這些豐富多彩的作品，構成了反映那個動盪時代的法國政治、社會鬥爭和變化的瑰麗畫卷，是研究當時社會的保貴資料。

　　雨果以積極浪漫主義開創者和古典主義戲劇掘墓人的姿態登上法國文壇，他高舉浪漫主義大旗，徹底擊敗了偽古典主義，不僅為法國進步文學的發展作出了傑出貢獻，在世界文學史上也享有崇高的聲響。他的許多作品已成為世界文學寶庫中的寶貴財富，被翻譯成多國文字，有的被改編成電影在世界各地上演，深深影響了世界文學的程式。

　　雨果對被壓迫人民懷有深厚的同情，對暴政和罪惡視如仇敵；他探索著人類前進的道路，對未來充滿信心，贏得了世界人民的愛戴，西元

1952 年，在他誕生 150 週年時，世界和平理事會宣布他為這一年全世界紀念的四大名人之一。

雨果兼有小說家、戲劇家、詩人和政治活動家多種稱號。他為和平、民主、人道奮鬥了一生。其生活道路儘管曲折，但一直向上，他的文藝主張奠定了法國積極浪漫主義文學的理論基礎，他的創作則標誌著法國古典主義的結束和積極浪漫主義的完全勝利。雖然他在有的作品中過分宣揚了人道主義的作用，但他的正義感和在文學上的貢獻將永遠為後人崇敬。

十九世紀美國心理小說開創者 —— 霍桑

「人類的秉性，除去自私心特別活躍時以外，愛總是比恨來得容易。」

—— 霍桑

● 一、人生傳略

納撒尼爾·霍桑（Nathaniel Hawthorne，西元 1804 ～ 1864 年）是美國浪漫主義文學中最傑出的作家，也是心理小說的開創者。

他於美國獨立日那天誕生在新英格蘭的一個破落的貴族世家，全家篤信基督教。霍桑兩歲時父親去世，寡母和外公將他養大。九歲時，他一隻腳受傷，終生跛足。西元 1821 至 1825 年，他在博多因學院上學，畢業後選擇了創作生涯，並於塞勒姆隱居了 13 年，大量地閱讀寫作。西元 1837 年，他出版短篇小說集《重述的故事》（*Twice-Told Tales*）正式登上文壇。西元 1852 年，他被任為美國利物浦領事，經濟狀況大有改觀。西元 1858 年，全家來到羅馬和佛羅倫斯，西元 1860 年回國。

晚年的霍桑老態龍鍾，但拒絕看病。西元 1864 年 5 月 18 日，當前總統皮爾斯陪他到普利茅斯遊玩和將養身體途中，在旅店下塌的夜裡突然長逝。

● 二、名人事典

霍桑深受新英格蘭清教教義影響，但他不是清教徒，而是一個反清教主義的代表人物。他十分重視人的心理問題，尤其是人的病態心理。罪惡和邪惡是他作品的普遍主題，他認為「惡」是人們心靈上的一個汙斑，而且在心靈深處不斷發展、變化。他唯一感興趣的問題就是人們心靈中的惡念 —— 從一時的疏忽和孤立到私通和亂倫。他不僅探索「惡」的概念，而且特別專心於惡的隱蔽形式及其後果的研究。他的作品多是具有濃厚浪漫主義色彩的心理小說。

長篇小說《紅字》（*The Scarlet Letter*）是霍桑的精心之作，故事情節非常簡單，少婦海絲特‧白蘭在丈夫齊靈窩斯失蹤數年後懷孕生了個女孩珠兒，並拒絕說出珠兒父親的姓名，於是被罰在胸前戴上表示犯了通姦罪的紅字 A。她的沉靜堅強，拘禁期滿後離群索居，靠做針線度日餬口。這時齊靈窩斯突然也回到家鄉，他決心找出白蘭的同犯並向他報復。透過調查，他發現威望極高的青年牧師丁梅斯代爾神情異常，於是設法成為牧師的醫藥顧問，百般折磨和試探他，終於發現丁梅斯代爾正是珠兒的父親。丁梅斯代爾被良心折磨得身心交瘁，憔悴不堪。白蘭不忍一邊旁觀，約丁梅斯代爾出逃。不料，齊靈窩斯得知消息，也買了同一條的船票，白蘭絕望了。於是，丁梅斯代爾在慶祝選舉的宣講說教獲得巨大成功後，不顧齊靈窩斯的阻攔，毅然當眾與白蘭、珠兒攜手走上絞刑臺，公開了自己和白蘭母女的關係，露出法衣下佩帶的紅字，然後死去。齊靈窩斯失去了他追逐和復仇的對象，身體隨之垮了下來，不久死去，把一筆財產留給珠兒。白蘭和珠兒也離開了美國，珠兒長大後生活得很幸福，而白蘭卻又悄悄回到故鄉自己曾經離群索居的木屋。此時人們早已寬恕了她，還把她視為女先知，向她請教。可是白蘭卻始終佩戴著那個鮮豔的紅字，再也沒有離開。

《紅字》出版後引起美國讀者和文藝批評家的注意，成為轟動一時的文學作品，而霍桑也成為一位家喻戶曉的小說家，名利雙收。

霍桑的成名是與妻子索菲亞的鼓勵分不開的。

西元 1838 年霍桑邂逅了索菲亞小姐，那年她已 29 歲，體弱多病，非常文雅，有較高的文化素養。他們訂婚後，霍桑產生了一種責任感，他鼓起勇氣，投身到現實社會生活中，西元 1839 年他到波士頓海關做事，第二年又與別人合辦農場。西元 1842 年 7 月，他們終於結婚。在此期間，霍桑創作的主要內容就是給索菲亞的信。西元 1846 年，為了維持生計，霍桑當了薩萊姆海關的稽查長，可是三年後失去了這個職務。他憂心忡忡地回到家，索菲亞沒有埋怨反而高興地說：「這下子你可以專心寫書了。」索菲亞私下有點積蓄，在她的幫助下，霍桑閉門著書，西元 1850 年名著《紅字》終於完成，他成為著名作家。而這部作品的第一位讀者就是她的妻子索菲亞．她鼓舞了霍桑的創作熱情，他的重要著作都是婚後寫出來的。

● 三、歷史評說

霍桑在美國文學史上的位置起伏不大，一直享有盛名，而今天人們對他的興趣則越來越濃了，因為他起碼在兩個方面是現代文學的先驅：對人在精神和道德的失常心理的分析和象徵手法在小說創作中的運用。

霍桑是美國文學史上第一流作家，也是世界文壇著名的經典作家。他的代表作《紅字》被譽為「心靈羅曼史」，是各國人民喜愛的世界名著，並被改編成戲劇、歌劇、電影廣泛流傳。

霍桑九歲時因不慎受傷成了終身跛腳，這堵塞了他許多通往未來的道路，卻喚起了這位思想敏感的少年成為作家的欲望。可見，上天在帶給我們不幸時會在另一方面賦予我們補償，至於結局如何，將靠我們自身努力。

偉大的童心，純潔的鉅作 ── 安徒生

「人類啊，當靈魂懂得了它的使命以後，你能體會到在這清醒的片刻中所感到的幸福嗎？」

── 安徒生

● 一、人生傳略

漢斯‧克里斯汀‧安徒生（Hans Christian Andersen，西元 1805 ～ 1875 年）是十九世紀丹麥偉大的童話作家，現代兒童文學的奠基人。

他生於丹麥中部富恩島上的奧登塞小鎮，父親是個鞋匠，母親替人洗衣度日。安徒生的童年在貧困和孤獨中度過，沒有求學機會，但愛好文學的父親給他布置了一個充滿藝術氣氛的居住環境，豐富了小安徒生的想像力。西元 1819 年，他拒絕了母親為他安排當學徒的道路，來到哥本哈根，想當一名演員，但失敗了。後來他得到好心人的幫助，進入學校學習，並升入哥本哈根大學。學習期間安徒生開始寫作和發表作品，不過其中沒有童話，大多是詩劇、遊記、詩集等。由於出身低微，這期間他遭盡白眼和屈辱，直到西元 1828 年他的第一本幻想遊記《阿馬格島漫遊記》（*A Journey on Foot from Holmens Canal to the East Point of Amager*）出版暢銷後，他的困境才稍有改觀。從西元 1830 年夏到西元 1834 年，安徒生開始在國內外旅行，這讓他感覺擴大了視野，累積了創作素材，彷彿讀到了一本內容豐富的書。西元 1835 年起，他開始了童話創

作，從此他便把整個生命獻給了童話創作，每年聖誕出版一本童話，並獲得巨大的成功。

安徒生終生未婚。西元 1875 年在哥本哈根的一個朋友家裡去世。

● 二、名人事典

安徒生生活在創作中始終站在勞動人民立場上，他的青少年時代，丹麥勞動人民受著本國統治者和英國資本家的雙層壓迫，處於水深火熱之中。飽嘗下層人民貧困生活和疾苦的安徒生在他的作品裡強烈表現出一種民主主義思想和人道主義精神，隨著他對生活體會的深入，也越來越以嚴峻的現實主義筆觸創作童話。他熱情地歌頌勞動人民的優秀品格，尖銳揭露社會中種種醜惡，抨擊封建主義的殘暴和新興資產階級的無情剝削，並使讀者從感人的意境中發現真理，使讀者的感情得到淨化與昇華。

這裡介紹安徒生兩篇具有代表性的童話。

《小美人魚》（*The Little Sea Maid*，西元 1837 年）是安徒生最悲傷的一部童話。海王的小公主 —— 小美人魚愛上了人間的王子，為了與王子相伴，也為了得到一個不滅的靈魂，她找到巫婆，用美麗的聲音換來人類的雙腿。於是她成為王子宮中最美麗的女人，也是舞步最優美的女人，但每跳一下，她的雙腿都像刀割一樣痛。王子非常愛她，但從未想到娶她為妻，小美人魚很悲哀。王子與鄰國的公主舉行婚禮了，小美人魚非常痛苦，因為她第二天早晨就會變成海上泡沫。她的姐姐從巫婆那裡求來一把刀子，告訴她殺掉王子，就可以恢復人魚的原形。小美人魚拒絕了這個建議，她吻了王子後跳到海裡變成了泡沫。雖然在結尾作家寫道小美人魚變成另一種美麗的生物，三百後仍可獲得不滅的靈魂。

但是小美人魚犧牲了自己的幸福而讓別人快樂，仍使整個故事有著濃厚的悲劇色彩。作品肯定了人的尊嚴與價值，歌頌了小美人魚的美好理想以及為實現這個理想所作的犧牲。小美人魚的形象感染了億萬讀者（兒童與成人），不知使世界上多少人流下同情的眼淚。

《賣火柴的小女孩》（*The Little Match Girl*，西元 1845 年）是安徒生另一部優秀作品，賣火柴的女孩子因為家窮，除夕之夜赤著腳在大雪紛飛的街頭賣火柴。她跑了很久一無所得，極度疲勞中縮在牆角。作家藉助於主角擦亮的四根火柴，讓她眼前產生幻景，先後看見溫暖的爐火，精美的烤鵝，幸福的聖誕樹和慈愛的老祖母。因為一根火柴的光只能持續一會兒。她的這些幻想轉瞬即逝。最後她為了挽留死去的老祖母，把剩下的火柴都點燃了。然而，正當她在祖母的懷抱中享受溫暖時，她也漸漸地失去了知覺——凍死了。作家對天真的賣火柴的女孩寄予了無限的同情和愛，活生生描繪出一幅「朱門酒肉臭，路有凍死骨」的社會畫面，對不平等制度提出血淚控訴。

安徒生把整個生命都獻給了童話，為了童話，他竟拒絕了純潔的愛情。

一次，在維羅納的路上，睡在車上的安徒生被女人的吵嚷聲驚醒，原來是三個女子要搭車，而因為她們出價太低。車夫不讓她們上車。安徒生知道後，答應車費由他來付，車夫才同意。車伕跟女子開玩笑說：「來吧，你們遇見了一位外國王子。」三位姑娘驚奇地望著這個相貌醜陋的好心男人。大姐葉琳娜·瑰喬莉認出這個談吐不凡的人就是安徒生。她早就為他的神奇想像所傾倒，現在，又被他那善良的心靈折服。下車時，她再三邀請安徒生到她家去，她已悄悄愛上安徒生了。第二天，安徒生如期赴約，葉琳娜·瑰喬莉向他表露了愛情，並表示自己的堅貞和

不可動搖。安徒生也喜歡這位漂亮、純真的女子，但他還是拒絕了她，因為他的心裡只有童話，容不下別的東西，他說：「我的愛情在童話裡！」然後從此再沒見過葉琳娜，但他終生懷念她。

安徒生為了童話終身未婚，給人類留下了一筆寶貴財富。

● 三、歷史評說

安徒生寫過詩歌、戲劇、小說、遊記，但他真正的才能顯示在童話創作裡，他留給後人 168 篇童話。他用童話內容反映了勞動人民心聲，既適合兒童閱讀，也適合成年人鑑賞。他創造了許多動人的藝術形象，「醜小鴨」、「豌豆上的公主」、「國王的新衣」已進入到人們的日常生活中。

童話創作確立了安徒生在文學史上的地位，他開闢了世界兒童文學的新時代，是現代兒童文學的奠基人，也是北歐第一位贏得世界聲譽的作家。一百多年來，他的童話被譯成 100 多種文字，廣泛流傳。而西元 1854 年所設立的國際安徒生獎已成為兒童文學作家的最高榮譽。

安徒生一生道路崎嶇不平，少年時他曾幾次想在皇家歌劇院謀求一個小小的職位，卻遭遇奚落和否定，而十年後他的劇本在劇院上演卻博得觀眾喝采。他在貧困和愚昧中長大，憑著自己堅強不屈的個性一步步走向光明，最終獲得成功。有人傳說安徒生本不是貧家之子，而是丹麥國王的王子，不錯，安徒生正像童話文學中的王子，帶給了世人無限美好和欣喜。

美國文壇上的鬼才，現代主義文學的遠祖 —— 愛倫·坡

「天大的厄運最終也必定要向哲理的不懈勇氣低頭。」

—— 愛倫·坡

● 一、人生傳略

埃德加·愛倫·坡（Edgar Allan Poe，西元 1809 ～ 1849 年）是美國浪漫主義文學中極富有個性的詩人、小說家、批評家。

他生於波士頓，父親酗酒，母親是個藝人，家境十分貧苦。三歲時母親因肺病去世，他被約翰·愛倫收養，這種經歷是愛倫·坡一生缺乏安全感的根源。養母善良慈祥，對他甚是疼愛，而養父是一個精明的商人。孩提時代因愛倫·坡學習成績優異，甚得師友們的喜愛。西元 1815 年他隨父母旅居英國，西元 1820 年回國，西元 1826 年入弗吉尼亞大學讀書。但他的養父並不喜歡這個養子，對他經濟上極為苛刻，以致使他試圖以賭博賺錢還債，結果越陷越深而債臺高築。西元 1827 年坡被迫退學前往波士頓，開始了文學生涯。其間，他曾為緩解與養父關係而進入西點軍校學習，但養母去世，養父續娶使他發現與養父和解的可能微乎其微，於是退出軍校。西元 1836 年 9 月，貧病交加的他在去巴爾的摩的路上得病，高燒不止。10 月 3 日他被人發現昏迷在雨地裡，送入醫院後治療無效於 10 月 7 日逝去。

● 二、名人事典

愛倫‧坡是一個富有創造性的作家。他生活在英國浪漫主義高漲時期，十分喜愛浪漫主義作品。但他的獨特遭遇使他一生缺乏「安全感」，這種深刻的個人主義的孤獨感，使他對社會有了更加深入的認識，也使他的浪漫主義比同時期的人更具深度。他小說主題是多方面的，如美女之死，道德問題，政治諷刺和科學技術等。但在他大多數小說中，愛倫‧坡都在探究著一個夢幻世界，他從個人親身經歷出發，往往將他人視為美好的事物當作「惡夢」。在時代背景上，他的小說往往以偏僻、遙遠或異國他鄉為背景，他藉助於時代背景的模糊不明，使讀者遠離日常生活而進入一個理想的美妙世界；人物塑造上，他的大部分作品中的故事敘述者沒名沒姓，讓讀者感到身臨其境，極度驚恐不安；故事題材上，他避免並蔑視有關世俗問題的文學創造，而選擇生活中罕見的題材去打動、感化讀者，所以他的許多故事描寫的是「活著的死屍」、令人「驚駭不已的經歷」和「難以想像的危險處境」等。此外，愛倫‧坡還強調直覺和激情，他認為激情是藝術的唯一領域，但是他十分堅持情節的真實性，即使是最為驚險的恐怖故事也是以人們的實際生活為依據，所以他的小說能產生一種強烈的震撼效果。

《亞瑟府的倒塌》（ _The Fall of the House of Usher_ ）是愛倫‧坡最優秀的著作，講述了一個死亡加恐怖的故事。亞瑟一家與亞瑟大廈十分相似 —— 年久失修，危在旦夕。羅德里克和馬德琳是極為相像的孿生兄妹，他們是同一個靈魂的兩副軀體，是整個亞瑟大廈中的靈魂，他們日漸衰敗，其中一方的崩潰就意味著三者共同毀滅。在馬德琳被活葬數天後，她衝出棺木，向她兄弟書房走來。在旋風怒號的夜裡，在敘述者的朗讀聲中，傳來令人不安的聲響。突然，房門大開，馬德琳向羅德里克猛撲過

去，兩人倒下一同斃命。亞瑟的朋友倉皇逃出古屋，回首間，亞瑟府轟然倒塌。這個故事主要描寫羅德里克過分敏感，終日恍恍惚惚，軟弱無力，他既無主張也無定見，整個心靈被一種「邪惡」死死糾纏住，最後他的精神徹底崩潰，像古屋一樣倒塌。而這種邪惡就是他所擔心和疑懼的問題——個人處境、妹妹病死、亞瑟家族的窮途末路。作者似乎在告訴人們：「你怕什麼，就一定會發現什麼。」這篇小說中愛倫‧坡極力渲染氣氛，並進行心理描寫，給讀者身臨其境的感覺，這種高超的技巧無人能及。

愛倫‧坡一生追求「安全感」，但他短短的一生卻經歷了太多死亡和恐怖。

他三歲時生母去世，還未成年，慈愛的養母也患病死去，十四歲時，情竇初開的坡先後愛上同學的母親和一個叫薩拉‧埃彌拉的女孩，可是那同學的母親不久患精神病死去，薩拉‧埃彌拉則嫁與了他人。他所愛的女性大多死去，使他的精神受了很大刺激。他曾嘲笑自己的作品：「你大可以發誓，說這個作者是在棺材裡出生長大的。」這話該說得何等辛酸啊。所愛的死去，死去了就愛得更痛切，大概正是這種深沉痛切的感情哺育了他創作的靈感。

西元 1836 年坡與 14 歲的表妹弗吉尼亞結婚。兩次失去母愛和家庭溫暖的他，急需一種幸福的家庭生活，婚姻使他獲得了一切，從此他開始了一種常規生活。但是好景不長，西元 1842 年元月的一個夜晚，年輕的弗吉尼亞身著白袍坐在豎琴旁唱歌，忽然一陣劇咳，大量鮮血從口中噴出，染紅了白衣，這對坡是一個恐怖性的打擊。西元 1847 年，年僅 25 歲的弗吉尼亞去世，愛妻的死使坡的健康急遽惡化，他經常到弗吉尼亞墳前徘徊痛哭，在智力和體力上都明顯表現出了病態，並直接導致了他的死亡。

愛倫‧坡這種遭遇，使死亡深入了靈魂，直接影響了他的創作主題。

● 三、歷史評說

愛倫‧坡多才多藝，不僅是一個精明的編輯，傑出的新聞工作者，還是一個天才詩人。他的詩歌節奏舒緩，音韻和諧，與思想內容自然融為一體，給予人美的享受。

愛倫‧坡在文學上的卓越貢獻主要表現在他的短篇小說上。他的作品被稱為「二十世紀的文學」，他的作品對美國文學乃至西方現代主義文學都有深刻的影響，為後來的推理小說、偵察小說奠定了基礎。

愛倫‧坡在死後的很長時間內都不被美國文壇認可。但隨著時間的流逝，他的作品越來越放出光輝，受到了廣大讀者的歡迎。在當今的世界文壇上，他被推崇為現代主義文學的遠祖。

中國唐代有位喜歡吟詠夢、恐怖和死的「詩鬼」李賀，而美國文壇上也有一個以恐怖小說著稱的鬼才愛倫‧坡。這位鬼才以獨特的文風挖掘自己靈魂深處的精神，使當時文壇耳目一新。雖然他生前不被時人認可，但是在後來的一百多年裡非議醜化坡的文人都銷聲匿跡，他的文章卻永放光芒。

俄國批判現實主義文學的奠基人 —— 果戈里

「要小心保管好自己曾經有過的感動，不要讓它中途散失掉，這樣到老年的時候才能有值得回憶的。」

—— 果戈里

● 一、人生傳略

尼古拉·瓦西里耶維奇·果戈里（Nikolai Vasilyevich Gogol，西元 1809～1852 年）是俄羅斯批判現實主義文學的奠基人，也是 19 世紀前半葉俄國最優秀的諷刺作家。

他出生於烏克蘭的波爾塔瓦省密爾格拉得縣大索羅慶採鎮的一個並不富裕的地主家庭。他的父母都富有文藝才能，受家庭影響，果戈里自幼就對文藝產生了興趣。西元 1818 年他進入波爾塔瓦縣立小學，1821 年進入烏克蘭的最高學府涅仁中學，在那裡他開始嘗試寫作和演戲，畢業後，他先後在彼得堡國有財產及公共房產局和封地局任職，親身體驗了小職員的貧困生活。西元 1831 年他結識了普希金，在創作上受到很大影響。不久《狄康卡近鄉夜話》使他一夜成名。西元 1834 至 1835 年他曾任彼得堡大學世界史副教授。後來由他的喜劇《欽差大臣》（*The Government Inspector*）暴露了整個官僚機構的醜惡，遭到攻擊，被迫出國，往返於瑞士、巴黎、羅馬，並在貧病交加中完成了不朽之作《死魂靈》（*Dead Souls*）。從西元 1842 年到 1852 年，果戈里長期脫離俄國現實生

活，由於他世界觀的矛盾，又由於反動文人的包圍和沙皇政府的迫害，他的思想越來越頹廢陰暗。

　　西元 1852 年初果戈里在莫斯科病重，他拒絕就醫和進食，徹夜禱告，於 2 月 21 日晨停止了呼吸。

● 二、名人事典

　　果戈里精神世界極其矛盾，時代的風潮、他本人所處的地位、所受的影響和教育以及他的種種經歷相互作用造成了他這種複雜的思想；一方面他的意識中，始終儲存著極其濃厚的地主階級偏見和宗教迷信思想，另一方面他還有著真誠的愛國主義，人道主義乃至偶爾表現出來的一點民主主義精神，這兩類彼此對立的思想，在作家的精神世界中構成一對矛盾，在他幾十年的生活和創作過程中，相互鬥爭，時有消長，影響著他的思想、生活和文學活動，給他帶來成功，也造成不幸。

　　長篇小說《死魂靈》是果戈里的不朽之作。它的情節以主角的遊歷經過組織起來。一個自稱五等文官的騙子乞乞科夫來到某城，結交官吏，遍訪地主，廉價收購已死亡但尚未向當局登出的農奴（即「死魂靈」），目的是冒充活農奴，以移民墾荒為藉口，向當局騙取大片土地，然後高價轉賣，或到救濟局作抵押以牟暴利。後來被一個地主發現了祕密。這個地主還散布流言說他假造鈔票，預謀誘拐知事的女兒，引起某市一片驚慌。乞乞科夫預感將大禍臨頭，便匆匆逃離。

　　作者成功地塑造了五個地主形象。瑪尼羅夫是一個外表有「風采」，講「體面」和「禮貌」的地主，實則是庸俗無聊徒有其表的廢物，他的名字成了無所作為空想家的代名詞；女地主科羅皤契加愚鈍、多疑、孤陋寡聞，是一個極端庸俗狹隘的小地主典型，她的存在只能令人感到悲

哀；羅士特是在農奴主擁有無上特權的農奴制社會中隨處可見的無法無天、任意妄為的地主典型，是道地道地的惡棍，是對社會的一股可怕的破壞性力量；梭巴開維支凶殘、精明而貪得無厭，是凶狠的農奴主和狡獪的生意人的綜合典型，沙皇社會的有力支柱，也是專制農奴制的得力幫凶；潑留希金擁有上千農奴，卻過著乞丐般的生活，吝嗇使他喪失了人類的全部感情，變得麻木而冷酷，這一形象鮮明展現了俄國農奴制經濟開始崩潰的總趨勢，是世界文學中吝嗇鬼的典型。

《死魂靈》對地主官僚進行了無情的揭露，歌頌了人民的勇敢、團結、智慧和力量。雖然作者還看不到國家前進的方向，但作品中卻充滿了高昂的愛國熱情。

果戈里發表《死魂靈》第一部後，意圖在第二部中塑造一些道德高尚的地主和官員形象，使乞乞科夫也改惡從善。但作為一個現實主義作家，果戈里深感這些形象缺乏現實依據，這種矛盾的心理最終導致他把多年心血寫成的《死魂靈》第二部手稿付之一炬。

那是西元 1852 年 2 月 11 日深夜，重病的果戈里在小僕僮的幫助下從床上起來，整理好書信，而把《死魂靈》第二部手稿取出，親手點燃了稿紙，僕僮流著淚跪在他的面前，勸他不要這樣，他揮揮手，說：「不關你的事，祈禱吧！」他不住翻動稿紙，直到它們化為灰燼，自己也哭了起來。第二天他再也不能動，只對他的朋友們說：「我的事做完了，我已做好了準備，就要死了。」莫斯科最好的醫生來了，但他們束手無策，誰也救不活這位偉大的作家。果戈里死後，送葬隊伍浩浩蕩蕩，有人不解地問：「這是給誰送葬啊？」「給一位將軍。」有人回答，因為只有將軍才能如此受人尊敬，儘管果戈里生前從未期望成為將軍。

後來別朗傑評價說：「沒有什麼比那勇敢地投進火裡的手稿，更能照亮一個作家了。」

● 三、歷史評說

果戈里是 19 世紀前半葉俄國最優秀的諷刺作家，他用辛辣的諷刺，無情地揭露了俄國農奴制的醜惡，他創立了思想深刻的戲劇，使俄國喜劇發生重大變化，他本人也以天才的諷刺喜劇家聞名於世。

果戈里的作品加強了俄國文學批判傾向，繼普希金之後進一步奠定了俄羅斯批判現實主義文學的基礎，對後來俄國文學的發展起了巨大的促進作用，對中國「五四」以來的新文學也產生了較大影響。

果戈里少年時代成績不佳，相貌古怪，愛好特別，為學校師生所排斥，這使他性格內向，也更加注意窺探人生。後來他結識了文化名人普希金、茹科夫斯基（Zhukovskiy）和普列特尼約夫等人，他們在果戈里文學成功之路上發揮了導師和橋梁的作用，沒有這些人的指導，就沒有不朽的果戈里。

一位諷刺大師，傑出的批判現實主義者 —— 薩克萊

「凡是生活能夠取代書本的地方，我永遠選擇生活本身。」

—— 薩克萊

● 一、人生傳略

威廉·梅克比斯·薩克萊（William Makepeace Thackeray，西元 1811 ～ 1863 年）是 19 世紀英國傑出的批判現實作家，也是著名的諷刺大師。

他出生於印度加爾各達附近的阿里帕的一個富裕的東印度公司職員家庭，4 歲時父親去世，母親改嫁，靠著父親留下的大宗遺產過活。6 歲時被監護人送至當時英國的模範學校 —— 查特公學讀書，在那裡，薩克萊如飢似渴地閱讀課外書籍，從中得到極大的愉快和享受。西元 1829 年，他考入劍橋大學，一年後輟學出國，遊歷德、法，並在巴黎專攻美術。不久，印度銀行的破產使他陷於貧困，只好以寫作和演講謀生。西元 1833 年他主辦《國旗》週刊，並開始以一個諷刺幽默作家的身分發表作品，西元 1836 年任倫敦《立憲報》駐巴黎的記者。西元 1842 年以後，他開始為諷刺雜誌《笨拙》（*Punch*）撰稿，他的成名作《名利場》（*Vanity Fair*）最早即在這個雜誌上發表。

成名後的薩克萊開始追求華而不實的生活，作品中的批判力量明顯減弱。但是他的生活始終不如意，妻子患病，兩個女兒嗷嗷待哺，終

於，辛苦的工作使他積勞成疾，西元 1863 年聖誕節前夕，因心臟病發作在倫敦逝世。

● 二、名人事典

薩克萊的文學思想是在英國 18 世紀啟蒙派文學的重大影響下形成的。他旗幟鮮明地堅持現實主義的創作原則，主張小說應該表現自然，最大限度地傳達真情實感，並要刻劃出人性的全部，包括善的和惡的，在他作品裡，譴責勢利者，批判金錢萬能，宣傳仁愛思想一直是創作的主要方面，他以一個貴族和資產階級的揭發者和批判者的面貌出現在文壇上，諷刺上流社會的虛偽和腐化。

《名利場》是薩克萊批判上流社會的代表作，副題為「沒有主角的小說」。它有兩條平行發展的情節線索，一是富裕資產者的女兒愛米麗亞的生活遭遇，一是窮畫家女兒利蓓加爭名奪利的過程。愛米麗亞是一位大家閨秀，她善良、柔弱，全身心地愛著自己的丈夫 —— 輕浮浪蕩的紈褲子弟喬治，甚至死後仍鍾情於他。而事實上，喬治不但不愛她，也根本不值得她愛，直到利蓓加拿出喬治邀自己私奔的信函時，她才醒悟過來，和一直痴愛她的都賓尉結婚。但此時，他倆已年過半百，過多的生活苦果已影響了他們的晚年幸福，在爭名奪利的社會中，他倆雖不熱衷名利，卻只能成為聽任環境擺布的傀儡。

利蓓加與他們不同，她不愛任何人，也不相信任何人，當她和愛米麗亞一同從平克頓女校畢業時，她就開始了對金錢和地位的追求，並把別人都當作自己追名逐利、步步高升路上加以利用的階梯。她先是引誘愛米麗亞有錢的哥哥喬斯，繼而又跟富有的老處女克勞萊小姐的寵姪賭棍羅登私奔。惹惱克勞萊小姐後，又出賣色相，巴結有財有勢的老流氓

斯丹恩勛爵，為賭棍丈夫騙取總督職銜，為自己獵取大筆金錢和進出上流社會的出入證。她對兒子漠不關心，對丈夫也只當是高等傭人，但是大庭廣眾中卻擺出賢妻良母的架勢；她挖空心思做圈套以鬥牌騙喬治的錢，在愛米麗亞面前卻十分關切地要愛米麗亞勸喬治不要賭博；她精通世故，幹練潑辣，偽裝得天真爛漫，小鳥依人。

總之，利蓓加像一面鏡子，集中逼真地照出了當時英國資本主義社會的全貌。但在當時貴族資產階級社會，像利蓓加這樣出身低微又沒有錢財的人，很難混下去。最後，她跟斯丹恩勛爵的曖昧關係被揭穿，使得她聲名狼藉，眾叛親離，只好浪跡江湖。晚年靠兒子供給的少量生活費，回到倫敦過著孤獨淒涼的生活。在《名利場》中，貴族資產階級的代表人物沒有一個有好下場的，小說以「浮名浮利，一切虛空」作結，既是對主角們思想言行的告誡，也是作者找不到社會出路的消極虛無思想的具體展現。

薩克萊走向文學之路極富戲劇化。他青年時代醉心於藝術，夢想做個藝術家，因此沒讀完大學就出國了。他到曾魏瑪訪問歌德，並出入於德國話劇院，隨後在巴黎定居，來往於藝術家的圈子裡，熱衷於美術。可是，偶然的一件事改變了他的一生追求。父親的遺產破產後，薩克萊不得不出外謀生。西元 1837 年，《匹克威克外傳》（*The Pickwick Papers*）的第一位插圖作家自殺了，薩克萊就找上狄更斯（Dickens）毛遂自薦，狄更斯看過試稿後拒絕了他，薩克萊只好寫作謀生，終成一代大家。後來薩克萊對狄更斯說，他要感謝狄更斯，因為狄更斯使他有點懷疑自己的繪畫才能，他才開始從事文學創作的。

● 三、歷史評說

　　薩克萊是位偉大而富有英國民族氣息的作家。作為 19 世紀英國現實主義作家，他與狄更斯共享盛名；作為一位諷刺大師，他的著作與蕭伯納、海涅的作品交相輝映。英國著名女作家夏洛蒂·勃朗特（Charlotte Bronte）曾讚揚他是「獨一無二，無與倫比的」。

　　現實主義藝術在薩克萊手裡日臻完美，他創作時站在客觀的冷眼旁觀的立場上對待作品中的人物，他是文學史上第一個描寫人物性格和環境之間關係的作家。這種創作方法極大地豐富了現實主義藝術手法，給後人產生深遠影響。

　　薩克萊的名著《名利場》標誌著小說藝術的重大進步，成為世界文學中的瑰寶，輝煌不朽。

　　薩克萊作為一個資產階級出身的文人，卻敢挺身而出，揭露資產階級社會的腐朽現象，這在當時的英國社會難能可貴，這正是薩克萊早年難以成名的原因之一，也是薩克萊最終躋身世界文豪的原因之一。後來有人認為，薩克萊的藝術觀念高出了他的時代，他不屬於 19 世紀，他的思想是現代的。

偉大的批判現實主義作家，英國小說之王 ── 狄更斯

「假如她奉命把我像童話中的孩子一般遺棄，不知我能否沿著她落下
的鈕扣回家呢。」

── 狄更斯

● 一、人生傳略

查爾斯·狄更斯（Charles Dickens，西元 1912 ～ 1870 年）是英國
維多利亞時代最著名的小說家，也是英國批判現實主義文學的最傑出
代表。

他生於英國南部港市樸茨斯的波特西，父親是海軍部的小職員，收
入微薄，子女眾多，最後因欠債被關進監獄。全家人因負不起房租，也
一起入獄同住。為了謀生，狄更斯 12 歲去當學徒，飽嘗生計之苦。父
親出獄後他上過兩三年學，但終因經濟原因輟學，所以他的廣博知識主
要靠自學而來。西元 1827 年狄更斯到一家律師事務所當繕寫員，19 歲
入報界，逐漸嶄露頭角，先後在《議會之鏡》和《時事晨報》等大報刊
任職，並利用業餘時間到大英博物館勤奮讀書。21 歲他以長篇小說《匹
克威克外傳》一舉成名，從此專門從事文學創作，不久名聞遐邇。西元
1842 年，他滿懷期望應邀訪美，但美國的現實使他深為失望。西元 1844
年後，狄更斯長期僑居瑞士、法國和義大利，潛心從事文學創作，於
五六十年代達到創作頂峰。

西元 1870 年，過度勞累的狄更斯在寫作最後一部小說《艾德溫·德魯德之謎·》（*The Mystery of Edwin Drood*）時猝然逝世，他的死震驚了世界。作家的遺體被安放在威斯特大教堂的「詩人之角」，與他一起安眠的有喬叟（Chaucer）、莎士比亞、彌爾頓等為英國文學發展作出巨大貢獻的偉人們。

● 二、名人事典

狄更斯在小說中特別關心社會政治問題，他對被壓迫、剝削者深表同情，對虛偽、邪惡極端憎恨，他一生不知疲倦地到處尋找這些痕跡，來啟發讀者思考。然而，作為一個資產階級人道主義者，狄更斯思想的內在矛盾是無法消除的。人道主義思想的核心是「博愛」，他希望人們彼此諒解，互敬互愛，窮者不應失去自身的尊嚴和人格，富者要仁慈地對待社會下層的「小人物」，所以他否定暴力革命，認為不同階級間應友愛和睦。但是應該看到，愛的理想不等於愛的現實，人類社會的發展，只靠一種道德力量是無法實現的。可見，狄更斯思想的內在矛盾最鮮明的展現是他的民主主義意識與企圖實現不同階級間的「博愛」兩種根本對立的傾向上。

名著《雙城記》（*A Tale of Two Cities*）是狄更斯思想二重性最集中的表現。這部小說以 18 世紀後期法國資產階級大革命為背景，以巴黎、倫敦兩都市為舞臺，由兩條情節線索構成：一條是法國人民從祕密準備起義到革命爆發的過程；另一條是梅尼特醫生一家的生活和遭遇。前者突出表明了狄更斯對待暴力革命的矛盾態度，後者展現了狄更斯的正面理想。小說描寫封建貴族的典型厄弗里蒙地侯爵飛揚拔扈，草菅人命，他為逞個人淫樂，強姦農婦伐石太太的姐姐，殺死其弟弟，知情的梅尼特

醫生向朝廷揭發這一暴行，竟被關進巴士底達 18 年；當他的姪兒查理斯要求放棄特權，到英國過清白的生活時，他甚至要對其進行暗害。

於是，不堪壓迫的人民默默積蓄力量，終於燃起驚天動地的革命烈火，攻破巴士底獄。這時我們看到了矛盾的狄更斯，他指出了起義原因是人民不堪屈侮，卻又否定暴力革命的鬥爭形式。他反覆宣揚他的「愛比恨有力得多的仁愛」思想，於是梅尼特醫生以德報怨，「對殺人者和被殺者同樣實施他的手術」；而她的女兒用最深沉的愛使喪失記憶的父親恢復健康，並把兩個有著深切冤仇的家庭連繫在一起；卡樂登更是為了救出自己愛戀著的梅尼特小姐的丈夫查理斯，懷著無比滿足和欣慰登上了斷頭臺。雖然作者在這裡過分宣揚了「仁愛」力量，但這部小說同情勞動人民，抨擊統治階級罪惡，人物形象鮮明，情節結構曲折巧妙，並達到了現實主義與浪漫主義的有機結合，不失為狄更斯最優秀的作品之一。

在狄更斯從多的作品中，常出現流浪街頭，孤苦伶仃的兒童，他們衣食無著，備受虐待，過著非人的生活，其命運催人淚下。（如：《大衛‧科波菲爾》（*David Copperfield*）、《孤雛淚》（*Oliver Twist*）等），他筆下的孤兒形象如此逼真動人，與他的個人經歷分不開。

迫於生計，12 歲時，狄更斯在一家鞋油作坊當童工，由於他包裝技術熟練，工作效率高，曾被老闆當作活廣告放在櫥窗內表演來招攬生意。每天，許多同齡的孩子咬著麵包，把鼻子頂在櫥窗玻璃上看他手腳不停地操作，這種痛苦與屈辱的生活在他心中留下了永遠沒有痊癒的傷痕，他生前，不僅兒女，即便他的夫人也不知道這段經歷。後來小狄更斯曾進一個低劣的學校讀書，那裡的教師愚昧而野蠻，一天到晚用手杖敲打學生。正是這種嚴峻的生活環境，使狄更斯對被壓迫的窮人和不幸兒童產生了極大同情心，寫出了許多世界名著。

● 三、歷史評說

　　狄更斯一生寫了十四部長篇小說，以及許多中短篇小說、雜文、時評和戲劇等。他在作品中創造了一個富有想像力的世界，塑造了逼真的人物形象，並貫注了激情。他對美德的高度推崇，在今天仍具強烈的吸引力。他那如實描寫社會現實的創作方法和幽默、諷喻的藝術風格，開英國文學的一代新風氣，他成為歐洲十九世紀批判現實主義最偉大的作家之一。

　　狄更斯早年生活極為不幸，但這種經歷都為他日後成為一個偉大的作家打下扎實、深厚的基礎，可見幸與不幸只在個人奮鬥的取捨之間。今天，狄更斯被譽為「英國小說之王」，他的名聲已超過了英國首相，他的作品傳遍了東方和西方，成為世界人民共同的精神財富。當我們驚嘆他那持久不衰的藝術創造力時，應該明白，這座輝煌的藝術大廈並不是在沙灘上建立起來的。

驚世駭俗的奇女子，平等靈魂的追求者 —— 夏洛蒂·勃朗特

> 「我們的精神是平等的，就如你我走過墳墓，平等地站在上帝面前。」
>
> —— 夏洛蒂·勃朗特

● 一、人生傳略

在馳名世界文壇的為數不多的女作家中，她僅憑一部作品就能在眾多讀者中獲得與任何文學大師相同的名聲，她就是 19 世紀英國著名的勃朗特三姐妹作家之首，夏洛蒂·勃朗特，那部作品則是她的驚世之作《簡·愛》（*Jane Eyre*）。

夏洛蒂·勃朗特（西元 1816 ～ 1855 年）出生於英國北部約克郡偏僻山區的一個窮牧師家庭，早年喪母，父親無力撫育 6 個子女，便將女孩子們送到一家慈善學校讀書。後來因為學校衛生差而流行傷寒，她與五妹艾米莉（Emily）回到家中，學識淵博的父親成了她的家庭教師。孤獨淒涼的童年使她早熟、敏感，憂鬱的目光注視著周圍的一切，讀書和寫作成了她僅有的快樂。西元 1835 至 1838 年，夏洛蒂在伍勒小姐的學校任教。西元 1839 年和 1841 年兩次到富人家做家庭教師，自尊清傲的她對這個職業充滿了屈辱和孤獨，決心與妹妹共同辦個學校，於是她與妹妹艾米莉到布魯塞爾的學校寄讀。在那裡她結識了博學、善良的丹·埃熱先生，並對他產生了微妙的感情，這個人成了後來小說中羅徹斯特的原型。西元 1844 年，夏洛蒂回到家鄉，埋頭工作。西元 1847 年，她以

柯勒·貝爾的假名出版了《簡·愛》，轟動不列顛。西元 1848 年她迭遭喪亂，先是弟弟勃蘭威爾在放蕩中死去，幾個月後，妹妹艾米莉、安妮（Anne）先後謝世。夏洛蒂在痛苦中埋頭寫作，但後來的作品成就始終沒有超過《簡·愛》

西元 1854 年 6 月，夏洛蒂與父親的副牧師尼古拉斯（Nicholls）結婚，短暫的幸福生活後，已懷身孕的夏洛蒂也離開人間。在她的墓地附近有一條瀑布，後人為了紀念她，稱這片瀑布為勃朗特瀑布。

● 二、名人事典

夏洛蒂童年起就酷愛寫作，她深受法國浪漫主義文學的影響，並力圖把自己在時代影響和生活經歷中所積聚起來的對勞動者的同情和對壓迫者的憎恨反映在文藝作品中。由於幼年的淒涼境遇，山區孤寂荒涼的環境，使她性格內向、道德習俗與上層社會格格不入，於是獨立奮鬥往往成了夏洛蒂作品的主題。她提出婦女應透過自身奮鬥而取得平等的社會地位的理想，成為英國文學史上第一個為婦女地位問題大聲疾呼的作家。

《簡·愛》是夏洛蒂最受歡迎的作品，她成功地塑造了追求平等、自由、富有叛逆性格的簡·愛這一形象。簡·愛自幼父母雙亡，在舅母家中備受欺辱。為了擺脫這個孤女，舅母把她送到羅沃德寄宿學校。那裡施行種種非人道的奴化教育，不准學生有任何現實要求和獨立自由的言行，這使桀驁不馴的簡·愛苦不堪言。畢業後，她離開羅沃德，到桑菲爾德莊園做家庭教師，並結識了莊園主人羅徹斯特，在他們倆人解除種種誤會後，她為羅徹斯特給予她的真誠熱烈的愛情所感動，於是不顧社會習俗的約束，勇敢地向羅徹斯特傾訴愛慕，表達了自己對相濡以沫的愛情的追求。然而，結婚前夕，簡·愛得知羅徹斯特的髮妻還在世上，為維護獨立的人

格，她拒絕做羅徹斯特的情婦，在淒風苦雨中出走，最後奄奄一息，被聖・約翰一家救起，並意外地獲得一大筆遺產。準備去印度傳教的聖・約翰認為簡是他最好的工作助手，便向她求婚。簡無法接受這種沒有愛情的婚姻，於是懷著對羅徹斯特的深沉愛戀，回到桑菲爾德。這時羅徹斯特的瘋老婆由於放火放屋，早已葬身火海，羅徹斯特因救火也雙目失明，簡・愛以平等的身分回到羅徹斯特身邊，並與之結合。

這部小說一反傳統小說妙齡佳人式的描寫，主角簡・愛矮小，一點也不美，帶點天才的味道，又帶點悍婦的味道。她有著不平凡的氣質和豐富的感情體驗能力，這種性格在英國文學婦女形象中鋒芒獨具，也是文學史上的一個創舉。 因為如此，《簡・愛》得以超越以愛情情節取勝的藩籬，成為流傳百世的不朽之作。

夏洛蒂與她的兩個妹妹艾米莉和安妮是英國文壇上著名的勃朗特三姐妹作家，然而在對婦女從事文學創作有極大偏見的當時，她們的成功之路更為坎坷、曲折。

姐妹三人自幼酷愛寫作，少年時代，他們就辦了一個手抄刊物《年輕人的雜誌》，一起創作，其中夏洛蒂的習作有一兩千頁之多。西元1845年秋的一天，夏洛蒂偶然發現艾米莉寫的一卷詩稿，她被深深地打動了，並有了出版詩集，在文學天地裡一顯身手的願望。西元1846年，她們的詩集終於出版，署名為柯勒・貝爾、艾利斯・貝爾、阿克頓・貝爾三個可男可女的假名。不料只賣出了兩本，更沒有人對之加以評價，尚未揚名於世，三姐妹已傾盡錢囊。之前，夏洛蒂曾把詩寄給大詩人騷塞（Southey），希望得到指教。可是騷塞回信卻充滿了傲慢和輕視，竟認為文學不是婦女的事業，夏洛蒂也不可能成為作家。但夏洛蒂沒有灰心，她相信女人與男人有同樣的智慧，她對妹妹們說：「我知道我們有才幹，

會被接受的。」西元 1846 年，她完成了小說《教師》（*The Professor*），艾米莉完成了名作《咆哮山莊》（*Wuthering Heights*），安妮也寫完了《艾格妮絲·格雷·》（*Agnes Grey*）。在之後的一年半中，這三本書先後被數家出版社拒絕。不久夏洛蒂又寫成了《簡·愛》。西元 1847 年，夏洛蒂的《簡·愛》與二個妹妹的作品衝破重重困難，同年出版，轟動英國文壇，成為世界文壇的佳話。

不幸的是，三姐妹才高命短，於創作盛年相繼辭世。她們的一生和她們的作品是對自己不公正命運的永恆控訴，也構成了英國文學史上最令人心酸的一頁。

● 三、歷史評說

夏洛蒂對文學史的最大貢獻在於名作《簡·愛》。一百多年來，《簡·愛》吸引了無數文人學者。書中跌宕起伏的情節，熱情坦率的語言，無不令讀者手不釋卷，暢讀為快。她塑造了叛逆形象簡·愛，使全世界千千萬萬的女性找到了追求平等與自立的精神資源，這部小說幾乎成為世界能閱讀小說的婦女的必讀經典之作，成為世界文學的知名作品。

馬克思十分讚賞夏洛蒂對英國社會的深刻揭露，把她與狄更斯、薩克萊和蓋斯凱爾夫人（Gaskell）並列為「現代英國的一批傑出的小說家」。這是對夏洛蒂在英國小說史，尤其是十九世紀批判現實主義小說史上崇高地位的最簡明有力的肯定與概括。

夏洛蒂·勃朗特成功的過程是一個突破偏見與歧視的過程，默默無聞時，她曾遭到詩人騷塞的否定和蔑視。然而一百多年後，騷塞在文學史上影響有限，而夏洛蒂卻成為譽滿全球的知名作家，那麼成功與否難道是可以用性別來衡量的嗎？

俄國第一位擁有全世界影響的作家 —— 屠格涅夫

「一個人的個性應該像岩石那樣堅強，因為一切都是建築在個性上面的。」

—— 屠格涅夫

● 一、人生傳略

伊凡・謝爾蓋耶維奇・屠格涅夫（Ivan Sergeevich Turgenev，西元 1818 ～ 1883 年）是 19 世紀俄國傑出的批判現實主義作家，也是在俄羅斯廣袤的土地上第一個擁有全歐洲乃至全世界影響的作家。

他生於俄羅斯中部奧廖爾省一個世襲的貴族家庭。父親是個退役上校，母親是一個博學多聞而又專橫殘暴的女地主。作家的童年在母親的世襲莊園裡度過，目睹母親對家奴的苛刻，作家對農奴制產生了強烈的反感。西元 1833 年屠格夫入莫斯科大學語文系學習，後轉到彼得堡大學，西元 1838 年至 1841 年，去柏林深造，並到法、義等國遊歷，結交了當時俄國的先進人物巴枯寧（Bakunin）、斯坦凱維奇等。回國後不久認識了別林斯基（Belinsky），從此成為至交，得益於後者甚多。其間他奉母命曾進內務部供職，但覺得索然無味退了出來。西元 1847 年他發表成名作《獵人筆記》（*A Sportsman's Notebook*），此後到 1860 年他一直是《現代人》的撰稿人。西元 1852 年，他因違反禁令發表悼念果戈里的文章而被拘留。50 至 60 年代他進入創作極盛時期。西元 1862 年以後，屠

格涅夫基本定居國外，創作轉入低潮。

西元 1883 年屠格涅夫因脊椎癌客死法國，遵其遺囑，他的遺體被遷至彼得堡沃爾科夫公墓別林斯基的墓旁安葬。

● 二、名人事典

屠格涅夫是一個反農奴制的鬥士。由於幼年的經歷，他反對農奴制，痛恨奴隸主，發誓要與這一不合理的制度鬥爭終身，在他的許多作品裡都反映這一主題。但是他出身於貴族，在政治上是個貴族自由主義者，他主張自上而下的改革。不贊成革命，此外，屠格涅夫生性敏感，這種氣質帶來的好處是使他準確地掌握時代脈搏，負面影響卻使他面對激進的民主思潮無所適從，這些矛盾在作家的許多作品裡都留下痕跡。

《父與子》（*Fathers and Sons*）是屠格涅夫一生最重要的著作，這部小說以反對農奴制度及其殘餘鬥爭為背景展開情節。醫科大學生巴扎羅夫應同學阿爾卡狄邀請，到他家的莊園做客，受到他父親尼可拉的熱情接待，但巴扎羅夫的否定精神與阿爾卡狄的伯父巴威爾的貴族原則發生了尖銳衝突，他與巴威爾展開論戰，將其駁得體無完膚。於是巴威爾耿耿於懷，尋釁報復。不久，在一次舞會上，巴扎羅夫認識了美貌的女地主阿津左娃，向她表白了自己的愛情，卻遭到拒絕。後來巴扎羅夫和巴威爾由於一件偶然的事情進行了決鬥，結果巴威爾受了輕傷，巴扎羅夫也於翌日離開。他回到年邁的父母家裡，在一次屍體解剖中不慎割破手指，感染傷寒，中毒而死。

小說裡巴扎羅夫是平民知識分子代表，他熱愛人民，接近人民，持有鮮明的民主主義觀點，是正在成長的新人，屬於「子」輩陣營。巴威爾、尼可拉、阿爾卡狄則屬於老朽的「父」輩陣營。小說中作家寫出了

巴扎羅夫精神的強大卻不讓他事業成功；肯定巴扎羅夫的革命性卻又否定他積極的社會作用；承認巴扎羅夫是現實生活中的新生力量，卻又讓他早早死去。這些都是屠格涅夫思想矛盾的反映，但這並不影響作品的客觀意義，「民主主義戰勝貴族階級」依然是小說的主題。

屠格涅夫從小對農奴制就強烈不滿，這不僅表現在作品中，也表現在行動上。有一次，為了使一名女奴不被賣掉，他竟然動了槍。

那次他從學校回到家中，聽到一位叫盧莎的女僕將被賣給鄰村地主時，便立即去見母親，勸她收回成命，停止買賣農奴的野蠻行為。遭到拒絕後，屠格涅夫便連夜把這位女僕藏了起來。鄰村地主氣急敗壞，請來警察局長，誣告屠格涅夫「煽動暴亂」。警察局長命屠格涅夫交出女僕，屠格涅夫斷然拒絕，並找出獵槍，守在女僕躲藏的房舍外。當鄰村地主帶著手持棍棒的人們來搶人時，屠格涅夫橫槍堵在門口，臉色鐵青，對著來人歇斯底裡地狂叫：「誰敢過來，我要開槍了！」

這一次屠格涅夫大獲全勝，可是他的母親卻為此付了一大筆違約金。

● 三、歷史評說

屠格涅夫在西元 1840 ～ 1870 年代的一系列作品，構成了俄國社會一部生動的藝術編年史。他具有深厚的愛國主義思想，以完美無缺的藝術形象反映出時代精神，對俄國文學中的現實主義和長篇小說的發展產生了巨大影響，給人類留下了極寶貴的文學遺產。

屠格涅夫是俄國文學史上最早受到歐洲文藝界重視的作家，被公認為「天才的小說家」。許多著名作家都自稱是他的學生。在中國，他的作品幾乎全部翻譯成了中文，不少譯本出自名家之手，對中國新文學的發

展帶來了促進作用。

　　屠格涅夫出身貴族世家，卻成為本階級的叛逆，用他的筆對農奴制進行了猛烈的挾擊。他一生追求真理，雖然有著自身的局限性，但他的追求卻是純粹的。可以說一個純粹的人未必能成為偉大的作家，但是作為偉大的作家，他的追求必然是純粹的。

偉大的浪漫主義民族詩人，現代美國詩歌之父 —— 惠特曼

「草是自然界最普通，最平凡的東西。」

—— 惠特曼

● 一、人生傳略

西元 1855 年，美國一個無名小輩自費刊行了一本薄薄的詩集，引起軒然大波。世人對它毀譽不一，一百多年過去了，這位無名小卒已被公認為現代美國詩歌之父。他就是瓦爾特·惠特曼（Walt Whitman）。

惠特曼（西元 1819～1892 年），19 世紀美國最傑出的浪漫主義詩人，激進的民主主義者。他出生於紐約長島的西山，父親是農民。因家境貧困，惠特曼 11 歲便輟學謀生路，當過學徒、雜役、排字工、鄉村小學教師、新聞記者，並利用業餘時間讀書。貧苦的生活，辛勤的勞動，跟勞動人民的廣泛接觸以及對資本主義社會的深入觀察和體會，為他日後的詩歌創作奠定了基礎。50 年代起，惠特曼在報紙上發表自由體詩，開始了旺盛的詩歌創作活動。南北戰爭中，他自願護理傷員，戰後任政府部門公務員，從西元 1855 年到 1892 年，他共出版了《草葉集》（*Leaves of Grass*）12 個版本，逐漸贏得了聲譽。西元 1873 年，惠特曼患半身不遂，從此退職遷居紐澤西州坎姆頓市養病。

惠特曼終生未娶，在朋友和弟子的照顧下，於西元 1892 年 3 月 26 日告別人世。

● 二、名人事典

惠特曼早年的坎坷生活使他親身體驗到下層人民的生活與感情，他的家中長輩多信仰民主主義、空想社會主義，這使得他在詩中對人類生活意義作深入探求時，也表現出民主主義和空想社會主義思想。在他的詩集中他熱烈謳歌民主和自由；盡情讚美大自然，宣揚創造世界的勞動者；倡導人類平等，同情被壓迫者，支持正義鬥爭。為了適應這種內容，他主張詩歌必須有強烈的感染力和啟發性。他摒棄了一切舊傳統，讓詩歌任其自然發展，完善了「自由詩體」，他不押韻，而多用排比、疊句、民間歌謠的形式，並使詩有了內在的節奏和韻律美。他的詩樸實粗獷沒有文雅的辭藻，沒有王侯將相，但卻像滾滾而來的海浪，一個接著一個，有強有弱，有高有低，有起有伏。

詩集《草葉集》是惠特曼的代表作，其中比較著名的有〈我聽見美洲在歌唱〉（I Hear America Singing）、〈啊，船長，我的船長喲！〉（O Captain! My Captain!）等比較著名。前者主題歌頌美洲大陸和人民的創造性勞動，是美國文學史中讚美工人的第一首詩。詩中不僅可以找到各種職業的勞動者，還可以找到勞動工具，表達了對於美好生活的無比熱愛與對壯美世界的由衷頌揚，質樸感人，激情澎湃，氣象恢宏，在美國婦孺皆知。

〈啊，船長，我的船長喲！〉是為紀念林肯總統（Lincoln）的「泣血」之作。全詩抒發了詩人對林肯總統的摯誠懷念與放情謳歌，擊節三唱，旋律激昂，奔放的豪情中滿含無盡哀思，令人悲從中來，不能自已。在舉國歡慶的狂喜時刻，船長卻倒在血泊之中，令人熱淚縱橫，黯然神傷。此詩是《草葉集》中為數不多的格律詩之一，也是膾炙人口的名篇。

許多偉大作品獲得世人承認常常經歷了個艱難的過程，《草葉集》也是如此。

西元 1855 年 7 月，包括十二首詩的《草葉集》第一版在紐約出版了。這在當時充斥了庸俗的市儈主義和清教徒生活信條的美國，產生了不小的衝擊。惡毒的嘲諷，粗野的辱罵接踵而至，甚至有人竟將作者的贈書擲於火中，這樣惠特曼自費出版的一千冊詩集，一本也沒賣掉。

舉世非難之際，只有散文家愛默生（Emerson）一人給惠特曼熱情支持，十分讚賞他的詩中「自由勇敢的思想」和民族特色。惠特曼受到鼓舞，繼續寫作，一次又一次為《草葉集》增添新詩，也一次次引起世俗的震駭和攻擊。但他毫不氣餒，頂住迫害，堅持自己的立場，並以此作為對資產階級虛偽道德的公開抗議。

詩人生前吃盡苦頭，但一百多年來，那些攻擊和誹謗並未阻止《草葉集》的積極作用。歷史是公正的，今天惠特曼那滔滔不絕的詩句已流傳天下，鼓舞人們前進。

● 三、歷史評說

惠特曼是英美現代詩歌的先驅。他的詩歌是美國浪漫主義詩作的代表。再現了建國初期美國的時代風貌，創造了自由詩體的新形式，結束了美國詩歌長期因襲英國詩歌的歷史，使詩歌的民族色彩和表現更加突出。

惠特曼是美國民主主義的偉大歌者，是其國家和時代精神的卓絕代表，時至今日，他已經歷了歷史考驗，不僅成為現代美國詩歌之父，而且開創一代詩風。現代世界各地的民主詩人，無不受其影響。

瓦爾特‧惠特曼是一個堅強、倔強的人，他有著草一樣的不屈不撓的毅力和勇氣。正是這種精神使他沒有氣餒，抵制一切攻擊，繼續寫作。可以說，沒有這種精神就沒有《草葉集》，也沒有偉大的詩人惠特曼。

法國文學史上的巨人，完美的批判現實主義者 ── 福樓拜

「平庸也許不值得讚美，卻絕不是一種罪過。」

── 福樓拜

● 一、人生傳略

古斯塔夫・福樓拜（Gustave Flaubert，西元 1821 ～ 1880 年）是 19 世紀下半期法國傑出的批判現實主義作家，被世界文學界公認為法國 19 世紀文學史上三大巨人之一（另外兩位是雨果、巴爾札克）。

他出生在法國南方塞納河畔名城盧昂的一個醫生世家，童年在醫院裡度過。少年時代就喜愛文學，中學時，廣泛閱讀文學作品。西元 1841 年福樓拜遵從父命到巴黎法院攻讀法律，但他卻用大部分時間閱讀文學作品，結交巴黎文人學士。不久，因癲癇病症發作，返回故鄉養病。並專心從事文學創作。福樓拜終生未娶。西元 1845 年父親去逝後，他與母親遷居到盧昂市郊的克魯瓦塞別墅，他在這裡終其一生，靠豐富的遺產過活，創作出一部部震驚文壇的優秀作品。

西元 1852 年 5 月 11 日，正在書房寫作《布瓦爾和佩庫歇》的福樓拜因中風猝亡，在孤獨與冷寞中離開了人間。

● 二、名人事典

　　福樓拜出身於醫生世家，看慣了手術刀的他不相信宗教，崇拜真實的藝術傾向使福樓拜形成了自己獨到的藝術理論。他倡導現實主義，不同意作家的作品中攙雜自己的主觀評價，主張絕對的冷漠、客觀。他認為作家的意見不應直接發表，應該從作品的總傾向上表現出來。福樓拜是一位觀察敏銳、富有正義感的作家，他生活在法國資本主義上升發展時期，對資本主義的繁榮有清醒的認識，看透了貴族階級和資產階級萬變不離其宗的反動本質。對習俗醜惡的深惡痛絕，使他的現實主義作品也充滿了強烈的批判精神。

　　長篇小說《包法利夫人》（*Madame Bovary*）是福樓拜走上批判現實主義道路的重要標誌，主角愛瑪（包法利夫人）本是一個天真無知的農家女孩，其父追求時尚，把她送進修道院主管的寄宿學校。修道院腐蝕靈魂的貴族式教育，激發了她的虛榮心，她嚮往中世紀的浪漫愛情，渴望過一種激情而陶醉的愛情生活。但是她卻嫁給了一個毫無激情，愚蠢透頂的鄉下醫生包法利。婚後單調乏味的生活使她窒息，從而大失所望。

　　但是一個偶然的舞會改變了她的命運，她的夢想開始向現實生活中的庸俗無聊靠攏 —— 先後委身於兩個情人，她把那些眠花宿柳的淫賊當成忠貞不二的人，整天遊手好閒，揮霍無度，弄得債臺高築，最後受到債主逼債瀕於破產，只好向情人們求救，但她的情人都對她避而遠之，見死不救。這時愛瑪才看清了他們的虛偽狠毒的臉孔，於是她在羞愧和絕望之中服毒自殺。作者以簡潔而細膩的文筆，再現了 19 世紀中期法國的社會生活，其中鮮明的思想傾向和強烈的藝術感染力使它得到了社會的普遍讚揚和高度評價。此書一出，福樓拜獲得了巨大的榮譽。

福樓拜寫作態度十分嚴謹認真，平均五年才能寫出一本書，他不相信靈感，堅信「天才即耐心」，認為塗改和難產才是天才的標誌。有時他一星期只寫 2 頁，有時四星期才寫 15 頁，還有一次從 7 月到 11 月底只寫了一幕劇。為了追求作品的完美，作家常常精疲力竭。他書房的視窗恰對著塞納河，福樓拜通宵達旦地寫作，書房裡徹夜點燈，於是作家的視窗便成了塞納河上漁夫們的燈塔。甚至從哈佛開往盧昂的海輪的船長們也知道，這段航船要想不迷失方向，應該以「福樓拜先生的窗戶」為目標。

● 三、歷史評說

由於異常嚴謹的寫作態度，福樓拜一生的作品並不多，但是，幾乎每一部都可以稱作法國現實主義文學的經典。一方面他在主題的深刻性和創作技巧上繼承了批判現實主義的優秀傳統，使他在 19 世紀後半期再度放出奪目的光輝，有力地鞏固了他在法國以及世界文學史上的地位；另一方面，他又在傳統的基礎上作出了一些別開生面的創新，為 19 世紀後期乃至 20 世紀的文學創作提供了某些有益的啟示。

福樓拜是法國繼巴爾札克之後又一位聞名遐邇的批判現實主義大家，也是今人在研究批判現實主義之後，出現的某些流派淵源時經常提起的一位作家。

福樓拜這位傑出的現實主義作家，強調追求作品的真實性。為了使作品哪怕在細節上也值得推敲，他寫作前不僅實地調查，還常常翻閱數以千計的書籍，或去諮詢知情人士。正是這種嚴肅的態度，使小說創作向極準確地方向發展，獲得了輝煌的成就。

一個殘酷的天才，二十世紀現代主義文學的鼻祖 —— 杜斯妥也夫斯基

> 「魔鬼和上帝在進行鬥爭，而鬥爭的戰場就是人心。」

—— 杜斯妥也夫斯基

● 一、人生傳略

費奧多爾・米哈伊絡維奇・杜斯妥也夫斯基（Fyodor Mikhaylovich Dostoyevskiy，西元 1821 ～ 1881 年）是 19 世紀俄國偉大的批判現實主義作家，與托爾斯泰（Tolstoy）一起被譽為俄國文學的兩大柱石。

他出生於一個莫斯科的醫生家庭，父親是平民醫院的醫生，後來取得貴族身分。西元 1834 年杜斯妥也夫斯基進莫斯科一個私立寄宿學校學習，開始對文學產生濃厚興趣。西元 1838 年進入彼得堡軍事工程學校學習，畢業後當過工程局繪圖員，一年後離職，專事文學創作。西元 1846 年他的中篇小說《窮人》（*Poor People*）問世，使他一舉成名。

西元 1847 年他參加了進步的彼得拉謝夫斯基小組，西元 1849 年和這個小組成員一同被捕，年底被判死刑，後改判流放西伯利亞，服四年苦役，六年邊防軍役。十年的流放生活嚴重地摧毀了他的健康。從流放地回來直到去世，是他創作的旺盛時期，但此時他的創作已由「小人物主題」轉向心理悲劇了。

西元 1881 年 2 月 9 日，杜斯妥也夫斯基因肺血管破裂與世長辭，被

安葬在亞歷山大 —— 涅夫斯基大寺院公墓，與大詩人茹科夫斯基之墓毗鄰。

● 二、名人事典

　　杜斯妥也夫斯基出身貴族，但他的思想中有進步的一面，他猛烈抨擊農奴制度的腐朽，貴族階級的墮落和資本主義的罪惡。他的思想裡也有落後的一面，他反對社會主義和暴力革命，宣稱俄國的社會矛盾應該用基督教的順從、忍耐、博愛的精神，來求得貴族與人民的和解及各階層的團結，這種理論在他的許多作品中都有反映，這裡介紹一部。

　　《罪與罰》（*Crime and Punishment*）是杜斯妥也夫斯基最優秀的長篇小說之一。主要情節是拉斯柯尼科夫犯下罪行和遭遇到的懲罰。窮大學生拉斯尼科夫本質善良，經常接濟他人。由於生活的貧困和弱肉強食理論的毒害，他殺死一個貪得無厭、放高利貸的老太婆，想解救窮人，但由於慌亂，也劈死了老太婆無辜的妹妹。此後精神上受到折磨，十分痛苦。妓女索尼亞是一個願為別人犧牲自己的人，她身上展現了忍耐、順從、寬恕的美德。當她得知拉斯柯尼科夫殺人的真相時，勸他去自首。在她的感召下，拉斯柯尼科夫走向警察廳。後來在西伯利亞服苦役時他與索尼亞相遇，終於在愛情的感化下獲得了新生，他信仰了上帝，靈魂復活了。

　　其中，「無路可走」是小說的主旋律：馬爾美拉托夫無路可走，只得讓妻兒忍飢挨餓，自己借酒澆愁，最後被馬車軋死；他的女兒索尼亞無路可走，不得不淪為妓女；他的妻子無路可走，最終死於瘋狂中；拉斯柯尼科夫無路可走，竟然成了殺人犯。作家指出，在病態的社會裡，人不能過正常的精神生活，人的天性遭到可怕的扭曲，被逼上不歸之路。

小說情節具有獨特的戲劇性，作家非常注重描寫人物的幻覺的夢境，透過這些描寫，表現人物的精神分裂，並讓讀者從人物內心的極端混亂中窺見出社會的嚴重異化現象，使作品成為一部優秀的心理小說。

在許多偉人成功的背後，都有一些默默無聞的人的無私奉獻，杜斯妥也夫斯基的成功與他妻子安娜‧格利戈里耶夫娜‧斯尼特金娜（Anna Grigoryevna Dostoevskaya）的協助是分不開的。

西元 1864 年，杜斯妥也夫斯基第一任妻子病逝，三個月後他的哥哥也去世了。一家老小的衣食，所欠下的債款壓在他一人肩上。他精神痛苦不堪，原來的癲癇症發病更頻繁。出版商規定，11 月必須寫出的新作他在 10 月還未動筆。這時速記訓練班最有才幹的學生 —— 未滿 20 歲的安娜出現了。她崇拜杜斯妥也夫斯基，同情他的處境，並與之熱心合作。工作的順利進行使作家對女助手產生好感，在短短 26 天裡，不僅完整了一部自傳體小說《賭徒》（The Gambler），他們之間也滋生了愛情。西元 1867 年，他們幸福地結合。婚後，安娜對年老病弱的丈夫十分體貼，不僅細心料理家務，而且幫他速記、撰寫，甚至發行書籍，成為他事業上的得力助手。他們共同生活的 14 年，是作家創作上最多的時期，作家把名著《卡拉馬助夫兄弟們》（The Brothers Karamazov）獻給了安娜。

杜斯妥也夫斯基認為自己與安娜的婚姻是他一生中最幸福的事。

● 三、歷史評說

杜斯妥也夫斯基是一位思想極其複雜矛盾，創作獨樹一幟的現實主義作家，他的作品中洋溢著反對資產階級的激情，顯露出強烈的揭露社會現實的傾向性和深入描寫人的心理的現實主義藝術，對許多進步作家

起了良好作用。但他的消極思想，創作中非理性的、直覺主義的成分，以及他醉心於病態社會的描寫，則對西方現代派文學有很大影響，被現代派作家奉為鼻祖。

杜斯妥也夫斯基經歷離奇。他曾被綁赴刑場，執行槍決，可又在子彈上膛的一刻得到了罪減一等的命令，這是可怕的、恐怖的、等待死亡降臨的時刻。這種對死亡的深切體驗促使作家在小說中心理剖析的運用。如果當時死亡真的發生，我們現在就沒有了偉大的作家；如果沒有這次死亡的經歷，我們也許將沒有後來的偉大作家。

二戰後，杜斯妥也夫斯基在國際上的聲譽與托爾斯泰並駕齊驅，成為俄羅斯文學的兩大柱石。

死在哥薩克矛尖上的匈牙利民主主義詩人 —— 裴多菲

> 「生命誠可貴，愛情價更高，若為自由故，二者皆可拋。」
>
> —— 裴多菲

● 一、人生傳略

裴多菲‧山多爾（Petofi Sandor，西元 1823 ～ 1849 年）是 19 世紀匈牙利革命民主主義詩人，西元 1848 年革命的傑出戰士和歌手。

他出生於一個窮困的屠戶家庭，自幼過著清貧的生活。他做過雜役工人，當過兵，演過戲，最後在帕波的一所高等學校上學。少年時的流浪生活使他有機會與百姓接觸，熟悉他們的悲慘生活，為他的富於獨創性的詩歌打下良好基礎。後來他翻譯英國、法國的詩歌，並出版詩集，才使自己擺脫困境。由於他詩歌創作中民主傾向十分鮮明，曾遭到資產階級反動文人的瘋狂攻擊。西元 1846 年春，裴多菲組織「十人協會」，這為後來匈牙利第一個作家團伙「青年匈牙利」的形成奠定了基礎。西元 1848 年 3 月 15 日，他領導了著名的布達佩斯起義，隨著革命的發展他的詩歌創作走向高潮。

西元 1849 年匈牙利革命被俄國沙皇殘酷地鎮壓了，裴多菲在 7 月31 日的瑟什堡戰役中英勇犧牲。他沒有留下屍體和單獨的墳墓，與其他犧牲的匈牙利愛國志士們一起，被埋葬在一千零十名的英靈大墳塚裡。

● 二、名人事典

　　裴多菲是在匈牙利古典主義浪漫文學的影響下走上詩歌創作道路的，但是他拋棄了浪漫派文學脫離現實與單純追求形式的傾向，只是接受他們詩歌裡接近民歌的風格，並且向民歌學習，從中吸取營養。他的詩歌中有強烈的愛國主義思想和人民性，他取材於現實社會生活，直截了當地把鬥爭矛頭指向外來的侵略者和國內的壓迫階級。他把自己和那些享福作樂的貴族地主階級對立起來，以平民歌手的姿態出現，無情地揭露那些飽食終日、無所用心的貴族老爺，他對勞苦大眾抱著無限同情，喚起人民與舊勢力進行鬥爭。

　　〈雅諾什勇士〉（一譯〈勇敢的約翰〉）是裴多菲向民歌學習的重要收穫，這首長篇敘事詩根據民間傳說寫成。詩中主角雅諾什是一個勇敢而熱情的農村青年，為了追求幸福生活和崇高的愛情，經歷了流離的苦難和戰場上死亡的威脅。他勇過黑暗國、巨人國和渺茫的海洋，終於尋到了幸福的國土，與忠實的愛人伊露斯卡相聚。這首長詩的前幾章，基本寫實，後來的敘述逐漸發展到非現實的神話傳說，給予人美好的嚮往。雅諾什勇士是英雄、道德和理想的化身，他正是四年後，在西元1848年匈牙利革命戰爭中英勇奮戰的士兵們的綜合形象。這首長詩的發表，給匈牙利文學開闢了一個新時期，即向民間學習的熱潮時期。〈雅諾什勇士〉在整個歐洲文學史上都占有獨特的地位。

　　裴多菲的一生是為自由和民主奮鬥的一生，這不僅表現在創作上，也表現在行動上。

　　西元1848年初，匈牙利人民廢除封建制度使國家從奧地利的統治下解放出來的運動席捲全國。裴多菲領導了起義的發端 —— 3月15日布達佩斯起義。他在民族博物館門前向集合的民眾慷慨激昂地朗誦了他的

名作《民族之歌》（*Nemzeti dal*）：「起來，匈牙利人，祖國在召喚／時候到了，現在幹，或者永遠不幹！／願意作自由人民，還是作奴隸？／就是這個問題，你們自由選擇！」當時，大雨滂沱，廣場上，千萬群眾跟隨著他激昂的聲音高呼：「我們宣誓／我們宣誓／我們永不做奴隸！」這首詩猶如戰鼓，也像憤怒的火焰，猛烈撲向統治者的寶座。起義民眾在詩人的領導下占領了蘭德納印刷所，奪取印刷機，衝破書刊檢查，印出了《民族之歌》和要求實行資產階級改革的《十二條》，並砸開監獄牢門，釋放了政治犯。

匈牙利的獨立，引起國內外反動勢力的恐懼，在強大敵人的進攻下，匈牙利軍隊慘敗，裴多菲壯烈犧牲。就像他在〈使徒〉一詩中所說的，裴多菲就是一盞燈，為別人送來光明，卻耗盡自己的一生。

● 三、歷史評說

裴多菲寫過小說、戲劇、詩歌。他的八百多首愛國抒情詩和八部敘事詩代表了他的最高成就。

裴多菲把勞動人民的語言加以提煉，把民歌形式加以發展，推翻了貴族文學家們輕視農民語言的觀點。他的許多首詩已經成了匈牙利真正的民歌，被音樂家譜曲傳唱到今。

裴多菲的詩與民族傳統、人民生活緊密結合，與人民的鬥爭和命運融為一體，特別是在戰場上完成的詩，幾乎像日記一般地記載著革命的發展，歌頌了戰士們堅韌不拔的戰鬥精神和革命品格以及追求民族解放的思想感情、意志和力量，成為鼓舞匈牙利人民獨立鬥爭的號角和戰鼓。

　　他一生漂泊似乎拋棄了生命與幸福，但是他得到了靈魂的自由，他為正義事業而獻身，他的精神永垂不朽。

　　早在 1920 年代，裴多菲的詩歌就引起了中國人民的注意。茅盾、魯迅、白莽先後參與了翻譯工作。今天，裴多菲的詩歌已成為世界人民寶貴的精神財富，鼓舞追求光明和自由的人民前進。

十九世紀法國現實主義戲劇的先驅 —— 小仲馬

「頭腦是狹小的，而它卻隱藏著思想，眼睛只是一個小點，它卻能環視遼闊的天地。」

—— 小仲馬

● 一、人生傳略

亞歷山大・小仲馬（Alexandre Dumas fils，西元 1824 ～ 1895 年）是 19 世紀法國著名的小說家、戲劇家。

他出生於巴黎，是著名作家大仲馬和一個女裁縫的私生子。童年時代他一直和母親生活，七歲時大仲馬認他為子，把他帶回家中，但因大仲馬終拒絕認其母為妻，這給小仲馬的心靈造成嚴重創傷。這種身世鑄成了終生遺憾，深刻地影響著他的思想感情和道德觀念，尤其直接關係著他的創作。從西元 1833 年到 1838 年，小仲馬入有名的聖・維克多寄宿學校學習，畢業後在大仲馬的嬌慣下，他曾一度過上荒唐的生活，但他厭惡父親的浪蕩生活，長大後他一本正經，據說能把父親的情婦嚇得躲進衣櫥。青年小仲馬頗有才氣，加上父親的啟發引導，以及父親蜚聲文壇的小說，大大啟迪了他的創作欲望和文學天賦。西元 1846 年，他開始發表小說。西元 1848 年他的小說《茶花女》（*Camille*）震動文壇。不久，由他改編的同名劇《茶花女》上演獲得巨大成功。從此他專門從事文學創作，並於西元 1874 年被選為法蘭西學士院院士。

西元 1895 年，小仲馬逝世，遺留下兩部未竟劇作：《撩人的女子》和《底比斯之路》。

● 二、名人事典

私生子的身世使小仲馬在童年和少年時代受盡世人的譏誚，這使他形成了與父親截然相反的品格。他悲觀，喜歡孤獨、平易，探討資產階級社會道德問題是他貫穿文學創作的中心內容。在他的作品裡，要麼抨擊淫靡的社會風氣影響下，夫婦之間的不忠和家庭所受的威脅，要麼揭露金錢對愛情和婚姻的破壞，要麼譴責歧視私生子和失足女子的傳統成見……每個劇本中都有比較鮮明的有關倫理道德的主題。

長篇小說《茶花女》是小仲馬的代表作。主角瑪格麗特·戈蒂埃姑娘是巴黎名妓，但她的外表與內心都像白茶花一樣純潔美麗，她淪落風塵是為生活所迫，她深深體會著人世間的冷酷與自私，心中卻懷著追求真摯的愛情和美好人生的願望。她結識了正真、純真的青年阿爾芒，兩人真誠地相愛，於是她決心從良，變賣財物，清償債務，和阿爾芒到鄉間過寧靜簡樸的生活。阿爾芒的父親迪瓦爾為了家庭的體面，為了兒子的前程和女兒婚姻的幸福，要求瑪格麗特和阿爾芒斷絕來往。為了成全阿爾芒一家幸福，瑪格麗特忍痛割愛，不惜重操舊業使阿爾芒斬斷情絲。阿爾芒不明真相，竟不擇手段地一再當眾侮辱她。瑪格麗特傷心至極，一病不起，在痛苦、疾病和貧困中死去，阿爾芒追悔莫及。這部小說以最大的熱情和勇氣歌頌了為人所不齒的下賤妓女，無情地抨擊了上層社會的種種惡劣行徑，暴露了資本主義社會的淫亂汙穢現象。其中瑪格麗特的靈魂悲號，阿爾芒痛徹肺腑的悔恨，感人至深，使它歷百餘年而不衰。

《茶花女》是小仲馬根據親身經歷寫成的。西元 1844 年，小仲馬與巴

黎名妓瑪麗特・杜普萊西一見鍾情。瑪麗特出身貧苦，被逼為娼。她珍重小仲馬真摯的愛情，但為了維持生計，仍與金主們保持關係。小仲馬一氣之下寫了絕交信出國旅行。西元 1847 年小仲馬回國，得知只有 23 歲的瑪麗已不在人世，她病重時昔日的追求者都棄她而去，死後送葬的只有兩個人，她的遺物拍賣後還清了債務，餘款給了她一個窮苦的外甥女，但條件是繼承人永遠不得來巴黎！現實生活的悲劇深深震動了小仲馬，他滿懷悔恨與思念，閉門謝客。一年後，這本凝集著永恆愛情的《茶花女》問世了。小仲馬一舉成名，不久他又把小說改編為劇本。西元 1852 年，五幕劇《茶花女》上演了。劇場爆滿，萬人空巷，謝幕時，觀眾熱烈歡呼作者大名，朋友們連夜聚會慶祝小仲馬的成功。小仲馬立即打電報告訴遠在比利時的父親：「極大的成功，我不知所措，觀眾竟以為在觀看你的作品開幕演出。」大仲馬回電說：「親愛的孩子，我最好的作品就是你。」

● 三、歷史評說

　　小仲馬是法國現實主義戲劇的先驅者之一。他的劇作布局嚴密而巧妙，戲劇結局水到渠成，合乎邏輯。他的戲劇格式受到廣泛讚賞，以致觀眾們因習慣於他的那一套，很久都接受不了戲劇格式的革新。小仲馬是最早被介紹到中國的西方著名作家之一，他的《茶花女》是春柳社最早上演的劇作，代表著中國話劇的開端。

　　小仲馬早年的不幸經歷使他走上了和父親截然不同的創作道路。現在他後來發表的無數優秀問題劇如今已被人淡忘，但那部根據親身經歷寫成的《茶花女》卻足以使他取得如大仲馬相同的名聲，令他名垂千古。人們所津津樂道的「大小仲馬」構成了法國文學史乃世界文學史上罕見的「父子雙璧」的奇觀。

婦女解放「獨立宣言」的作者，現代戲劇之父 —— 易卜生

「關於自由，我唯一關心的事情就是為它奮鬥。」

—— 易卜生

● 一、人生傳略

亨里克·易卜生（Henrik Ibsen，西元 1826 ～ 1906 年）是挪威傑出的詩人，最偉大的戲劇大師，歐洲近代戲劇新紀元的開創者。

他生於挪威東南濱海小城斯城恩的一個富裕的木材商家庭。童年時代易卜生狂傲不羈，目中無人，極富藝術天份，但由於少年時期家道中落，不得不放棄學業，外出謀生。西元 1843 年至 1850 年，他在一家藥店當學徒，並堅持讀書，開始文藝創作。西元 1850 年，他隻身一人來到挪威首都奧斯陸，積極投身於社會活動，參加過革命黨人領導的工人運動和營救受迫害的進步作家而舉行的遊行。西元 1851 年，已成為評論家和詩人的易卜生被卑爾根劇院聘為編劇，西元 1857 年到挪威劇院做經理和編導。易卜生為建立挪威的民族戲劇不懈地努力，卻遭到國內資產階級政客的惡毒攻擊，以致幾乎使他失去了起碼的生活保障。加之西元 1864 年普奧聯軍強攻丹麥，挪威統治者拒絕援助，使易卜生十分憤慨。於是他於當時憤然出國，先後在義大利、德國旅居 27 年，他的主要作品都在此時完成。

西元 1906 年，易卜生在克里斯蒂安尼亞逝世，與妻子蘇珊娜合葬在挪威的基督公墓裡，挪威為他舉行了盛大的國葬。

● 二、名人事典

　　易卜生早年的不幸生活使他對資本主義社會和各種矛盾及社會生活有了廣泛認識。易卜生早年劇作多為浪漫主義歷史劇，但社會的病態現象使易卜生把注意力從中世紀的民間文學轉移到現實生活上來。他透過過北歐現實生活的描寫，提出了尊重道德、婚姻、婦女、教育，法律、宗教等一系列社會問題，揭露和批判資產階級和各種社會弊端，創作了大量內容深刻的「社會問題劇」，啟迪人們去思考，去改革社會存在的種種弊端。

　　《玩偶之家》（*A Doll's House*）是易卜生最成功的社會問題劇，成功塑造了娜拉這個具有資產階級民主思想的婦女形象。劇本開始時，娜拉作為一個幸福的妻子出現：她受過良好的教育，天真活潑，滿足於小家庭的幸福，後來他丈夫海爾茂得了重病，她瞞著丈夫和病重的父親，偽造父親的簽字向柯洛克斯泰借了一筆錢，陪丈夫去了南方療養，救了丈夫的命，保全了家庭的幸福。表面看海爾茂也很愛娜拉，兩人過著愉快的生活。

　　八年後，當海爾茂升任銀行經理並決定要辭退老同學柯洛克斯泰時，一件有損自己名譽的事發生了。柯洛克斯泰寄來了揭發娜拉偽造簽字借款的信。於是，海爾茂一反平日親暱，像一條瘋狗一樣辱罵娜拉。後來柯洛克斯泰受到感化，退回了借據，海爾茂又假惺惺地對妻子親熱起來。冷酷的現實生活教育了娜拉，使她看透了海爾茂的靈魂，意識到自己在家中不平等的地位，明白了自己不過是丈夫的玩偶。面對海爾茂的責難，她向這個虛偽的家，向整個社會大聲宣告「我是一個人，跟你一樣的一個人 —— 至少我要學做一個人。」於是她毅然離家出走。她告別丈夫時的關門聲在全世界迴響，震動了戲劇界和整個社會。《玩偶之家》成為一篇婦女解放的「獨立宣言」。

《玩偶之家》是易卜生根據他的一次親身經歷寫成。女主角娜拉的原型是一個名叫勞拉的女子，她出身於中等家庭，在上流社會裡周旋，結識了一個叫基勒的青年。基勒是個非常嚴肅的人，他一絲不苟，過著清教徒式的生活。兩人由熱戀而結婚，十分美滿，令人豔羨。不久，基勒患病，需要一大筆款項。為了救基勒，勞拉私下向友人借錢，使基勒度過難關。後來勞拉設法還債，出於無奈，她只好在借券上偽造了一個保人的簽字，以推遲償還期限。但基勒知道後，暴跳如雷，說這毀了他的名譽和前途。這使勞拉精神上受到沉重打擊，被送進精神病院。最後，基勒提出離婚，幸福家庭從此破滅。易卜生根據這個素材，創作了《玩偶之家》，並賦予主角進步的民主思想和反抗精神，塑造了一位個性獨立的新女性形象，引起極大的社會反響。據說，當時人們請客吃飯，主人甚至不得不在客人面前放上字條，上面寫著「莫談娜拉！」以免客人發生衝突。

● 三、歷史評說

易卜生是以劇作著稱，他也寫過一些詩歌，但主要成就是戲劇。他在長達半個世紀的創作生涯中，共寫了 26 個劇本。他改變了歐洲劇壇，是近代戲劇的偉大革新者。

在中國，易卜生對「五四」以來戲劇、小說創作的影響是深遠的。1935 年由於國內大規模上演《玩偶之家》，這一年成為「娜拉年」；許多著名作家，如魯迅，巴金，冰心等人也或多或少地汲取了易卜生的現實主義與民主主義的精華。

易卜生的戲劇推動了世界戲劇發展史的程式，他被譽為「現代戲劇之父」。

易卜生生活的年代，國家人民，沸騰的生活與迅速的社會變革使作家認識到：戲劇創作不只是為了娛樂觀眾，還應該具有深刻的社會意義。於是他歌頌自由，揭露黑暗與虛偽，引起了正義人士的共鳴。他的一系列「社會問題劇」煥發出奇光異彩，對資產階級社會的腐敗和偽善做了無情的暴露與鞭撻，至今有現實意義。

批判現實主義文學的最高峰 —— 列夫‧托爾斯泰

「天才的藝術家，不僅創作了俄國的無比圖畫，而且創作了世界文學的第一等作品。」

—— 列寧（Lenin）

● 一、人生傳略

列夫‧尼古拉耶維奇‧托爾斯泰（Lev Nikolayevich Tolstoy，西元 1828 ～ 1910 年）是 19 世紀俄國批判現實主義文學的傑出作家，也是世界文學史上最偉大的作家之一。

他出生於圖拉省的一個貴族莊園 —— 亞斯納亞‧波利亞納，是一個伯爵。他父母早亡，由姑母和親戚監護長大。托爾斯泰自幼酷愛文學，興趣非常廣泛，雖然接受了典型的貴族教育，但對農村生活有著特殊感情。西元 1844 年他進喀山大學學習，廣泛地閱讀，醉心於法國啟蒙學者。西元 1847 年回到鄉間莊園亞斯納亞，在這裡度過了一生大部分時光。西元 1851 年，他從軍到高加索，開始了創作活動。1953 年退役時已是一位頗具名聲的作家了。這期間，他嘗試在自己的領地上進行自由主義的改革，因得不到農民的信任而中止。西元 1860 至 1864 年，出國旅行，先後訪問德、法、義、瑞士等國，擴大了文藝視野。回國後，積極從事教育事業，為農民子弟辦學，不久全部關閉。

晚年的托爾斯泰十分不幸。他遭到沙皇政府種種迫害，自己也認識

到與勞動人民差距巨大，並對家人的奢侈生活不滿，終於在 1910 年離家出走，途中突患肺炎，死在阿斯塔堡車站，遺體埋在自己的莊園，墳上沒有十字架，也沒有墓碑。

● 二、名人事典

像歷史上的許多大作家一樣，托爾斯泰的思想也充滿了尖銳複雜的矛盾。一方面，他對統治階級的寄生、腐化墮落極其不滿；另一方面，他錯誤地把宗法制農民的落後意識當成他們的美德，並認為這種美德是解決社會問題的良方。所以他認為貴族地主在道德上自我完善，在生活向平民看齊，宗法制經濟就能避免解體，地主和農民的矛盾就能得到改善。於是他在有些作品裡一定程度上美化了莊園地主，掩蓋了地主與農民的矛盾，並宣揚了宿命論、宗教博愛和不以暴力抗惡的觀點。托爾斯泰思想中的這種矛盾越到老年也越尖銳。

托爾斯泰作品中引起爭議最廣的是《安娜・卡列尼娜》（*Anna Karenina*）。主角安娜美麗善良，深刻真誠，她聽命於姑母，嫁與比自己大 20 歲的省長卡列寧，卡列寧自私，偽善，追求功名利祿。這是一樁沒有愛情的婚姻。八年後，她大膽、深摯地愛上了貴族軍官渥倫斯基。卡列寧拒絕與她離婚，使她背上不貞的罪名。但安娜是光明磊落的，她勇於在大眾面前公開與渥倫斯基的關係，並與渥倫斯基私奔。安娜的大膽行為觸動了整個上流社會的虛偽道德，動搖了統治階級「合法」婚姻的基石。於是，鄙棄和非難從上流社會四面八方劈頭而來，構成了一種強大的輿論和社會壓力，使她在絕望中自殺。安娜悲劇的成因只有一個，即罪惡的貴族上流社會。上流社會假手卡列寧，對安娜的愛情給予了嚴酷了懲罰；上流社會又假手渥倫斯基，戲弄了安娜的真摯感情，把她逼上

了不歸之路，在告別人世時，安娜懷著對吃人世界的滿腔仇恨，從心底發出了血的呼喊；「一切都是虛偽，一切都是謊言，一切都是欺騙，一切都是罪惡！……」強烈表現了對上流社會的無限仇恨。

《安娜‧卡列尼娜》另一條線索的主角是列文。他聰明、熱情、善良，是一個善於思索的莊園地主。他想在保持宗法制農村和地主土地所有制的前提下，尋找一條既非農奴制又非資本主義制度的經濟出路。他想用「平民化」來挽救貴族地主階級的沒落，並積極實行農業上的改革，採取一種不流血的偉大革命來改變一切。這其實是違背歷史發展規律和階級鬥爭現實的空想，結果必然失敗。列文的精神悲劇，是當時俄國社會的產物，具有鮮明的時代色彩和深刻和現實意義。

托爾斯泰創作成功的祕密之一就是「修改，修改，再修改！」他的許多小說就是不斷修改出來的。他的妻子是他忠實耐心的助手，她常常整夜不眠地替他抄寫改過的草稿。但是常常第二天早上，夫人把很整齊的書稿擺在桌子上，準備付印，托爾斯泰卻把書稿拿回書房。到了晚上，稿子又到處都改了。他的夫人只好再抄一遍。托爾斯泰總向她道歉：「真對不起，我又把你的稿子弄髒了。我再不能改了，明天就送去！」於是明天之後又有明天。照樣一次又一次地修改。據說《戰爭與和平》（*War and Peace*）小說的草稿就是七種稿本，五千頁之多。當小說終於定稿，送去排版了，托爾斯泰還想著不少地方有待仔細斟酌，仍不免掛念。

● 三、歷史評說

托爾斯泰是世界文學中的第一流作家。他在 60 多年的創作活動中，寫下了約 1,000 萬字的作品。內容之豐富，數量之眾多，藝術之高超，在他同時代幾乎沒有一個作家能夠與他媲美。他的這些創作，也使俄羅

斯文學成為世界最有影響的文學之一。

　　托爾斯泰是一位執拗而倔強的作家。他的一生不懈地探索著改革俄國不合理現狀的道路，雖然他的思想中有消極之處，但他想拯救人類和造福人類的高尚動機以及由此而激發的熱情、情緒與精神力量則是無比偉大的。他的作品是一面鏡子，反映了農民革命的某些本質方面。因此，他的作品也就獲得了永恆的生命力。

　　托爾斯泰的三大名著：《戰爭與和平》、《安娜‧卡列尼娜》、《復活》（Resurrection）宛若三座奇異的高峰聳立在世界文學史上，任何一部都可以讓作家不朽。這種成就使得後世胸懷大志的小說家創作時，不得不從批判現實主義這條路上退出而另闢蹊徑。因為這條路上，托爾斯泰是不可超越的。或許正是這種緣故，一批後來的時代菁英只得反叛傳統、反叛現實主義，於是一種新的藝術精神 —— 現代主義便悄然問世了。

　　托爾斯泰無愧是天才的藝術家，他的成就屬於全世界，屬於全人類。

著名諷刺大師，美國民族文學的代表 —— 馬克‧吐溫

「大人在新奇遭遇的興奮之下，也會忘記他們的不幸。」

—— 馬克‧吐溫

● 一、人生傳略

馬克‧吐溫（Mark Twain，西元 1835 ～ 1910 年）是美國批判現實主義文學的重要作家，也是一個卓越的，享有世界聲譽的幽默諷刺大師。

他原名為塞姆‧朗赫恩‧克萊門斯（Samuel Langhorne Clemens），生於密蘇里州佛羅里達村的一個鄉村律師家庭。他的出生為這個剛好有一百人的地方增加了百分之一，他自認為這個貢獻太大了，連莎士比亞也望塵莫及。西元 1847 年父親去世，馬克‧吐溫不得不四處謀生計，先後當過學徒、報童、排字工、水手和領航員。這段豐富的生活為他的創作累積了大量素材，他的筆名是「馬克‧吐溫」意思是「兩個標記」，亦即水深兩潯，水流平穩，這是輪船安全航行的必要條件，也是為了紀念自己的領航員生活而起的。西元 1861 年南北戰爭爆發後，馬克‧吐溫轉而當記者，開始了寫作生涯，並以幽默小品《卡拉韋拉斯縣馳名的跳蛙》（*The Celebrated Jumping Frog of Calaveras County*，西元 1865 年）開始逐漸透過社會檢驗，成為著名作家。西元 1894 年，由於經營的公司和工程失敗，他不得不靠到世界各地去講演來償還債務。西元 1900 年他還清債務後回國，從此積極參加反帝活動，反對歐洲帝國主義的侵略行徑。

馬克‧吐溫老年時，因幼女愛妻先後辭世倍感孤獨。西元 1835 年在他誕生時哈雷慧星劃過長空，該於 1910 年返回。他預言自己將隨此星而去。1910 年 4 月 19 日，哈雷慧星閃現於天際，四天之後，馬克‧吐溫與世長辭。

● 二、名人事典

馬克‧吐溫早年的複雜經歷，使他熟悉了各式各樣的人物，他接觸過市儈、賭棍、奸商、歹徒等。聽到過他們竊竊私語，見過他們搞以假亂真的把戲。這些為他以後的創作提供了豐富的素材。於是他在學習美國西部幽默文學的基礎上，採用美國俚語的口語體進行創作。在他的作品裡，大多是對美國社會辛辣的嘲諷。馬克‧吐溫善於運用極度誇張的手法，把生活中各種醜惡的人、事以及現象放大好多倍，呈現在讀者面前，讓讀者去憎惡。他早年的作品風格輕鬆，諷刺中帶有嘲弄的意味；隨著對美國「民主」社會的失望，晚年作品中詼諧的成分減少，變得辛辣和冷峻。

《頑童歷險記》（*Adventures of Huckleberry Finn*）是馬克‧吐溫最重要的作品。主角哈克 —— 一個窮白人的孩子，受不了收容他的格拉斯寡婦的戒律和醉鬼父親的毒打逃了出來。途中哈克遇到了黑奴吉姆，他聽說主人要把他賣掉就逃了出來。他倆結伴乘木筏順密西西比河而下，當他們就要脫離南方蓄奴州時，哈克卻坐立不安，因為幫助黑奴逃亡是犯罪行為。哈克給吉姆的主人寫了封檢舉信，但想到一路上吉姆好心照顧自己，把自己當作最好的朋友就猶豫了。最後他決定情願下地獄也不背叛吉姆，把信撕了。然而，他們錯過了上岸的時機，又回到南方。他們糾纏到一場打冤家的事件中，好不容易擺脫出來後，吉姆又被騙子給賣了。哈克決心救吉姆，找到了吉姆所在的農場。吉姆的新主人是哈克的

朋友湯姆的莎莉姨媽，湯姆非要哈克和吉姆跟他一起按照小說上寫的串演一次奴逃亡的經過。結果湯姆受了傷，吉姆為了救他也沒逃出去。這時，湯姆才說出真相，原來吉姆的主人已經宣布恢復她所有奴隸的自由了。最後，莎莉姨媽也開始了調教哈克的嘗試。然而哈克依然嚮往著流浪的自由生活。

這部小說譴責了種族歧視和蓄奴制，揭露了當時美國社會中殘忍粗俗、貧窮落後和庸俗無聊等陰暗面，展現了鮮明的現實批判性。小說的主角雖是少年兒童，卻吸引了世界各地年齡不一的讀者，大概因為在世人看來，當年的美國正是一個少年兒童吧。

馬克‧吐溫作品詼諧、幽默，他即使在日常生活中也是善於講笑話的。

有一次，一位想出名但又不肯下苦功的青年寫信問他創作成功的「祕訣」：「聽說魚骨含有豐富的磷，而磷是補腦的。那麼要成為一位大作家，一定吃很多的魚。請問您吃了多少魚？」馬克‧吐溫回信說：「我看，你得吃一對鯨才行！」還有一次一個富翁左眼壞了，裝了一隻假眼，與真的差不多，非常得意。他碰到馬克‧吐溫，就問：「您猜得出來嗎？我哪隻眼睛是假的？」馬克‧吐溫指著他的左眼說：「這隻。」富翁十分奇怪：「您怎麼知道？」馬克‧吐溫說：「因為你這隻眼裡，還有一點點仁慈。」

馬克‧吐溫日常生活中的笑話與他的作品一樣，引人發笑，讓人深思。

● 三、歷史評說

馬克‧吐溫在美國文學史上發揮著繼往開來的作用。他以其畢生的創作發展了美國文學中現實主義和民主主義的優秀傳統，他用美國西部

地區的群眾幽默和充滿美國俚語的口語體、特殊的說故事方式闖出了一條新路，這不僅使他成為開創美國語言傳統的藝術大師。還成為真正具有美國特色的美國文學風格的奠基人。

這種極具鮮明個人風格的民族特色作品，使他成為世界文學史上引人注意的光點。

馬克·吐溫的創作根植於他的人生經歷。沒有早年豐富多彩的西部生活，就沒有他後來獨具特色的幽默諷刺作品。他的成就就像伴隨他生死的那顆慧星，人已逝去，光輝卻永留人們心中。

法國著名作家，十九世紀自然主義流派的領袖 ── 左拉

「平分財富不能解決一切問題 ── 就如同有了麵包並不等於萬事稱心一樣。」

── 左拉

● 一、人生傳略

埃米爾・左拉（Emile Zola，西元 1840 ～ 1902 年）是 19 世紀後期法國最重要的自然主義流派作家，也是當時世界範圍內影響最大的作家之一。

他出身於巴黎的一個工程師家庭，7 歲喪父，家境貧寒，在聖路易中學靠領獎學金攻讀。他從 19 歲起獨立謀生。但除了臨時在客棧裡當過小夥計外，大部分他時間都處於失業狀態。左拉自幼就嚮往文學，希望成為一位傑出的詩人。西元 1862 年他在巴黎的阿謝特書局當包書工，並開始為報紙撰寫新聞報導和文學評論。後來以詩作出眾，被擢升為廣告部主任。不久，他離開書局，完全投身於文學事業。左拉精力旺盛，早年經歷又使他對法國社會了解十分透澈，這一切造就了他這位多產作家。由於在小說中對社會現實客觀而公正的描寫與分析，左拉獲得了巨大的社會聲望。西元 1894 年，法國發生了反動政府迫害猶太軍官德雷福斯的事件，左拉站在民主力量一邊，發表了一系列文章，為受害人德雷福斯鳴不平，結果被反動派政府判處一年徒刑和 3,000 法郎的罰款。左拉被迫流亡英國，次年才返回。

1902 年 9 月 28 日，當左拉從梅塘避暑返回到巴黎寓所時，因煤氣中毒而死，作家的早逝是法國乃至整個世界文壇的一大損失。

● 二、名人事典

左拉早期作品受浪漫主義影響，但是 60 年代中葉，因受泰納（Taine）藝術哲學（決定論）和克洛德・貝爾納（Claude Bernard）實驗醫學理論（遺傳學）的影響，他把科學實驗方法應用於文學創作，並提出自然主義的創作原則，成為這一流派的領袖。然而事實上，左拉的美學思想是矛盾的，一方面，他提出作家應成為科學家，小說家的任務就是創造出一種能夠補充科學生理學的東西；而另一方面，他又堅定地擁護現實主義的創作原則，所以，他的自然主義主張，實際上包含著很濃的現實主義因素。

《萌芽》（Germinal，西元 1885 年）是左拉最有代表性的作品，它使左拉在全世界工人讀者中間獲得了聲譽。小說的主角艾堅・朗傑本是個機器工人，因打了工頭被公司解僱，失業後便到沃勒煤礦做推車工。礦下的勞動極其艱苦，資本家為了扣薪資，在挖煤工人和煤車工人之間挑起事端，分裂工人隊伍，引起工人的不滿。在朗傑的組織下，工人開始罷工，資本家先是用飢餓迫使工人讓步，後來又出動警察鎮壓，製造了流血事件。還使用種種欺騙和分化手段，致使罷工運動失敗，工人們不得不重新下井。可是就在復工的第一天，無政府主義者蘇瓦林為了和朗傑爭奪領導權，竟暗中破壞礦井的排水裝置，使整個礦井都被水淹沒，朗傑和一些工人被下陷阱他後來雖然得救了，但他所愛的女孩嘉德林・馬安卻死在礦井中。朗傑又一次被公司開除，於是他離開礦區，到巴黎參加新的鬥爭。沃勒礦的罷工暫時失敗了，但在工人鮮血浸潤的大

地上，不久就會有新的鬥爭萌芽壯大成長，成為反對資本主義的巨大力量。

《萌芽》真實地反映了工人與資本家之間的階級鬥爭，為我們認識資本主義社會提供了豐富的資料。小說在法國乃至世界文學史中第一次成功地塑造了革命的產業工人的形象，被譽為一部工人運動的史詩。

左拉文學著作源於他豐富的生活素材。他十分注意調查研究法國社會的狀況，觀察生活中各色各樣的人物，什麼都想看一看。

他一有空閒就走向戶外，假如他來到市集，就看商販們怎樣做買賣；假如他坐上火車，便去找乘務員了解火車發生事故的情形；假如他路過以前的戰場，便去尋找戰爭遺蹟和線索，收集材料。有時候，他也到煤礦去，與礦工們一道採煤，一起喝酒、聊天。不論教堂、學校、公園、甚至流氓出入的場所，他都想去看一看，聽一聽，恨不得把社會上的一切都看在眼裡。事實上，左拉處處受到冷遇，常常靠捕捉麻雀和拾人家扔掉的魚頭魚尾充飢，但他仍不放過任何可以觀察的機會。他看到了現實的殘酷，他悲哀，他大聲疾呼：「現實是可悲的，現實是可惡的，讓我們用鮮花來掩蓋它吧！」

正是這種勤於觀察、思考的習慣，使左拉具備了寫作的起碼條件，成為一代大家的。

● 三、歷史評說

左拉是一個多產的作家，他創造了大量的中短篇小說、文學評論和政論文，以及幾部劇作，但就其意義和數量來說，主要是長篇小說。他有多部傳世，在世界各地都擁有廣大的讀者，許多偉大的作家也受其影響。

「左拉」這個名字的意思是泥土，左拉是忠於他的名字的。在他的作品中，可以看到他無比地熱愛大地母親孕養出來的一切生靈，不論美醜，他都忠實地記錄自己觀察到的一切。這使他成為法國自然主義流派的代表人物，成為世界知名作家。

　　1970 年代後期開始，法國又勃然興起了「左拉熱」，不僅他的作品得到再版，而且大量地被改編成電影、電視劇，引起觀眾和評論界的廣泛反響，以致這浪潮同樣波及世界各地，近年來，左拉的許多作品再次翻譯介紹進許多國家，人們一致認為，如果沒有讀過左拉的作品，那就等於根本不了解法國文學。

英國具有小說家和詩人雙重身分的跨世紀文學巨人 —— 哈代

「大凡人生中有價值的事，並不是人生的美麗，卻是人生的酸苦。」

—— 哈代

● 一、人生傳略

湯瑪士·哈代（Thomas Hardy，西元 1840～1928 年）是 19 世紀末 20 世紀初英國著名小說家、詩人、傑出的批判現實主義作家。

他出生於英國西南部的多塞特郡，父親是石匠兼承攬建築業務的工頭，他在母親的教育下長大。哈代從小熱愛古典文學，三歲即能閱讀，十歲後學習拉丁語及希臘文。22 歲時他去倫敦學建築，兼在大學聽課，從事文學、哲學、神學和語言學的研究。西元 1876 年重返家鄉，當了一名建築師。其間他孜孜不倦地閱讀學習，並在好友賀拉斯·莫爾的鼓勵下終於專門從事文學創作。他從詩歌領域開始文學創作生涯，由於詩歌不受刊物編輯們的歡迎，他一氣之下集中精力創作小說，一舉成名。後來由於小說創作的叛逆的內容受到過多的批評和太大的壓力，西元 1898 年又回到詩歌創作上。哈代一生基本在家鄉農村度過，但他始終關懷人類的前途和個人的命運，逝世前不久還念念不忘儲存古代文化遺址。

1928 年 10 月 11 晚，哈代逝世。送葬的隊伍中有以蕭伯納為首的作家，及牛津、劍橋大學的校長，還有王室代表和英國首相。

● 二、名人事典

　　哈代是一位傑出的批判現實主義作家，他生活的時代是英國資本主義的「黃金時代」，他看到工業的發展帶來了農村的不斷破產，對農民充滿同情。他的很多作品都反映了這個時期農村的生活，由於工業化上升和都市文明的鼎盛，自然與人的和諧已不復存在。哈代思想中有很濃的悲觀主義色彩，他認為人物不過是命運或無處不在的意志的玩偶。這讓讀者讀哈代小說時感到很重的壓迫感。哈代小說多以成塞克斯農村地區為背景，文學史上把他的小說稱為「威塞克斯小說」。

　　小說《德伯家的苔絲》（*Tess of the D'Urbervilles*）是哈代的一部傑作。主角苔絲祖先雖為貴族，但家道敗落，困苦不堪，只好被迫到冒牌資本家地主亞當‧伯雷的莊園去當僱工。遭到亞當汙辱和遺棄後，又到一家牛奶場當女工，並跟牧師的兒子安璣‧克萊相識，相愛。新婚之夜，當苔絲出於對丈夫的忠誠的熱愛，主動向他坦白往事時，克萊卻以「身分不一樣，道德觀念就不同」，「鄉下女人不懂什麼叫體面」為由，冷酷地離開了她。為養家餬口，苔絲只能忍辱含垢地到一家農場做著跟男工同樣繁重的勞動，並苦苦等待遠走巴西的丈夫歸來。這時，做了傳教士的亞當又來糾纏她，而她的父親死亡，母親重病，全家人淪落街頭，絕望的苔絲只得再次接受亞當的保護，答應跟他同居。然而，也恰在此時，悔悟了的克萊從巴西匆匆趕回。苔絲悔恨交集，刺死了亞當，跟克萊逃進森林過了五天幸福生活，然後被處死。

　　《德伯家的苔絲》塑造了美麗善良，有強烈尊嚴感的苔絲形象，有力地揭露了資本主義社會及其法律、道德的虛偽性，集中展現了作家的思想主張和藝術特點。

哈代在西元 1889 年開始寫作《德伯家的苔絲》時，最初是為了在雜誌上連載，但由於小說把批判的矛頭直接指向了傳統的道德、偽善的宗教、不幸的婚姻、腐朽的社會，這部名著出版時遇到了很大困難，雜誌編輯們認為小說中誘姦和私生子等情節似乎在道德和宗教方面都有問題。哈代曾一度被迫修改作品，但這不意味著真正妥協。西元 1891 年，小說以三卷本的形式出版，哈代不僅恢復全書的刪改部分，而且以挑戰者的姿態給書名加了一個副標題：「一個純潔的女性」。這種舉動在輿論界引起了軒然大波，受到了舊傳統道德維護者的抨擊和責難。但這些批評絲毫不能阻擋讀者們的熱情，小說出版後受歡迎程度超過了哈代以前的任何一部作品，在短短 6 個月內，連出 4 版，成了人們的熱門話題。

● 三、歷史評說

哈代寫過詩歌、劇本，但主要成就是被他自己命名為「性格和環境小說」的一系列現實主義長篇小說。他的一生跨越兩個世紀，是英國文學史中的一座橋梁。他以自己的現實主義創作繼承和發揚了英國文學傳統，又以自己獨特的創作模式與現代主義精神息息相通，成了英國小說中現代主義的一個先驅，有「英國小說家中的莎士比亞」之稱。

哈代的《德伯家的苔絲》如今已被譯為多國文字，於世界銷售不衰，並在許多國家的大學課堂裡，成為選修英國文學的學生非讀不可的經典小說。

許多大作家的成功道路上，常常有一些師友們起過重要作用，哈代即是如此。倘若沒有母親的督導與朋友莫爾的激勵，哈代也許將永遠留在建築行業，那麼英國以致歐洲文學史上將留下難以彌補的空白。

千錘百鍊的世界短篇小說之王 —— 莫泊桑

「我像流星一樣來到文壇，也要像流星一樣離去。」

—— 莫泊桑

● 一、人生傳略

居伊・德・莫泊桑（Guy de Maupassant，西元 1850 ～ 1893 年）是 19 世紀下半期法國最傑出的批判現實主義小說家，也是全世界最出色的短篇小說大師。

他出身於諾曼底省迪耶普小城附近的一個沒落貴族家庭。母親洛爾酷愛文學，莫泊桑受母親教育，少年時代便憧憬做一名詩人。13 歲他入伊佛託城的一所教會學校。但沒多久因寫一首愛情詩被學校除名。於是，他又進盧昂中學住讀，在那裡他如飢似渴地閱讀，為後來文學創作打下基礎。西元 1869 年，中學畢業，同年 10 月，去巴黎攻讀法學。適逢普法戰爭爆發，他應徵入伍。戰爭結束後，他先後在海軍部和教育部當小職員，這期間，他孜孜不倦地學習寫作，並虛心向大師請教，終於在寫作方面達到了成熟的地步。西元 1880 年他以短篇小說《羊脂球》（*Butterball*）一舉成名，從此脫離小職員生活成為專職作家。他的傳世之作大部分是在西元 1880 年到 1890 年 10 月中寫成的。

莫泊桑 30 歲時患有神經官能症，後來因用腦過度，生活糜爛，病情急遽惡化，最後發展到神經錯亂，企圖自殺未遂。並於西元 1892 年 1 月

被送進精神病院，18 個月後，莫泊桑在病痛折磨下離開人世，遺體安葬在帕納斯墓地，他的早逝是世界文壇上巨大的損失。

● 二、名人事典

作為批判現實主義的傑出代表，莫泊桑擅於從日常平凡的事件中選材，深刻開掘主題，以小見大的概括生活。他的作品主要包括三個主題：1. 普法戰爭。以〈羊脂球〉、〈菲菲小姐〉（Mademoiselle Fifi）和〈兩個朋友〉（Two Friends）等為代表，描寫手無寸鐵的普通百姓堅強不屈，視死如歸抗擊侵略者的愛國主義精神。2. 平凡人的悲劇。以〈項鍊〉（The Necklace）等為代表，反映了小資產階級可憐的虛榮和他們枯燥、乏味毫無光彩的一生以及他們在資本主義社會的花花世界中，在極端單調、枯燥、貧困的情況下，遭受的種種艱難和不平。3. 反映世態炎涼，嘲諷拜金主義。如〈我的叔叔於勒〉（My Uncle Jules）、《漂亮朋友》（*Handsome Friend*）、《一生》（*The History of a Heart*）等作品深刻揭露了金錢對人心靈的腐蝕及道德淪喪、欺騙和人靈魂的畸形。

在莫泊桑眾多優秀短篇小說中，〈羊脂球〉是最有代表性的一個。作品描寫普法戰爭中，在一輛開往哈港去的遊車上發生的故事。這輛車上有十名法國人，其中三對上流社會夫婦，兩個修女，一個民主黨人，還有一名叫羊脂球的妓女。除了羊脂球帶了三天的乾糧外，其他九人均沒帶食物。好心的羊脂球見大家挨餓，便把自己的乾糧分給大家，於是籃子裡的食物被一掃而空。車子到了多特小鎮，大家住進一家旅館，當地駐軍的一個普魯士軍官一定要羊脂球陪他過夜，否則便扣留全部旅客。羊脂球雖然是個妓女，卻有愛國心，堅決拒絕普魯士軍官的無理要求。那些滯留在旅館裡的同伴為了自己能盡快脫身，使輪番以軟硬兼施的手

段，迫使羊脂球違心地答應了敵軍官的要求。但第二天上路時，這些「正人君子」卻把羊脂球視為賤貨，連話都不屑和她說一句。途中，他們興高采烈地吃著食物，卻讓羊脂球在一旁挨餓。小說不過三萬餘字，卻真實而生動地反映了普法戰爭期間法國的社會風貌，反映了各階層人物的立場和態度，有力揭示了那些「正人君子」們的虛偽和醜惡，表現了高超的藝術技巧。

　　嚴師出高徒，莫泊桑在文學上取得的巨大成就與他母親和老師的耐心指導是分不開的。

　　莫泊桑的母親洛爾酷愛文學，一心希望兒子成為文學家。她常給孩子朗讀莎士比亞的作品，還帶他到海邊散步，耐心引導他注意自然景物的色彩變化，並給他以文學啟蒙：「一定要先把這樣東西觀察得十分清楚才能下筆。」莫泊桑成名後，母親仍是他的忠實的讀者直言不諱的批評者。

　　中學時代，莫泊桑拜著名詩人路易‧布耶為師。而布耶對莫泊桑既親切又嚴格，常提醒莫泊桑：必須刻苦學習，埋頭苦幹，才能掌握文學的技巧和規律。在他的指導下，莫泊桑不斷寫詩，受到很多磨練。西元1869年，布耶去世，莫泊桑的母親無限惋惜地說：「假如路易能多活幾年，我兒子一定能成為詩人。」

　　西元1873年，莫泊桑正式拜母親的好友著名作家福樓拜門下，福樓拜對這位弟子要求極其嚴格，他向莫泊桑傳授寫作的基本知識，親自為其批改習作，要求他用最精確而簡潔的詞語表現他所觀察的一切，還警告他作品不成熟時，不得隨便發表。透過福樓拜的關係，莫泊桑結了許多著名作家，如左拉、都德（Daudet）、屠格涅夫等。他博採眾長，終於成為一代文學大師。

● 三、歷史評說

　　莫泊桑是一個高產作家，在他短短十年的專業創作期，他共寫作短篇小說近 300 篇，長篇小說 6 部，遊記 3 篇和若干文學理論與政論文章。

　　莫泊桑的文學成就，以短篇小說最為突出，有「短篇小說之王」的稱號。他擅長從平凡瑣碎的事物中擷取富有典型意義的片段，以小見大地概括出生活的真實。他側重摹寫人情世態，以社會風俗畫家的藝術才能及高超的技巧，別具匠心的構思布局和維妙維肖的細節描寫，精彩生動的人物語言，耐人尋味的結尾及簡潔、質樸、優美的文體顯示自己的風格與特色。

　　「十年磨一劍，霜刃未曾試」，莫泊桑成名之前，透過各種途徑潛心修練自己的寫作能力。他 30 歲才開始專業創作，一生又十分短暫，但長年累積的文學才華，使他一舉成名，並能在十年內有效地釋放出來，真可謂厚積薄發，直到現在，這位短篇小說大師的成功經驗仍為後人津津樂道。

　　今天，莫泊桑的許多作品已為小學生們十分熟悉，成為典型的寓言故事，廣泛流傳。

莎士比亞後英國劇壇上最偉大的劇作家 —— 蕭伯納

「就連一個最謙遜的作家，更談不上一個像我這樣狂妄的作家，都可以揚言時至今日他有幾句荷馬與莎士比亞未曾說過的話。」

—— 蕭伯納

● 一、人生傳略

喬治·蕭伯納（George Bernard Shaw，西元 1856 ～ 1950 年）是 18 世紀以來英國最偉大的戲劇家，最重要的散文家，也是現代最優秀的戲劇、音樂評論家，以及政治、經濟、社會學等方面的傑出演說家和論文作家。他是現代世界文壇上最有影響的文豪之一。

蕭伯納生於愛爾蘭都柏林市一個沒落的中產階級家庭，從小愛好音樂和繪畫。由於家境困窘，十五歲中學畢業後即開始謀生。20 歲移居倫敦，博覽群書，並從事新聞工作，後來接觸社會主義思想，參加費邊社。西元 1884 年，他以長篇小說〈業餘社會主義者〉正式登上文壇，後來創作了大量劇作，逐漸成為批判現實主義的優秀劇作家，獲得世界聲譽。1925 年，蕭伯納獲諾貝爾文學獎；1931 年應邀訪蘇；1933 年周遊世界，行至上海，受到中國文化界熱烈歡迎。

1950 年 10 月，蕭伯納因在花園中勞動摔倒而進行手術，不久患急性腎炎，於 11 月 2 日逝世。當晚，全世界劇院停止營業，舞臺燈光全部熄滅，向這位現代戲劇大師表示哀悼。

● 二、名人事典

作為一位批判現實主義的劇作家，蕭伯納是以易卜生為榜樣進行創作的，他認為戲劇是教育與宣傳的工具，它的目的不是供人娛樂，而是鞭撻社會，因此它的題材必須是現實人生，並且處理題材時要表現出新的思想、道德，以及它們的社會意義。但是蕭伯納的劇中儘管提出了一些社會問題卻往往擊不中要害，其解決方案往往是不了了之，這是因為他雖然認真研究過《資本論》（*Capital*），卻始終未能成為一個堅定的馬克思主義者，叔本華（Schopenhauer）、尼采（Nietzsche）的哲學思想對他影響很大，而費邊主義所倡導的反對暴力革命，主張改良的思想在蕭伯納的頭腦裡也有重要地位，這就使他的思想中有不少混亂、矛盾的成分。但是作為一個偉大的劇作家，蕭伯納大膽忠實地暴露現實問題，並使它們藝術地呈現在觀眾面前，這已經足夠了。

劇本《華倫夫人的職業》（*Mrs*. Warren's Profession）就是一部大膽揭露和猛烈抨擊資本主義社會罪惡的優秀社會問題劇。華倫夫人的職業就是賣淫。她年輕時做過妓女，後來和她的情夫 —— 資產階級貴族克羅夫爵士開設了許多暗娼旅館。她的女兒薇薇受過高等教育，以優異的成績畢業於劍橋大學，可從來都不知道母親做的是什麼生意。直到有一天她聽到母親的經歷，並又從向她求婚的克羅夫爵士那裡得知母親開暗娼館的事實，精神上大受打擊，憤怒地指責母親。但華倫夫人理直氣壯，她看透了資產階級的婚姻與賣淫沒有什麼本質區別，指出在資本主義社會中，做正經人只能挨餓受窮，只有投機取巧地剝削他人才能發財致富。薇薇同情母親的經歷，但決心不再接受母親的骯髒錢，痛苦地回到倫敦，過著獨立的生活。

由於《華倫夫人的職業》的鮮明揭露性，引起了道學家的憤怒，被

英國官方檢查機關禁演，排演這齣戲的演員和劇院經理遭到逮捕，直至 1924 年，禁令才得取消。

蕭伯納不僅在創作中語言幽默機智，在日常生活中也十分詼諧。有一次宴會上，一個胖得像豬一樣的資本家笑著對他說：「蕭伯納先生，一見到你，我就知道世界上正在鬧饑荒。」蕭伯納立即回答道：「先生，我見到你，就知道世界上正在鬧饑荒的原因。」又有一次，一位家產萬貫的有錢太太對蕭伯納說：「親愛的先生，您是世界上最聰明的人，您有什麼妙方能防止我的身體發胖嗎？」蕭伯納瞥了一眼這個胖太太，回答說：「有，有一個好方法，但這個詞無法給你解釋，因為勞動這個詞對你來說，永遠是個陌生詞。」

● 三、歷史評說

在蕭伯納漫長的一生中，共寫了五部長篇小說和大量評論文章、書信以及 52 本戲劇。他的散文是 19 世紀英國散文與優美的現代英語新聞體巧妙混合而成的文體；其文字精鍊、簡樸、流暢、生動，構成了獨特的蕭伯納風格。其中劇本序言有特殊地位，這些序言的重要性不亞於他的劇本。

戲劇革新是蕭伯納的最大貢獻。他大膽選取現實生活中一些迫切需要解決的尖銳問題，並動用出色的諷刺和離奇的表現形式，成功地使英國戲劇擺脫了 19 世紀六七十年代的思想困境，邁上了一條繁榮之路。

80 多年來，蕭伯納的作品一直是各國社會科學專家和學者的研究對象，歐、美許多高等學校開設了專門研究蕭伯納的課程。他是西歐批判現實主義文學最卓越的諷刺家，也是莎士比亞以後英國最偉大的戲劇家，他是一位世界著名文豪。

　　根據遺囑蕭伯納死後他的遺產被全部捐獻。這位偉大的作家在給世人留下巨大的精神遺產後，又留下了一筆可觀的物質財富。除了因才華而獲得的世界聲譽外他似乎一無所有。然而今天，蕭伯納的做法是否會給那些對物質利益汲汲以求的人提出一點勸誡和警告呢？

俄羅斯「時代病歷」的揭示者，短篇小說大師 —— 契訶夫

「一旦契訶夫去世，全俄羅斯將悲慟欲絕，久久不會將他忘懷，並將按照他的著作來學習理解人生。」

—— 高爾基（Gorky）

● 一、人生傳略

安東·帕夫洛維奇·契訶夫（Anton Pavlovich Chekhov，西元 1860 ～ 1904 年）是 19 世紀末期俄國傑出的批判現實主義作家，舉世公認的短篇小說大師和卓越的劇作家。

他生於南俄羅斯托夫省塔羅格市。祖父是贖身農奴，父親曾開設雜貨舖，契訶夫從小多才多藝，酷愛文學書籍和戲劇。早年他靠擔任家庭教師以維持生計和繼續求學。西元 1879 年遵母願進莫斯科大學醫學系學習。西元 1884 年畢業後在茲威尼哥羅德等地行醫，廣泛接觸平民以了解生活，80 年代契訶夫開始寫作，以安樂沙·契洪特筆名發表詼諧小品，後來接受老作家格里戈羅維奇的批評，開始嚴肅對待創作，並署上了真名，1890 年代到 20 世紀初達到創作全盛時期。西元 1880 年 4 月 12 日，體弱的契訶夫曾長途跋涉，去沙皇政府安置苦役犯和流放刑犯的庫頁島遊歷，這提高了他的思想覺悟和創作意境。1902 年為抗議沙皇當局取消高爾基的科學院名譽院士資格的決定，他和柯羅連科（Korolenko）一起放棄在西元 1900 年獲得科學院名譽院士稱號。1903 年還資助為爭取民主自由而受迫害的青年學生。

　　1904 年 1 月，契訶夫的劇作《櫻桃園》（*The Cherry Orchard*）首演成功，同年 5 月，作家病情惡化，出國療養，7 月 2 日凌晨於德國小城巴登韋爾溘然長逝，遺體運回莫斯科安葬。

● 二、名人事典

　　契訶夫是一個具有民主主義思想的作家，他的短篇小說有鮮明的現實主義風格，他在幽默作品中裝進嚴肅的內容，透過可笑的情景來否定各種醜惡。他鞭撻奴才性格和奴性心理，揭露庸俗生活和庸俗習氣，控訴世態炎涼，並同情勞動人民的不幸。80 年代後半期，隨著對生活認識的加深，他把目光轉向黑暗畸形的社會，作品從輕鬆詼諧轉為憂鬱深沉。到了 1890 年代和 20 世紀初，俄國進入無產階級革命的新階段，契訶夫反對專制制度的民主主義立場更加堅定，批判鋒芒更加尖銳，他的作品接觸到重大的社會問題，並出現了呼喚新生活的內容，這些主題思想在作家的晚年劇作中也有反映。

　　劇本《櫻桃園》是契訶夫最後一部傑作。作品描寫了一個破落的地主家庭拍賣櫻桃園的故事，生動地塑造了沒落階級的兩個代表人物 —— 朗涅夫斯卡亞和她的哥哥夏耶夫的形象。從個人品格來看，前者坦率、單純，後者善良，但他們階級的本質特點卻是吃喝玩樂，揮霍浪費，饒舌空談，最後連自己的莊園 —— 櫻桃園都保不住，只好賣給商人陸伯興。陸伯興是新興資產階級的代表。他精力充沛，講究實效，辦事認真。他當著朗涅夫卡亞的面，下令砍伐象徵貴族之家的櫻桃園，表明資產階級已取代了貴族階級的歷史地位。在作品中契訶夫把希望寄託在青年一代知識分子 —— 特羅菲莫夫和安尼雅為代表的理想人物身上。他們生氣勃勃，要靠自己的勞動和力量開闢更美麗的花園。他們要清算過

去,與舊生活告別。他們嚮往未來,歡呼著:「新生活萬歲!」這反映了契訶夫本人的民主主義理想,也反映了俄國現實生活中,新社會意識的覺醒。

整部《櫻桃園》樸素真切,具有抒情韻味,就像一首關於國家的過去、現在和未來的抒情詩,達到了很高的藝術水準。

契訶夫善於從生活中提煉素材,日常的生活現象一經他提煉,就會成為一篇好小說。

莫斯科附近有一個農民喜歡釣魚,由於沒錢買釣魚的墜子,就去卸鐵軌銜接處的螺絲,契訶夫告訴他這有造成列車顛覆的危險,但樸實而愚昧的農民認為僅僅一個螺絲帽沒什麼大不了,還說自己早為這事被帶到警察那兒,只是被教訓一番罷了,契訶夫把這材料寫成小說《歹徒》,表現農民的愚昧與法律的無情,展示出悲劇性的衝突。還有一次契訶夫的朋友因三角戀,向自己的腦袋開了槍,契訶夫聞訊趕到,卻看見自己的朋友把頭上的繃帶扯掉扔在地上,原來只傷及一點皮毛。這位朋友還去湖上示威性地殺了一隻海鷗,回來扔到滿臉蒼白的太太腳旁,以此發洩心中的不滿,契訶夫把這件事寫成一個劇本,就是《海鷗》(*The Seagull*)。

契訶夫就是這樣從生活中拾取素材,把一段段滑稽的笑話寫成飽含辛酸血淚的小說,來揭示舊生活中的病痛。

● 三、名人事典

契訶夫不僅在俄羅期文學,而且在世界文學中也占重要的地位。這位傑出的批判現實主義大師在其短暫的一生中艱苦勞動,奮力探索,在小說和戲劇方面創造了不朽的作品。他創造了抒情心理短篇小說這種新

體裁，他注重展示人物的心理狀態，並透過這種展示來反映社會生活的重要方面，作家濃郁的感情傾向平淡地融化在作品的全部形象體系中。他還積極進行戲劇改革，打破描寫愛情故事的一律的老調子，強調真實地反映現實生活，透過普通人的日常生活，來反映一系列重大的社會問題，這種創作方式對俄羅斯戲劇乃至世界戲劇歷史的發展，也有著重要而深遠的影響。

　　契訶夫是一位偉大的作家，也是一名醫生，不幸的是，他沒能醫好自己的肺病。然而他一直探索著社會的疾病，用筆來診治更多人精神上的痛苦。他的作品被後人稱為「時代的病歷」，它們啟發人深思、回味，成為巨大的精神財富。

　　1954 年，世界和平理事會決定將契訶夫列為當年進行紀念的四大文化名人之一。自契訶夫逝世後 90 多年來，進步人類一直在研讀他的作品，發掘蘊藏於其中的美好東西。

印度文壇之泰斗 —— 泰戈爾

「離你最遠的地方，路途最遠，最簡單的音調，需要最艱苦的練習。」

—— 泰戈爾

● 一、人生傳略

羅賓德拉納特‧泰戈爾（Rabindranath Tagore，西元 1861 ～ 1941 年）是 20 世紀罕見的「百科全書式」的人物，他不僅是近代印度文學的傑出代表和孟加拉語文學的創始人之一，而且是天才的作曲家，印度第一流畫家，以及著名的社會活動家和教育家。

他出生於印度首府加爾各答市的一個屬波羅門種姓的商人兼地主家庭。父親是哲學家和宗教改革家，共有十五個兒女，泰戈爾排行十四，兄姐和姪輩中，有不少文化名人。他的家庭是當時加爾各答知識界的沙龍，在這個「談笑有鴻儒，往來無白丁」的家庭中，泰戈爾受到了各種開明思想和藝術氛圍的薰陶。從 8 歲到 13 歲，他先後被送入四所學校，不久輟學回家，接受了嚴格的家庭教育，為日後的創作打下了扎實的文化基礎。

西元 1878 年，他遵從父兄之命赴英學習，西元 1880 年輟學回國，專事創作。西元 1882 年詩集《暮歌》問世，從此詩名大振。西元 1890 至 1900 年，詩人到謝里達鄉下管理祖上田產，1901 年，泰戈爾在聖地

尼克坦創辦了一所學校，親自擔任教學工作。後來這所學校發展為著名的國際大學，二十世紀初，印度民族解放運動空前空漲，他積極投入這一鬥爭，創作了許多愛國歌曲和詩歌，並親自領導了示威遊行。1907年後，泰戈爾過了一段半退半隱的生活，這時他的創作進入成熟階段。1913年，他的宗教抒情詩集《吉檀迦利》（*Gitanjali*）獲諾貝爾文學獎。1917年，為抗議英國殖民當局屠殺印度愛國群眾，他寫信給英國總督放棄英國政府授予他的爵士稱號，又重新投入鬥爭。20年代起，泰戈爾周遊世界，足跡遍及五大洲。他到處呼籲和平、尋求友誼，譴責侵略。二戰期間，他投入國際反法西斯鬥爭，創作了許多歌頌正義鬥爭的政治抒情詩。

1941年5月7日，全印度熱烈慶祝詩人80大壽，6月他舊病復發，被送至加爾各答市手術。7月30日早晨，臨上手術臺前口授了最後一首詩。手術後，病情急遽惡化，8月7日中午，泰戈爾溘然長逝。

● 二、名人事典

泰戈爾在亡國的悲痛中度過了一生。作為一個資產階級民主主義者和愛國主義者，他具有鮮明的反帝反封建的思想傾向。但是，他又是一位泛神論教派的思想家，世界觀中包含許多消極成分，他的世界觀的複雜性和局限性，反映著殖民地時期印度資產階級的本質特點，這使他的創作從歐洲進步文藝中汲取了民主主義和人道主義思想。他向西方批判現實主義大師學習了寶貴的藝術創作經驗，又把這些與印度傳統文化相結合，形成了獨特的藝術風格。他的作品中既有宣揚愛國主義的金剛怒目式的篇章，也有風和月霽，恬適靜穆的風貌，可謂題材廣泛，風格多樣。

《吉檀迦利》是泰戈爾最著名的詩集。詩集題名是「獻詩」，是詩人

獻給神靈的歌。這部詩集是人在社會活動和家庭生活遭遇不幸後，於寂寞歲月中痛苦思想歷程的紀錄。其中泛神論思想是詩集的哲學基礎。泰戈爾認為神是超自然的精神主宰，自然本身就是神，它潛藏於宇宙萬有之中，就在詩人身邊，就在詩人眼中，就在最貧賤的人群之間。泰戈爾的泛神論，實際上是披著「神」的外衣的無神論，他對宇宙人生基本上採取肯定態度，這具有反封建的積極意義。泰戈爾追求著和諧與協調的理想境界，他認為達到這一完美境界的主要手段和途徑就是愛。詩人熱烈追求愛，準備為愛而獻身：「我只等待著愛，要最終把我交到它手裡。」詩人呼喚「和諧」與「愛」，追求分歧、對立中的統一，這不僅是對民族壓迫的批判，而且成為加強民族大團結的內聚力量。

《吉檀迦利》的基調和主旋律是崇高的愛國主義思想，這集中表現為對光明和理想的熱烈追求。詩人呼喚著光明，描繪出「自由天國」的美麗藍圖。他真誠地祈禱：「進入那自由的天國，讓我的國家覺醒起來吧！」但是理想與現實的矛盾，使詩人陷入了孤獨寂寞、苦悶徬徨的境地，他無法找到通往光明的正確道路，於是想到了死。他認為人的生命是短暫的，而人性、人格和創造性的工作價值才是不朽的。但以死求得精神上的最後解脫，卻是一種低沉感傷的消極情調，反映出一個資產階級思想家內心深處的憂鬱和脆弱。

《吉檀迦利》從頭到尾充滿了甜美而神祕的憂傷，由於哲理的深奧和表現方法的象徵性，許多作品迷濛難辨，令人費解，彷彿被雲霧籠罩的秀麗山巒，若隱若現，給予人朦朧之美。

許多批評家認為，詩人是「人類的兒童」。泰戈爾就是這樣，他如同一個天真的孩子，一生追求自由，討厭束縛。

童年時代的泰戈爾，對刻板的學校生活深惡痛絕。他把學校比作監

獄和醫院，把學習比作苦役。為了逃學，他折磨自己的身體：腳上穿著用水浸過的鞋子，十一月裡睡在屋頂的陽臺上，企圖弄出點毛病來，好藉故請假，但他身體很好，未能達到目的。他坐在教室最後一排，一年中從未和老師、同學說過一句話，上課時不是打瞌睡，就是考慮自己感興趣的問題。大家都說，這個學生不是來唸書的，只是為了交學費而已，但期末考試時，他的成績卻名列全班第一。有人懷疑主考教師弄虛作假，於是校長親自複試，結果泰戈爾仍然名列前茅，原來在父兄和嚴格家庭教育的要求下，聰明的泰戈爾早已學完了這些課程。於是開朗的父親不勉強泰戈爾，請了加爾各答有名的教師來家裡授課。

● 三、歷史評說

泰戈爾才華橫溢，在各個領域都獲得豐收。特別是在文學藝術上，他留下了 50 多本詩集，12 部長篇小說，100 多篇短篇小說，40 多種劇本。是亞洲獲諾貝爾文學獎的第一人。

他用生動的孟加拉口語寫詩，繼承和發揚民族傳統，為印度近代詩歌開拓了一個新天地；他創立了近代印度短篇小說體裁，並完成了印度第一批社會心理長篇小說，為印度現實主義文學開闢了道路。泰戈爾的不懈努力，不僅使印度走上了近代進步文學的道路，將整個印度民族文學也提高到了一個新水準，還對世界文學總體發展造成了深遠影響。

此外，泰戈爾還留下了 2,500 餘首音調鏗鏘、韻律優美的樂曲和多幅想像豐富，色彩考究的繪畫。他的歌曲《人民的意志》（*The Will of the People*）在 1950 年被定為印度國歌。

泰戈爾終生關心教育事業並積極參與社會活動。他的足跡遍及世界各地，他的呼聲響徹四面八方，他為世界各國人民所愛戴、敬仰。

泰戈爾是一個天才，在他漫長的一生中，從未停止創作，在各個領域都有不同凡響的創造。他的成就與早年父兄嚴厲的督導和自己堅持不懈的努力是分不開的，可以說，沒有嚴格的家教和持之以恆的知識累積過程，就沒有《吉檀迦利》，也沒有天才泰戈爾。

她為國家獨立和民族自由而高歌 —— 伏尼契

「不管我活著／還是我死去／我都是一隻牛虻／快樂地飛來飛去。」

—— 伏尼契

● 一、人生傳略

艾捷爾·麗蓮·伏尼契（Ethel Lilian Voynich，西元 1864 ～ 1960 年）是英國現實主義女作家，原名麗連·布利。

她出生於愛爾蘭的科克布市，後來全家遷居倫敦。由於早年喪父，伏尼契從小就養成堅強的性格。西元 1882 年她得到親友的一筆遺贈，隻身去德國求學，西元 1885 年畢業於柏林音樂學院。後來她結識了不少各國流亡的革命者。在俄國流亡者的鼓勵下，她曾旅居俄國兩年，回倫敦後參加流亡者創辦的《自由俄羅斯》雜誌編輯工作。西元 1892 年她與波蘭的流亡者米哈伊·伏尼契結婚。不久，前往義大利，在檔案館和圖書館收集材料，於西元 1897 年寫出舉世聞名的《牛虻》（*The Gadfly*）。

晚年，伏尼契移居美國，於 96 歲的高齡時與世長辭。

● 二、名人事典

伏尼契一生結識了許多革命者，與普列漢諾夫（Plekhanov）、扎蘇里奇有過交往，還在革命導師恩格斯家裡作過客。這些經歷，大大豐富了作家的頭腦，並觸動了她創作的心靈之弦，於是她寫下了以歌頌國家

獨立和民族自由為主題思想的作品。

《牛虻》是伏尼契的代表作。描寫的是 19 世紀義大利愛國者為國家統一、獨立而進行英勇鬥爭的故事。「牛虻」本是一種叮咬牛群使不得安寧的蜂，這裡是書中主角亞瑟‧勃爾頓的綽號。青年亞瑟出身富商家庭，天真熱情，嚮往革命，積極參加義大利黨的活動，被一個偽善的牧師利用他的懺悔進行了告密，以致戰友被捕。萬分痛心的亞瑟這時又受到另一個沉重打擊，發現自己最崇拜的神父蒙泰尼原來是他的非法生父。現實粉碎了他對天主教的幻想，他憤而出走，開始與反動派統治和偽善的教會進行無情的鬥爭。13 年後，亞瑟改名換姓回到義大利，以牛虻為名發表文章揭露反動當局和天主教會。同時他還組織武裝、私運軍火、準備起義。一次行動中，牛虻不幸被捕，面對軍方的威脅和生父蒙泰尼的勸誘，他絲毫不為所動，終於英勇就義。

伏尼契的愛情經歷也與她革命追求有關。

西元 1884 年春，沙皇政府摧毀了波蘭的革命政黨「無產者」。該黨的積極活動家，年輕的革命者米哈伊‧伏尼契被捕關進臭名遠颺的華沙監獄。就在此時，熱愛俄國文學的麗蓮‧布利前往俄國途中在華沙遭到阻攔。一天，她偶然來到監獄前，看見牢房視窗站著一個囚徒，便同情地向他點了點頭。那個囚徒就是米哈伊‧伏尼契，他牢牢記住這位美麗的姑娘。後來米哈伊‧伏尼契被流放西伯利亞，在朋友幫助下，他逃到倫敦。不久，在朋友家作客時，他與麗蓮重逢，共同的理想與追求把他們連繫在一起，他們相愛了。西元 1892 年，麗蓮嫁給了米哈伊‧伏尼契，並改名艾捷爾‧伏尼契。在後來她所塑造的牛虻的形象裡，我們還可以找到米哈伊‧伏尼契的影子。

● 三、歷史評說

伏尼契的最大貢獻在於《牛虻》一書。

《牛虻》是一部非常優秀的作品，對於 20 世紀上半葉爭取國家獨立和民族自由的人們帶來了巨大的鼓舞作用。它直接影響了《鋼鐵是怎樣煉成的》（*The Making of a Hero*）的作者尼古拉‧奧斯特洛夫斯基（Nikolai Ostrovsky）；在蘇聯衛國戰爭中，青年近衛軍英雄都受到過《牛虻》的教育和影響，當時庫班地區甚至還有一支著名的游擊隊以「牛虻」命名。牛虻已成為世界文學畫廊中不可缺少的人物形象。

但是，在多數西方國家，《牛虻》影響不大，以至於 1950 年代時，伏尼契本人對其作品在蘇聯的巨大影響竟一無所知。

然而她的作品已在爭取民族獨立與自由的人民中成為巨大的精神動力，對於一個正直的作家來說，這是人類給她的最高獎賞。

超乎混戰之上的法國現實主義作家 —— 羅曼·羅蘭

「開啟窗子吧！讓自由的空氣重新進來呼吸一下英雄們的氣息。」

—— 羅曼·羅蘭

● 一、人生傳略

羅曼·羅蘭（Romain Rolland，西元 1866 ～ 1944 年）是法國著名小說家，劇作家和評論家。他經歷過第一次和第二次世界大戰，是世界著名的和平戰士。

羅曼·羅蘭出生於法國中央高原尼埃弗省的小鎮克拉木西的一個公證人世家。為了能讓兒子獲得更好的教育，西元 1880 年羅曼·羅蘭一家遷往巴黎。西元 1886 年，他進入著名的巴黎高等師範學校學習歷史。畢業後一邊教書，一邊開始創作。其間，他曾與托爾斯泰通訊，並在西元 1988 年考察羅馬時，與德籍著名女作家 71 歲的瑪爾維達結成忘年交，兩位師長的教誨使他終身受益。羅曼·羅蘭以戲劇創作開始文學生涯，以長篇小說《約翰·克利斯朵夫》（*Jean-Christophe*，1904 ～ 1912 年）最終成名，並相繼獲得 1913 年法蘭西學士院文學獎和 1915 年的諾貝爾文學獎。羅曼·羅蘭一生呼籲和平，一戰中旅居瑞士的他曾公開發表反戰宣言；十月革命勝利後，他堅決站到社會主義一邊，並於 1935 年訪蘇；他曾出任過反法西斯主義國際委員會主席，也曾觸怒希特勒而在德軍侵法時遭到軟禁，他為正義和自由奮鬥終生。

　　1944 年 12 月 30 日，在世界反法西斯戰爭勝利前夕，羅曼·羅蘭在故鄉衛石壘病逝。

● 二、名人事典

　　羅曼·羅蘭天生敏感，終生關注具有獨立個性的人物在社會中如何生存的特性，他在許多作品中都表現了渴望和平與自由，謳歌為理想而奮鬥的英雄主義，以及不屈不撓，絕不向命運屈服的奮鬥精神，並以此來反對籠罩著歐洲的混濁的利己主義氣氛。但也該看到，作家早期思想中，人道主義和個人主義占重要地位，他反對暴力革命，堅持超階級、超政治的立場，主張為全人類的博愛而奮鬥；後來殘酷的社會現實使他清醒認識到，超然於政治鬥爭之外的「精神獨立」是不存在的，他開始向社會主義轉化，最終堅定地走上正確道路。

　　《約翰·克利斯朵夫》是羅曼·羅蘭的代表作。主角約翰·克利斯朵夫生於德國，從小就有音樂天賦，並富有反叛精神。經歷了少年的磨難後，一方面為了避難，另一方面也為了更好地發展自己的音樂才能，他來到巴黎。但這裡的藝術界猶如街頭鬧市，一切都為了買賣，充滿擁擠、混濁、淫猥、偽藝術到處流行，克利斯朵夫決心捍衛藝術的尊嚴，在巴黎藝術界闖出一條新路。然而他的努力一再失敗，自己的知心好友也慘死街頭，他痛苦而絕望地到瑞士隱居，陶醉在與青年時期的好友葛拉齊亞的愛情中。雖然他的音樂終於得到了認可，但經歷了太多的人生磨難後，他的心情已歸於平靜。最後，克利斯朵夫在「我曾經奮鬥過，曾經痛苦過，曾經流浪過，曾經創造過，有一天，我將為了新的戰鬥而再生」的內心獨白中死去。

　　克利斯朵夫的一生反映了十月革命前一代，具有民主主義思想的資

產階級知識分子的叛逆、徬徨、追求和希望的幻滅。小說側重心理描寫，以大自然的美麗來對照現實的黑暗。全書猶如一部龐大的交響樂，開創了一種獨特的小說風格。

羅曼·羅蘭以文學上的極高造詣獲得了諾貝爾獎，而獲獎的過程則是一個衝破大國沙文主義阻撓的過程。

1914 年，旅居瑞士的羅曼·羅蘭針對一戰發表了反戰宣言《超乎混戰之上》，這種明確的反戰思想，不僅遭到統治者的敵視，而且在深受沙文主義影響的群眾中也受到孤立，作家成了眾矢之的。1915 年秋，瑞典王家學院準備把當年的諾貝爾文學獎授予這位世上唯一超乎混戰之上的文學家，遭到法國堅決反對，他們表示駐瑞典的法國大使將拒絕出席授獎儀式。無奈，瑞典政府只好暫不宣布 1915 年諾貝爾文學獎得主的姓名。1916 年，瑞典又有人提議將諾貝爾獎授予羅曼·羅蘭，這時瑞典才正式宣布羅曼·羅蘭是 1915 年諾貝爾文學獎的得主並補發了獎金。在大戰方酣的年月裡，瑞典終於不顧法國政府的反對與干涉，毅然將獎金授予羅蘭，首先由於他敢冒天下之大不韙，發表反戰宣言，其次是由於《約翰·克利斯朵夫》這部重要小說中表現的「偉大的心」和大無畏精神。後來，羅曼·羅蘭將獎金全部捐給了紅十字會和法國福利機構。

● 三、歷史評說

羅曼·羅蘭是一位現實主義作家，也是一位劇作家。在他的作品裡，他把改善人類命運，實現光明前途的希望寄託在百姓身上，寄託在受壓迫的勞動大眾身上，寄託在社會革命運動上。《約翰·克利斯朵夫》描述的奮鬥歷程，深深打動了讀者的心，作品被翻譯成十幾種文字，風靡全球，甚至曾造成讀者排著隊在印刷廠門前等待的奇觀。

　　羅曼·羅蘭生活在一個風雲變幻的時代，他走過的道路曲折而複雜，但他一直在執著地追求光明，追求正義，連續發表文章譴責戰爭，四處奔走，為爭取和平而大聲呼喊，成為具有國際影響的反戰運動領袖之一，最終走上通往社會主義的光明大道，這不僅對大作家，即使對普通人來說，也是十分可貴的。

為資本主義唱輓歌的日本作家 —— 夏目漱石

「眼耳雙忘身亦失，空中獨唱白雲吟。」

—— 夏目漱石

● 一、人生傳略

夏目漱石（西元 1867 ～ 1916 年）是日本近代最著名的批判現實主義作家，傑出的文學評論家，也是日本近代文學中享有世界聲譽的作家。

他原名夏目金之助。漱石是筆名，出自「漱石枕流」（《世說新語》）一語 [015]，取其頑強之意。夏目漱石出生於江戶一個沒落的世襲名主家庭，兩歲時因貧困給別人做養子，十歲回生父家。中學時代，他開始對文學產生濃興趣。在帝國大學學習期間，他參加「俳句革新運動」，創作俳句。西元 1893 年大學畢業，在外縣幾所學校教英文。西元 1900 年公費留學英國。其間他雖未進大學，但在公寓裡閱讀了大量歐洲名著。並對以金錢為主宰的資本主義社會產生了懷疑。1903 年回國後，在東京任英文教師。1905 年發表小說《我是貓》成為全國知名作家。1907 年漱石放棄教職加入《朝日新聞》社，成為專業作家。他對社會一直有所批評，曾指名抨擊高級官員，並拒絕接受被授予的博士稱號。

---

[015]　原話是：「枕流，欲洗其耳；漱石，欲礪其齒。」意思是：枕著流水用來洗耳朵，用石頭漱口是為了讓牙齒堅硬。

漱石晚年因日本政局日趨黑暗腐敗，自己病重，愛女病死，產生悲觀厭世情緒。1916 年 12 月 9 日，漱石胃潰瘍發作，留下了「我不能死」的遺言與世長辭，遺骨葬於雜司谷墓場。

● 二、名人事典

針對當時日本文壇盛行描寫人的悲哀、痛苦、遺傳及醜惡本性的自然主義文學的現象，夏目漱石主張文學要尊重倫理，超越世俗，應以悠閒、旁觀的態度進行創作，使作品有獨特聯想的興味，要給予人歡樂和希望。在他的作品中，對日本明治時期社會生活的揭露與批判一直占主導地位，他以犀利的筆鋒直刺當時社會的毒瘤和膿瘡，提出了許多令人深思的重大問題，給世人以深刻的啟迪和教育，他是一位專為資本主義唱輓歌的作家。

《我是貓》是夏目漱石的成名作，也是日本近代文學史上批判現實主義文學的代表作。小說寫一群玩世不恭的知識分子，飯後茶餘常聚在中學英語教師苦沙彌的客廳裡以高談闊論來填補生活的空缺。不久，一場風波打破了這個沙龍的平靜。苦沙彌的學生寒月與資本家金田的小姐富子戀愛，金田夫人來找苦沙彌了解情況，揚言除非寒月考上博士，否則休想與富子結婚。苦沙彌極為反感，便盡情嘲弄了金田夫人一番。金田家決意報復。先是煽動苦沙彌的鄰居罵上門來；接著派出親信進行規勸、恐嚇；最後又買通中學生到苦沙彌家進行襲擊騷擾，讓他不得安寧。有一次苦沙彌忍無可忍抄起手杖衝出家門，敵人卻早已逃之夭夭。苦沙彌孤零零地拿著手杖站在外面，又被人當成笑話。然而風波過後，一切如故。苦沙彌仍然英雄無用武之地，他改變不了自己執迷頑固的性情，也改變不了令人窒息的環境。最後寒月寫了一陣子博士論文卻一事

無成，只好在家鄉娶了個女子。這一切都透過一隻旁觀的貓敘述出來。最後這隻貓落入水缸淹死了。臨死前說出一個道理：「不死是不能獲得太平的。」，給人留下悲涼的餘韻。

《我是貓》真實地刻劃了當時小資產階級知識分子的性格特徵和精神面貌，揭露了日本資本主義社會對他們個性、才智的壓抑和摧殘，也以極大的同情，善意諷刺了小資產階級自身的弱點和局限。嬉笑怒罵，皆成文章。

夏目漱石性格倔強、孤獨、憤世嫉俗，這與他幼年的不幸經歷有很大關係。

漱石是家中的小兒子，但卻沒有享受到家庭溫暖。他出生時母親已經 41 歲，當時高齡生子往往遭人恥笑，再加上家中生活困難，他出生不久就被送到別人家寄養，接著又被過繼給富裕的鹽原昌之助為養子。自私自利，見錢眼開的養父母經常向漱石提出些無聊的問題，如「你是誰的孩子？」「你的父母是誰？」等，這引起漱石不快和難受，並在他幼小的心靈上留下惡劣的印象。11 歲時漱石被贖了回來，但仍遭父親冷眼，被認為是「不成器」的累贅。14 歲時唯一疼愛他的母親去世，孤苦伶仃的漱石悲痛欲絕。就這樣，幼小的漱石飽嘗人間辛酸，此後他厭惡自私和醜惡，對人缺乏信任感。這種遭遇對他後來的獨特的作品風格的形成也產生了決定作用。

● 三、歷史評說

夏目漱石是日本的近代文學的巨匠。他早年酷愛漢學並具有較高造詣，後來又專攻英國文學，廣泛吸收各國精華，並融入日本底蘊，成為一位博大精深的作家，他一生著有 15 部中、長篇小說，七篇短篇小說，

兩部文學論著，以及大量的詩歌、書信、日記、散文、評論、演講稿和回憶錄。他的創作豐富多彩，洋溢著批判精神，為日本批判現實主義文學做出了重大貢獻，是日本首屈一指的語言大師。

夏目漱石的作品為日本近代文學贏得了世界榮譽。他的主要作品被譯成了世界若干種文字，豐富了世界文學的寶庫。至今他的聲譽有增無減，他的作品仍受各國人民喜愛。

蘇聯社會主義文學的奠基人 —— 高爾基

「高爾基是偉大的明燈，他為全世界開闢了文化界人士要走的路。」

—— 巴比塞（Barbusse）

● 一、人生傳略

馬克西姆·高爾基（Maxim Gorky，西元 1868 ～ 1936 年）原名阿列克謝·馬克西莫維奇·彼什科夫，他是著名的小說家、劇作家、詩人、政論家和文學批判理論家。他是蘇聯最偉大的文學家之一，優秀的無產階級戰士。開闢了世界無產階級文學的新紀元，是 20 世紀最重要的作家之一。

高爾基生於俄國中部尼日尼·諾夫戈羅德（現高爾基城）的一個細木工家庭，父母早亡，從小在苦難中長大，只讀過兩年小學，十歲開始到社會上流浪。他當過學徒、飯館跑堂、搬運工人、守夜人、麵包師等，受盡種種欺侮和虐待。西元 884 年他來到喀山，本想進大學學習，但喀山的貧民窟和碼頭卻成了他的「社會大學」。在這裡，他結識了民粹派知識分子和早期馬克思主義者，逐步走上了的文學道路，成為轟動俄國文壇和馳譽全歐的大作家。1905 年，高爾基投身於俄國第一次大革命運動，後出國籌措革命資金，1913 年回國。十月革命時期，他在列寧的幫助下，迅速糾正自己偏頗的觀點，積極組織和領導蘇聯的革命文化事業，為社會主義文藝發展作出巨大貢獻。

1936 年 6 月 18 日，高爾基因肺炎病逝，史達林（Stalin）等為他守靈抬棺。

● 二、名人事典

高爾基的童年和青少年時代是在舊社會的底層度過的，因而他能深刻認識沙皇專制統治的黑暗腐敗，了解底層人民的悲慘遭遇和革命要求，而這些也成了他作品中的重要主題思想。高爾基作為浪漫主義作家進入文壇，但他更多地創作了現實主義短篇。他的作品中多以主角的個人生活史為基本情節線索，他注重人物的內心活動，透過刻劃人物的心理來揭示他們的人生見解、情緒和願望。高爾基的心理描寫博採眾長並熔鑄一新，形成了獨具一格的心理分析方法。

長篇小說《母親》（*The Mother*）是一部劃時代的鉅著。主角母親尼洛夫娜像千百萬受壓迫的婦女一樣，被繁重的勞動和丈夫的毆打折磨成逆來順受、忍氣吞聲的人。丈夫死後，兒子巴維爾不久便走上革命道路。母親也在兒子以及他的同志們的啟發、幫助下逐漸接受革命的真理。她為了搭救兒子出獄，接受了散發傳單的任務。「五一」遊行時，巴維爾高舉紅旗走在隊伍的最前列，在武裝警察面前英勇不屈，這使母親進一步懂得了真理的力量，也使她更自覺地參加革命工作。兒子再次被捕後，她搬進城裡，和革命知識分子住在一起，完全獻身黨的工作，並鍛鍊得堅強開朗、舉止穩重。後來巴維爾在法庭上的演說更提高了母親的覺悟。小說結尾時，母親冒著生命危險去散發印有兒子演說稿的傳單，在車站被暗探圍住，她勇敢地把傳單散發給車站上的群眾，在被捕時大聲疾呼：「真理是用血海也撲滅不了的！」

《母親》第一次深刻地反映了 20 世紀初俄國無產階級政黨領導下的

偉大的群眾革命鬥爭，生動地塑造了無產階級英雄形象，開闢了無產階級文學的新時期。

　　高爾基生活極為坎坷，青年時代他曾作為「自修團體」的代表，前往莫斯科請求托爾斯泰分給他們些土地，建立農業移民區，但他未能見到托爾斯泰，孑然一身回到家鄉。他又把自己的詩作〈老橡樹之歌〉送給柯羅連科，但這位頗負盛名的老作家慧眼不識天才，把高爾基的詩作否定得一無是處。但高爾基毫不氣餒，23 歲時，身無分文的他手執木杖，肩背書袋，開始了漫遊俄羅斯的大旅行。他穿過了烏克蘭，渡過了第聶伯河，在裏海的鹽場上，高加索的公路上，頓河大草原上，到處留下他的足跡，灑下他的汗水。他做晒鹽工人、修路工人、打草工人等，以勞動的微薄收入，完成了廣泛的漫遊。他的行蹤引起了憲兵警察的注意，他們問他的職業和漫遊的目的，他總是一句話：「我要認識俄羅斯！」正是憑著這種堅韌不拔的毅力，高爾基累積了豐富的創作資料，最終走入文壇。

● 三、歷史評說

　　高爾基是世界文學史上繼往開來的偉大作家。他在世界文學史上第一次真實而生動地歌頌了無產階級的革命鬥爭，塑造了光輝的英雄形象，開創了無產階級文學的新紀元，成為蘇聯文學的奠基人。今天，全世界很難找到一個國家沒有高爾基作品的譯本，也很難找出一個地區的作家和讀者不受到高爾基的影響，高爾基的影響超越了國界和時代。

　　高爾基不是天生的成功者，他早年的詩作曾遭到老作家柯羅連科的否定。然而他鍥而不捨地在文學道路上艱難跋涉，最終成名。可見天才並不稀奇，他只不過是經過艱苦奮鬥而成功的結果。

把反傳統形象帶進美國小說的作家 —— 德萊塞

「只有人民才能把美國從災難中拯救出來。」

—— 德萊塞

● 一、人生傳略

西奧多・德萊塞（Theodore Dreiser，西元 1891 ～ 1945 年）是美國現實主義文學的偉大開拓者，積極的社會活動家，享有國際聲譽的進步作家。

他出生於美國印第安納州的一個篤信宗教的德國移民家庭。10 歲時，德萊塞被送進教會學校，14 歲入中學，由於家境貧困，沒有畢業就自謀生路了。西元 1889 年，他的老師不忍心埋沒其文學才華，就出錢送他上印第安納大學。他學習特別勤奮，但一年後終於再次輟學，以後，他在芝加哥等幾個大城市做記者，由此加深了對現實的批判性認識，並開始從事寫作。從第一部小說開始，他的作品屢次遭禁，直到 1925 年《美國的悲劇》（*An American Tragedy*）出版，他在美國文壇的重要地位才獲得公認。

1945 年 12 月 28 日，德萊塞病逝於好萊塢。

● 二、名人事典

德萊塞的思想早期受赫胥黎（Huxley）和史賓賽（Spencer）影響，在作品中批判現實的同時，強調生物學的生存哲學和化學機理理論 ——

即人的行為在本質上受情慾或貪婪的力量支配。後來，作家受到社會主義思想吸引，突破了生物學社會觀點，加深了對美國陳舊的行為準則的置疑和反叛，並表現出對美國社會制度的批判性否定。

《美國的悲劇》是德萊塞聲望達到頂峰的作品，它依據真人真事寫成。主角克萊德本是窮牧師的兒子，曾在當地旅館工作，由於看到了奢侈的生活，他深受感染，開始嚮往榮華富貴，恥於貧寒的家境。他生活日益放蕩。在一次闖禍後，他來到芝加哥投奔有錢的叔叔，在叔父的工廠中當了個小頭目。他先與廠裡的女工洛蓓達相愛，使其懷孕，不久又與富商女兒桑特拉相戀。為了擺脫貧賤，攀附高門，克萊德在湖上謀害了洛蓓達。謀殺案開審時，正值美國大選，共和黨與民主黨為樹立自身的公正形象，都抓住此案大作文章，結果克萊德被送上電椅處死。

《美國的悲劇》塑造了一個對金錢和地位充滿嚮往的下層青年自我毀滅的悲劇。這不僅是一個人的悲劇，更是一個國家，一種文明的悲劇。作品撕裂了所謂美國進取方式的骯髒外衣，成為一部極具反抗性的小說。

《美國的悲劇》的成功過程是一個突破傳統偏見的過程。

1900 年德萊塞的第一部成熟作品《嘉莉妹妹》（*Sister Carrie*）完稿。但是美國讀者已經習慣了小說中的婦女都被放在嚴厲的獎懲方案下來展示，所以書中反傳統的形象為作家帶來許多麻煩。起先是書稿屢次遭退，後來在著名小說家弗蘭克・諾里斯（Frank Norris）幫助下出版，但只印了一千冊，只售出 456 本，並且受到了美國社會的抨擊。德萊塞傷心極了，以至精神分裂，險些自殺。然而，他終於以非凡的勇氣頂住了壓力，堅定不移地走自己的路，繼續揭露資本主義社會的膿疱，此後，他的作品屢次遭禁，他本人也受到紐約戒惡協會的威脅。1925 年，德萊

塞出版長篇小說《美國的悲劇》，這一次懷有偏見的文人像以往那樣，極力貶低小說價值，然而沒起多大作用。《美國的悲劇》以其巨大的藝術力量震撼了美國文壇，成了當時人們的熱門話題。德萊塞辛勤筆耕 25 個春秋，終於以勝利的姿態登上了美國文壇，他激動地說：「這是我的第一本暢銷書，我說不出我的心裡有多麼高興。」

● 三、歷史評說

德萊塞的著作甚豐，計有長篇小說八部，短篇小說五部，戲劇集一部，詩集三部，政論散文、特寫集十三部，總字數超過五百萬，這些創作極大豐富了美國文化寶庫。

在思想上，德萊塞以嚴峻的現實主義解剖美國資本主義社會的各個方面，把美國即「天堂」這種神話與美國醜惡現實之間的深刻矛盾展示出來，讓人們看清美國資本主義社會的本相，他成為「美國進步知識分子的可敬出色的領袖」和「最偉大的導師之一」。在藝術上，他珍視傳統，銳意創新，打破了美國文學史上頑固的「高雅」傳統，開啟了通向誠實、大膽與生活激情的天地，而且德萊塞還是最早運用意識流技巧的美國作家之一。德萊塞是美國現實主義文學的偉大開拓者，他的創作原則是美國現實主義文學全面勝利的標誌。

德萊塞的一生，是追求真理的一生，他無情地揭穿了美國資產階級刻意編造的現代神話，這是他遭到攻擊的原因，也是他成功的原因。真理就是力量，他的作品越禁越烈，終於流於都市，廣傳天下。

美國第一位無產階級作家 —— 傑克·倫敦

「美是活生生的，永垂不朽的。語言產生了又消滅了。它們是死人的屍灰。」

—— 傑克·倫敦

● 一、人生傳略

傑克·倫敦（Jack London，西元 1876 ～ 1916 年）是美國進步文學的一個傑出作家。美國社會黨的重要成員。

他出生於美國加利福尼亞州舊金山市，是一個遊方星相家和一個召魂降神女人的私生子，隨母親和養父長大。由於家境貧寒，倫敦十一歲就開始賺錢養家。他當過「盜賊」，作過漁巡隊警察，還到日本捕過獵豹，並且參加過失業工人的華盛頓進軍，被警察以流浪罪叛了 30 天苦役。但倫敦始終保持著童年的愛好：讀書。19 歲時，他進入奧克蘭中學，20 歲即提前考入加利福尼亞大學，半工半讀。西元 1896 年春，美國掀起淘金熱，倫敦也被挾捲到阿拉斯加的冰天雪地中，他沒有得到一粒金沙，卻得了敗血症，並帶回了一肚子關於北方的故事，從此開始了創作生涯。1903 年，中篇名作《野性的呼喚》（*The Call of the Wild*）問世。奠定了倫敦文壇巨匠的地位。90 年代他進入社會黨，投身政治活動，積極參加工人運動，但後來他陷入了嚴重的思想危機：家庭不幸，農場虧損，追求田園生活的失敗，使他絕望地放肆飲酒，嚴重地損害了健康。

1915 年 11 月 22 日深夜，他服下大量嗎啡於臥室自殺。他的骨灰埋在他的牧場的圓丘上，一塊紅色的，他稱之為「匠人棄而不用的石頭」置於墓旁。

● 二、名人事典

由於倫敦早年的冒險經歷，他的作品在主題上往往充滿了對生命的歌頌和力的崇拜；又由於他從馬克思的著作中接受了社會主義思想的影響，在許多作品中，也具有對重大的社會主題及對當代社會矛盾的深刻思考。在風格上，倫敦運筆有力、狂放恣肆，許多作品在現實主義中縈繞著浪漫主義色彩，充分展現出一個藝術家放蕩不羈、無盡無休地對於宇宙生命的表現力，對於奇異自然景觀的感受力，對於愛與美的鑑賞力，對於惡與醜的批判力⋯⋯

《馬丁・伊登》（*Martin Eden*，1909 年）是倫敦的代表作。主角馬丁・伊登原是一個下層出身的水手，他偶然結識了銀行家的女兒羅絲，被她纖細文弱的風度和豐富的知識以及深刻的思想所吸引，愛上了她。而羅絲也喜歡馬丁充滿冒險的經歷和敏捷的思維和過人的精力。為了得到羅絲的愛，馬丁拚命補習功課。他發現內心有一種創作欲望，自信能寫得與眾不同。馬丁一邊做工，一邊讀書寫作，貧窮、飢餓不能使他退卻。但羅絲卻無法抵禦父母的反對，與馬丁割斷了愛情，使馬丁痛苦萬分。當馬丁時來運轉，功成名就時，以前拋棄他的人又找上門來，極盡獻媚之態。馬丁清楚地看見了上層社會的勢利偽善，感到追求的理想破滅，他不願與虛偽的上流社會同流合汙，也沒有勇氣返回本階級，最後，無路可走，終於自殺。

《馬丁・伊登》是一部優秀的現實主義作品，馬丁的悲劇是一個美國夢的幻滅，一個青年美好的夢想毀滅在資本主義社會人與人之間的虛偽

關係中，馬丁之死徹底否定了資本主義社會。

傑克‧倫敦是文壇上的一位怪才，但是他的成就也是經過勤奮努力得來的。平時，他爭分奪秒地學習，在他的房間裡，窗簾上、衣架上、廚櫃上、床頭、鏡子上，到處都掛著一串串的小紙片。這紙片都寫著各種美妙的詞彙、生動的比喻和有用的資料，他把紙片掛在房間的各個地方，是為了在睡覺、穿衣、刮臉時、隨時隨地都能記住。即使外出，也不忘帶許多小紙片。

倫敦寫作時還有一個習慣，當他構思好一篇小說，就帶上乾糧和水，獨自泛舟海上，擺脫外界干擾，潛心寫作。有一次，他遇到了暴風，險些喪命，憑著強健的身體和高超的航海本領才得以倖免。

● 三、歷史評說

傑克‧倫敦在短短十七年的創作生活中，共寫了 19 部長篇小說，150 多部短篇小說，3 部劇本，還有大量隨筆、特寫和政論文。他的作品歌頌了生命和力量，使許多讀者從中吸取營養和動力，獲得堅韌不拔的精神。他在《野性的呼喚》中塑造的布克成為文學中一個最成功的狗的形象，被世界人民熟知。1913 年左右，傑克‧倫敦成為世界上收入最多，名氣最大，聲望最高的作家。

傑克‧倫敦生前到處宣傳社會主義，他雖然不是個社會主義者，但寫過一些具有社會主義思想的小說，他是以第一位無產階級作家的身分在美國文學史上占顯著地位的。

傑克‧倫敦一生充滿傳奇色彩，他具有狼一樣的強悍而複雜的個性，一生都在崇拜著力量和生命。但是這種性格上的強悍卻最終未能戰勝自己成功後的精神頹廢和思想矛盾。貧窮造就了傑克‧倫敦，富有則毀了他，「文章憎命達」難道是一點道理都沒有嗎？

西方現代派文學的鼻祖 —— 卡夫卡

「卡夫卡描寫人的本質的那種孤立的主題深深地打動了我們。他是一個給當代人指引痛苦的人。」

—— 伯吉斯

● 一、人生傳略

法蘭茲・卡夫卡（Franz Kafka，西元 1883 ～ 1924 年）是奧地利 20 世紀著名小說家，西方現代表現主義文學的代表作家，現代派小說的先驅。

他生於奧匈帝國統治下的布拉格，父親是一個白手起家的猶太商人。卡夫卡從小喜愛文學，中學畢業後，一度學過文學和醫學，但屈於父親，後來進入布拉格大學讀法律。1906 年獲法學博士學位。曾在保險公司任職。青年時代他與一些進步青年有來往，出席過左派無政府主義的集會，但對政治一直保持很遠的距離。1922 年秋，他的肺病嚴重，離職療養，於是蟄居在柏林郊外埋頭寫作。

卡夫卡一生平凡而短暫。他曾三次訂婚又三次主動解除婚約，始終沒有建立家庭；平生足跡也只到過德、法、義和瑞士一些城市；他夢想成為一名自由作家，但早年屈從父命，中年生活貧困，晚年病重難支，這個願望一直沒有實現。1924 年 6 月 3 日，卡夫卡死於維也納郊外的基爾林療養院，結束了孤獨、憂鬱、不幸的一生。

● 二、名人事典

卡夫卡的作品的思想和創作手法都有十分鮮明的特點。從主題上看，人生的痛苦是卡夫卡筆下表現最多的內容。他作品的主角多是小資產階級及其知識分子，這些小人物勤勤懇懇工作，卻得不到應有報償；他們對社會憤憤不平，但又無力反抗。他們飽受欺壓和凌辱，孤獨、苦悶、恐懼、內疚。這種心理是與奧匈帝國窒息的政治空氣和資本主義經濟的畸形發展分不開的。從創作手法上看，卡夫卡呼應了西方現代文藝流派的興起。他善於透過奇特的構思勾勒出誇張的畫面，把現實與非現實、合理與悖理、常人與非人並列在一起，作品不點明時間、地點和社會背景，有時記錄瞬間的直覺和夢幻，使畫面顯得支離破碎，主題也晦澀不明。

在卡夫卡的作品中，短篇小說《變形記》（*Metamorphosis*）深受世界矚目。作品聽起來十分荒誕，一天早晨，忠於職守的小職員格里高爾醒來，忽然發現自己變成了一隻大甲蟲，從此他無法上班養家，全家人憂心忡忡。父親、母親、妹妹不得不找工作以緩解經濟狀況，房子也不得不騰出來租給三個房客，格里高爾自慚形穢，在牆壁和天花板上亂爬。母親對他不聞不問，原先照顧他飲食的妹妹也撒手不理。有一天，他們家的房客終於發現竟和這樣的東西為鄰，便憤然離去。全家人把這種尷尬的處境全部歸咎於兒子，乾脆把格里高爾的房門一鎖了事。主角在肉體和精神的雙重打擊下，終於在半夜悄悄結束了生命。他去世了，全家人如釋重負。第二天，父母和妹妹乘電車到效外度假，他們「舒服地靠在椅背上談起了將來的前途」。

《變形記》用形象的手段再現了資本主義制度下人「異化」為「非人」的過程，揭露了資本主義社會中人與人關係的冷漠，表達了這種社會中人的無比的孤獨和寂寞。

卡夫卡生前只發表過一個短篇集，這完全不足以讓他一鳴驚人，他業餘創作的大部分作品一直鎖在抽屜裡，而這些作品的最後面世，要歸功於他的好友馬克斯·布羅德（Max Brod）。

卡夫卡生前留下遺囑給布羅德：「凡是我遺物中的一切稿件，日記也好，手稿也好，別人和我自己的信件也好，等等，毫無保留地，讀也不必讀地通通予以焚毀。……」然而布羅德十分清醒，他沒有執行這份偏激的遺囑，反而懷著珍愛的感情，不僅儲存並蒐集了所有文稿，而且整理出版了卡夫卡全部作品以及日記和書信。我們應該感謝馬克斯·布羅德，他明智的「背信棄義」使我們看到了這位現代偉大文學家的真實而奇譎的藝術畫卷，並使它們傳之久遠。

● 三、歷史評說

卡夫卡對現代西方文學影響巨大。他的小說思想內容荒誕離奇，藝術形式新穎別緻，擺脫了傳統小說創作的束縛，在藝術風格上獨樹一幟，為後來的現代派文學開了先河。在 20 世紀西方現代派文學中，表現主義、超現實主義、意識流、存在主義、新小說派、黑色幽默等，都將卡夫卡視為自己這一派的大師。

由於卡夫卡的作品籠罩著厚厚的迷霧，人們在探討他的創作思想和風格時，常常智者見智，仁者見仁，由此形成了一門新的學科 ——「卡夫卡學」，他被譽為「20 世紀最優秀的作家之一」，他的作品也成為大學裡最熱門的選修課之一。

卡夫卡早年曾接觸到存在主義先驅克戈凱高爾的著作，後來對中國老子哲學也有一定研究。這些哲學思想為他的創作奠定了雄厚的思想基礎。可見對一位偉大的作家來說，哲學修養是十分重要的。

英美象徵主義代表詩人 —— 艾略特

「我們是空心人／我們是填塞起來的人／靠在一起／腦袋瓜裝一包草。」

—— 艾略特

● 一、人生傳略

托馬斯‧斯特恩斯‧艾略特（Thomas Stearns Eliot，西元 1888～1965 年）是英美現代詩歌發展中具有劃時代意義的詩人、戲劇家和文藝批評家。他是後期象徵主義的代表。

艾略特出生於美國密蘇里州聖路易斯市，一個信仰唯一神教徒傾向的大家庭。他的祖父是華盛頓大學的建立者和校長，母親是新英格蘭名門閨秀，整個家庭頗富文化修養。他早年在哈佛大學、法國索爾本大學攻讀哲學和文學史，被前期象徵主義詩歌所吸引，走上了象徵詩歌創作之路。1913 年，他在哈佛大學任助教，翌年去牛津大學學習希臘哲學。其後曾任先鋒派刊物《自我中心者》副主編，高級文藝雜誌《標準》的主筆。成名後，在劍橋大學任客座教授。1927 年艾略特加入英國國籍和英國國教會。1948 年獲諾貝爾文學獎，英國「功勳勳章」。1955 年獲歌德獎。

1965 年 1 月 5 日，艾略特在倫敦逝世。

● 二、名人事典

　　艾略特是象徵主義文學的代表人物，他對「象徵」，特別是那些被神經病醫生和人類學家稱作「原型」的精神象徵，幾乎到了著迷的程度。在詩歌創作上，他主張詩歌不應直接抒發和表現作家個人的情緒及個性，而應經過非個性化的過程，藝術地將這種個性、情緒轉化為宇宙性的東西。他認為用藝術的形式表現情感的唯一方法就是要透過特定的媒介，在其象徵寓意中表達詩的情緒、思想。在批評理論方面，艾略特認為批評就是解析作品，目的是提高讀者的鑑賞能力。他還強調世界文學的有機整體性，認為只有與這個整體連繫起來，作家及其作品才有意義。

　　長詩〈荒原〉（The Waste Land）是艾略特的成名作，它以歐洲文明的現代荒原為主題，反映了 20 年代西方知識分子曾遍存在的幻滅和失望感，同時也表現了詩人的宗教救世思想。全詩 434 行，分五章。第一章〈死者的葬儀〉主要寫戰後，人們失去宗教信仰，造成了精神上的乾涸和行為上的可怕墮落。第二章〈對弈〉展現西方世界存在的人與人之間的隔膜和敵對現象，揭示了愛情、友誼、家庭的傳統觀念在戰後的衰落。「對弈」是兩性間淫蕩關係的象徵。第三章〈火誡〉中，展現了一幅人慾橫流的劫火畫面，暗示荒原人只有奉行火誡，克制慾望，才能解脫靈魂苦難。第四章〈死於水〉寫傳說中的一個腓尼基人，因迷戀金錢，沉溺於物慾而在水中淹死。水象徵慾海，告誡人們要端正人生的航向，縱慾必自取滅亡。第五章〈雷霆的話〉回覆到「荒原」的主題和形象，指出要想擺脫苦難、拯救荒原，必須堅定地奉行三大德行：奉獻、同情、克制。

　　〈荒原〉集中展現了象徵派詩歌的特點，純熟地使用了意象、象徵、

暗示、通感等技巧,並創造性地運用了「引喻」和「同時並存」手法,是多種詩體混合的自由體詩,獲得了極大聲響。

艾略特在牛津大學學習時結識了龐德(Pound),與龐德的友誼使他的詩藝有很大提高。那段時期,艾略特每星期一晚上與龐德等人在餐廳聚會,討論詩歌。交談中,龐德對艾略特的詩歌批評方面及理想領域進行了探索性的指教。這種幫助從 1915 年一直延續到 1922 年。1921 年艾略特的夫人病情加劇,艾略特心力交瘁,龐德熱情地給他經濟資助,並鼓勵他專心創作。1922 年艾略特把〈荒原〉的初稿交給龐德,龐德用藍鉛筆幾乎塗去了原作長度的一半,並解釋說:「總想去別人已經做得十全十美的事情,是徒勞無益的。應該採取不同的做法。」刪削後的《荒原》並沒有結構上的缺憾,而是更完整、凝鍊了。

1922 年,龐德離開英國,此後兩人見面機會少了。雖然後來艾略特不承認年輕時曾被什麼詩人牽著鼻子走過,但是龐德在詩歌方面對他極深刻的影響是不可抹殺的。

● 三、歷史評說

艾略特作為詩人、戲劇家、文藝批評家作出了傑出貢獻。他在一個缺乏責任感的時代,復活並發展了「詩劇」藝術,成為 20 世紀現代詩劇最重要的作家之一。他的長詩〈荒原〉的問世,是西方現代主義文學進入成熟的發展時期的象徵之一,此後以他的理論和詩風為模式的寫作,在歐美形成了一代詩風,對現代主義的文學運動,以致對整個現代文學都產生了深遠影響。

無論艾略特的思想傾向多麼悲觀和保守,他的代表作〈荒原〉卻反映了一個客觀真理:現代文明是一片荒原,這種對真理的努力探求也是

他在文壇上雖任人讚揚或斥責，卻無法否定其存在的原因之一。

今天，艾略特已經走出了英美國家，奔向全世界。世界上凡是喜歡美麗的語言、尖銳的眼光、敏感的心靈和熱心探討個人發展、人類進步及西方文化傳統的讀者，無不喜愛他的著作。人們將他的生活時代稱為「艾略特時代」。

蘇維埃時代最優秀的現實主義詩人 —— 馬雅可夫斯基

> 「我把自己全部詩人響亮的力量／都獻給你／進攻的階級。」
>
> —— 馬雅可夫斯基

● 一、人生傳略

弗拉基米爾·馬雅可夫斯基（Vladimir Mayakovsky，西元 1893 ～ 1930 年）是蘇聯社會主義現實主義詩歌的奠基人，無產階級國際文化戰士。

他出生於喬治亞的巴格達季村。父親是個林務官，崇尚民主主義思想，對幼年詩人產生一定影響。1906 年全家遷往莫斯科，馬雅可夫斯基開始學習馬列主義著作，並於 1908 年加入布林什維克黨，從事革命活動，三次被捕入獄。在獄中，他閱讀了大量文學作品，萌發了從事詩歌創作的願望，但他把黨的工作與藝術創作對立起來，1912 年中斷了黨的工作，專門從事文學創作。他早期詩歌深受未來主義影響，後來在列寧的幫助和十月革命的影響下，走上了現實主義道路。20 年代中期，他多次出國旅行。1929 年，詩人組織了一個新的文學文團 —— 革命文藝戰線，1930 年他加入「俄羅斯無產階級作家聯盟」。

由於長期受到文學界宗派主義的打擊和排斥，馬雅可夫斯基於 1930 年 4 月 14 日開槍自殺。

● 二、名人事典

馬雅可夫斯基早期受未來主義影響，他的作品用無政府主義和虛無主義對資本主義社會的醜惡現象進行鞭撻，並反對傳統的現實主義表現方法，有片面刻意求新的傾向。十月革命以後，現實生活在他的「詩的風暴」中得到廣泛而深刻的反映，對社會主義勝利和社會主義新人的歌頌，對資本主義世界及其「文明」的揭露和諷刺，使得詩人後期創作豐富多彩。詩人還力求把詩寫得受群眾歡迎，真正達到內容和形式的高度和諧。

長詩〈列寧〉（Lenin）是馬雅可夫斯基為紀念列寧於 1924 年創作的。它包括序詩和三個詩章，共四個部分。在序詩裡，詩人介紹了創作動機，並點出長詩的主題思想，即列寧事業的偉大、不朽和它的世界意義。長詩第一章運用歷史唯物主義觀點，敘述了兩個多世紀以來歐洲資本主義發展史和國際革命運動史，指出列寧主義的產生是歷史發展的必然。第二章是全詩重點。詩人按俄國無產階級革命運動和方式，敘述了列寧的偉大事業和他起的歷史作用。長詩透過一系列重大的歷史事件，表現列寧和布林什維黨的革命活動，突出革命導師的原則性和歷史預見性，還特別強調了列寧和人民群眾的血肉連繫以及跟黨的密不可分關係。第三章描寫列寧逝世後，全國和全世界人民對領袖的深世悼念以及化悲痛為力量，繼承列寧遺志繼續前進的決心。

長詩〈列寧〉謳歌了「列寧主義不朽」的鮮明主題，是高度的思想性和藝術性相結合的典範，成為無產階級詩史上的不朽之作。

馬雅可夫斯基創作詩歌十分勤奮，常常任何時候都在思考創作中的問題，有時甚至陷入作品中而如痴如醉。

有一次，馬雅可夫斯基為寫一個孤獨的男人對他的愛人如何深情，

整整想了兩天也沒找出恰當的詩句。第三天半夜,他昏昏沉沉地睡去,在朦朧中頭腦忽然冒出這樣的詩句「我將保護和疼愛/你的身體,/就像一個在戰爭中殘廢了的/對於任何人都不需要的兵士愛護著/他唯一的一條腿。」詩人立刻跳下床,在黑暗中在捲菸盒上寫下「唯一的腿」幾個字。早上醒來,他回憶昨晚發生的事,想那「唯一的腿」是什麼意思,整整想了兩個小時,後來他曾說:「為了搜尋可以捕捉的,但還沒有捕捉住的形象和韻腳,真可以危害生命,說話不太清楚,吃東西不香,也不能睡,幾乎只看見捕捉的東西在眼前飛。」

● 三、歷史評說

馬雅可夫斯基是蘇聯現實主義詩歌的奠基人。他在蘇維埃政府建立後創作的詩歌,熱情地歌頌了社會主義建設和黨的領導,發揮了巨大的革命宣布、鼓舞作用。他在俄羅斯民歌重音詩體的基礎上創造了「階梯式」,豐富了詩歌創作的藝術方法,對後人影響極大。

馬雅可夫斯基還是一個出色的諷刺藝術家,他的諷刺作品不僅思想性強,藝術技巧也相當成熟。馬雅可夫斯基在戲劇改革方面的探索也不可忽視,當年他孜孜以求的戲劇舞臺的開放,今天在世界各國已是相當普遍的現象。總之,馬雅可夫斯基的創作是藝術為革命服務的光輝範例,他的作品成為全世界進步人民寶貴的精神財富。

馬雅可夫斯基一生奮力地為社會主義歌唱,卻落得個「同路人」的稱號,他是當時極左路線肆虐下的犧牲品。這種悲劇結局即使當代人看了也不由扼腕嘆息:政治路線與文藝工作者的關係難道是可以忽視的嗎?

美國爵士時代的桂冠作家 —— 史考特·費茲傑羅

「每逢你要批評任何人的時候，你就記住，這個世界上所有的人，並不是個個都有過你那些優越條件。」

—— 史考特·費茲傑羅

● 一、人生傳略

史考特·費茲傑羅（Scott Fitzgerald，西元 1896 ～ 1940 年）是美國著名作家，與海明威（Hemingway）齊名的「迷惘的一代」的代表人物。

他全名法蘭西斯·史考特·基·費茲傑羅（Francis Scott Key Fitzgerald），出生在美國明尼蘇達州的一個商人家庭。1911 年，費茲傑羅入紐曼中學學習，後來在姑媽的資助下，進了貴族學府普林斯頓大學。一戰爆發時，他像多數青年學生一樣，積極嚮往戰場，1917 年 11 月，他穿上少尉軍服，給一位將軍當了副官，並開始寫作生涯。不久，他名聲大振，有了可觀的金錢收入。1924 至 1931 年，他在國外度過了大部分時間，並與海明威結為密友。

這期間，他堅持寫作，但 20 年代末其成就已走下坡路了。1937 年他迫於經濟原因來到好萊塢寫作電影腳本。

1939 年 12 月 21 日，費茲傑羅突發心臟病逝世。遺體安葬在馬里蘭州的羅克維爾。

● 二、名人事典

　　費茲傑羅是個專門描寫富人的作家，他的作品總括了美國一個時代——「爵士時代」的特徵。從一戰後到 30 年代美國經濟大蕭條間，是美國的「爵士時代」，那時的青年們既自由又空虛，既堅定又苦悶，拚命享受解放的快樂。費茲傑羅迷戀這個時代，但他認識到這個時代的虛假，發現這個時代的弊端給以諷刺，他利用自己熟悉的事件，將美國夢想和幻想戲劇化了。可以說作家的個人經驗是整個美國民族的經驗，是當時美國社會的縮影。在創作中，他不是虛假科學傳統的自然主義小說家，也從來不是拙劣的現實主義小說家，他的作品有明顯的浪漫主義色彩和氣氛。

　　費茲傑羅最優秀的小說是《大亨小傳》（*The Great Gatsby*）。主角蓋茲比因為貧窮失去了女友黛西，他發誓要用金錢把她奪回來。後來他財運享通，發了跡。於是在黛西家對面買下了宮殿似的房子——此時黛西已嫁給了湯姆。在蓋茲比的朋友尼克的幫助下，蓋茲比得以與黛西幽會，並領她參觀了自己的房產，看到了蓋茲比的奢豪和富有，黛西嚎啕大哭。黛西與蓋茲比的來往引起了湯姆的警覺，湯姆與蓋茲比大吵起來。蓋茲比要求黛西和湯姆公開，結果卻大失所望。不久，黛西不小心撞死了湯姆的情婦威爾遜太太，而湯姆卻向威爾遜暗示凶手是蓋茲比。於是威爾遜來找蓋茲比，首先將他擊斃，然後自殺，兩個家庭一起毀滅了。在蓋茲比的葬禮上，人們只見到了他的老父親、尼克及幾個僕人，黛西和湯姆連束鮮花，一通電話都沒有。

　　小說透過尼克的敘述讓讀者認識了富有階級的狹隘、殘忍和無情無義，以及窮苦民眾的夢想和絕望，表達了美國以物質主義為手段的理想主義失敗的主題。

費茲傑羅的婚姻就是一種以物質主義為手段的理想。

費茲傑羅在一戰中與法官的女兒薩爾達（Zelda）墜入情網，並訂了婚。但薩爾達注重愛情中的物質條件，戰後費茲傑羅的貧困使他失去婚約，他終於認識到人生的許多希望都是用金錢來鋪路的。於是在狂飲三星期後，他回到家鄉發奮修改在大學中就完成了書稿《人間天堂》（*This Side of Paradise*）。不久，這部長篇小說出版了，它的銷路很好，24 歲的作家一年之內賺了 18,850 元。於是薩爾達同意做他的妻子，他們舉行了婚禮。然而，他們婚後的生活難以用平常人眼中的幸福來形容。追逐時髦、奢侈豪華的生活使作家入不敷出，他不得不拚命寫作來維持這種生活和家庭的繼續。1934 年，薩爾達患精神分裂進了療養院，從此作家的一生都籠罩在這種陰影之下。直到 1937 年他重返好萊塢，遇見了 28 歲的英國姑娘希拉·格雷厄姆小姐 —— 這個出身貧民窟的新聞記者，勸他戒酒，並給他無私的經濟援助和心理安慰。

費茲傑羅本身就是「爵士時代」的典型人物，也是物質主義理想的犧牲品。

●●三、貢獻及影響

費茲傑羅是美國 20 世紀與海明威和福克納（Faulkner）齊名的著名小說家，他的作品的反映了一個時代 ——「爵士時代」以及其中的一些特殊人物，他以所見所聞和親身經歷進行文學創作，在美國文學史上贏得了永恆的地位，幾乎沒有一本美國文學評論著作沒有他的作品或有關他的作品。今天他的這一地位越來越顯耀了。

費茲傑羅的長篇《大亨小傳》被列為美國最優秀的 12 部小說之一。人們稱它是一部「20 年代的寓言，將永遠流後世」。費茲傑羅也被譽為

「爵士時代的桂冠作家。」

　　費茲傑羅是「爵士時代」的典型人物，他為自己選擇了一條路，儘管清楚認識到那種以物質主義為手段的理想必然破滅，但他還是難以拒絕地走下去。可以說在文學創作上，他是一個成功者；而在生活中，他也許很難用成功二字來概括。

聞名世界的美國鄉土作家 —— 福克納

● 一、人生傳略

威廉·福克納（William Faulkner，西元 1897 ～ 1962 年）是美國南方文學的主要代表，也是西方最傑出的現代派小說家之一。

他誕生於密西西比州新阿爾巴城的一個莊園世家。他自幼愛玩而不好好學習，但他喜歡寫作與繪畫，祖父豐富的藏書為他提供了不盡的營養。一戰間，福克納加入加拿大皇家空軍，退伍後寫過不成氣候的時尚小說，後聽取前輩作家安德森（Anderson）的建議，走上鄉土作家之路。1929 年到 1942 年他的創作進入全盛時期，但當時美國廣大讀者與有影響的批評家還未了解到他作品的價值。直到 1949 年獲諾貝爾文學獎，他才一夜成名。從 1955 年起，福克納多次接受美國國務院的委派，到日本、瑞典、委內瑞拉待做文化交流工作。

福克納一生大部分時間住在密西西比州，他認為，只有在家鄉才能進入最佳寫作狀態。1962 年 6 月，他在家鄉騎馬時不慎摔傷，入院後，於 7 月 6 日凌晨因心臟病發作逝世，次日安葬在奧克斯福聖彼德墓園。

● 二、名人事典

福克納用 15 部長篇小說和近百部短篇小說組織了自己的「約克納帕塔法世系」（Yoknapatawpha Genealogy）。在他虛構的約克納帕塔法縣

（Yoknapatawpha County）中，不同社會階層的若干家族的幾代人是他脈脈溫情講述的對象。他寫出了美國南方的沒落，大家族子弟精神上的苦悶，反映了一次大戰後一些西方知識分子中普遍的困惑和危機感。在藝術手法上，作家因材而異，對現代小說的技巧作了多方面實驗，他使用意識流手法，採用「對位式結構」，使用晦澀冗長、生硬的文體，還創造性地把象徵主義的心理恐怖與現實主義的如實描繪這兩種傳統結合起來，取得了特殊效果。

小說《聲音與憤怒》（The Sound and the Fury）是福克納的嘔心瀝血之作。標題選自莎士比亞名劇《馬克白》中的一句臺詞：「人生如痴人說夢，充滿了喧譁與騷動，卻沒有任何意義。」故事發生在傑弗鎮上的康普一家。這個家庭曾經黑奴成群，顯赫一時，但現今已然敗落。康普先生是個生意清淡的律師，他有 4 個孩子。大兒子昆丁在哈佛大學讀書。女兒凱蒂曾失身懷孕，後嫁給赫伯特·海德，生下女兒小昆丁，不久兩人離婚。凱蒂把女兒寄養在父母家，自己浪跡天涯。二兒子傑生是商店的夥計，小兒子班吉先天痴呆。昆丁把凱蒂當作家庭的榮譽和南方美德的象徵，凱蒂的失身使他思想受很大刺激，終於投河自殺。康普生先生嗜酒過度，不久死去，小昆丁在家倍受舅舅虐待，17 歲時與一個馬戲團演員攜款私奔，班吉被傑生送進瘋人院。這個貴族世家就這樣徹底崩潰了。整部小說時序顛倒，以不同的人分五次敘述出來，前三章用典型的意識流手法，第四章基本用現實主義創作方法，告訴我們一個南方貴族世家敗落的史實，挖掘了每個家庭成員的心理活動，展示了南方貴族的精神衰亡史。

福克納一生眷戀故鄉。30 年代初，他曾迫於生活壓力去好萊塢寫劇本。不過，他看得很開，他認為，如果這個人是一流作家，沒有什麼會損害到他寫作；如果他不是個一流作家，沒有什麼可以幫得上忙。寫完劇

本,他就匆匆返回故鄉。他倒不是思念家庭,因為他和妻子常年不合,妻子一直不相信丈夫是世界一流作家,曾把福克納的手稿從飛馳的車子扔出去。他返回故鄉是因為他離不開那片土地,甚至當他得知自己獲得諾貝爾獎時,也拒絕去遙遠的瑞典領獎。領獎的時候,他那種「小地方」本色暴露無遺:說話戰戰兢兢,忙亂地忘記上前接受瑞典國王頒發的獎章。

福克納的許多傑作是在白天工作 12 小時之後,日積月累逐漸寫出的,考慮到他所受的這種生活壓力和地域的局限,我們只能相信,對於一個優秀作家,沒有什麼可以損害他的創作。

● 三、歷史評說

福克納是世界聞名的鄉土作家。他的「約克納帕塔法世系」規模宏大,富有史詩氣魄,每個作品既獨立成書,又相互連繫,展現了從 1860 年到二次大戰後,英國南方社會的歷史變遷,各階層人物地位的沉浮,各型別人物精神面貌的變化。

福克納還是現代派小說家的傑出代表,他能夠洞察現代人深層的精神世界,並能創造性地應用現代小說的各種技巧,使自己的小說一部比一部新奇。其中《聲音與憤怒》成為世界意識流小說的經典作品,而他那種把意識流和現實主義結合起來的手法,也成了意識流文學在全球範圍的一種發展趨勢。

福克納這位鄉土作家,成名之前到過很少的地方,大部分時間都在故鄉度過,但卻寫出震動世界的作品。他用自己的作品證實了一個真理:作品越具本土性,也就越有世界性。今天,美國以及西方對福克納評價越來越高,這位富有創新精神的英國南方作家,用他的作品為自己樹立了一座不朽的豐碑。

美國文壇上的硬漢 —— 海明威

「一個人並不是生來要給打敗的。你盡可以把他消滅掉，可就是打不
敗他。」

—— 海明威

● 一、人生傳略

有一個人，他身經兩次世界大戰，穿越非洲叢林；他獵過獅子，鬥
過牛；他既是拳擊家，又是漁夫。在他傳奇的一生中，塑造了無數個
「硬漢子」，卻又親手結束了自己的生命。這就是美國現代著名作家，「迷
惘的一代」的代表厄納斯特‧海明威（Ernest Hemingway）。

海明威（西元 1899～1961 年）出生於美國伊利諾期州芝加哥附近
的奧克帕克村。父親愛好戶外活動，母親喜歡藝術，海明威則把這兩種
愛好集為一身。1917 年中學畢業後，他當了《明星報》的見習記者，受
到了嚴格的文字訓練。1918 年，他參加紅十字會的志願救護隊，前往義
大利，負重傷。回美國後，他先居住在佛羅里達州的基維斯島，後遷至
古巴。30 年代早期，由於文學成就，他經濟富裕，到處冒險。1936 年他
投入西班牙的反法西斯內戰。二戰期間，作為隨軍記者到歐洲。戰後寫
作之餘，他仍然愛好冒險，這種不甘寂寞的性格給他帶來不少麻煩。一
次被獵槍子彈傷了眼睛，一次飛機失事，險些喪命。1954 年，瑞典皇家
科學院授予海明威諾貝爾文學獎，表彰他在《老人與海》（*The Old Man*

and the Sea）以及別的作品中「精通現代敘事藝術」。

晚年的海明威受到多種疾病折磨，他無法繼續寫作，十分痛苦。終於在 1961 年 7 月 2 日晨，這位藐視死亡的硬漢用自己心愛的獵槍自殺身亡。

● 二、名人事典

對於海明威的創作思想，評論界頗有爭議，但一般認為他的創作有一定的現實主義傾向，尤其在細節描寫上最為突出。但海明威的寫實精神不同於傳統的現實主義，他提倡的真實性不是現實的典型性，而是自我感受的實在性。他認為，文學藝術是表現「自我」的載體，具有強烈的主觀性。藝術風格上，他這樣總結創作經驗：「冰山在海裡移動很是莊嚴宏偉，這是因為它只有八分之一露出水面。」意思是說，作家有了八分之一的感情基礎，才能寫出一分真正的作品來，而這一分的作品簡約含蓄，要引起讀者對那七分的想像。

《老人與海》是海明威晚年力作，也是獲得諾貝爾文學獎的作品。這是一部樸實的書，主角是老人桑提亞哥，以捕魚為生，但連去 84 天，一條魚也沒捉到。大家都說他運氣壞，可是老人並不氣餒，他理解海，總把海當作是一個女性，要是她做了鹵莽或頑皮的事，是因為她情不自禁。於是，他又出海了，這次釣到了一條 1,500 多磅重的大馬林魚。老人苦戰兩天，終於殺死了大魚。但是一群鯊魚聞見血腥圍上來，把大魚咬得只剩一幅骨架，精疲力盡的老人又投入了對鯊魚的鬥爭。第四天凌晨，老人的船拖著巨大的骨架回到岸邊上。晚上，老人夢裡看見的獅子 ── 勇敢和無敵的象徵。

《老人與海》以簡潔含蓄的語言，在一個單純的故事裡蘊藏了嚴肅深

刻的哲理意義，塑造了文藝史上最著名的硬漢形象。小說出版後，48 小時售出 530 萬冊，創下人類出版史上空前絕後的奇蹟。

海明威人如其文，本人也是一個不畏艱難險阻的硬漢。

在義大利做志願救護隊員時，有一次戰役中，海明威發現一名義大利狙擊手受了傷，並掉到鐵絲網攔的空地。海明威便縱身向前，想把他拖回戰壕。這時奧地利軍隊密如雨點地彈片迸射開來，海明威艱難地向夜幕爬去。敵人發現了他的行動，用小型武器掃射過來。海明威繼續匍匐前進，終於找到了那個受傷的士兵。返回途中，海明威被狙擊砲彈擊傷，昏死過去。醒來時，他覺得身體軟得像麵條，但還是掙扎著背起傷員，繼續艱難爬行。奧軍又發現了海明威，但是他們不禁敬佩海明威驚人的勇氣，不忍心打出那個決定性的最後一槍。海明威戰勝了死亡。後來，醫生在他身上發現了 237 塊彈片，但只取出了 28 塊，有些到死還在體內。海明威在醫院中做了 13 次手術，右腿被打碎的膝蓋被換上一塊白金，他使用了一輩子，還說：「這個比原來的好。」

● 三、歷史評說

海明威在近 40 年的創作中形成了獨特的思想和藝術風格。他的早期作品表現了第一次世界大戰時，青年一代的徬徨和惘然若失的情緒，他成為美國「迷惘的一代」的代表作家。他那「電報式」和簡約有力的文風引起了一場 「文學革命」，具有代替 19 世紀英語文學冗繁之風的巨大影響。

海明威在世界文壇上占有重要位置，他是美利堅民族精神的豐碑。要了解美國，必須走近海明威，走近代表著美國民族堅強樂觀的精神風範的文學長廊。美國總統曾說「幾乎沒有哪個美國人比厄納斯特·海明

威對美國人民的感情和態度發生過更大影響。」他稱海明威為「偉大的世界公民」，許多評論家也認為他是「莎士比亞以後最偉大的作家」。他的作品被翻譯多國文字，廣為流傳，他塑造的「硬漢」也走上螢幕和舞臺，為世界人民津津樂道。

海明威一向以文壇硬漢著稱，他一生傳奇，蔑視死亡，從不向命運低頭。然而這位打不倒的硬漢卻親手結束了自己的生命。看來，對於一個硬漢來說，難於戰勝的不是別人，而是他自己。

東亞之傑，含英咀華 —— 川端康成

「作家除創作與本人個性相一致的文學外，沒有其他事可做。屈從時局的作品和人格是不足取的。」

—— 川端康成

● 一、人生傳略

川端康成（西元 1899 ～ 1972 年）是日本現代「新感覺派」的代表作家，亞洲第二位諾貝爾文學獎得主。

他出生於大阪的一個醫生家庭，自幼父母雙亡，由祖父母養大。少年時代酷愛文學，常以日記等文字寄託情懷。在東京帝國大學讀書期間川端康成與友人辦文學刊物並從事創作。大學畢業後，他和同人創辦《文藝時代》，發起了向傳統文學挑戰的新感覺運動。其間他不斷發表作品，於 1937 年獲「文藝懇話會獎」，逐漸成為日本現代文學最重要的作家之一。二戰期間，他在輕井澤的別墅裡過著世外桃源式的生活，用來對時勢表示反抗和諷刺。1946 年，他就任日本筆會會長，60 年代參加「呼籲世界和平」七人委員會活動。1968 年獲諾貝爾文學獎，成為世界著名作家。

1972 年 4 月 16 日，川端康成在逗子市的公寓裡用煤氣自殺，沒有留下任何遺言，像謎一般走了。他的死震驚了世界文壇，日本各界舉行隆重葬禮，沉痛悼念文壇巨星。

● 二、名人事典

　　川端康成幼年便失去所有的親人，青年時代又受到多次失戀的精神打擊，這使傷感與虛無成了他一生的感情基調。後來他又受到了西方達達主義、未來主義、表現主義等文藝思潮和佛教禪宗、虛無主義哲學思想的影響，這一切成為作家的「新感覺主義」的精神泉源。所謂「新感覺主義」就是主張藝術至上，革新多變，但川端康成超越了這一層次的文學，傾向新心理主義。他巧妙地結合了日本傳統文學和西方現代派這兩個極端，深入探索古典美的底蘊和西方現代文學的內涵，以傳統為根基，吸收西方文學的技法，形成獨特的風格。表現在作品的主題上，就是透過對失去愛情之後的哀傷、憂愁的情感描繪，來表現一種人物的內在美。

　　《雪國》（西元 1935 ～ 1947 年）是為川端康成贏得國際聲譽的作品。小說情節非常簡單：東京的舞蹈家島村是靠祖產生活的遊手好閒者，他以照片及書籍介紹西洋舞蹈。當對此項工作厭倦時，便出外旅行。島村在上越溫泉遇見藝妓駒子，被她「無可比擬的潔淨美麗」吸引，於是三赴多雪的北國山村與她幽會。第二次去雪國途中，島村遇到了細心護理著生命垂危的行男的葉子，島村被這個瘦弱美麗的少女吸引，但葉子卻深深地愛著行男。第三次去雪國時，行男病逝，葉子每天去掃墓，最後在一場大火中死去，島村對駒子雖情深意篤，但空虛感和對駒子處境的無可奈何最終也使他們分手。

　　《雪國》展現了日本文化獨有的美的精神，他如清風、如新月、如煙、如霧、如幽林曲澗、如哀婉的清歌，是日本抒情文學的頂峰。川端康成的創作與他早年經歷連繫密切。他幼年極為不幸。父親是個醫生，醫術高明，擅長詩畫；母親原子溫柔善良；姐姐芳子比川端年長四歲。這本是一個幸福的四口之家，然而從記事起死亡與孤獨就開始與川端相

隨。川端兩歲時父親去世，翌年，慈愛的母親也因病離開人間。三歲的川端由祖父母撫養，芳子則寄養在伯母家。七歲時，祖母去世，三年後唯一的姐姐也夭折了。

川端傷心之餘還慶幸有祖父與他相依為命。祖父愛好文學，而川端讀小學時也有志當作家，深受祖父讚賞。可是好景不長，祖父病重，每天川端放學回家，沒有溫暖，沒有愛撫，迎接他的是又聾又瞎的祖父的痛苦的呻吟聲。不久，祖父病逝，16 歲的川端終於成了煢煢孑立，形影相弔的孤兒。他感到深深的心靈創痛。這種不幸經歷給他幼小的心裡刻下深深的傷痕，並影響了他終生的創作生涯。後來他說：「我完全是一個與傷感結下不解之緣的少年。」也許 1972 年他的自殺，就是對這種傷感陰影的擺脫吧。

● 三、歷史評說

川端康成在半個世紀的創作活動中，共寫下一百三十多篇中短篇小說以及大量的隨筆和文學評論，他的每一部作品都凝結著日本文化獨有的精巧之美，貫穿著日本古典文學中的深厚感情，鮮明表現了東方傳統的魅力。他是日本首屈一指的現代作家，也是日本文學的世界象徵。

川端康成因為《雪國》等作品榮獲了 1968 年諾貝爾文學獎，為世界文壇矚目，並掀起了一股經久不衰的川端文學熱。他的作品，不僅是日本，而且是世界人民的寶貴財富。

川端康成一生希望透過對超世俗、超現實的、幻覺般的美的追求，來擺脫嚴酷的、不人道的資本主義社會的現實。然而對於一位純粹的作家來說，現實是殘酷的，這使他不得不以死亡來對抗並尋求解脫。端川的死是可嘆的，也是可敬的。

舉世聞名的蘇聯優秀革命作家 —— 法捷耶夫

「作為作家我的生活失去任何意義，我極其愉快地擺脫這種生活，有如離開向我潑卑鄙、謊言和誹謗髒水的世間。」

—— 法捷耶夫

● 一、人生傳略

法捷耶夫（Fadeyev，西元 1901 ～ 1956 年）是蘇聯傑出的無產階級革命作家，著名的文藝理論家、批評家和卓越的社會活動家。

他出生在加里寧州基姆雷城的一個助理醫生家庭。父母都是革命者，法捷耶夫從小就受到革命思想的薰陶。後來他到海參崴商業學校讀書，同從事革命活動的姑母一家來往密切。1918 年，他加入布林什維克黨。1919 至 1921年，他參加遠東游擊隊，與日本干涉軍和高爾察克白匪英勇作戰。1921 年，他以遠東邊區代表的身分出席全俄第十次黨代會。見到革命導師列寧。大會期間他參加鎮壓喀朗施搭德叛亂並負傷，傷癒後進莫斯科礦業學校學習。1924 年後，他受黨的派遣，先後在庫班、羅斯托夫、莫斯科等地擔任黨的工作。1927 年起，法捷耶夫一直在莫斯科，專門從事文學活動。同年他完成成長篇小說《毀滅》，引起蘇聯文學界矚目。其後，他擔任過俄羅斯無產階級作家協會及全蘇作家協會的主要領導工作，並因文學成就兩次獲列寧勳章。

法捷耶夫晚年創作產生危機，使他痛苦萬分，終於走上絕路，1956年 5 月 13 日，蘇共中央發表訃告說法捷耶夫「因酒精中毒，在精神憂鬱中自殺身亡」。

● 二、名人事典

　　法捷耶夫是一位優秀的現實主義革命作家。他重視研究蘇維埃文學創作方法的理論依據和對新型作家的教育問題。他號召文學家寫當代，要求他們直接到生活中，熱愛生活，同時堅決反對缺乏創造性的平庸作品，主張描寫生活的真實，抓住現實生活發展的最基本的趨勢，並放眼未來，在創作中法捷耶夫努力實踐自己的文學思想，他一起步把自己的創作活動與無產階級的解放事業連繫在一起。黨和革命的主題，在革命鬥爭中新人受鍛鍊，不斷成長的內容，貫穿他全部創作的始終。

　　著名的長篇小說《青年近衛軍》法捷耶夫的代表作。衛國戰爭時期，德國法西斯侵占了克拉期諾頓市，蘇共州委書記普羅欽科，區委領導人劉季柯夫等人領導群眾和侵略者展開鬥爭，其中有一批年輕而英勇的「青年近衛軍」成員。「青年近衛軍」的政委是奧列格，指揮員為杜爾根尼奇、鄔麗婭、瓦尼亞、謝遼沙、劉波夫、莫什柯夫和斯塔霍維奇五人為總部委員。他們帶領青年夥伴散發傳單，懲辦叛徒，襲擊戰俘營，燒毀德寇「職業介紹所」，神出鬼沒，使德軍膽顫心驚。十月革命慶祝前夕，他們更把紅旗插在城裡的大樓頂上，居民們無不歡欣鼓舞。德寇費盡心機，決心一舉撲滅地下組織。除夕夜，謝遼沙等人奪取敵軍車上的新年禮品，不料被發現。由於斯塔霍維奇等人變節，「青年近衛軍」的大部分成員相繼被捕。他們在監獄中進行了英勇悲壯鬥爭，最後在勝利前夕壯烈犧牲。

　　這部小說成功地把革命現實主義和革命浪漫主義結合在一起。既真實地再現了革命鬥爭的艱苦複雜，又給予人無窮的鼓舞力量，達到了革命的思想內容與完美的藝術形式的較好的統一。

　　《青年近衛軍》也是一個可歌可泣的真實故事。

　　1943 年夏，蘇聯共青團特約法捷耶夫寫一部關於「青年近衛軍」的作品，並提供給他一些原始材料。起初法捷耶夫因工作任務繁重拒絕

了，但他答應物色一個作者來完成，並帶走了原始材料。之後，他連夜閱讀完了這些材料，了解到「青年近衛軍」是克拉斯頓市的優秀共青團員建立的地下組織，他們展開多種鬥爭，狠狠打擊了侵略者，最後因叛徒出賣，一百多名成員，除九人倖免外，全部犧牲。法捷耶夫被深深打動了，毅然決定接受這一任務，立即動身到克拉斯諾頓實地調查。他用一個月時間拜訪了 80 個克拉斯諾頓家庭，訪問了許多烈士的家長、老師和同學，以及一些游擊隊員和地下工作者，蒐集到大量材料。回來以後，他懷著深厚感情，以飽滿的熱情和旺盛的精力只用了一年零九個月的時間就完成了這部鉅著。小說的一經問世，受到廣泛的熱烈歡迎。

● 三、歷史評說

法捷耶夫是蘇維埃文學的奠基人之一。他對社會主義現實主義創作方法的形成、確立和發展作出了重大的貢獻。他的《毀滅》和《青年近衛軍》兩部里程碑式的優秀作品，對於推動蘇維埃文學的發展起了重要作用，並被改編為電影、話劇、在世界各地上演，極大地教育和鼓舞著人類。法捷耶夫還是繼高爾基之後，對社會主義美學作出巨大貢獻的文學批評家和理論家，他所提出的不少真知灼見至今仍值得我們學習。

法捷耶夫也是著名的社會活動家，他長期擔任蘇聯作家協會的領導工作，二次被選蘇共中央委員，三次當選蘇聯最高蘇維埃代表。他還翻譯了《阿 Q 正傳》，為中蘇文化交流作出了貢獻。

法捷耶夫來自民間，家庭的薰陶，艱苦的生活，豐富的經歷為他後來在蘇聯文壇上發揮巨大作用打下了扎實的基礎。他的誕生應歸功於那個時代，那個充滿硝煙和激情的時代，那麼「時世造英雄」這句話難道沒有一點道理嗎？

日本偉大的無產階級作家 —— 小林多喜二

「要認識社會，必須對馬克思主義有一定程度的理解。作家也不例外，而且正因為他是作家。」

—— 小林多喜二

● 一、人生傳略

小林多喜二（1903 ～ 1933 年）是日本著名的無產階級作家和傑出的革命家。

他出生於日本本州北部秋田縣的一個貧苦農民家庭。四歲時全家投靠在北海道開麵包坊的伯父。因為貧困，小林多喜二揀過煤渣，打過零工，後來在伯父的資助下上學。17 歲他開始學畫，寫詩和小品。21 歲畢業，在銀行當職員。在當時無產階級文學運動的影響下，他開始學習進步的社會科學，積極參加進步的文藝活動和工人運動。1929 年被銀行開除後不久，他遷居東京，成為職業作家和革命家。1931 年他當選為「無產階級作家同盟」書記。1932 年 4 月被迫轉入地下鬥爭，肩負起領導日本革命文學運動的重擔。

1933 年 2 月 20 日中午，多喜二在東京街頭進行地下連繫時因叛徒出賣而被捕。在敵人的嚴刑拷打下他英勇不屈，表現出崇高的革命氣節。當天下午他壯烈犧牲，年僅 30 歲。

● 二、名人事典

　　小林多喜二生活的二三十年代，日本內外階級鬥爭非常劇烈，他創作的主要思想就直接表現了這種階級鬥爭發展變化的新形勢。他的作品不僅把當時日本資本主義勾結封建勢力，所構成的天皇政權的嚴密統治和日本資產階級勾結地主階級，對工農階層的殘酷壓榨剖析得一清二楚，還充分表達了工農群眾反抗現實的堅強意志，描繪了他們英勇鬥爭的壯麗圖景。多喜二在創作中，力圖把思想與材料統一起來，讓作品的思想從現實材料中自然而然地產生出來，使得作品豐滿而有力。

　　《為黨生活的人》是小林多喜二在極度危險情況下創作的一部小說。作品寫一個共產黨支部在倉田工廠進行的革命活動。倉田工廠本是金屬廠，戰爭開始後為生產軍需品招收了相當於正式工人三倍的臨時工。黨組織派佐佐木安治（即主角「我」）、須山和伊藤芳三個同志藉機打入工廠，組織工人開展反壓榨、反解僱、反侵略的鬥爭。一方面，反動勢力瘋狂進攻，他們使用便衣警察祕密監工，利用各種反動組織打入工人內部，宣揚戰爭是為無產階級找出路，戰爭會給無產階級帶來好處等言論迷惑工人；另一方面，共產黨人堅決與之鬥爭，他們既抓工人密切關心的生活條件問題，又注意引導群眾從對日常生活問題表示不滿到帝國主義戰爭表示不滿；他們還在保持黨組織純潔和嚴密的前提下，利用看戲、談心等形式大力發展外圍組織。因此，這個工廠的革命形勢發展很快，工人的政治覺悟提高很大。後來，一個黨員冒被捕危險散發傳單時，600 多工人群起呼應，掩護他安然脫險。最後由於廠方突然提前裁工，罷工未能實現，但倉田廠留下了革命的同志，其他的黨員和積極分子也將分散到其他單位，革命的力量更加壯大。

　　這篇小說選取了日本社會上階級矛盾最集中、最尖銳的場面，描繪

了站在階級鬥爭明前線、處境最艱險、戰鬥最英勇的人物。二戰後在日本國內外大量出版後行，獲得高度評價。有人認為，這篇小說可代表多喜二一生的最高水準。

小林多喜二走上革命道路與幼年經歷有很大關係。

多喜二的父母都是農民，家境非常貧窮，因為地租太重，他們租不起好地，只好多租些村裡人誰也不願耕種的貧瘠土地，以便多少撈一點收穫，來填補生活。他的父親從地裡回來，常常連沾滿泥巴的草鞋也來不及，跨進門檻就趴在鋪席上睡起午覺。儘管這樣拚命做事，仍難維持生計。1907 年，多喜二 4 歲時，難以餬口的全家不得不遷居北海道小樽市，投靠多喜二的伯父。父母在市郊工人區開了一個小麵包店，經常到附近工人宿舍叫賣麵包。過了幾年，多喜二也開始找事情做來緩解家裡經濟壓力了。貧窮的家庭，青少年時代的困苦生活的勞動經歷，以及耳濡目染的工農群眾的悲慘境遇，使多喜二逐漸養成許多勞動人民的優秀品格，為他日後走上革命道路打下了扎實的基礎。

● 三、歷史評說

小林多喜二是日本第一個自覺的革命作家，也是日本無產階級文學的傑出代表。他在光輝而短暫的一生中，寫下了十多部中、長篇小說，五十多篇短篇小說，以及大量的文學評論，詩歌、散文、書信和日記等。他首次把否定天皇制政權寫進了文學創作，第一次充分表現了無產階級戰士的革命行動和革命精神。他的作品為日本無產階級文學發展奠定了基礎，而且也是世界無產階級文學的重要成果。

多喜二還是一個革命家。在血雨腥風的白色恐怖中，他始終堅持鬥爭，在最困難的 30 年代，成功整頓和恢復了黨的文化組織，擊退了失敗

主義逆流，避免了組織的瓦解，最後獻出寶貴的生命。

多喜二以筆為武器，為日本人民的解放事業奮戰一生，他的偉大的革命精神和不朽作品將在世界無產階級文學史冊上名垂千古。

「人固有一死，或輕於鴻毛，或重於泰山」，小林多喜二雖未到創作盛年就不幸犧牲，但他的死重於泰山，他死得其所。他所表現出來的英勇不屈的精神就是一筆巨大的財富，永遠鼓勵進步的人前進。

具有鋼鐵意志的蘇聯著名無產階級作家 —— 奧斯特洛夫斯基

「我整個的生命和全部的精力，都已獻給世界上最壯麗的事業 ——
為人類解放而鬥爭。」

—— 奧斯特洛夫斯基

● 一、人生傳略

尼古拉・阿列克謝耶維奇・奧斯特洛夫斯基（Nikolai Alexeevich Os-
trovsky，1904～1936年）是蘇聯著名的無產階級革命作家。

他生於烏克蘭的一個工人家庭，是這個六口之家的小兒子。他的童
年在貧苦中度過，只讀了 3 年書，剛滿 10 歲就去當童工。但奧斯特洛夫
斯基十分好學，在繁重的體力勞動之餘自修了小學的全部課程並閱讀了
大量的進步文學作品。十月革命勝利後，他積極投身於保衛蘇維埃政權
的鬥爭，成為騎兵團的一名戰士。後因身負重傷轉業到地方。不久，在
與洪水搏鬥中，他得了傷寒和風溼，23 歲就全身癱瘓。24 歲他的健康進
一步惡化，雙目失明，脊椎硬化，但他克服種種困難，以口授記錄的形
式，於 1933 年完成長篇小說《鋼鐵是怎樣煉成的》，並於 1935 年獲得列
寧勳章。

1936 年，極度虛弱的奧斯特洛夫斯基腎臟病急遽發作，終究未能逃
脫病魔的纏繞，於 12 月 22 日與世長辭。

● 二、名人事典

奧斯特洛夫斯基是一名傑出的無產階級革命作家，他認為「蘇維埃作家的崇高事業乃是在自己書裡創造我們時代、無產階級革命時代的青年革命者的典型」，在當時蘇聯「一五計畫」中，人民顯出極大的熱情，各條戰線湧現了無數新的英雄人物。生活和時代要求蘇聯文學塑造新時代的主角，反映了無產階級革命者和建設者崇高的精神面貌。奧斯特洛夫斯基順應了這個潮流，他本著塑造無產階級革命時代新青年這個主要創作思路，開始了文學生涯。

《鋼鐵是怎樣煉成的》是奧斯特洛夫斯基的第一部長篇小說。主角保爾出生工人家庭，早年喪父，母親幫人洗衣賺錢將他養大。12 歲時，為了餬口，他去做雜役，受盡凌辱。十月革命爆發後，保爾認識了布林什維克朱赫來，懂得了許多革命道理，後來朱赫來被白匪抓住，保爾為了救他被投進監獄。偶然的機會，保爾被錯放出獄。他不敢回家，就到喀查丁參軍。他轉戰疆場，浴血殺敵，思想和文化素養迅速成長，成為優秀的政治宣傳員。一次激戰中保爾負了重傷，傷癒後他參加了恢復和建設國家的工作。他在極為艱苦的條件下參加修建鐵路，鍛鍊得無比堅強。已擔任省委領導的朱赫來稱讚道：「鋼鐵就是這樣煉成的」。保爾不斷成長時，她的女友 —— 追求小資產階級情調的冬妮亞與他思想上差距越來越大，終於，他們走上截然不同的人生道路。不久，積勞成疾的保爾病倒了，他肢體癱瘓，雙目失明，這位火熱的青年輾轉在病榻上，無法工作的痛苦折磨著他。他一度有過自殺的念頭，但很快堅強起來，並拿起筆進行文學創作，要用自己的成長過程激勵新一代的年輕人。不久，嘔心瀝血之作《鋼鐵是怎樣煉成的》出版了。

《鋼鐵是怎樣煉成的》是一部自傳體小說。作家真實地再現了典型環境中的典型人物，把英雄寫成人，沒有任意拔高和神化，使作品具有巨

大的感染力和說服力，成為青年一代如何正確對待生活的教科書。

《鋼鐵是怎樣煉成的》雖有自傳性，但不是個人傳記，而是反映蘇維埃第一代青年鬥爭生活的集體寫照。

奧斯特洛夫斯基早就想把自己同戰友的經歷寫下來，但是他太忙，沒有時間。癱瘓後，他有了大量時間，便開始寫作。作品完成後，他自己強調：「這是一部長篇小說，而不是什麼人的傳記，別以為這就是我的傳記了，我的一生經過跟所有參加過內戰的人完全一樣。」有一次母親問他，為什麼把自己的事蹟寫在薛爾基身上，而不寫在保爾身上時，他說：「我是故意這麼寫的。這是一本不光是跟我有關係，而且是跟我們 —— 都有關係的書呀！」還有一次，有人建議他用保爾·柯察金作為小說的題名，他回絕了。他說：「鋼鐵是怎樣煉成的」是全書的靈魂。它強調了作品的思想性，強調了一代人成長的過程。

● 三、歷史評說

奧斯特洛夫斯基的一生是戰鬥的一生，他把整個生命和精力都獻給了為人類的解放而鬥爭的最壯麗的事業。他在蘇聯和世界文學史上都占有特殊的地位。

《鋼鐵是怎樣煉成的》鼓舞了幾代有志青年為光輝的業績而奮鬥。這部作品成為蘇聯戰士在戰鬥中隨身攜帶品，至今在奧斯特洛夫斯基的博物館裡，還儲存著沾染了青年團員的血跡的作家的作品。

奧斯特洛夫斯基說過：「對於一個人來說，最大的幸福就在於，即使你已不復存在，而仍能用你所創造的一切為世人服務。」這是作家生平的最好概括。然而一個人的能力大小有限，但只要有這個精神，就是一個純粹的人，一個高尚的人，一個有益於人民的人。

蘇聯第一位獲諾貝爾文學獎的作家 —— 蕭洛霍夫

「如果有人問我：在這些作家中誰名列第一？我會毫不猶豫地說，散文界是蕭洛霍夫。」

—— 西蒙諾夫

● 一、人生傳略

米哈依爾·亞歷山大羅維奇·蕭洛霍夫（Mikhail Aleksandrovich Sholokhov，1905～1984年）是蘇聯當代最有才華的作家之一，是社會主義現實主義文學的傑出代表，也是一位享有國際威望的重要小說家和創造悲劇藝術典型的語言藝術大師。

他出生於頓河流域維約申斯克鎮的一個哥薩克職員家庭。蕭洛霍夫只上到中學一年級，就輟學工作，參加革命。青年時代，他當過水泥工、小工和小職員等。繁重的工作之餘，他總是抓緊每一分鐘，奮力讀書，補足自己的知識缺陷。1922年，他來到莫斯科，1924年加入「俄羅斯無產階級作家聯盟」，成為職業作家。1925年，蕭洛霍夫回到了頓河維約申斯克鎮，開始了筆耕生涯。此後，蕭洛霍夫的足跡踏遍歐美；在國內，也無處不去，還曾在衛國戰爭中作為軍事記者活躍在前線。然而，他大部分時間都留在維約申斯克鎮，孜孜不倦地創作出一部部優秀的作品，並於1965年獲得諾貝爾文學獎。

1984 年 2 月 21 日，蕭洛霍夫病逝於維約申斯克鎮。今天這裡屹立著他的半身銅像，眺望著不斷流淌的頓河。

● 二、名人事典

蕭洛霍夫是社會主義現實主義作家。他的創作是部史詩，其主要思想內容就是記錄時代的風雲和歷史的變異；他那如鏡子般的創作，真實地展示了蘇聯十月革命以後頓河地區充滿複雜矛盾和悲劇性衝突的現實，囊括了蘇聯國內戰爭、農業集體化運動、衛國戰爭等幾個重要的轉折時期，為讀者開拓了一個陌生而獨特的審美領域。

《靜靜的頓河》（*And Quiet Flows the Don*）是蕭洛霍夫最優秀的長篇小說。這部小說共分四部，反映了頓河地區哥薩克人自第一次世界大戰爆發至十月革命前後的生活變化和矛盾鬥爭，主角葛利高里出身中農，是一個英俊、勇敢的哥薩克少年。他與有夫之婦阿克西妮亞相愛，又難違父命，與村中首富米倫的女兒娜塔利婭成婚，但兩人貌合神離。第一次世界大戰期間，追求哥薩克人真理的葛利高里為效忠沙皇和維護哥薩克的「榮譽」而應徵入伍，在戰場上屢建軍功。十月革命爆發，他受革命影響，參加紅軍，作戰十分勇敢。以後他接受了「哥薩克自治」的反動思想，同時又不滿當時紅軍槍殺白匪軍俘虜的過火政策，懷疑自己走錯了路，因而投入了白匪的反革命暴亂。他的哥哥被革命的哥薩克殺死後，他更是瘋狂，並升為師長。然而，他對白匪軍官腐敗和野蠻行為很反感，特別是察覺自己不被信任而苦悶、徬徨。直到白匪叛亂潰敗，他又重新參加紅軍布瓊尼的隊伍，當了連長，英勇作戰，以圖將功贖罪。蘇維埃政權在頓河地區勝利後，葛利高里復員回鄉，但他怕被審查清算，於是又投奔佛明匪幫。佛明匪幫被消滅後，他帶著阿克西妮亞倉皇

出逃。阿克西妮亞中彈身亡，葛利高里悲痛欲絕，走投無路。於是把武器扔掉回到家中。在門口石階上，他遇見自己的兒子，決定不願再失去這世上唯一的親人。

小說《靜靜的頓河》成功地塑造了葛利高里這個悲劇形象，指出他走向精神潰滅的根源是他追求的人生幸福、理想目標與蘇聯十月革命歷史發展總趨勢發生了對抗性的矛盾。這部小說結構龐大嚴謹，雜而不亂，富有史詩性質。

《靜靜的頓河》創作歷經 12 年，它的問世很不尋常。

1927 年，作家把《靜靜的頓河》第一部寄給《十月》雜誌，被退稿。後來經權威文學綏拉菲莫維奇支持，才於 1928 年 1 至 4 月在《十月》上發表。同年 5 至 10 月，發表了第二部。小說發表後，有人認為這是「超黨性」，「客觀主義和自然主義」的，「表現了抽象的人性論」，有人指責蕭洛霍夫是中農作家或者「階級異已分子」。甚至有人懷疑這樣卷帙浩繁的鉅作能否出自如此年輕且並未受過良好教育的蕭洛霍夫之手。於是蕭洛霍夫帶著手稿從頓河趕到《真理報》編輯部。經過調查委員會研究、分析，於 1929 年 3 月 19 日在《真理報》上發表了包括綏拉菲莫維奇在內的五位拉普領導的公開信，為作家辯誣。高爾基、法捷耶夫等大作家也對小說熱情讚賞，鼓舞了作家繼續前進。幾年後，小說的三、四部問世了。

《靜靜的頓河》發表以來深受史達林青睞，這成為肖洛霍夫在大肅反期間保全性命的主要原因。

● 三、歷史評說

蕭洛霍夫是社會主義現實主義文學的傑出代表，他在作品中開社會主義現實主義的先河，開拓了戰爭文學的新題材，推動了蘇聯戰爭文學

的發展中第二個潮流的形成。他在作品中以獨特的慧眼、獨特的匠心和獨特的神筆，創作出獨特的風格，給讀者以獨特的美的藝術享受。

蕭洛霍夫一生既在國內獲五枚列寧勳章，又在國際獲諾貝爾文學獎，這在蘇聯作家中是少有的。他的《靜靜的頓河》先後被翻譯成世界上幾乎所有的主要語言，而且一版再版，暢銷全球。是當代世界文學中流傳最廣泛、讀者最多的名著之一。他的榮譽與地位，在蘇聯現當代作家中，除高爾基外，是無與倫比的。

蕭洛霍夫的創作道路異常艱難。他那中學一年級的教育程度，反映出知識的貧乏與不足。然而他豪不氣餒，如飢似渴地大量閱讀，自學成才，並獲得了最高的文學獎項。可見，成功來自於勤奮，來自於鍥而不捨的努力精神。

主要著作年表

一、屈原

1. 〈離騷〉（西元前 4 ～ 3 世紀） 詩歌

這首長抒情詩表現了作者強烈的愛國主義思想、進步的政治主張、高尚的道德情操、頑強的鬥爭意志，具有豐富的現實內容和鮮明的政治傾向。這是中國古典文學中最長的抒情詩，也是中國浪漫主義詩歌流派的源頭。

2. 〈九章〉（西元前 4 ～ 3 世紀） 詩歌

《九章》是九篇詩歌的總題，主要是屈原放逐中的經歷、處境和苦悶心情的反映，表現了詩人對國家的無限熱愛和對群小的無比痛恨。

3. 〈九歌〉（西元前 4 ～ 3 世紀） 詩歌

共 11 篇，篇目都是楚人所祭天神地祇的神名，或寫祭祀的隆重場面，或寫人神相愛的動人故事，或歌頌為國捐軀的英雄，想像豐富，意境優美。

4. 〈天問〉（西元前 4 ～ 3 世紀） 詩歌

基本上是四言詩，是對自然、社會的現象和事物所發生的疑問，從中可見詩人思想的博大和探索真理的精神。這是中國文學史上的奇文。

5. 〈招魂〉（西元前 4 ～ 3 世紀） 詩歌

詩人採用民間招魂形式，寄託了對國家的熱愛，堅定了自己不肯離開國家的意志，甚至流露了重返故都再得進用的願望。這也是中國文學史上的一篇奇文。

二、司馬遷

1.《史記》（西元前 104～前 93 年）　史書

記敘了從上古黃帝到漢武帝太初年間三千多年的歷史，是中國第一部通史。不僅是一部偉大的史學著作，也是一部偉大的文學著作。

2.〈報任安書〉（西元前 91 或前 93 年）　書信

這是寫給朋友任安的書信，表白了自己為了完成著述而決心忍辱含垢的痛苦心情，是一篇飽含感情的傑出散文。

3.〈悲士不遇賦〉（西元前 1 世紀初）　賦

抒發了作者受腐刑後不甘於「沒世無聞」的憤激情緒。

三、司馬相如

1.〈上林賦〉、〈子虛賦〉　賦

這兩篇賦內容一致，描寫了上林苑的繁華富麗和帝王遊獵的壯觀景象，宣揚了漢王朝的富有和國勢強大，也委婉勸戒統治者不應過分奢侈。這兩篇賦確立了「勸百諷一」的賦頌傳統，在漢賦發展史上有極其重要的地位。

2.〈上書諫獵〉　散文

文章直言勸諫漢武帝不要冒險遊獵，寫得忠誠懇切。武帝看罷，大加讚賞。

3.〈難蜀父老〉　散文

假託蜀地父老反對開通西南夷的道路，從而引出作者的正面意見，闡明「通西南夷」的重大意義，這對溝通漢與西南少數民族的關係起了積極作用。

四、曹操

1.〈薤露行〉 詩歌

描寫了漢末大將軍何進謀誅宦官，召四方軍閥為助，以致董卓作亂京師的事。

2.〈蒿里行〉 詩歌

寫獻帝初平元南會師討伐董卓的軍閥為爭權奪利自相殘殺，給百姓帶來災害，流露了傷時憫亂的感情，是曹操的代表作。

3.〈觀滄海〉（西元 207 年） 詩歌

以豪放的筆觸寫大海蒼茫雄渾的氣勢和氣象萬千的景色以及出沒日月，容納群星的宏偉境界，顯示了詩人的博大胸懷。是中國文學史上前無古人的寫景名篇。

4.〈龜雖壽〉（西元 207 年） 詩歌

以龜、蛇、老驥為喻表明死生雖不可抗拒，但詩人仍有老當益壯，銳意進取的頑強精神。

5.〈短歌行〉（西元 208 年） 詩歌

表現建功立業的宏偉理想和對賢才的思慕與渴求。全詩感情充沛，慷慨激昂，是中國文學史上四言詩的壓卷之作。

6.〈讓縣自明本志令〉（西元 210 年） 散文

用簡樸的文學把一生的心事披肝瀝膽地傾吐出來，具有政治家雄偉的氣魄和鬥爭的鋒芒。風格清峻、通脫，對魏晉散文發展有重要影響。

五、曹植

1.〈白馬篇〉（約西元 215 年左右） 詩歌

塑造了一個武藝高強，渴望衛國立功甚至不惜壯烈犧牲的愛國壯士形象，表達追求建功立業的雄心，這是曹植早期代表作。

2.〈送應氏〉（西元 211 年）　詩歌

這是一首送別詩，描寫了經過戰爭洗劫的洛陽城的悲慘景象，再現了亂離社會的真實狀況。

3.〈吁嗟篇〉（約西元 237 年左右）　詩歌

以轉蓬為喻，生動形象地描寫自己「十一年中而三徙都」的生活處境和痛苦心情。

4.〈雜詩〉（約西元 237 年左右）　詩歌

表現壯志不得施展的憤激不平之情，是詩人後期的代表作。

5.〈贈白馬王彪〉（西元 223 年）　詩歌

透過泥濘的道路和寒蟬的鳴叫反映出自己的悲慘境地和悽楚心情，譴責了曹丕及其爪牙的迫害。這是詩人後期的一篇重要作品。

6.〈洛神賦〉（約西元 223 年）　賦

熔鑄神話題材，透過夢幻境界，寫了一個人神戀愛的悲劇。這篇賦想像豐富，詞采富麗，藝術魅力很大。

六、陶淵明

1.〈歸園田居（少無適俗韻）〉（約西元 406 年）　詩歌

描寫了純潔、幽美的田園風光，流露了作者對田園生活的由衷喜愛和及汙濁社會的極度憎惡。詩歌達到純淨的藝術境界，是中國古詩中田園詩派的名篇。

2.〈五柳先生傳〉（西元 395 年）　散文

這是陶淵明自撰的小傳，以精粹的筆墨勾畫了自己的各個方面，於平淡中透出悲慨憂憤之情。是陶淵明散文的代表作。

3.〈歸去來兮辭〉（西元 405 年）　辭賦

文中著力描寫了自己由迷途折回的喜悅以及對田園生活的熱愛，表

現了高潔的志趣和耿介不阿的人格，對後人有積極影響。

4.〈詠荊軻〉　詩歌

熱情地歌頌不惜犧牲生命而勇於除暴的壯士荊軻，寄寓了作者反抗現實社會暴亂政治的思想感情。

5.〈讀山海經（精衛銜微木）〉　詩歌

歌頌了精衛和刑天雖死不屈的精神，顯示了自己的豪情壯懷。

6.〈歸田無居（種豆南山下）〉（約西元 406 年）詩歌

塑造了一個農村勞動者的形象，表達與汙濁社會徹底絕裂的決心。

7.〈桃花源記〉、〈桃花源詩〉（西元 421 年）　散文；詩歌

「記」與「詩」互相補充，展現了一個沒有剝削、沒有壓迫的理想社會，反映了百姓對美好社會的嚮往。這是作者思想和藝術最高成就的傑作，無論在文學史還是在思想史上，都產生了深遠影響。

8.〈飲酒（結廬在人境）〉（晚年）　詩歌

寫作者避開達官貴人的車馬的喧擾，在悠然自得的生活中，獲得了自由而恬靜的心境。這是詩人的代表作，受到歷代文人讚賞。

七、王維

1.〈九月九日憶山東兄弟〉（西元 718 年）　詩歌

抒發重陽節思鄉之情。曲折有致，感人至深。

2.〈少年行〉（約西元 731 年）　詩歌

寫少年遊俠的昂揚意氣，富有浪漫色彩。

3.〈使至塞上〉（西元 737 年）　詩歌

展現了塞外莽蒼奇麗的自然風光，讚美了為國立功的戰士。「大漠」句為千古名句。

4.〈送元二使安西〉 詩歌

寫作者在客舍送在友人赴安西的情景,表現了朋友之間的真摯情意。這是古詩歌中送別的名篇。

5.〈山居秋暝〉 詩歌

以抒情的筆調描寫了空山雨後的秋景,寄託了詩人高潔的情懷和對理想境界的追求。這是古典山水詩中的名篇。

6.〈觀獵〉 詩歌

寫了一個將軍狩獵的過程。筆力遒勁,當是詩人前期作品。

7.〈鹿柴〉 詩歌

這是寫鹿柴附近空山深林在傍晚時分幽靜景色的山水小品,是王維的代表作。

8.〈竹里館〉 詩歌

寫詩人在竹林裡彈琴長嘯,意興清幽,妙手天成。

9.〈辛夷塢〉 詩歌

描寫芙蓉花自開自落的孤獨情景,被後人譽為「入禪」之作。

10.〈鳥鳴澗〉 詩歌

寫夜晚春山中花落、月出、鳥啼。意境靜謐。

11.〈相思〉 詩歌

以紅豆寄託相思,被後人認為愛情名作。

八、李白

1.〈關山月〉 詩歌

描寫天山以西的戍邊兵士懷念鄉土,思戀親人的情緒。寫得渺遠、深永,非一般詩人能及。

2.〈子夜吳歌‧其三〉　詩歌

透過婦女日夜為親人搗衣的心情，表現她們對遠征丈夫的深切懷念。意境渾成，是〈子夜吳歌〉中的佳作。

3.〈秋浦歌（「白髮三千丈」）〉（西元 753 年）　詩歌

從自己的白髮聯想歲月的蹉跎，表達了懷才不遇的憤懣。

4.〈黃鶴樓送孟浩然之廣陵〉　詩歌

寫煙花三月長江邊，送孟浩然去揚州時的情景，意境優美，風格高遠，是膾炙人口的名篇。

5.〈蜀道難〉　詩歌

以浪漫主義手法，展現了蜀地雄奇瑰麗的自然景色。這是樂府詩中最負盛名的篇章之一。

6.〈望廬山瀑布（「日照香爐生紫煙」）〉　詩歌

以誇張的筆法，寫出雄偉奇麗的瀑布，表達對祖國河山的熱愛。是李白詩中最為有名的一篇。

7.〈望天門山〉　詩歌

描寫天門山附近一段的長江景色，表現出一幅壯麗的圖畫。

8.〈登金陵鳳凰臺〉　詩歌

描寫登上鳳凰臺所見到的景色，追懷了金陵城的興衰，對當時社會現實表示深切的憂慮。這是李白律詩中的優秀之作。

9.〈夢遊天姥吟留別〉（西元 744 年）　詩歌

記敘夢中遊歷天姥山的經歷，抒發了深沉的人生感慨，顯示了傲岸的性格。這是李白浪漫主義詩風的代表作。

10.〈將進酒〉（西元 744 年）　詩歌

抒寫人生易逝，懷才不遇的感嘆，表現了蔑視權貴的傲岸精神，抒發了對統治者壓制人才的憤慨。這是李白代表作之一。

11.〈宣州謝朓樓餞別校書叔雲〉（西元 753 年）　詩歌

抒寫了自己有志難展，有才難施的煩悶和苦悶。詩歌波瀾起伏，大開大合，極具特色。

12.〈哭晁卿衡〉（西元 753 年）　詩歌

悼念日本友人晁衡，感情真摯，表達含蓄，是中國古代詩歌中少有的歌頌中日友誼的詩篇。

13.〈月下獨酌（其一）〉　詩歌

描寫詩人在花間月下獨自飲酒的情景，抒寫壯忘難酬的孤寂心情。想像豐富，為世人傳誦。

14.〈贈汪倫〉（西元 755 年）　詩歌

描寫好友汪倫送別詩人的情景，是送別詩中的名作。

15.〈早發白帝城〉（西元 759 年）　詩歌

這是李白在白帝城遇赦回江陵時所作。描寫了詩人出峽東行的歡快心情。是李白生平第一首快詩。

九、杜甫

1.〈望嶽〉（西元 738 左右）　詩歌

共三首，分別吟詠泰山、衡山、華山。充滿對國家河山的熱愛和青年詩人朝氣蓬勃的風貌。這是杜甫留下的最早詩篇。

2.〈奉贈韋左丞丈二十二韻〉（西元 750 年左右）　詩歌

這是杜甫向前輩好友請求援引的干謁之作。這首詩是作者長安十年生活的總結，充滿了激憤之情，極富杜詩沉鬱頓挫的風貌。

3.〈兵車行〉（西元 752 年左右）　詩歌

透過長安咸陽橋頭送別征人的場面和對話描寫，譴責了唐玄宗窮兵黷武給人民帶來的痛苦。

4.〈自京赴奉先詠懷五百字〉（西元 755 年） 詩歌

敘述了作者由長安赴奉先縣探親時的經歷和感受，揭露了統治者的窮奢極欲。這首詩思想內容博大精深，是中國詩歌史上著名的現實主義長篇鉅製。

5.〈月夜〉（西元 756 年） 詩歌

抒寫月夜對家人的思念之情。語言清麗委婉，是千古傳誦的名作。

6.〈春望〉（西元 757 年） 詩歌

抒寫長安被叛軍洗劫後荒涼破敗的情景，抒發傷時憂國，思鄉念親的心情。是杜甫的代表作。

7.〈三吏三別〉（西元 759 年） 詩歌

這是五言古體詩組詩，共六首：〈新安吏〉、〈潼關吏〉、〈石壕吏〉、〈新婚別〉、〈垂老別〉、〈無家別〉。組詩揭露了兵役制度的黑暗，反映了人民在戰爭中的痛苦，讚美了愛國主義精神。這組詩是中國古代詩歌中現實主義的高峰，產生深遠影響。

8.〈夢李白二首〉（西元 758 年） 詩歌

寫夢見李白的情景，對李白懷才不遇表示惋惜和不平，對自己坎坷遭遇也發出感慨。

9.〈蜀相〉（西元 760 年） 詩歌

描寫武侯祠景象，讚頌了諸葛亮的豐功偉業。詩歌寫出古往今來英雄未竟的共同悲哀，在後代廣為傳誦。

10.〈戲為六絕句〉（西元 761 年） 詩歌

這是七言絕句組詩，表述了詩人的藝術見解：總結自身的創作經驗，提出發展詩歌的正確途徑。這是中國最早以詩論詩的名作，影響很大。

11.〈茅屋為秋風所破歌〉（西元 761 年） 詩歌

詩人以自己的茅屋為秋風所破的偶然事件，表達了博大的胸懷和崇高的理想。此詩影響廣遠，為後代進步詩人及政治家推崇。

12.〈春夜喜雨〉（西元 761 年） 詩歌

這是描繪春夜雨景，表現喜悅心情的名篇。

13.〈絕句（「兩個黃鸝鳴翠柳」）〉（西元 762 年） 詩歌

描寫成都草堂周圍的美好景色。意境深遠，視野遼闊，是杜詩寫景絕句的名篇。

14.〈聞官軍收河南河北〉（西元 763 年） 詩歌

抒寫得知官軍收復失地成功後的狂喜心情。全詩感情充沛，筆勢酣暢，是杜甫「生平第一快詩」。

15.〈登高〉（西元 767 年） 詩歌

描繪登高時所見長江秋天蕭索景色，抒發了詩人常年飄泊，多病衰老的孤獨情懷。此詩藝術性極高，被推為古今七律第一。

16.〈登岳陽樓〉（西元 768 年） 詩歌

抒發詩人暮年登臨岳陽樓眺望洞庭湖的感慨。這是以岳陽樓為題材的作品中的名篇。

十、韓愈

1.〈原毀〉 議論文

推論士大夫階層中存在的熱衷毀謗他人的原由，並提出救治的主張。這是韓愈議論文的代表作。

2.〈馬說〉 議論文

以馬為喻，透過千里馬的悲慘遭遇控訴統治階級不識人才，使有志之士懷才不遇的社會弊端，表達了韓愈的不平和憤慨。

3.〈師說〉　議論文

指出師的作用和從師的重要性，提出一系列精闢的帶有民主性精華的教育思想，這是中唐儒學運動的重要文獻之一。也是中國古代教育史上的重要文獻之一。

4.〈祭十二郎文〉　祭文

這是韓愈哀悼亡姪的祭文。文章敘事與抒情相結合，長歌當哭，感人肺腑，被譽為「祭文中千古絕調」。

5.〈祭鱷魚文〉　祭文

歷數鱷魚罪狀，勒令牠們搬遷。作品幽默勁健，實際是討伐潮州鱷魚的檄文。

6.〈柳子厚墓誌銘〉　墓誌銘

總括柳宗元一生，分析評價其政治、文學才能與得失。這是墓誌銘中的名作。

7.〈早春呈水部張十八助教〉　詩歌

用對比的方法寫了早春雨景，精細別緻，歷來為人稱道。

8.〈左遷至藍關示姪孫湘〉（西元 820 年左右）　詩歌

抒寫了正言直諫的勇氣，無辜放逐的悲憤，以及衰朽殘年的哀傷。這是韓詩七律中的佳作。

十一、白居易

1.〈賦得古原草送別〉（西元 786 年左右）　詩歌

以春草喻別情，是應考之作。其中「野火燒不盡，春風吹又生」是名句。

2.〈長恨歌〉（西元 806 年）　詩歌

寫唐玄宗和楊貴妃的愛情故事，批判了唐玄宗的重色誤國，歌頌了

李楊兩人的堅貞愛情。此詩自問世以來，為歷代讀者珍愛。

3. 〈秦中吟〉（西元 809 ～ 811 年）　詩歌

這是十首組詩，透過鮮明的對比反映了中唐社會貧富不均，階級對立十分尖銳的現實。

4. 〈觀刈麥〉（西元 807 年）描寫收麥季節農民的艱苦勞動和一位貧婦人拾穗的事情，表達了對人民的同情，揭示了封建剝削的殘酷。

5. 〈賣炭翁〉（西元 811 年左右）　詩歌

透過賣炭老人炭車被宮官搶劫的不幸遭遇，譴責了最高統治者用其爪牙掠奪人民的罪行。

6. 〈琵琶行〉　詩歌

寫一位彈琵琶女子的高超技藝和她不幸的身世，表現了作者對下層婦女悲慘命運的同情，抒發自己的不滿與牢騷。這篇七言敘事長詩，是中國詩歌中描寫音樂的絕唱，與〈長恨歌〉皆為不朽的傳世名作。

十二、柳宗元

1. 〈捕蛇者說〉（西元 803 ～ 815 年之間）　散文

透過記敘蔣氏三代冒險捕蛇以抵租稅的事，揭露批判了封建社會剝削的殘酷，表現了強烈的現實主義精神。

2. 〈種樹郭橐駝傳〉　散文

借郭橐駝養樹「能順木之天，以致其性」的道理，諷刺了統治者政令煩苛對人民造成的無窮干擾和奴役。

3. 〈永州八記〉（約西元 809 年）　散文

共八篇短文描寫永州八處景，抒發自己的不幸遭遇和對現實不滿之情，曲折表現對醜惡現實的抗議。這是中國文學史上山水遊記的名篇。

4.〈三戒〉（西元 803 ～ 815 年之間） 寓言

包括「臨江之麋」、「黔之驢」、「永某氏之鼠」三個故事，諷刺當時腐敗的社會和政治。這是中國寓言文學發展到新階段的標誌。

5.〈登柳州城樓寄漳汀封連四州〉（西元 816 年左右） 詩歌

描寫登樓時所見的險惡自然現象，抒發了自己憂鬱愁苦的心情，表達了對友人的深切思念。

6.〈江雪〉（西元 803 ～ 815 年之間） 詩歌

在茫茫大雪中突寫寒江獨釣的老翁，隱現自己高懷絕世的人格風貌。這是歷來傳誦的名作。

7.〈漁翁〉 詩歌

寫江邊漁翁自由的生活，表現詩人嚮往自由的情懷。

十三、李賀

1.〈雁門太守行〉（西元 809 年左右） 詩歌

寫一次邊塞夜戰的悲壯景象，全詩意境豪壯蒼涼，極具英雄氣概。首句為千古名句。

2.〈李憑箜篌引〉（西元 811 年） 詩歌

此詩寫著名宮廷樂師李憑演奏箜篌的美妙樂聲。詩中想像、誇張、比喻極為奇特，充滿浪漫主義色彩，具有強烈的藝術效果。

3.〈致酒行〉（西元 811 年左右） 詩歌

以主客問答形式，指出不應因一時困頓而氣餒，一定努力爭取光明前途。此詩語句奇特、意境豁達。

4.〈老夫採玉歌〉（西元 812 年左右） 詩歌

描寫一位採玉老人飢寒交迫的悲慘處境，揭露統治階級追逐奢華、濫用民力的罪行。此詩是李賀詩中少有的反映現實生活的作品。

5.〈金銅仙人辭漢歌〉（西元 813 年）　詩歌

吟詠金銅仙人離開咸陽時的悽楚情景和悲涼心情，寄託作者關心唐朝，眷戀君國的思想。這是李賀代表作，其「天若有情天亦老」一句為傳世名句。

6.〈馬詩（大漠沙如雪）〉（西元 815 年）　詩歌

透過良馬希望在疆場馳騁的願望，表達自己渴望建功立業而又不被賞識的心情。

十四、李煜

1.〈玉樓春（曉妝初了明肌雪）〉（西元 975 年之前）　詞

以奔放自然的筆法寫了夜晚宮中歌舞宴樂，這是李煜亡國以前的代表作。

2.〈虞美人（春花秋月何時了）〉（西元 978 年）　詞

抒寫亡國愁苦之情。這是李煜最著名的詞作。

3.〈相見歡（無言獨上西樓）〉（西元 975 ～ 978 年之間）詞

抒寫亡國之愁。其中「剪不斷，理還亂」是寫愁苦心情的名句。

4.〈望江南（多少恨）〉〈望江南（閒夢遠）〉（西元 975 ～ 978 年之間）　詞

借懷念故國，寄託亡國哀思。

5.〈浪淘沙令（簾外雨潺潺）〉（西元 975 ～ 978 年之間）　詞

以低沉悲愴的詞句，透露出亡國之君綿綿不盡的故土之思。是李煜的名作。

6.〈破陣子（四十年來家國）〉（西元 975 ～ 978 年）之間　詞

透過回憶亡國時辭別太廟的情景，抒發不可釋懷的愁苦。

十五、柳永

《樂章集》（西元 10 ～ 11 世紀）　詞集

（1）〈鶴沖天（黃金榜上）〉　詞

這是詞人進士科學考察落榜後，諷刺號稱清明盛世的宋代，卻做不到野無遺賢的矛盾現象的作品，這首詞給柳永的仕途經歷帶來很大波折。

（2）〈雨霖鈴（寒蟬悽切）〉　詞

這是詞人從汴京南下時與戀人的惜別之作，詞中把離情寫得委婉悽惻，是寫離情的名篇。

（3）〈蝶戀花（佇倚危樓風細細）〉　詞

這首詞把飄泊異鄉的落魄感受，同懷戀情人的纏綿之情結合來寫，真摯動人，塑造了一個志誠男子的形象。

（4）〈玉蝴蝶（望處雨收雲斷）〉　詞

透過描繪蕭疏、清幽的秋景，抒寫對朋友的思念。

（5）〈八聲甘州（對瀟瀟暮雨灑江天）〉　詞

透過對悲涼秋景的描寫，抒發江湖流落的落魄。詞中佳句「不減唐人高處」。

（6）〈望海潮（東南形勝）〉　詞

描寫了杭州繁榮景象，歌頌杭州州將的政績，令金主完顏亮「起投鞭渡江之志」。

十六、蘇軾

1.〈蝶戀花（紅褪春殘青杏小）〉　詞

以曠達之語寫暮色及傷春情緒，並表現對愛情及人生看法。此詞清婉雅麗，藝術魅力扣人心絃。

2.〈和子由澠池懷舊〉（西元 1016 年）　詩

借懷舊，希望弟弟珍惜現在，開拓將來。此詩寫得明快動盪，大氣曠達。

3.〈飲湖上初晴後雨（其二）〉（西元 1017 年）　詩

描寫西湖晴姿雨態，比喻傳神。此詩是描寫西湖景色的名篇。

4.〈江城子（老夫聊發少年狂）〉（西元 1075 年）　詞

記述一次遊獵，發現為國殺敵建功的壯志。此詞在豪放詞派發展史上有里程碑的意義。

5.〈江城子（十年生死兩茫茫）〉（西元 1075 年）　詞

記敘夢境，悼念亡妻。此詞感情真摯動人，是愛情名篇。

6.〈水調歌頭（明月幾時有）〉（西元 1076 年）　詞

通篇詠月，俯仰古今變遷，揭示睿智的人生理念。此詞豪邁飄逸，是蘇軾最具代表性的作品。

7.〈臨江仙（夜飲東坡醉復醒）〉（西元 1080 年）　詞

寫酒醒後佇立門外所感受到的靜謐境界，表現了超人的曠達和恬淡的精神。

8.〈海棠〉（西元 1080 年）　詞

以人喻花吟詠海棠，是詠花之名作。

9.〈赤壁賦（前、後）〉（西元 1082 年）　散文

抒寫江山風月的清奇和對歷史人物的感慨，探討了人生哲理。此文擺脫了漢賦板重的句法和齊梁駢儷的作風，是古代散文名篇。

10.〈念奴嬌（大江東去）〉（西元 1082 年）　詞

描寫了豪壯的景色，讚美了歷史人物，表達了作家功業無成的無奈。這是詞人豪放詞的名篇。

11.〈定風波（莫聽穿林聽打葉聲）〉（西元 1082 年）　詞

描寫詞人雨中隨意自然的心態，表達面對困難的樂觀精神。這是蘇軾的代表作之一。

12.〈題西林壁〉（西元 1084 年）　詞

借寫廬山之景，道出全體與部分、宏觀與微觀關係的哲理。這是流傳甚廣的名詩。

13.〈惠崇春江曉景二首（竹外桃花三兩枝）〉（西元 1805 年）　詩

描寫早春生機勃勃的景象。想像豐富，情趣盎然。

十七、李清照

1.〈如夢令（常記溪亭日暮）〉（前期）　詞

這是記遊之作，生動描繪了藕花深處的歸舟和灘頭驚飛的水鳥，活潑別緻，表達了詞人對自然的熱愛。

2.〈如夢令（昨夜雨疏風驟）〉（前期）　詞

這是一首表達惜春愛花心情的小詞。其中「綠肥紅瘦」化俗為雅，為人讚賞。

3.〈一剪梅（紅藕香殘玉簟秋）〉（前期）　詞

這是一首抒情詞，抒發了離情別緒的苦悶以及對心上人的相思。結尾三句是歷來為人稱道的名句。

4.〈醉花陰（薄霧濃雲愁永晝）〉（前期）　詞

這是一首描寫思婦離情別緒的小詞，全詞將一腔愁怨寄寓在自然環境與生活環境的客觀描寫之中，隱而不顯，含而不露。結尾三句流傳較廣，歷來膾炙人口。

5.〈漁家傲（天接雲濤連曉霧）〉（後期）　詞

借夢中與天帝問答，流露了無家可歸的痛苦，表達了作者要求擺脫

現實的苦悶和對自由、美好生活的嚮往。詞風豪放,是李詞中僅見的浪漫主義名篇。

6.〈永遇樂(落日熔金)〉(後期)　詞

以今昔元宵節的不同情景作對比,抒發了深沉的盛衰感和身世之悲。這首詞感染了許多愛國文人。

7.〈武陵春(風住塵香花已盡)〉(後期)　詞

以第一人稱口吻,用深沉憂鬱的旋律,抒發了內心的苦悶和憂愁,塑造了處於「流浪無依」孤苦淒涼環境中的自我形象。尾句用誇張的比喻形容愁,是為人稱道的名句。

8.〈聲聲慢(尋尋覓覓)〉(後期)　詞

這是一篇以悲秋為內容的詞,透過深秋特有的景物,著力刻劃「愁」字。這首詞不假雕飾,感情真摯,是詞人的代表作,在文學史上永負盛名,影響很大,後人多有仿作。

9.〈烏江〉(後期)　詩歌

借項羽寧死不過烏江的故事,諷刺了南宋統治集團偏安一隅的懦弱行為,表現了詩人強烈的愛國思想。

10.〈金石錄後序〉(西元 1134 年)　散文

介紹了《金石錄》的內容與成書過程,飽含感情地回憶了婚後幾十年間的憂患得失,是一篇優美動人的散文,也是研究李清照生平的寶貴資料。

十八、陸游

1.〈釵頭鳳(紅酥手)〉(西元 1155 年)　詞

此詞為被迫離異的前妻唐婉而作,抒發了對愛人的無限懷念與心中無盡悲苦,控訴了封建禮教對純真愛情的摧殘。這是流首甚廣的愛情詞。

2.〈遊山西村〉（西元 1167 年）　詩歌

描寫農村自然風光、節日景象及作者所受的熱情款待，表達了對純樸農村生活的嚮往。

3.〈劍門道中遇微微雨〉（西元 1172 年）　詩歌

以詩情畫意的語言描寫自己騎驢入蜀的行路情景。這是陸游七絕中的名作。

4.〈關山月〉（西元 1177 年）　詩歌

運用對比、烘托手法寫了同一月下三種人的不同境遇和心情，表達了他對「和戎」政策的譴責和抗議。這是陸游詩的一篇代表作。

5.〈書憤（早年那知世事艱）〉（西元 1186 年）　詩歌

概括了待人一生的理想抱負，抒發了壯志未酬的悲憤心情。是陸游的代表作之一。

6.〈臨安春雨初霽〉（西元 1186 年）　詩歌

描寫了臨安春雨初晴的景色，表現出對官場生活的厭倦。其中「小樓一夜聽春雨，深巷明朝賣杏花」是名句。

7.〈十一月四日風雨大作〉（西元 1192 年）　詩歌

這是七言絕句組詩，共兩首，以第二首著名。描寫詩人老年還想著為國效力，夢中還在與敵人搏鬥，表現了詩人強烈深沉的愛國思想。

8.〈沈園〉（西元 1199 年）　詩歌

這是悼念前妻唐婉的兩首七絕。感情真摯，被後人譽為「斷腸之作」。

9.〈示兒〉（西元 1209 年）　詩歌

這是詩人臨終前對兒子的囑咐：雖然自己生前未看到國家統一，但那一天到來時，一定要到墳上告訴自己。這是詩人的絕筆之作，也是家喻戶曉的名篇。

10.〈卜運算元·詠梅〉　詞

借梅花比喻自己坎坷的遭遇和高潔的品格，同時也流露出孤芳自賞的情調。這是詠物中的名作。

十九、辛棄疾

1.〈水龍吟（夢天千里清秋）〉（西元 1174 年）　詞

描寫登臨遠望的景色，表現了作者憂傷國事的愛國思想和英雄失意、苦悶悲憤的心情。這是辛棄疾代表作之一。

2.〈菩薩蠻（鬱孤臺下清江水）〉（約西元 1176 年）　詞

回憶金兵南侵的歷史，表明抗金意志堅定不移和必勝的信念，也流露了對現實的失望。

3.〈摸魚兒（更能消幾番風雨）〉（西元 1179 年）　詞

借傷春之情，揭露了南宋政治的腐朽，投降派的罪行，抒發了作者滿腔悲憤。此詞政治性極強，為宋孝宗不喜。

4.〈醜奴兒（少年不識愁滋味）〉（西元 1181 年）　詞

高度概括了詞人大半生的經歷感受，表明作者在投降派的排斥下，愛國志向不能伸展的憤懣。

5.〈青玉案（東風夜放花千樹）〉（西元 1181 年）詞

借上元燈節尋找意中人之事，抒發政治失意，又不肯與投降派同流合汙的感情。是辛棄疾代表作之一。

6.〈清平樂（茅簷低小）〉　詞

描繪了江南農村一家人的生活圖景，很有生活氣息。

7.〈西江月（明月別枝驚鵲）〉　詞

描寫農村夏夜的幽美景色。其中「稻花香裡說豐年，聽取蛙聲一片」傳為名句。

8.〈破陣子（醉裡挑燈看劍）〉（西元 1188 年） 詞

描繪了戰場檢閱、廝殺的場面。刻劃了叱吒風雲的英雄形象，揭示出理想與現實的矛盾。此詞代表了辛詞深沉豪邁的風格。

9.〈永遇樂（千古江山）〉（西元 1205 年） 詞

借歷史表達對南宋輕易北伐的憂慮，也指責了朝廷不肯重用人材的現實。

10.〈南鄉子（何處望神州）〉（西元 1205 年） 詞

借寫景和詠史表達了對河山淪陷的痛惜，諷刺了南宋統治昏庸無能。

二十、關漢卿

1.〈一枝花‧不伏老〉 散曲

作品以通俗、詼諧、酣暢、滔滔若江河奔瀉的語言，自我介紹，自我讚賞，自我調侃，塑造了一個特殊環境中的特殊人物形象，展現也「不伏老」的主題。這是關漢卿散曲的代表作。

2.《單刀會》 雜劇

寫了三國時關羽一人去東吳赴單刀會，保衛了蜀漢利益的故事。這是作家譜寫的一支強者的頌歌。

3.《拜月亭》 雜劇

敘述了蒙古軍占領北京時，蔣世隆與王瑞蘭在逃難中悲歡離合的愛情故事。反映了亂離的時代氣氛和侵略戰爭給人民帶來的災難。

4.《竇娥冤》 雜劇

透過竇娥被屈打成招最後砍頭的悲劇，有力控訴了封建統治階級的黑暗、腐朽。這是中國古代最有名的悲劇之一，也是最富戰鬥力的戲劇之一。

5.《救風塵》 雜劇

這是一齣反映妓女從良坎坷遭遇的輕喜劇。突出了下層婦女在鬥爭中的機智和勇敢。

6.《望江亭》 雜劇

寫了譚記兒為救丈夫用計策騙取楊衙內的勢劍、金牌的喜劇。這是當時人民對敵鬥爭的一面鏡子。

注：以上作品完成時間約在西元 13 至 14 世紀

二十一、湯顯祖

1.《紫釵記》（西元 1598 年之前） 戲曲

以紫玉釵作線索，寫了霍小玉與李十郎悲歡離合的愛情故事。

2.《牡丹亭》（西元 1598 年） 戲曲

描寫官宦小姐杜麗娘感夢而死，又因見到心上人而生的愛情故事，熱情歌頌了反對封建禮教，追求自由幸福的愛情和強烈要求個性解放的精神，這是湯顯祖的代表作，也是中國戲曲史上浪漫主義的傑作。

3.《南柯記》（西元 1598 年之後） 戲曲

透過對蟻穴世界槐安國政治生活的描寫，流露出作者從儒家仁政出發的政治理想。

4.《邯鄲記》（西元 1598 年之後） 戲曲

透過盧生夢中宦海浮沉的經歷，反映了封建統治集團內部尖銳的政治鬥爭和變化不測的政治形勢，有效地刻劃了宦海風波裡的人情世態。

二十二、蒲松齡

《聊齋志異》（西元 17 世紀下半葉～ 18 世紀初） 短篇小說集

這部小說共收作品 400 多篇，反映了廣闊的現實生活，提出許多重

要的社會問題，表現了作者鮮明的態度。這是蒲松齡的代表作，是他一生心血的結晶，也是中國文言小說的高峰。優秀篇章如下：

1.〈香玉〉

描寫黃生與白牡丹花妖香玉的愛情故事，透過香玉死而復生，歌頌了主角的痴情和追求幸福的勇氣。

2.〈小謝〉

寫了女鬼秋容、小謝與陶生由師友相處，到患難與共，最後結為夫婦的故事。

3.〈蓮香〉

描寫了狐女蓮香、女鬼李氏與桑生悲歡離合的愛情故事，歌頌了蓮香的善良，李氏的專一。

4.〈嬰寧〉

在狐女嬰寧與王子服愛情故事中，塑造了愛笑愛玩，無視封建禮法的嬰寧形象，表達了作家的叛逆精神。

5.〈小翠〉

歌頌了頑皮憨跳，目無尊長，勇敢蔑視封建禮教的狐女形象，表達了作者的叛逆精神。

6.〈葉生〉

透過一個才高八斗的葉生數試不中，不得不讓自己鬼魂附在他人身上中舉的故事，有力地抨擊了封建科舉制埋沒人才的罪惡。

7.〈促織〉

講述了在官吏逼百姓上繳蟋蟀的壓力下，成名的兒子變成蟋蟀挽救一家人命運的悲劇，揭露了封建壓榨的殘酷。

8.〈顏氏〉

寫孤女顏氏女扮男裝，參加科學考察，中進士而官至御史超過丈夫的才能的故事，表達要求男女平等的朦朧願望。

9.〈聶小倩〉

透過女鬼聶小倩與寧采臣的愛情故事，歌頌了寧采臣對感情的專一，以及聶小倩善良、勤勞的美好品格，表達了邪不壓正的理想和願望。

10.〈紅玉〉

透過馮相如妻離子散的悲慘遭遇，控訴了封建豪強惡霸的罪行及官場的腐敗，表現了人民渴望俠義之士除暴安良的理想。

二十三、孔尚任

1.《小忽雷》（西元 17 世紀末）　戲曲

敘述唐代善彈小忽雷的宮女被「賜」死，後由宰相舊吏梁厚本所救結為夫婦的故事。這是孔尚任與顧彩合寫的作品。

2.《桃花扇》（西元 1699 年）　戲曲

這是寫南明王朝興亡的歷史劇。作品以侯方域、李香君的愛情故事為線索，集中反映了明末腐朽，動盪的社會現實以及統治階級內部的矛盾和鬥爭。這是中國古代最優秀的傳奇劇之一。

二十四、曹雪芹

《紅樓夢》（西元 18 世紀）　小說

以賈、王、史、薛四大家族為背景，以賈寶玉，林黛玉的愛情悲劇為主要線索，揭露了封建社會後期的黑暗和腐朽，歌頌了追求自由和反抗壓迫的精神，顯示了封建統治必然崩潰的歷史趨勢。這是中國古代長篇小說中現實主義的最高峰。

二十五、梁啟超

1.〈變法通議〉（西元 1896 年）　政論

猛烈抨擊封建頑固派的因循守舊，闡述變法圖存的道理。這篇文章飽含激情，文筆犀利，感染了許多有志青年。

2.〈少年中國說〉（西元 1900 年）　論文

極力歌頌少年精神作用，駁斥中國是老大帝國的荒謬言論，激勵國人奮發圖強，積極探索的精神。

3.《中國近三百年學術史》（西元 20 世紀初）　學術著作

以獨特的角度論述了中國近三百年的學術發展史，是膾炙人口的名作。

4.《中國歷史研究法》及《補編》（西元 1920 年代末）　學術著作

從史學方法論的高度系統化了自己的資產階級歷史觀體系，是梁啟超如何按新理論重新編寫中國通史及各專門史的理論規畫。對中國後代史學研究產生了一定影響。

二十六、魯迅

1.《吶喊》（1918 ～ 1923 年）　小說集

（1）〈狂人日記〉（1918 年）　小說

透過一個迫害狂患者的日記，猛烈抨擊了封建宗法社會和舊禮教。這對百姓在思想上產生了振聾發聵的作用，是中國現代白話小說的開山之作。

（2）〈孔乙己〉（1919）　小說

透過孔乙己的悲劇形象，有力揭露了封建科舉制度毒害知識分子的罪行，這是魯迅反封建作品的代表作。

（3）〈藥〉（1919 年）　小說

透過華老栓一家以革命烈士之血作為治病之藥的事情，揭示了百姓精神的愚昧，對民主革命進行了深刻反思。

（4）〈故鄉〉（1921 年）　小說

記述主角回鄉探親的經歷，揭示農民的麻木愚昧，展現農村的貧困凋敝，批評了辛亥革命的不徹底。

（5）《阿 Q 正傳》（1921 年）　小說

透過阿 Q 這一落後農民形象，批判了國民的思想弱點，精神病態，以及辛亥革命的不徹底，這是中國現代文學自立於世界文學之林的偉大代表。

2.《徬徨》（1924 ～ 1926 年）　小說集

（1）〈祝福〉（1924 年）　小說

塑造了被封建節烈觀殘害致死的悲劇典型祥林嫂這一藝術形象，徹底否定了整個封建社會制度。

（2）〈傷逝〉（1925 年）　小說

透過子君和涓生的愛情悲劇，深刻揭示了小資產階級知識分子的弱點及其個性解放思想的局限，昭示他們尋求新路。

3.《野草》（1924 ～ 1926 年）　散文詩集

收錄 23 篇作品，充滿自我解剖和頑強的鬥爭精神，這是中國現代散文的典範，產生深遠影響。

4.《朝花夕拾》（1926 年）　散文集

收錄 10 篇散文，真實記錄了魯迅從幼年到青年所走過的生活道路，生動地反映了從清末到辛亥革命前後的中國社會面貌。這是現代散文的經典之作。

5.〈「友邦驚詫」論〉（1931年）雜文

揭露反動派對外賣國投降，對內進行法西斯統治的反革命政策和英、美等帝國主義妄圖瓜分中國的陰謀。

6.〈為了忘卻了的紀念〉（1933年）　雜文

寫於左聯五烈士殉難二週年紀念日，讚頌了烈士對革命事業的堅貞，譴責了敵人的凶殘與卑劣，激勵革命者堅持鬥爭，繼續前進。

7.《故事新編》（1936年）　小說集

收錄小說8篇，透過歷史材料和歷史人物揭露三十年代社會黑暗和腐朽，激勵老百姓的鬥爭。

8.《中國小說史略》（1923年、1924年）　學術文集

系統論述中國古代小說的歷史，這是中國第一部小說史。

二十七、郭沫若

1.《女神》（1918～1921年）　詩集

（1）〈地球，我的母親〉（1920年）　詩歌

把地球比作母親，懷著真摯的感情，熱烈讚頌了工農勞動大眾。

（2）〈鳳凰涅槃〉（1920年）　詩歌

以鳳凰涅槃象徵古老的中華民族正經歷著歷史上大變革──最黑暗的一頁即將結束，新時期就要到來，這是現代新詩的著名代表作。

《女神》詩集開一代詩風，是中國現代新詩的奠基之作。

2.《屈原》（1942年）　劇本

把屈原一生的悲劇生涯濃縮到一天一夜，借屈原歌頌了中國人民抗日救國的偉大精神，這是郭沫若最具悲劇性的劇作。

3.《棠棣之花》（1942 年）　劇本

敘述聶嫈為弟聶政殉身的故事，歌頌了中華民族不畏強暴，追求自由的精神。

4.《蔡文姬》（1959 年）　劇本

借文姬歸漢的歷史故事，歌頌了文姬以大局為重的犧牲精神和曹操重視人才的雄才大略。這是文學作品中為曹操翻案的重要作品。

二十八、茅盾

1.《蝕》（1928 年）　小說

描寫了小資產階級知識青年章靜、方羅蘭、章秋柳等人在大革命前後由高亢興奮到幻滅、動搖，以至最終失敗的結局，反映了大革命時期某些知識青年的共同特點和命運，對社會作了廣泛反映。這是作家第一部力作。

2.《林家鋪子》（1932 年）　小說

描寫了鄉鎮小商人林老闆掙扎和破產的悲劇命運，反映了 30 年代城鄉經濟凋敝，農民生活貧困的現實，揭露了帝國主義的罪行。這是作家優秀短篇小說之一。

3.《春蠶》（1932 年）　小說

描寫了江南農村老通寶一家及全村人因春蠶豐收，卻增加了債務，揭示農民豐收成災的根本原因。這是作家《農村三部曲》中最優秀的一篇。

4.《子夜》（1933 年）　小說

描寫民族資本家吳蓀甫理想破產的事件，廣泛反映了社會現實，揭示了民族資產階級在帝國主義控制下，必然破產的歷史命運。

二十九、老舍

1.〈月牙兒〉（1934 年左右）　小說

透過一位純潔要強的下層婦女被迫淪為妓女的事件，抨擊了黑暗的社會。

2.《駱駝祥子》（1936 年）　小說

描寫人力車夫由「人」蛻化為「獸」的悲劇，控訴了舊社會的罪惡，否定了個人奮鬥的道路。這是一部具有世界影響的著名現實主義長篇小說。

3.《四世同堂》（1945 ～ 1949 年）　小說

共分三部，描寫了抗日戰爭期間敵偽統治下的「老中國的兒女」和城市貧民，塑造了多種人物形象，在廣闊的背景下剖析了民族傳統文化，探討了知識分子的成長道路。

4.《龍鬚溝》（1956 年）　劇本

透過北京貧民區龍鬚溝邊的王、程、丁三家不同遭遇和解放後的新生活、新變化，歌頌了社會。被譽為「話劇反映社會主義時代與人民生活的開山之作。」

5.《茶館》（1957 年）　劇本

擷取一典型老式茶館三個不同歷史時期的橫斷面，表現了中國半個世紀的歷史變遷，暗示黑暗必然滅亡，光明必然來臨，此劇被譽為「東方舞臺上的奇蹟」。

三十、冰心

1.〈兩個家庭〉（1919 年）　小說

透過封建家庭培養的舊式婦女與資產階級教育下的女性的對比，提出婦女必須受教育的社會問題。

2.《斯人獨憔悴》 小說

描寫穎銘、穎石因參加學生運動被父親剝奪了自由，封建的家長專制使兒子陷入了無可奈何的哀嘆中，從而提出父子兩代人的衝突問題。

3.〈在一個軍官的日記裡〉 小說

描寫兩個分屬不同統帥的軍隊的堂兄弟在戰場上相遇，提出「為誰犧牲，為誰奮勇」的問題。

4.〈分〉

透過兩個嬰兒因出身不同被分成不同等級，享受不同待遇的事情，揭示社會所造成的階級差別。

5.《繁星》（1923 年）；6.《春水》（1926 年） 詩集

以帶有哲理性的小詩歌頌自然、母愛和童貞。影響很大，形成小詩派。

7.〈超人〉 小說

以主角何彬思想轉變的過程，歌頌了母愛。這是冰心歌頌母愛的代表作。

8.《寄小讀者》（1923 ～ 1926 年） 散文集

以國內小朋友為對象，描寫了去美國前前後後的感受，是冰心散文中的代表作。

三十一、巴金

1.《滅亡》（1928 年） 小說

以大革命時期孫傳芳的反動統治為背景，描寫青年杜大心進行革命鬥爭，最後走向滅亡的故事，是現代文壇上不可多得的佳作。

2.《愛情三部曲》（1931 年、1938 年、1940 年） 小說

包括《家》、《春》、《秋》三部小說，以封建大家族高家為中心，控

訴封建制度，封建禮教的罪惡，歌頌青年一代的覺醒和反抗，預示了封建制度必然崩潰的歷史趨勢。其中《家》是作家最負盛名的小說，奠定了巴金輝煌的創作生涯的基礎。

3.《愛情三部曲》（1931～1933 年）　小說

包括《霧》、《雨》、《電》三部小說，真實地反映了大革命時期一部分小資產階級知識分子的面貌。

4.《寒夜》（1946 年）　小說

描寫抗日戰爭時期一個小家庭的悲劇，塑造了被黑暗社會毀滅、沉淪的知識分子形象，譴責了黑暗的社會制度。這是繼《家》後的又一力作，享有國際聲譽。

三十二、曹禺

1.《雷雨》（1934 年）　劇本

描寫了帶有封建色彩的資本家周樸園的家庭悲劇，揭露了資產階級家庭的罪惡。這是曹禺的成名作。「五四」以來優秀劇中的佼佼者。

2.《日出》（1936 年）　劇本

以交際花陳白露為中心展開戲劇情節，反映了半封建半殖民地中國社會的都市生活，控訴了社會的黑暗。這篇作品使作者進入現代文學史上最傑出的作家行列。

3.《原野》（1937 年）

以農民與惡霸地主之間的生死搏鬥為題材，揭露了地主殘害農民的罪惡，歌頌了農民的復仇精神，表現手法十分獨特。

4.《北京人》（1941 年）　劇本

透過曾家內部的矛盾和曾杜兩家的糾葛，揭示了整個封建勢力已經日薄西山的趨勢，控訴了封建制度吃人的罪行。這是作家的又一篇名作。

三十三、荷馬（Homer）

1.《伊里亞德》（*Iliad*，西元前 6 世紀）　史詩

以特洛伊戰爭傳說為題材，描寫最勇武的希臘英雄阿基里斯和希臘聯軍統帥阿伽門農的爭吵和阿基里斯的憤怒。

2.《奧德賽》（*Odyssey*，西元前 6 世紀）　史詩

敘述希臘英雄奧德修斯在特洛伊戰爭之後歷險回鄉的故事，歌頌了生活的智慧。

《伊里亞德》與《奧德賽》統稱「荷馬史詩」，這是古希臘最偉大的民間文學作品，是西方文學的源頭之一。

三十四、索福克里斯（Sophocles）

1.《埃阿斯》（*Ajax*，西元前 442 年左右）　劇本

寫了關於埃阿斯由於未能得到阿基里斯的武器而企圖謀殺阿伽門農和墨涅拉奧斯因而導致悲劇結局的神話故事。

2.《安提戈涅》（*Antigone*，西元前 441 年左右）　劇本

反映英雄安提戈涅為埋葬波呂涅刻斯同國王克瑞展開鬥爭，歌頌了民主意識和反抗暴君的鬥爭精神。這是一部著名悲劇。

3.《伊底帕斯王》（*Oedipus*，西元前 431 年左右）　劇本

透過伊底帕斯殺父娶母的悲劇，表達了人與命運的衝突，這是最著名的古希臘悲劇之一，是作家的代表作，被亞里斯多德譽為「十全十美」的悲劇。

4.《厄勒克特拉》（*Electra*，西元前 491 ～ 415 年）　劇本

描寫了阿伽門農被妻子及其情人謀殺後，女兒厄勒克特拉和兒子奧瑞斯特斯為他復仇的神話故事。有力地顯示了罪惡必受懲罰的悲劇精神。

5.《斐洛克特底》（*Philoctetes*，西元前 409 年）劇本

敘述了斐洛克特底在遠征特洛亞途中被蛇咬傷的神話故事。

6.《伊底帕斯在科洛諾斯》（*Oedipus at Colonus*，西元前 401 年） 劇本

作品表明悲劇英雄是無罪的，並力圖透過伊底帕斯的思想行為，教導人們應該有所作為。

三十五、迦梨陀娑（Kalidasa）

1.〈鳩摩羅出世〉（The Birth of Kumara，西元 4 ～ 5 世紀） 詩歌

講述古印度大神溼婆及妻子和兒子鳩摩羅的傳說故事。這是迦梨陀娑第一部長篇敘事詩。

2.〈羅怙世系〉（Mahakavya，西元 4 ～ 5 世紀） 詩歌

取材印度古代傳說，講述羅怙王族歷代帝王的事蹟，是一篇長篇敘事詩。

3.〈雲使〉（Cloud Messenger，西元 4 ～ 5 世紀） 詩歌

寫一個遭貶謫的小神仙藥叉託空中雲彩傳遞對妻子的思念之情。這是印度古典抒情詩的典範。

4.《沙恭達羅》（*Shakuntala*，西元 4 ～ 5 世紀） 劇本

描寫了國王豆扇陀與淨修仙人的義女沙恭達羅的曲折愛情經歷。劇本將古老的故事進行了再創造，成為古印度戲劇創作中最偉大的傑作和蜚聲世界的千古名篇。

5.《優里婆溼》（*Vikramorvasiyam*，西元 4 ～ 5 世紀） 劇本

取材於古代傳說，寫仙女優里婆溼與一個人間國王的愛情故事。

三十六、菲爾多西（Ferdowsi）

《列王紀》（*Shahnameh - Book of Kings*，西元 985～1010 年） 史詩

描寫了西元 651 年薩珊王朝滅亡以前的波斯帝國的神話及歷史傳說，為波期的王朝世系譜寫了一曲莊嚴的頌歌。這是波期歷史上「王書」體裁中最精采與流傳最廣的一篇。

三十七、紫式部

1.《源氏物語》（西元 1007～1008 年） 小說

以源氏一生遭遇以及其子薰君的愛情故事為線索，描了一幅日本中世紀平安王朝貴族生活的工筆畫卷，暴露了貴族們的荒淫和靡爛，暗示出他們走向衰亡的必然。這是世界上第一部長篇敘事小說，是日本古典文學的頂峰。

2.《紫氏部日記》（西元 1008～1010 年） 日記

記錄了自己侍奉一條天皇中宮藤原彰子的見聞和感想。這是研究紫式部及其作品的重要資料。

3.《紫式部家集》（西元 11 世紀上半期） 歌詠集

收載了作者一生歌詠約 120 首，成為後人考察紫式部生平的重要資料。

三十八、薩迪（Sadi）

1.《果園》（*Orchard*，西元 1257 年） 詩集

這是一部詩體故事詩集，共十章，200 多個故事，表現了仁愛思想，這是薩迪的代表作。

2.《真境花園》（西元 1258 年） 散文體故事集

記敘詩人三十年漂泊生涯的所見、所聞、所感。表現了具有濃厚的

伊斯蘭色彩的仁愛思想，這是薩迪最優秀的作品，歷來被視為學習波斯語的理想課本。為詩人帶來世界聲譽。

三十九、但丁（Dante）

1.〈新生〉（La Vita Nuova，西元 1291 ～ 1293 年）　詩歌

抒發對貝緹麗彩純真的愛情和深沉哀思。開文藝復興抒情詩先河。

2.《饗宴》（*Convivio*，西元 1304 ～ 1307 年）　學術著作

借註釋自己的作品，向群眾介紹文化知識。義大利第一部用通俗語寫的學術著作。

3.《論俗語》（*De Vulgari Eloquentia*，西元 1304~1305 年）　學術著作

精闢論述了義大利語言的發展和方言特點，為義大利民族語言的發展奠定了理論基礎。

4.《帝制論》（*Monarchia*，西元 1309 年）　政治性論著

闡述政權分離，反對教皇干政。向神權提出了英勇挑戰。

5.《神曲》（*Divine Comedy*，西元 1307 ～ 1321 年）　詩歌

描寫了地獄、煉獄和天堂的見聞，諷刺和鞭撻了現實中種種罪行。是中世紀知識的百科全書，人文主義思想的濫觴。

四十、薄伽丘（Boccaccio）

1.《菲洛柯洛》（西元 1336 年）　小說

寫一對信仰不同的青年男女，衝破阻撓終成眷屬，是歐洲第一部長篇小說。

2.《菲婭美達的哀歌》（西元 1345 年）　小說

以失戀少女口吻寫成，展示她內心感受。是歐洲第一次出現的「心理小說」

3.〈菲索拉諾的仙女〉（西元 1344 ～ 1345 年）　敘事詩

描寫仙女和牧羊青年的戀愛悲劇，是薄伽丘成就最高的一部詩作。

4.《但丁傳》（*Life of Dante*，約西元 1373 年）　傳記

為詩人但丁作傳，是研究但丁的最早著作。

5.《十日談》（*Decameron*，西元 1348 ～ 1353 年）　小說

透過一百故事反映了社會現實並向偽善的宗教發出了勇猛的衝擊。是義大利第一部短篇小說集，對西歐 16 和 17 世紀的現實主義文學產生了很大影響，是薄伽丘文學創作的最高成就。

四十一、拉伯雷（Rabelais）

《巨人傳》（*Pantagruel and Gargantua*，西元 1532 ～ 1564 年）　小說

敘述了巨人國國王高康大和他的兒子龐大固埃的神奇事蹟，廣闊反映了 16 世紀上半期法國的社會生活，頌揚了文藝復興的精神，對教會、王權和各種掌權人物進行了辛辣的諷刺。這是法國第一部長篇小說，具有開創意義。

四十二、塞凡提斯（Cervantes）

1.《努曼西亞》（西元 1584 年）　劇本

描寫西班牙努曼西亞人民為反抗羅馬軍團入侵而進行的 14 年英勇鬥爭的事蹟。充滿愛國主義熱情，是一部深受歡迎的劇本。

2.《奇蹟故事劇》（西元 1583 ～ 1584 年）　劇本

諷刺了觀眾觀看根本不存在的演出。是塞凡提斯劇作的代表作，並成為安徒生（Andersen）《國王的新衣》（*The Emperor's New Clothes*）的原始取材。

3.《林科內特和科爾塔迪洛》（*Rinconete and Cortadillo*）　小說

以兩個流浪漢的經歷為線索，對身處社會下層的人進行了真實的寫生。吸取流浪漢小說的特點，在歐洲文學發展中有重要的意義。

4.《懲惡揚善故事集》（西元 1613 年）　小說集

反對封建偏見，歌頌愛情自由，描寫百姓不幸遭遇。

5.《唐吉訶德》（*Don Quixote*，第一部西元 1605 年，第二部西元 1615 年）　小說

描寫了唐吉訶德遊歷冒險的經歷，廣泛描繪了西班牙的社會生活。是歐洲最早的優秀現實主義長篇小說，是一部不朽名著。

四十三、莎士比亞（Shakespeare）

1.《羅密歐與茱麗葉》（*Romeo and Juliet*，西元 1595 年）　劇本

記敘了羅密歐與茱麗葉因家族仇恨而不能結合的愛情悲劇。是莎劇中最為人熟悉的愛情經典名著。

2.《威尼斯商人》（*The Merchant of Venice*，西元 1597 年）　劇本

寫威尼斯商人安東尼奧為幫助朋友求婚而向猶太人高利貸者夏洛克借錢，後者欲加害於他而最終失敗。莎士比亞喜劇的代表。

3.《哈姆雷特》（*Hamlet*，西元 1601 年）　劇本

講述了丹麥王子哈姆雷特復仇的故事。是莎士比亞戲劇創作的最高成就。

4.《奧賽羅》（*Othello*，西元 1604 年）　劇本

描寫了摩爾人奧賽羅與威尼斯元老女兒苔絲德夢娜的愛情悲劇。是一部理想破滅的悲劇，莎翁的代表作。

5.《李爾王》（*King Lear*，西元 1605 年）　劇本

年老的李爾王把國土分給兩個大女兒，又受女兒虐待。是莎士比亞富有代表性的悲劇。

6.《馬克白》（*Macbeth*，西元 1605 年）　劇本

記述了主角馬克白篡奪王位，從英雄到凶手和暴君的過程。是莎士比亞的代表作，對後世戲劇創作發生了深遠影響。

四十四、高乃依（Corneille）

1.《熙德》（*Le Cid*，西元 1636 年）　劇本

透過施曼娜與羅狄克之間的愛情與復仇的故事，倡導了感情服從理性的道德原則，強調了個人感情與家族榮譽必須服從國家利益的需要。這是高乃依最優秀的作品，也是法國第一部重要的古典主義悲劇。

2.《賀拉斯》（*Horace*，西元 1640 年）　劇本

以羅馬與阿爾巴戰爭為背景，敘述了賀拉斯為維護國家尊嚴殺死姐姐的故事，表達了人們為拯救國家要抑制自己對家庭的依戀的主題。

3.《西拿》（*Cinna*，西元 1640 年）　劇本

透過對奧古斯都的頌揚，表露了必須實行仁慈的開明君主政治，以解決社會矛盾的政治理想。

4.《波利耶克特》（*Polyeucte*，西元 1643 年）　劇本

這是以宗教虔誠與殉難為主題的悲劇，是高乃依的又一部較為重要的作品。

四十五、彌爾頓（Milton）

1.〈沉思的人〉（西元 1633 年）　詩歌

是詩人在靜修中的哲理妙語。伯克認為它是英國詩歌之冠冕。

2.〈哀達蒙〉（西元 1639 年）　詩歌

哀悼死去的好友達蒙。情深意切，是他拉丁文詩中最好的一首。

3.〈失樂園〉（Paradise Lost，西元 1667 年）　詩歌

敘述亞當與夏娃淪於罪惡和撒旦對上帝反叛的故事。彌爾頓最重要的作品。

4.〈復樂園〉（Paradise Lost，西元 1671 年）　詩歌

耶穌抵制撒旦誘惑復得樂園。詩人重要的代表作。

5.《力士參孫》（*Samson Agonistes*，西元 1671 年）　詩劇

大力士參孫被出賣後又與敵人同歸於盡的悲劇。彌爾頓最後一部作品，主角很像作者自己。

四十六、莫里哀（Moliere）

1.《太太學堂》（*L'école des femmes*，西元 1662 年）　劇本

富商阿諾夫想把女孩阿斯培養成千依百順的妻子，最終失敗。是用古典主義規則寫的成熟喜劇，標誌法國古典主義喜劇的誕生。

2.《冒失鬼》（*1655*）　劇本

描寫僕人馬斯卡里葉幫助小主人爭取愛情成功的故事。是莫里哀的第一部喜劇。

3.《偽君子》（*Tartuffe*，西元 1644 年）　劇本

講述偽君子達爾杜弗披著宗教外進行欺騙失敗的故事。它代表了莫里哀創作的最高成就，也是歐洲古典喜劇中最好的作品。

4.《唐·璜》（*Dom Juan*，西元 1665 年）　劇本

透過貴族唐·璜的活動譴責封建貴族胡作非為。是莫里哀喜劇中一部獨具特色的傑作。

5.《吝嗇鬼》（*The Miser*，西元 1668 年）　劇本

透過吝嗇鬼阿巴貢這一形象，揭露資產階級貪婪吝嗇的本質。是莫里哀最優秀的劇目之一。

四十七、拉辛（Racine）

1.〈賽納河的仙女〉（西元 1660 年） 詩歌

是一首歌頌路易十四大婚的詩歌，這是拉辛詩人生涯的開端。

2.《昂朵馬格》（*Andromaque*，西元 1667 年） 戲劇

透過古代希臘故事血淋淋地描繪了國王和貴族的情殺事件，這是第一部標準的古典主義悲劇。

3.《布里塔尼居斯》（*Britannicus*，西元 1669 年） 戲劇

寫古羅馬尼祿皇帝統治時期兩個異父母兄弟爭鬥的故事，這抨擊了現實，遭到當權派的猛烈攻擊。

4.《巴雅澤》（西元 1672 年） 戲劇

寫蘇丹阿米拉的弟弟被害事件。劇本深刻有力，震人心魄。

5.《依菲熱妮在奧利德》（西元 1674 年） 戲劇

寫希臘軍隊遠征特洛伊選擇犧牲祭祀的事件，這是拉辛在「教會和平」時期的精心之作。

6.《費德爾》（*Phedre*，西元 1677 年） 戲劇

寫雅典王後費德爾向王子求愛遭拒絕後在國王面前進讒言害死王子，自己也服毒自殺的悲劇。這是拉辛的最得意的作品。也是戲劇史上不朽的傑作。

7.《阿達莉》（*Athalie*，西元 1693 年） 戲劇

寫猶太王後阿達莉的暴虐統治終於自殺滅亡的故事。這是拉辛晚年創作的精品，是他的又一傑作。

四十八、笛福（Defoe）

1.《維爾夫人顯靈紀實》（西元 1706 年） 小說

是根據當時迷信傳說寫的鬼故事，是英語中最成功的鬼故事之一。

2.《魯賓遜漂流記》（*Robinson Crusoe*，西元 1719 年） 小說

敘述了青年魯賓遜航海遇險獨自在荒島生活 28 年才被救回的故事。是笛福的代表作，也是現實主義初期的優秀作品。

3.《摩爾‧弗蘭德斯》（*Moll Flanders*，西元 1722 年） 小說

透過對摩爾‧弗蘭德斯不幸一生的記敘，深刻批判了英國貴族資產階級社會。這是笛福最好小說之一。

四十九、史威夫特（Swift）

1.《木桶的故事》（西元 1969 ～ 1697 年） 諷刺論文

諷刺教會內部的宗派鬥爭和陳腐儀式。

2.《格列佛遊記》（*Gulliver's Travels*，西元 1726 年） 小說

透過主角格列佛在小人國、大人國、飛島、巫人島、智馬國的奇遇，暴露英國社會的種種不合理現象，諷刺當時統治集團的腐敗。這是世界諷刺文學的傑作，也是作家唯一的一部小說。

五十、菲爾丁（Fielding）

1.《大偉人喬納森‧魏爾德傳》（*The Life of Mr.* Jonathan Wild the Great，西元 1739 ～ 1743 年） 小說

描寫喬納森拆散哈特夫利夫婦的陰謀最終破產。抨擊了英國資產階級政府的罪惡、虛偽和殘酷。這是菲爾丁的第一部小說。

2.《約瑟夫‧安德魯斯》（*The History of the Adventures of Joseph Andrews and of His Friend Mr.* Abraham Adams，西元 1742 年） 小說

敘述了主角約瑟夫‧安德魯斯及其朋友亞伯拉罕‧亞當斯先生的冒險故事，用來諷刺當時的勸世小說《帕梅拉》（*Pamela*）。這部作品是英國文學中第一部重要的「路上小說」。

3.《湯姆·瓊斯》（*Tom Jones*，西元 1749 年）　小說

透過棄嬰湯姆·瓊斯的生活經歷以及他和女主角索菲亞為婚姻自由與幸福而進行的鬥爭，對英國當時上層社會的爾虞我詐，道德敗壞等醜惡現象進行了揭露和抨擊。這是菲爾丁的代表作，也是 18 世紀小說藝術發展的最高峰。

4.《阿米麗亞》（*Amelia*，西元 1751 年）　小說

透過軍官布茲及斯妻子阿米麗亞的悲慘遭遇，揭露了英國司法界的黑暗，反映了當時社會階層對政府及軍隊的深刻不滿。它為 19 世紀英國批判現實主義小說奠定了基礎。

五十一、歌德（Goethe）

1.《格茨·馮·貝利欣根》（*Gotz Von Berlichingen*，西元 1773 年）　劇本

塑造了一個反抗封建暴政和割據，深受人民愛戴的英雄。打破了古典主義戲劇的三一律。

2.《少年維特的煩惱》（*The Sorrows of Young Werther*，西元 1774 年）書信體小說

維特因失戀而自殺的故事。是歌德代表作，它把歌德推上了他全歐性作家地位。

3.《伊菲格尼》（西元 1787 年）　劇本

講述伊菲格尼脫離荒島的故事。歌德第一部古典主義作品。

4.《威廉·麥斯特的學徒歲月·》（*Wilhelm Meister's Apprenticeship*，西元 1796 年第一部，西元 1829 年第二部）　小說

反映了德國啟蒙者用個性教育的綱領代替社會鬥爭的思想。個性教育的長篇小說，地位僅次於《浮士德》。

5.《浮士德》（*Faust*，西元 1806 年第一部，西元 1831 年第二部）　詩劇

寫一新興資產階級先進知識分子探索人生意義和社會理想的生活道路，它代表了十八世紀歐洲文學的最高成就。

五十二、席勒（Schiller）

1.《強盜》（*The Robbers*，西元 1781 年） 劇本

歌頌了一個向社會公開宣戰的豪俠青年。這是席勒的成名作。

2.《斐愛斯柯》（*Fiesko*，西元 1782 年） 劇本

貴族青年斐愛斯柯背棄人民又遭失敗的故事。是作家用 16 世紀義大利的歷史來鼓舞德國的反暴政的進步力量。

3.《陰謀與愛情》（*Intrigue and Love*，西元 1782 年） 劇本

描寫了貴族公子斐迪南與平民女兒露易絲的愛情悲劇，是德國戲劇史上最優秀的悲劇。

4.〈歡樂頌〉（An die Freude，西元 1785 年） 詩歌

把歡樂寫成一個永恆的，無處不在的女神，她使世人解放，旌旗飄揚。是追求自由、平等、博愛理想的一首傑出的頌詩。

5.《奧爾良的女孩》（*The Maid of Orleans*，西元 1802 年） 劇本

敘述了法國民族英雄抗英的故事，是一部浪漫名劇，在德國人民後來反侵略戰爭中造成鼓舞作用。

五十三、奧斯丁（Austen）

1.《理性與感性》（*Sense and Sensibility*，西元 1812 年） 小說

寫艾麗諾爾和瑪麗安的父親去世，財產由大哥繼承，她倆不得不到處去作客。這是她發表的第一部小說。

2.《傲慢與偏見》（*Pride and Prejudice*，西元 1813 年） 小說

以班奈特太太急於嫁女兒展開情節，描寫了中產階級男女的愛情與

婚姻，這是世界文學史上的經典之作。

3.《愛瑪》（*Emma*，西元 1815 年） 小說

描寫愛瑪最終結成門當戶對的婚姻的故事。這是奧斯丁作品中藝術與思想最為成熟的一部。

五十四、司湯達（Stendhal）

1.《拉辛與莎士比亞》（*Racine and Shakespeare*，西元 1823 ～ 1825 年） 論文

反對古典主義美學，提倡現實主義精神的文學原則。這是法國最早的現實主義美學論著，對法國批判現實主義文學的發展產生了重大影響。

2.《阿爾芒斯》（*Armance*，西元 1827 年） 小說

透過一對青年男女的愛情悲劇，揭露法國王政復辟時代貴族的腐朽與沒落。這是司湯達第一部小說。

3.《紅與黑》（*The Red and the Black*，西元 1827 ～ 1830 年） 小說

透過主角於連一生遭遇，反映法國王政復辟時貴族與資產階級的生活動態與矛盾。是法國批判現實主義的開山之作。

4.《法尼娜·法尼尼》（西元 1829 年） 小說

寫燒炭黨人米西律里和貴族少女法尼娜·法尼尼的愛情悲劇。謳歌了義大利燒炭黨人的正義事業，是作家《義大利遺事》小說集中最引人注目的一篇。

5.《紅與白》（西元 1834 ～未完） 小說

揭露金融貴族統治的七月王朝時期資產階級的醜惡面貌。

6.《帕爾瑪修道院》（*The Charterhouse of Parma*，西元 1839 年）　小說

以十九世紀初義大利帕爾瑪公國為背景，揭露封建專政的罪惡。這是一部批判現實主義的傑作。

五十五、拜倫（Byron）

1.〈恰爾德‧哈羅爾德遊記〉（Childe Harold's Pilgrimage，西元 1813 ～ 1816 年，西元 1816 ～ 1817 年）　詩歌

詩人兩次出國遊歷的見聞和觀感。是拜倫的代表作，轟動了歐洲詩壇。

2.〈東方故事詩〉（西元 1813 ～ 1816 年）　組詩

透過一系列個人反抗的英雄形象，抨擊英國貴族資產階級當局。詩人代表作。

3.《曼弗雷德》（*Manfred*，西元 1817 年）　詩劇

透過伯爵弗雷德的痛苦展現自己的矛盾和痛苦。是拜倫在瑞士時期表現悲哀主題最突出的作品。

4.《唐璜》（*Don Juan*，西元 1823 年）　詩體小說

透過貴族青年唐璜的種種經歷，抨擊了歐洲封建反動勢力。是詩人一生中最重要、最光輝的作品。

5.〈織機法案編制者頌〉（An Ode to the Framers of the Frame Bill，西元 1812 年）　詩歌

斥責英國工會的反動法令，激勵工人鬥爭。是拜倫著名的政治詩。

五十六、雪萊（Shelley）

1.〈伊斯蘭的起義〉（西元 1818 年）　詩歌

透過虛構的革命，宣揚了啟蒙主義與空想社會主義。是雪萊出國前夕的著名長詩。

2.〈西風頌〉（Ode to the West Wind，西元 1819 年）　詩歌

歌頌西風驅散迷霧，促使春天到來。這首著名的抒情短詩是雪萊全部創作的高度凝結。

3.〈致雲雀〉（To a Skylark，西元 1820 年）　詩歌

透過對雲雀的描寫，表達詩人對生活的無限熱愛。這是詩人的自我寫照，理解了此詩，也就理解了雪萊。

4.《沉西》（西元 1819 年）　劇本

透過凶殘的沉西伯爵形象揭露教會貪汙，法庭不公。塑造人物形象上取得巨大成就，在英國戲劇史上占重要地位。

5.《解放了普羅米修斯》（*Prometheus Unbound*，西元 1819 年）　詩劇

寫羅米修斯與宙斯鬥了一千年，終於取得勝利。是雪萊的代表作，為積極浪漫主義的典型劇作。

五十七、海涅（Heine）

1.《詩歌集》（西元 1827 年）　詩集

這些詩歌把愛情的各個側面描寫淋漓盡致。是海涅的成名作。

2.〈哈爾茨山遊記〉（西元 1826 年）　散文

描寫自然景物，縱談天下大事，在德語散文中前無古人，堪稱獨步。

3.《論浪漫派》（西元 1833 年）　論著

痛斥德國消極浪漫主義為「死亡詩人」。在德國古典哲學家的拙劣僵硬的文體下發展了震撼世界的革命思想。

4.〈西利西亞紡織工人〉（西元 1844 年）　詩歌

把工人寫成自覺的革命者，歌頌他們是舊世界的掘墓人。是海涅最著名的政治短詩。

5.〈德國，一個冬天的童話〉（西元 1844 年） 詩歌

是以旅行的見聞和觀感為基礎的政治諷刺長詩，是德國文學中鮮明展現現實主義與浪漫主義有機結合的不可多得的藝術精粹。

五十八、普希金（Pushkin）

1.〈致恰達耶夫〉（西元 1818 年） 詩歌

反對沙皇專制，表現對自由幸福的嚮往。喚醒民眾反抗思想和愛國主義的傳世名篇。

2.〈茨岡〉（西元 1824 年） 詩歌

譴責上流社會，同情勞動人民。浪漫主義長詩，詩人南方長詩的佳作。

3.〈致凱恩〉（西元 1825 年） 詩歌

歌頌愛情的鼓舞力量。愛情詩佳作，成為俄國最有名的情歌。

4.《葉甫蓋尼·奧涅金》（*Evgeny Onegin*，西元 1831 年） 詩體小說

塑造了俄國文學中第一個「多餘人」的形象，反映了俄國青年的苦悶，是普希金的代表作。俄國第一部現實主義作品。

5.《上尉的女兒》（*The Captain's Daughter*，西元 1836 年） 小說

再現了普加喬夫起義，表達了作者渴望自由的理想和對人民的同情。這是俄國第一部描寫農民起義的長篇小說。

五十九、巴爾札克（Balzac）

1.《歐也妮·葛朗臺》（*Eugenie Grandet*，西元 1833 年） 小說

描寫了資產階級罪惡的發家史，成功塑造了一個資產階級暴發戶形象，這是巴爾札克最出色的作品之一。

2.〈高老頭〉（Father Goriot，西元 1834 ～ 1835 年） 小說

描寫了麵粉商高里奧被女兒遺棄和大學生拉斯蒂涅被社會腐化的故事。這是巴爾札克創作上的高峰。

3.《幻滅》（*Illusions Perdues*，西元 1837 ～ 1843 年） 小說

寫青年呂西安去巴黎追求功名，青年科學家大衛在本地進行發明和克雷蒂安進行社會革命的故事。這是一部「膾炙人口的小說」。

4.《農民》（*Sons of the Soil*，西元 1844 ～ 1852 年） 小說

描寫資產階級和貴族之間的鬥爭。這部小說對現實關係有深刻的理解。

5.《貝姨》（*La Cousine Bette*，西元 1846 年） 小說

小說把七月王朝描寫成大資產階級的天堂，揭露了七月王朝的實質。

6.《舒昂黨人》（*The Chouans*，西元 1828 年） 小說

以布列塔尼封建勢力武裝叛亂反對共和國為題材，初步奠定了作者在文學界的地位。

7.《老姑娘》（*An Old Maid*，西元 1837 年） 小說

透過一個貴族和一個資產者的婚姻爭奪，顯示兩個階級一衰一興。

六十、大仲馬（Alexandre Dumas）

1.《亨利三世及其宮庭》（西元 1829 年） 劇本

描寫十六世紀宗教戰爭期間國王和反動貴族之間層出不窮的陰謀傾軋。這是大仲馬最重要的劇作，它的上演是浪漫派的一個勝利。

2.《安東尼》（西元 1831 年） 劇本

寫一個既無門第，又無財產的私生子安東尼與男爵夫人阿代爾的愛情糾葛。劇本一定程度上反映了上流社會的現實。

3.《三個火槍手》（*The Three Musketeers*，西元 1844 年） 小說

寫黎塞留提任首相，發兵攻並占領了胡格諾教派的主要根據地拉羅謝爾城的故事。這部小說使大仲馬成為法國最受歡迎的通俗小說家。

4.《基度山恩仇記》（*The Count of Monte Cristo*，西元 1844 ～ 1845 年） 小說

講述了主角鄧蒂斯化名基度山伯爵報恩復仇的故事。這是一部膾炙人口的小說，是大仲馬創作的頂峰。

5.《二十年後》（*Twenty Years After*，西元 1845 年） 小說

描寫 1640 ～ 1650 年代爆發的投石黨事變以及同首相馬札蘭的鬥爭。這是《三人火槍手》的續篇。

六十一、雨果（Hugo）

1.《歐那尼》（西元 1830 年） 劇本

歌頌了一個出身貴族的十六世紀的西班牙「俠盜」，表現了反封建的主題，它的上演宣告了浪漫主義文學運動的全面勝利。

2.《鐘樓怪人》（*Hunchback of Notre-Dame*，西元 1831 年） 小說

透過一個吉普賽女郎的遭遇表現了對封建貴族和僧侶階級的憎惡。這部作品是現代資產階級反封建反教會鬥爭的回聲，是浪漫主義傑作。

3.《悲慘世界》（*The Miserable Ones*，西元 1862 年） 小說

透過主角冉阿讓的悲慘生活史，從人道主義觀點描寫資本主義社會的罪惡，這是雨果一生的代表作，也是一部驚世駭俗的偉大鉅著。

4.《笑面人》（*The Man Who Laughs*，西元 1869 年） 小說

透過流浪藝人的悲慘遭遇，描寫人民苦難生活。這部小說賦予了被壓迫人民更深刻的反抗意識，是作家流亡期間最後一部小說。

5.《九三年》（*Ninety Three*，西元 1874 年） 小說

描寫 1793 年共和國軍隊的英勇戰鬥。作品具有相當現實主義深度，是雨果晚年的重要作品。

六十二、霍桑（Hawthorne）

1.《好孩子》（西元 1828 年） 小說

揭露批判了清教社會對一個心地善良又溫文有禮的少年兒童的無情摧殘，直到最後將他迫害致死。這是顯示霍桑創作天才的第一部短篇小說。

2.《紅字》（*The Scarlet Letter*，西元 1850 年） 小說

描寫了一個受不合理的婚姻束縛的少婦犯了為加爾文教派所嚴禁的通姦罪而被示眾，揭露了宗教的偏狹和為人的偽善，斥責了加爾文教的不合理性，抨擊了加爾文教對人性的摧殘和抑制。這部小說有「心靈羅曼史」的美譽，是霍桑的最大成功。

3.《大理石牧神》（西元 1860 年） 小說

這是作家最後一部闡述新舊世界價值觀念相互衝突的重要作品，特別強調了美國的天真無邪和清教傳統，以及貫穿人類歷史始末的異教徒信仰。

六十三、安徒生（Andersen）

1.《豌豆公主》（*The Princess and the Pea*，西元 1835 年） 童話

透過對豌豆公主的諷刺，揭露統治者的荒唐。

2.《小美人魚》（*The Little Sea Maid*，西元 1837 年） 童話

透過小美人魚對愛情追求的悲劇，歌頌了堅貞不渝的愛情和純潔高尚的靈魂。這是一篇色彩瑰麗，感人至深的童話。

3.《國王的新衣》（*The Emperor's New Clothes*，西元 1837 年） 童話

寫了一個國王和大臣們的無能，諷刺了封建社會的虛偽和逢迎諂媚的社會風氣。這是膾炙人口的童話名篇。

4.《醜小鴨》（*The Ugly Duckling*，西元 1844 年）　童話

寫一隻「醜小鴨」經歷苦難和折磨活下來成為美麗的天鵝的故事。這是一篇自傳性作品，表現出與世俗偏見抗爭中的性格和信念。

5.《賣火柴的小女孩》（*The Little Match Girl*，西元 1845 年）　童話

寫一個賣火柴的小女孩在除夕之夜凍餓而死的故事。這是安徒生最出色的作品之一。

六十四、愛倫‧坡（Allan Poe）

1.〈帖木爾〉（Tamerlane，西元 1827 年）　詩歌

寫蒙古首領帖木爾遠走他鄉追求物質成功後，發現自己失去了幸福的愛情。這是首極富浪漫主義的長詩。

2.〈艾爾‧阿拉夫〉（Al Aaraaf，西元 1829 年）　詩歌

討論了自然與美的神力，闡明了美和真理的統一性。這首詩中詩人的想像開始綻放新鮮的花朵，作家的創作提高到了一個新的水準。是詩人以科學為題材的第一首詩歌。

3.《亞瑟府的倒塌》（*The Fall of the House of Usher*，西元 1839 年）　小說

以恐怖的筆觸敘述亞瑟一家及其古屋滅亡的故事。這是愛倫‧坡最優秀的作品。

4.《莫爾格街凶殺案》（*The Murders in the Rue Morgue*，西元 1841 年）　小說

講述偵破員候察莫爾格街凶殺案的故事。它標誌偵探小說正式產生。

5.《金甲蟲》（*The Gold-Bug*，西元 1843 年）　小說

描寫了樹梢上骷骷眼中吊下金甲蟲等的恐怖故事。開創了西方推理小說的先河。

六十五、果戈里（Gogol）

1.《狄康卡近鄉夜話》（西元 1831 ～ 1832 年）　短篇小說集

這是收集了烏克蘭民間故事和傳說的短篇小說集。它充滿浪漫主義色彩，是果戈里的成名作。

2.《密爾格拉得》（西元 1835 年）　中篇小說集

描繪了烏克蘭的歷史的和現實的生活，這是果戈里向現實主義發展的重要標誌。

3.《小品集》（西元 1835 年）　中篇小說集

諷刺了金錢和權勢主宰一切的京城社會，揭示社會的不平等。

4.《欽差大臣》（*The Government Inspector*，西元 1836 年）　諷刺喜劇

揭露了包括沙皇在內的俄國形形色色的官僚，將他們的醜惡靈魂暴露在光天化日之下。這部喜劇在俄國創立了思想深刻的社會戲劇。使俄國喜劇發生重大變化。

5.《死魂靈》（*Dead Souls*，西元 1842 年）　小說

透過主角乞乞科夫收買死農奴牟取暴利的事件，揭示俄國社會從封建主義向資本主義過渡已經開始的社會基本內容。這是俄國批判現實主義文學的典範，具有劃時代的意義。

六十六、薩克萊（Thackeray）

1.《名利場》（*Vanity Fair*，西元 1848 年）　小說

以利蓓加和愛米麗亞的生活遭遇為情節線索，抨擊資本主義上流社會的追逐名利及道德惡行。這部小說突破了當時流行小說的常規，標誌著小說藝術的重大進步。

2.《勢利者集》（*The book of Snobs*，西元 1848 年）　特寫集

塑造了一系列勢利者的形象，揭露了資產階級社會的腐朽現象。此

書現在仍有大量讀者。

3.《潘登尼斯》（*Pendennis*，西元 1848 ～ 1850 年） 小說

透過主角潘登尼斯的感情經歷，諷刺了貴族資產階級社會。

4.《亨利‧艾斯芒德的歷史》（*The History of Henry Esmond*，西元 1852 年） 小說

這是一部反映英國「光榮革命」後保皇黨人進行復辟活動的歷史小說。其中有鮮明的民主主義傾向，是作家的精心凝鍊之作。

5.《紐克姆一家》（西元 1853 ～ 1858 年） 小說

這是一部表現中產階級醜惡生活的長篇小說，書中有的地方對貴族資產階級的批判達到前所未有的高度。

六十七、狄更斯（Dickens）

1.《匹克威克外傳》（*The Pickwick Papers*，西元 1836 ～ 1837 年） 小說

透過主角及其朋友去外地旅行的方式揭露社會現實的荒誕不公。這是狄更斯的成名作。

2.《孤雛淚》（*Oliver Twist*，西元 1838 年） 小說

透過孤兒奧列佛的苦難經歷，揭露資產階級社會中偽裝的慈善事業的真面目，把讀者帶進了貧窮與痛苦的世界，這是狄更斯第一本社會小說。

3.《董貝父子》（*Dombey and Son*，西元 1848 年） 小說

塑造了英國資產階級知識分子在資本主義社會尋求出路的故事。這是一部半自傳體的小說，是狄更斯的代表作。

4.《大衛‧科波菲爾》（*David Copperfield*） 小說

描寫了一個小資產階級知識分子在資本主義社會尋求出路的故事。這是一部半自傳體的小說，是狄更斯的代表作。

5.《荒涼山莊》（*Bleak House*，西元 1853 年）　小說

透過戴德洛克夫人的家庭悲劇和爭奪遺產的訴訟案揭發了貴族和資產階級的道德敗壞，嘲諷了統治階級爭權奪利的鬥爭。

6.《艱難時世》（*Hard Times*，西元 1859 年）　小說

以諷刺手法猛烈抨擊資產階級代表、紡織廠主龐德貝和議員兼教育家戈雷，反映了資本主義社會勞資對立的主要矛盾。這是狄更斯最著名的代表作之一。

7.《雙城記》（*A Tale of Two Cities*，西元 1859 年）　小說

以法國大革命為背景，透過一個受迫害醫生的經歷揭露封建貴族的殘暴。這是狄更斯的又一名著。

8.《小杜麗》（*Little Dorrit*，西元 1857 年）　小說

透過小杜麗一家的悲慘遭遇，控訴了英國監獄制度的慘無人道。

六十八、夏洛蒂・勃朗特（Charlotte Bronte）

1.《教師》（*The Professor*，西元 1846 年）　小說

敘述了青年威廉・克林斯沃思的感情經歷，表達了透過孤獨的自我奮鬥而求得自由與獨立自主的主題。這是作家的早期作品，有不成熟之處。

2.《簡・愛》（*Jane Eyre*，西元 1847 年）　小說

塑造了簡・愛這個勇於反抗，勇於維護自身獨立和自由的叛逆女性的形象，開英國文學描寫婦女爭取獨立解放之先河。這是女性文學的代表作品，是全世界能閱讀小說的婦女必讀的經典之作。

3.《雪莉》（*Shirley*，西元 1844 年）　小說

塑造了兩個反差極大的婦女形象——雪莉和卡羅琳，深入地探討了英國社會婦女地位的問題，並側面呼應了英國憲章運動。小說在題材上有重大突破。

4.《維萊特》（*Villette*，西元 1851 年） 小說

描寫了露西‧斯諾與保羅‧埃羅紐爾的愛情故事，有很強的自傳色彩。此書一問世就受到各界的交口稱讚。

六十九、屠格涅夫（Turgenev）

1.《獵 人 筆 記》（*A Sportsman's Notebook*， 西 元 1847 ～ 1852 年） 小說

真實地反映了當時俄國農村的現實生活，描寫了各階層人物，中心思想是反對農奴制度。這是屠格涅夫的成名作。

2.《羅亭》（*Rudin*，西元 1856 年） 小說

透過羅亭的悲劇命運，有力地抨擊了腐朽黑暗的農奴制。羅亭是俄國文學中繼奧涅金之後又一個成功的「多餘人」形象。

3.《貴族之家》（*A House of Gentlefolk*，西元 1859 年） 小說

敘述了主角拉夫列茨基的愛情悲劇。這是作家唯一得到批評家一致讚美的長篇小說。

4.《子夜》（西元 1860 年） 小說

創作於農奴解放前夕，反映改革需要新人。這是作家的代表作。

5.《父與子》（*Fathers and Sons*，西元 1862 年） 小說

透過巴扎羅夫的活動，表現了代表「父」輩的貴族改良主義者與代表「子」輩的激進民主派知識分子之間的矛盾。這是屠格涅夫最重要的著作。

6.《煙》（*Smoke*，西元 1867 年） 小說

描寫了一個主張逐漸改良社會的漸近論者里維諾夫在事業和愛情上一敗塗地的事情，委婉露出作者對整個俄國社會革命前途的絕望。

七十、惠特曼（Whitman）

《草葉集》（*Leaves of Grass*，西元 1855 ～ 1892 年） 詩歌集

1.〈我聽見美洲在歌唱〉（I Hear America Singing）

歌頌美洲大陸、歌頌人民的創造性勞動，是美國文學史上最早歌頌工人的作品之一。

2.〈敲呀！敲呀！戰鼓！〉（Beat! Beat! Drums!）

表現了詩人對黑暗奴隸制的痛恨及滅之而後快的決心。

3.〈啊，船長，我的船長喲〉（O Captain! My Captain!）

抒發了詩人對林肯統的沉痛悼念。是膾炙人口的名篇。

4.〈當紫丁香最近在庭園中開放的時候〉（When Lilacs Last in the Dooryard Bloom'd）

這是一首明麗歡快的悼亡詩，反映詩人對於戰爭勝利的樂觀主義情懷與明天的美好憧憬。

5.《斧頭之歌》

反映了美國蓬勃向上的建設事業以及詩人對民主自由的偉岸理想，揭示了黑暗勢力阻撓歷史前進的殘酷性。

七十一、福樓拜（Flaubert）

1.《包法利夫人》（*Madame Bovary*，西元 1856 年） 小說

透過法國內地一個富裕農民的女兒愛瑪悲劇的一生，揭示了七月王朝時期人心險惡、惡行猖獗可怕的社會風氣。這是批判現實主義文學的第一部著名作品。

2.《薩朗波》（*Salammbo*，西元 1862 年） 小說

以雄渾的筆力再現了古代迦太基僱傭軍反抗統治階級英勇不屈的鬥爭場面。這是一部批判現實主義的歷史小說。

3.《情感教育》（*L'Education Sentimentale*，西元 1869 年）　小說

透過主角毛諾的感情生活，譴責了資本主義社會對青年人的惡劣影響。這是作家精心創作的批判現實主義的力作。

4.《純樸的心》（西元 1877 年）　小說

描寫一個女僕全福平凡而感人的一生，對單調平淡的生活現實進行了無情揭露。這是作家短篇小說的傑作，也是法國文學中為數不多感人肺腑的現實主義作品之一。

5.《聖安東尼的誘惑》（*La Tentation de Saint Antoine*，西元 1874 年）　小說

透過埃及中世紀的一個聖者抵制魔鬼種種誘惑的故事，表現了作者對人生奧祕的探索和困惑不解的思緒。

七十二、杜斯妥也夫斯基（Dostoyevskiy）

1.《窮人》（*Poor People*，西元 1846 年）　小說

這是一部書信體小說，由一個上了年紀的小職員傑渥什金和一個被人欺凌的孤女麗蓮卡的情書構成。它是作家的成名作，被認為是四十年代「自然派」的優秀作品。

2.《死屋手記》（*The House of the Dead*，西元 1862 年）　小說

是一部以監獄為背景反映整個沙皇與俄國社會現實的作品。

3.《罪與罰》（*Crime and Punishment*，西元 1866 年）　小說

以主角拉斯柯尼科夫犯下的罪行和遭到懲罰為主要情節，控訴了資本主義社會的種種罪惡。這是作家最優秀的長篇小說之一。為他獲得空前聲譽，這是現代派小說的先例。

4.《白痴》（*The Idiot*，西元 1868 年）　小說

以農奴制改革後彼得堡的上層社會為背景、透過女主角悲慘遭遇，

控訴了資本主義社會的金錢罪惡。

5.《卡拉馬助夫兄弟們》（*The Brothers Karamazov*，西元 1879 ～ 1880 年） 小說

透過地主卡拉馬佐夫一家的悲劇反映了農奴制改革以後俄國社會生活的不合理和人與人之間的畸形關係。這是作者總結性的作品，也是最傑出的作品之一。

七十三、裴多菲（Petofi）

1〈雅諾什勇士〉（西元 1844 年） 詩歌

敘述了農村青年雅諾什追求幸福生活和崇高的愛情的故事。這首詩掀起了匈牙利向民間學習的熱潮。

2.〈旅行札記〉（西元 1845 年） 散文

回憶少年時代的苦難生活和謳歌國家壯麗河山，批判封建復古主義的作家。

3.〈愛德爾卡墳上的柏葉〉（西元 1845 年） 詩歌

這是悼念愛人愛德爾卡的 34 首組詩。其中詩的形式與意境 的創造方面造詣很高。

4.〈雲〉（西元 1846 年） 詩歌

表現作者在向革命道路上探索的心理活動，反映他嚮往革命、痛恨封建社會的急切心情。這組詩短小精悍，如匕首般鋒利。

5.〈自由與愛情〉（Freedom and Love，西元 1847 年） 詩歌

「生命誠可貴，愛情價更高，若為自由故，二者皆可拋」，表達了 19 世紀資產階級民主革命志士的共同心聲，充滿崇高的思想，閃耀著自由思想的光輝。

6.〈民族之歌〉（Nemzeti dal，西元 1848 年） 詩歌

提出了時代最尖銳的問題 —— 要求自由。這是「匈牙利自由的第一個呼吸」反動時期，這首詩成為人民心裡非正式的國歌。

7.〈使徒〉（西元 1849 年） 詩歌

描寫了一個抱崇高理想而未能實現，終因謀殺國王未遂而被處決的革命者的一生。這是匈牙利人民為爭取自由而鬥爭的光輝詩篇，是詩人創作思想的最高峰。

七十四、小仲馬（Alexandre Dumas fils）

1.《茶花女》（Camille，西元 1848 年） 小說、劇本（各一）

透過對一個妓女身世和命運的描繪，無情地揭露和鞭撻了資產階級上流社會和商人的罪惡，並熱情謳歌了一個「下賤的」妓女的高尚情操。這是小仲馬的成名作，也是法國戲劇由浪漫主義向現實主義演變時期的優秀作品。

2.《半上流社會》（Le Demi-Monde，西元 1855 年） 劇本

這是一部揭露金融資產統治下的社會寫實的風俗喜劇。是小仲馬現實主義戲劇的代表作。

3.《私生子》（西元 1858 年） 劇本

透過私生子斯泰奈的不公平遭遇抨擊了傳統成見造成的罪惡。這部劇曾引起較大反響。

4.《奧勃雷太太的想法》（西元 1887 年） 劇本

描寫一個情竇初開的少女受男子引誘的經過，抒發了對失足少女的深切同情和對引誘者及社會傳統觀念的憤慨，抨擊了傳統社會觀念和社會成見。

七十五、易卜生（Ibsen）

1.《布朗德》（*Brand*，西元 1866 年）　詩劇

透過主角布朗德牧師個人志向的表達，批判了資本主義社會的庸俗風氣，提出了「精神反叛」的主題。這是易卜生創作道路上的轉捩點。

2.《培爾‧金特》（*Peer Gynt*，西元 1867 年）　詩劇

透過荒誕幻想的情節描述了主角培爾‧金特放浪的一生，把諷刺予頭指向當時歐洲社會上庸俗自私的資產者和市儈習氣。這是作家的重要作品之一。

3.《社會支柱》（*Pillars of Society*，西元 1879 年）　劇本

作品譴責了所謂的「社會支柱」博尼克的種種惡行，展示了這個社會的必然崩潰。

4.《玩偶之家》（*A Doll's House*，西元 1879 年）　劇本

透過娜拉毅然走出虛偽家庭的事件，提出了現代資產階級社會的婦女地位和婦女解放問題。刻劇震動歐洲劇壇，對世界文學產生重要影響。

5.《人民公敵》（*An Enemy of the People*，西元 1882 年）　劇本

揭露了資產階級利己主義及其民主的虛偽性，是易卜生揭露性最強的作品之一。

6.《群鬼》（*Ghosts*，西元 1881 年）　劇本

透過對主角海倫的遭遇，揭露了舊的傳統禮教害人的罪惡，寄予了他對婦女命運的深切同情。

七十六、列夫‧托爾斯泰（Lev Tolstoy）

1.《塞瓦斯托波爾的故事》（西元 1855 ～ 1856 年）　小說

由三個短篇小說組成，看重描寫了普通士兵與一些下級軍官的愛國主義英雄氣概，呼籲發揚人類手足之情的博愛精神。

2.《一個地主的早晨》（西元 1856 年） 小說

透過青年地主涅赫留道夫進行農業改革失敗的經過，反映了作者想在保持地主土地所有制的前提下改善農民生活的理想的破滅。這是托爾斯泰早期探索農民問題的總結。

3.《哥薩克》（*The Cossacks*，西元 1863 年） 小說

描寫了貴族青年奧列寧厭棄空虛庸俗的上流社會，開始尋找一種儉樸的新生活而最終失敗的事件。否定了資本主義的上流社會。

4.《戰爭與和平》（*War and Peace*，西元 1863 ～ 1869 年） 小說

小說描寫了俄羅斯人民與貴族階級的歷史使命，探過了它們之間的相互關係，肯定人民是推動歷史的決定力量。這部作品使托爾斯泰從一個俄國作家成為一個歐洲作家。

5《安娜‧卡列尼娜》（*Anna Karenina*， 西元 1873 ～ 1877 年） 小說

透過貴族婦女安娜追求個性解放和莊園地主列文探索社會出路的兩條情節線索，真實地反映了 70 年代俄國社會動盪不安的現實，深刻地批判了俄國貴族資產階級社會的種種腐化現象。這是托爾斯泰長篇小說中藝術上最完美的一部，標誌著當時俄國社會心理小說的最高成就。

6.《哈吉‧穆拉特》（*Hadji Murat*，西元 1886 ～ 1904 年） 小說

寫哈吉‧穆拉特在民族解放戰爭中投降沙皇而又逃走，最終被擊斃的故事。深刻地揭露了沙皇的滔天罪行。

7《復活》（*Resurrection*，西元 1889 ～ 1899 年） 小說

描寫了一個農奴私生女瑪絲洛娃坎坷、悲慘、不幸的生活道路，對皇沙俄國進行了全面批判。這是作者全部文學創作生涯的總結，是 19 世紀俄羅斯批判現實主義的頂峰。

七十七、馬克‧吐溫（Mark Twain）

1.《卡拉維拉斯縣馳名的跳蛙》（*The Celebrated Jumping Frog of Calaveras County*，西元 1865 年）　小說

這是根據一個流行已久的傳說改寫而成，表現西部鄉土文學特有的幽默風格。這是馬克‧吐溫的成名作。

2.《競選州長》（*Running for Governor*，西元 1870 年）　小說

寫一個有聲望的獨立黨候選人餐加競選後的遭遇，揭露了美國民主的虛偽性。這篇小說標誌著馬克‧吐溫向社會批判家的過渡。

3.《鍍金時代》（*Gilded Age*，西元 1874 年）　小說

透過參議員狄爾沃綏和其他政客買賣選票、投機欺詐、表裡不一的描寫，批判政治的腐敗和無恥，以及社會的投機風氣。這篇小說與華納合寫，是美國第一部揭露黑幕的小說。

4.《湯姆‧歷險記》（*The Adventures of Tom Sawyer*，西元 1876 年）　小說

透過主角湯姆的遭遇，揭露了內地生活的停滯和宗教的虛偽，批判了沒有生機的教育制度，這是馬克‧吐溫的代表作。

5.《頑童歷險記》（*Adventures of Huckleberry Finn*，西元 1884 年）　小說

透過哈克和吉姆歷險航線，客觀寫實地再現了 1850 年代美國社會生活的廣闊畫面。這是馬克‧吐溫現實主義創作藝術的高峰。

6《乞丐王子》（*The Prince and the Pauper*，西元 1881 年）　小說

透過二人互換身分，使王子經受專制統治下人民生活的種種苦難，使乞丐當上國王。小說展示了封建專制制度和教會罪惡，表明了作者的社會平等觀。

7.《貞德傳》（西元 1896 年） 小說

塑造了法國民族女英雄貞德抗擊英國占領軍的光輝形象。

8.《敗壞赫德萊堡的人》（*The Man that Corrupted Hadleyburg*，1900 年） 小說

透過一袋金元，諷刺了赫德萊堡居民的偽善。這是馬克吐溫揭露資產階級拜金主義作品中最深刻、最有名的一篇。

七十八、左拉（Zola）

1.《黛萊絲·拉甘》（*Therese Raquin*，西元 1867 年） 小說

寫一個女子由於天性受到壓抑，與情夫串通害死丈夫，最後自殺。這是展現左拉自然主義理論的第一部長篇小說。

2.《瑪德萊納·菲拉》（西元 1868 年） 小說

這是一部研究隔代遺傳對人的影響的小說。在揭示資本主義制度下人物的反常行為和精細剖析人物心理變化上是一大革新。

3.《盧貢馬卡爾家族》（*Les Rougon-Macquart*，西元 1871～1893 年）系列小說

這一系列小說共 20 部作品，現舉著名者如下：

（1）《盧貢家族的家運》（*The Fortune of the Rougons*，西元 1871 年） 小說

描寫了路易·波拿巴在巴黎陰謀政變時，法國南方小城中盧貢馬卡爾一家乘機活動的事實。這是系列小說的第一部。

（2）《小酒店》（*L'Assommoir*，西元 1877 年） 小說

描寫了一個工作認真、手藝高明的修屋頂工人的悲慘遭遇，鮮明描繪了資本主義城市中極其尖銳的矛盾。

（3）《萌芽》（*Germinal*，西元 1885 年）　小說

真實地反映了法國第二帝國時代資本主義的經濟危機、勞資衝突以及工人的貧困生活和他們的鬥爭。這是左拉最有代表性的作品，是一部關於工人運動的史詩。

3.《三城記》（西元 1894 ～ 1898 年）　小說

包括《魯爾德》、《羅馬》、《巴黎》三部作品，揭露了教士們見不得人的鬼蜮伎倆和梵蒂岡陰謀，是對教會的徹底清算，被天主教會列為禁書。

七十九、哈代（Hardy）

1.《還鄉》（*The Return of the Native*，西元 1874 年）　小說

記述了女主角遊苔莎的不幸遭遇。作品把環境氣氛與主角經歷相互滲透，達到登峰造極的地步。

2.《卡斯特橋市長》（*The Mayor of Casterbridge*，西元 1886 年）　小說

敘述了一個酗酒賣妻者悔過自新，重新做人而最終失敗的悲劇。這是作家的一部重要長篇小說。

3.《德伯家的苔絲》（*Tess of the D'Urbervilles*，西元 1891 年）　小說

透過美麗、善良的主角苔絲姑娘短促而苦難的一生，展現了英國資本主義侵入農村後個體農民的貧困破產，抨擊了資本主義法律、道德、宗教、婚姻的冷酷虛偽。

4.《無名的裘德》（*Jude the Obscure*，西元 1894 ～ 1895 年）　小說

這部小說以成年男女為對象，充滿了感情的激盪與靈肉之間的衝突所帶來的折磨，表現出一種沉悶的空氣和辛酸的感覺，讓人產生人間何世的嘆息。

5.《遠離塵囂》（*Far from the Madding Crowd*，西元 1874 年）　小說

描寫資本主義利己原則闖入遠離塵囂的農村後，農民破產流亡生活悲劇，把批判矛頭指向資本主義的社會現實。

八十、莫泊桑（Maupassant）

1.〈羊脂球〉（Butterball，西元 1880 年） 短篇小說

描寫一個法國妓女為了解救被德國軍官和留在小客店中的法國旅客，不得不忍受屈辱，但反而遭到那幾個由於她的自我犧牲精神而脫險的旅客鄙視，譴責了紳士們的自私和虛偽。這是莫泊桑的成名作，也是一致公認的傑作。

2.〈菲菲小姐〉（Mademoiselle Fifi，西元 1881 年） 短篇小說

描寫法國妓女拉賽爾對德國軍官「菲菲小姐」的反抗，控訴了侵略者的野蠻與殘暴。這是一篇愛國主義的佳作。

3.〈兩個朋友〉（Two Friends，西元 1883 年） 短篇小說

寫巴黎兩個善良的釣魚老人，斷然拒絕講出透過前哨陣地的口令而被敵人殺死的故事。揭露了侵略者的慘無人道，歌頌了法國人民的愛國主義精神。

4.《一生》（*The History of a Heart*，西元 1883 年） 長篇小說

主要寫貴族少女霞娜由幻想到幻滅的一生。反映了在資本主義經濟和資本主義風尚的衝擊下，地主貴族生活方式的必然瓦解，這是莫泊桑第一部長篇小說。

5.〈我的叔叔於勒〉（My Uncle Jules，西元 1883 年） 短篇小說

透過於勒兄嫂菲利普夫婦態度的前後變化，諷刺了小資產階級拜金、自私的鄙俗心理。這是作者描寫資本主義社會世態炎涼的代表作。

6.〈項鍊〉（The Necklace，西元 1884 年） 短篇小說

透過愛慕虛榮的瑪蒂爾德為參加舞會借項鍊、丟項鍊、賠項鍊的故事，深刻反映了資本主義社會小人物的可悲命運，諷刺了小資產階級追求豪華的虛榮心。這是一篇膾炙人口的短篇小說。

7.《漂亮朋友》(*Handsome Friend*，西元 1855 年)　長篇小說

透過主角喬治‧杜洛阿招搖撞騙、飛黃騰達的經歷，揭露了統治集團內部的腐朽、貪婪、爾虞我詐以及荒淫無恥的糜爛生活。這是莫泊桑長篇小說中揭露性最強、現實意義最大的作品。

八十一、蕭伯納（Bernard Shaw）

1.《鰥夫的房產》(*Widowers' Houses*，西元 1892 年)　劇本

描寫醫生屈蘭奇和房產主薩拉阿坦克斯由反目成仇到和好的過程，揭露資本主義財富的來源是對窮人的搜刮。這是蕭伯納成名劇。

2.《華倫夫人的職業》(*Mrs.* Warren's Profession，西元 1894 年)　劇本

透過女兒薇薇終於得知母親華倫夫人真實職業的事件，尖銳揭露了資產階級體面生活後隱藏的種種罪惡真相。這是一部大膽揭露和抨擊資本主義社會罪惡的優秀劇本，被英國政府禁演。

3.《康蒂姐》(*Candida*，西元 1894 年)　劇本

描寫了女主角康蒂姐的三角戀愛的故事。這是蕭伯納早期創作中的一個最優秀的喜劇，也是作家在西方劇壇上最受歡迎的喜劇之一。

4.《巴巴拉少校》(*Major Barbara*，1905 年)　劇本

寫巴巴拉參加宗救慈善事業以圖「拯救靈魂」而最終失望的故事，一針見血地指出資本主義國家只是壟斷資本家的工具。這是蕭伯納揭露帝國主義戰爭販子醜態的優秀作品。

5.《傷心之家》(*Heartbreak House*，1913 ～ 1916 年)　劇本

這個三幕悲喜劇在處理資本主義社會沒落和崩潰的主題時，主要提出了英國和整個歐洲向何處去的問題、以及中產階級對待愛情和金錢的態度問題。這是一部浪漫主義與現實主義相結合的傑作。

6.《聖女貞德》（*Saint Joan*，1923 年）　劇本

透過法國民族英雄貞德的生平表現了西歐近代歷史上兩種力量——基督教的興起和資產階級民族主義的出現。這部劇上演獲得空前熱烈的讚譽。

八十二、契訶夫（Chekhov）

1〈變色龍〉（A Chameleon，西元 1884 年）　短篇小說

寫警官奧楚蔑洛夫在有錢有勢的貴族官僚面前逢迎諂媚，連老爺們的狗也成了他巴結奉承的對象。作品尖刻嘲諷了反動統治階級鷹犬的可憎靈魂，這是契訶夫的著名短篇。

2〈苦惱〉（Misery，西元 1886 年）　短篇小說

描寫馬車夫姚納貧困、不幸的生活。這篇小說預示了契訶夫的成熟和他的抒情心理小說體裁的形成。

3.〈第六病房〉（Ward Number 6，西元 1892 年）　短篇小說

透過對一個偏僻小城的不正常的醫院狀況的描寫，對當時的社會和政治現實作了最完整的、毫不妥協的描繪。這是契訶夫最有分量的作品之一。

4.〈套中人〉（The Man in the Case，西元 1898 年）　短篇小說

塑造了一個頑固、保守、仇視並扼殺一切新鮮事物的套中人形象——別里科夫，猛烈批判了舊勢力。這是批判知識分子弱點的最有代表性的作品。

5.《海鷗》（*The Seagull*，西元 1896 年）　劇本

描寫了三個藝術家所走不同道路，指出只有辛勤勞動和堅持不懈的奮鬥，才能衝向光明。它突破了俄國戲劇傳統，成為 19 世紀末轟動俄國戲劇界的名作。

6《櫻桃園》（*The Cherry Orchard*，1903 年）　劇本

透過不同人物對櫻桃園拍賣的態度，預示了俄國貴族必然滅亡，舊時代已經過去，新時代已到眼前的歷史趨勢。這是契訶夫最著名的劇作，在文學史上獲得很高評價。

八十三、泰戈爾（Tagore）

1《暮歌》（西元 1882 年）　詩歌

抒發了青年詩人追求自由，渴望與自然結合的主觀感受。這是泰戈爾的成名作。

2.《兩畝地》（西元 1894 年）　詩歌

敘述了農民巫賓賴以生存的兩畝地被王爺搶走了的悲慘故事。揭露了封建剝削制度的罪惡。這是泰戈爾最重要的故事詩之一，在詩人的創作中占有特殊地位。

3.《故事詩集》（1900 年）　詩歌

取材於宗教典籍和歷史傳說，描寫眾多的歷史人物和愛國群眾，歌頌了印度人民反抗民族侵略的鬥爭傳統和不畏強暴的英雄氣概。這是傳誦一時的作品，激發了人民群眾的愛國執情。

4.《摩訶摩耶》（西元 1892 年）　小說

以慘不忍睹的場面，控拆了了婦女殉葬的野蠻習俗。以很高藝術成就產生了極強的感染力。

5.《戈拉》（*Gora*，1910 年）　小說

以印度教青年戈拉、賓諾耶與梵教姑娘蘇查麗達、洛麗塔兩對青年間的愛戀為線索，描寫了 1870 ～ 1880 年代，孟加拉知識分子中的兩個教派的一場鬥爭。表現了印度早期激進民主主義者探索民族解放道路的

艱辛歷程。這是泰戈爾最優秀的長篇小說，是印度近代文學史上批判現實主義的奠基之作。

6.《吉檀迦利》（*Gitanjali*，1910 年）　詩歌

這是一部宗教抒情詩集，是「奉獻給神的祭品」。這部作品 1913 年獲諾貝爾文學獎，從此，一股「泰戈爾熱」度捲了歐、美、亞三大洲。

7.《新月集》（*The Crescent Moon*，1913 年）　詩歌

這是歌詠兒童的詩集，成書後流傳廣泛。

8.《園丁集》（*The Gardener*，1913 年）　詩歌

關於人和愛情的抒情詩集。

9《飛鳥集》（*Stray Birds*，1916 年）　詩歌

是有關社會、哲學、自然、生活等方面的哲理詩集

10.《小沙子》（1903 年）　小說

取材現實，描寫中產階級的家庭日常生活。這是泰戈爾第一部成熟的長篇小說。

11.《沉船》（*The Wrack*，1906 年）　小說

描寫孟加拉進步知識分子同傳統婚姻之間的心理衝突。這是泰戈爾的長篇小說代表作之一。

八十四、伏尼契（Voynich）

《牛虻》（*The Gadfly*，西元 1897 年）　小說

小說以主角亞瑟的經歷為情節，描寫了 19 世紀義大利愛國者為國家統一和獨立英勇奮鬥的故事。這本書對於 20 世紀上半葉，爭取國家獨立和民族自由的人們產生了巨大而深遠的影響。

八十五、羅曼‧羅蘭（Romain Rolland）

1.《貝多芬傳》（*Vie de Beethoven*，1903 年）　人物傳記

為著名作曲家貝多芬寫傳記，熱情謳歌為理想而奮鬥的英雄主義，以對抗籠罩歐洲的混濁利己主義氣氛。這篇傳記轟動法國文壇，給作者帶來極大聲響。

2.《約翰‧克利斯朵夫》（*Jean-Christophe*，1904 ～ 1912 年）　小說

描述了德國作曲家克利斯朵夫在充滿庸俗、傾軋的社會裡艱難奮鬥的歷程，歌頌了「偉大的心」和「真誠的藝術」。作品獲得巨大成功，於 1915 年獲諾貝爾文學獎。

3.《母與子》（1922 ～ 1923 年）　小說

透過母子兩代人鍥而不捨的追求，反映了西部進步知識分子在戰爭和革命時期精神探索的艱苦歷程。這是發表於 1930 年代的法國第一部社會主義現代主義的里程碑式的重要小說。

4.《超乎混戰之上》（1914 年）　雜文

揭露一戰中交戰雙方統治集團的欺騙性，是一篇大膽的反戰宣言，引起軒然大波。

八十六、夏目漱石

1.《我是貓》（1905 年）　小說

透過一隻貓的見聞及敘述，揭露並抨擊明治時期社會的黑暗和資產階級的醜惡，描寫小資產階級知識分子的可悲處境。這是夏目漱石的成名作及代表作，是日本人民的寶貴文學遺產之一。

2《哥兒》（1906 年）　小說

以作者外縣任教經歷為素材，塑造了一個憨厚、正直的教員形象，揭露、批判了教育界的腐敗與黑暗。這是夏目漱石的又一名著。

3.《虞美人草》（1907 年）　小說

這是描寫愛情與遺產問題的長篇小說。是夏目漱石成為專業作家後的第一部小說。

4.《明和暗》（1916 年）　小說

以主角夫婦為中心，描寫人們相互間的複雜關係和不同心態。雖未寫完，仍被譽為日本近代最優秀的作品之一。

八十七、高爾基（Gorky）

1.《海燕之歌》（*The Song of the Stormy Petrel*，1901 年）　散文詩

以象徵的手法，透過暴風雨前夕海燕的戰鬥風貌和崇高的精神境界，歌頌了革命鬥爭中湧現出來的無產階級革命戰士。此詩對俄國和世界各國的無產階級革命鬥爭起了巨大的推動作用。

2.《在底層》（*The Lower Depths*，1902 年）　劇本

描寫了一群被拋到生活底層的流浪漢的悲慘遭遇。這部劇使高爾基在俄國和歐洲劇壇贏得了極大聲響。

3.《母親》（*The Mother*，1906 年）　小說

塑造了以巴維爾為代表的具有社會主義覺悟的無產階級英雄形象，並講述了母親 —— 尼洛夫娜在政治上逐漸覺醒，成長起來的過程。這是無產階級文學的奠基之作，以具有高度思想性和藝術性的英雄人物形象開創了無產階級文學的新紀元。

4「自傳體三部曲」（1913 ～ 1923 年）　小說

（1）《童年》（1913 年）

描寫阿遼莎在外祖母家的生活。

（2）《在人間》（1916 年）

描寫了阿遼莎在「人間」的苦難遭遇。

（3）《我的大學》（1923 年）

描寫阿遼莎在喀山時的社會活動。

這三篇小說是高爾基文學生涯的里程碑，也是俄蘇自傳體小說的里程碑。

5.《阿爾塔莫諾夫家的事業》（1925 年） 小說

透過三代資本家的生活和活動，概括地描寫了俄國資本主義的產生、發展和滅亡的歷史過程。這是高爾基揭露資本主義社會的最成熟的作品之一。

6.《克里姆·薩姆金的一生》（*The Life of Klim Samgin*，1925 ～ 1930 年） 史詩

透過主角薩姆金揭露了資產階級個人主義和資產階級知識分子對革命的恐懼，反映了十月革命前 40 年間俄國社會的政治、哲學等思想領域裡的鬥爭，這是高爾基創作的又一座高峰。

八十八、德萊塞（Dreiser）

1.《嘉莉妹妹》（*Sister Carrie*，1900 年） 小說

描寫了追求幸福的美國少女嘉莉的悲劇故事，揭示了貧富懸殊的社會矛盾和被金錢扭曲的社會關係，暴露了「美國夢」下的醜惡和黑暗。這是作家有影響，有現實意義的一部小說。

2.《珍妮姑娘》（*Jennie Gerhardt*，1911 年） 小說

這是《嘉莉妹妹》的姐妹篇，情節相似，藝術上更為成熟，被認為是美國最好的小說之一。

3.《慾望》三部曲（1912 ～ 1947 年） 小說

（1）《金融家》（*The Financier*，1912 年）：描寫銀行職員之子柯柏烏由一箇中學生成為金融家的過程。

（2）《巨人》（*The Titan*，1914 年）：寫發跡後的柯柏烏在芝加哥所進行的金融壟斷活動。

（3）《斯多葛》（*The Stoic*，1947 年）：寫暴發戶柯柏烏在倫敦的冒險活動及死亡。

這三部曲是一部具有史詩規模的長篇鉅製，在德萊塞的創作中占有重要地位。

4.《天才》（*The Genius*，1915 年）　小說

描寫了一個藝術家的天才如何被金錢社會毒害的故事，得出天才和真正的藝術與資本主義制度是水火不相容的。

5.《美國的悲劇》（*An American Tragedy*，1925 年）　小說

講述了主角克萊德為榮華富貴殺死女友的悲劇的故事。它依據事實寫成，揭示出美國社會反人民的本質。這是德萊塞創作的最高成就。

6.《堡壘》（*The Bulwark*，1946 年）　小說

主要寫一個教友會會員家庭的衰落和崩潰，是作家精心構思的一部作品，集中反映了作者晚年的思想和創作特點。

八十九、傑克·倫敦（Jack London）

1.《狼之子》（1900 年）　小說集

這部短篇小說集以淘金工人的生活為題材，充滿了對窮人的同情。這是作家的成名作。

2.《野性的呼喚》（*The Call of the Wild*，1900 年）　小說

敘述一條名為巴克的狗由文明社會回歸荒野的故事，歌頌了力和生命。巴克成為世界文學史上最為動人的狗的形象。

3.《白牙》（*White Fang*，1906 年）　小說

講述了一條名叫白牙的桀驁不馴的狼被感化，終於由荒野走進文明

社會。語言飽含感情，賦予白牙人的性格，十分感人。

4.《一塊炸牛排》　小說

透過一位老拳擊手為了生存，想盡一切辦法戰勝敵人而最終失敗的故事，集中描寫了人類生存環境的嚴酷。

5.《馬丁・伊登》（*Martin Eden*，1909 年）　小說

描寫主角馬丁透過個人奮鬥成名後得到的不是快樂，而是可怕的空虛，終於自殺的人生經歷，揭露資本主義對人性的蹂躪和對正義的踐踏，這是「美國夢」破滅作品的先驅。

九十、卡夫卡（Kafka）

1.《變形記》（*Metamorphosis*，1912 年）　小說

寫格里高爾變成一隻甲蟲後失去職業，成為家庭累贅，最後在寂寞和孤獨中死去。小說深刻而生動地揭示了人與人關係的冷漠，尖銳地反映了資本主義社會中的「異化」現象，深受世人矚目。

2.《美國》（*America*，1912 ～ 1914 年）　小說

透過卡爾・羅斯曼在美國的遭遇，展示了普遍性的資本主義世界的社會現象。小說採用傳統敘事手法，是「對狄更斯的直接模仿」。

3.《審判》（*The Trail*，1914 ～ 1918 年）　小說

描寫一個公民無端遭到逮捕和處決，揭露了帶有封建專制特徵的資本主義社會司法制度的腐朽及其反人民的本質。這是卡夫卡獨特的藝術方法形成的標誌。

4.《城堡》（*The Castle*，1922 年）　小說

敘述了主角 K 去城堡要求批准在附近的村子落戶，但至死未獲成功的故事。這是最富「卡夫卡式」虛幻色彩的作品。

5.《地洞》（1923 ～ 1924 年）　小說

描寫一隻不知名的動物造了一個又大又堅固的地洞，但仍是時時擔心外敵侵襲。小說表現資本主義社會一般小人物的恐懼心理，他們的生活甚至生命都得不到保障。

九十一、艾略特（Eliot）

1.《阿爾弗瑞德‧普魯弗洛克的情歌》（*The Love Song of J. Alfred Prufrock*，1917 年） 詩歌

這是一部優秀的抒情詩歌。是艾略特現代詩歌創作生涯中的第一個里程碑。

2.《荒原》（*The Waste Land*，1922 年） 詩歌

以現代世界的陳腐、愚蠢和荒蕪與傳統信仰、神話力量的豐富美好相對照為主題，描寫了時代危機和都市罪惡。這是艾略特一生創作最重要的作品，也是象徵主義的一部劃時代傑作，被譽為整個現代主義詩歌發展中的里程碑。

3.《大教堂謀殺案》（*Murder in the Cathedral*，1935 年） 詩劇

主要記述了托馬斯大主教的死和殉教的故事。這是艾略特詩劇中最優秀和最成功的戲劇，也是今日學界最關注而普遍進行研究的戲劇。

4.《雞尾酒會》（*The Cocktail Party*，1949 年） 詩劇

描寫了現代社會中的家庭糾葛，是一部用自由詩體寫成的以現代社會為背景的悲劇，上演後獲得極大成功。

九十二、馬雅可夫斯基（Mayakovsky）

1.《穿褲子的雲》（1914 ～ 1915 年） 詩歌

暴露了資本主義社會的醜惡現象，表達了對革命的熱烈嚮往。這是詩人早期的代表作。

2.《向左進行曲》（1918 年） 詩歌

號召人民拿起武器誓死保衛工農政權，表達了自己對革命事業的必勝信念。這是一篇著名的政治抒情。

3.《列寧》（*Lenin*，1924 年） 詩歌

這部抒情性革命史詩，透過一系列抒情插筆以及對歷史事件的藝術描繪，表達了蘇聯人民對偉大領袖的無限熱愛和崇敬之情。這是馬雅可夫斯基史詩的頂峰，也是蘇聯社會主義現實主義詩歌的奠基作。

4.《好！》（1927 年） 詩歌

這首敘事長詩描寫了蘇聯歷史上最初十年中非常重要的偉大勝利。是蘇聯早期無產階級文學的優秀的作品。

5.《澡堂》（1929 年） 劇本

透過工人趕製「時間機車」的事件，表現無產階級的創造革新同官僚主義之間的鬥爭。這是馬雅可夫斯基戲劇的高峰。

九十三、史考特・費茲傑羅（Scott Fitzgerald）

1.《人間天堂》（*This Side of Paradise*，1919 年） 小說

透過主角阿莫瑞・布萊恩的遭遇，反映了美國 20 年代傳統道德動搖的情況以及年輕一代放蕩不羈又苦悶徬徨的心理狀態，這是作家的成名兼處女作。

2.《美麗與毀滅》（*The Beautiful and Damned*，1922 年） 小說

這是一部研究、記述爵士時代戀愛、婚姻和生活的長篇小說，批判了消極的人生態度。這是作家的第二部長篇小說。

3.《大亨小傳》（*The Great Gatsby*，1925 年） 小說

以故事敘述者涅克・卡拉威的觀點描寫了神話般的人物蓋茲比及其悲劇結局，揭示了一戰後「迷惘的一代」對於「美國夢」感到幻滅的悲

哀。這是作家最著名、最優秀的小說。

4.《夜色溫柔》（*Tender Is the Night*，1934 年） 小說

寫了一個具有高貴品格的醫生迪克被人利用、拋棄的事件，描述了「人的毀滅」這一主題。

5.《重訪巴比倫》（*Babylon Revisited*，1925 年） 小說

描寫爵士時代過去後主角查利‧威爾斯的遭遇及思想轉變。這是作家一篇比較重要的小說。

九十四、福克納（Faulkner）

1.《聲音與憤怒》（*The Sound and the Fury*，1929 年） 小說

透過康普生家族不可挽救的衰敗，揭示了美國南方貴族世家總崩潰的歷史性命運。這是福克納意識流作品的代表作，也是世界意識流小說的經典作品。

2.《我彌留之際》（*As I Lay Dying*，1930 年） 小說

敘述了艾迪‧本德侖逝世後十天之內家人為安葬她所經歷的苦難歷程，突出了美國人特別是南方人性格中醜陋的一面。這是作家的得意之作。

3.《八月之光》（*Light in August*，1923 年） 小說

寫了一個在社會中找不到自己位置的孤獨者如何被不合理的社會法則支配，受到命運的愚弄，終於悲慘死去的故事。揭露了美國南方階級、種族、宗教的罪惡。這是作家的一部重要作品。

4.《押沙龍，押沙龍！》（*Absalom*, Absalom!，1936 年） 小說

透過幾個人的敘述來表現莊園主湯馬斯‧塞德潘的盛衰史，由此顯示出莊園制社會滅亡的必然性。這是福克納的又一力作。

5.《去吧，摩西》（*Go Down*, Moses，1942 年）　小說

這是福克納的一部「系列小說」。描寫了麥卡斯林家的族長老卡洛瑟斯的兩個支系的種種辛酸、痛苦的故事，以及與之相關的打獵的幾篇故事。其中的《熊》是作家最富盛名的作品之一。

九十五、海明威（Hemingway）

1.《太陽依舊升起》（*The Sun Also Rises*，1926 年）　小說

透過一戰後以傑克·巴恩斯為主角的一批青年的生活描寫反映了戰爭給青年一代造成的創傷，表達了他們的空虛和迷惘。這是「迷惘的一代」的代表作和宣言書。

2.《戰地春夢》（*A Farewell to Arms*，1929 年）　小說

描寫一戰中美國中尉亨利與英國女護士凱薩琳的愛情悲劇，主題鮮明地表達了反戰思想，並把矛頭指向資本主義的文明。作品獲得巨大成功，鞏固了作家的地位。

3.《雪山盟》（*The Snows of Kilimanjaro*，1936 年）　小說

透過一位在遊獵中患了絕症的作家臨死前的意識活動，展現這位作家為金錢所惑而虛度年華的悔恨的一生，揭示了金錢對人的罪惡影響。這是海明威最優秀的意識流作品。

4.《喪鐘為誰而鳴》（*For Whom the Bell Tolls*，1940 年）　小說

以西班牙內戰為背景，透過置個人生死於度外，在戰爭中英勇獻身的美國人喬頓的形象，肯定了反法西斯戰爭的正義性，表達了民主主義定能戰勝法西斯的信念。

5.《老人與海》（*The Old Man and the Sea*，1952 年）　小說

以老漁夫海上歷險為主要情節，塑造了文學史上著名的硬漢形象 —— 桑提亞哥，謳歌了人類不可摧的精神力量。這是海明威晚年的力

作，獲 1954 年諾貝爾文學獎。

九十六、川端康成

1.《大火現場記》（1923 年）　見聞錄

這是關東大地震的見聞錄，流露出對死難者的深切同情。

2.《伊豆的舞孃》（1926 年）　小說

這是一個旅行者的印象記，描寫了「我」與情竇初開的舞孃之間的戀情以及與藝人們的依依惜別。這部作品奠定了川端康成在日本文壇的地位。

3.《淺草紅團》（1929 年）　小說

敘述女主角弓子為姐報仇的故事。這部作品集「新感覺派」文風之大成。

4.《雪國》（1935 ～ 1947 年）　小說

透過三個主要人物島村、駒子、葉子的形象描寫及感情糾葛，深刻表現了人與現實的矛盾，以及人在那個時代的不幸。這部世界名著是日本抒情文學的頂峰，獲 1968 年諾貝爾文學獎。

5.《千隻鶴》（1952 年）　小說

敘述一個名叫菊治的青年與身邊幾個女人錯綜複雜的關係。這是作者戰後創作上的一座高峰。

6.〈我在美麗的日本〉（1968 年）　散文

九十七、法捷耶夫（Fadeyev）

1.《毀滅》（1927 年）　小說

小說生動地再現了南烏蘇里邊區游擊戰爭的壯麗畫面，揭示了黨在國內戰爭和社會議革命中的領導作用，同時也如實描寫了農民在黨和工人階級的教育下被改造為反對剝削制度的積極而自覺的戰士的過程。這

部作品不僅在國內，而且在全世界都產生了巨大影響。

2.《青年近衛軍》（1943～1945年）　小說

這是一部根據真人真事寫成的描寫蘇聯青年團員在衛國戰爭中可歌可泣的英雄事蹟的長篇小說，揭露了法西斯殘忍而虛偽的本質，歌頌了愛國主義和革命英雄主義精神及社會主義。這是作者的代表作，也是蘇聯文學中的優秀作品。

3.《三十年間》（1957年）　論文集

這是作家把自己探討文藝問題的文章編成的文學論文集、其貢獻是對社會主義文學的一些基本問題提出很多卓越而精闢的見解。

九十八、小林多喜二

1.《防雪林》（1927～1928年）　小說

小說成功地塑造了一個奮起反抗的貧苦農民源吉的形象。這是小林多喜二的第一部長篇小說，是作家藝術趨於成熟的象徵。

2.《一九二八年三月十五日》（1928年）　小說

描寫被反動政府逮捕的工會領導幹部在獄中的英勇鬥爭。這部作品確立了作者在無產階級文學運動中的地位。

3.《蟹工船》（1929年）　小說

描寫了船工的悲慘遭遇以及他們從自發到自覺鬥爭的發展過程，尖銳地揭露了日本軍國主義準備發支侵略戰爭的野心。這部作品成為日本無產階級文學的奠基作之一，並對國外革命文學界產生了巨大影響。

4.《為黨生活的人》（1932年）　小說

透過對他下黨員在工廠內外革命活動的真實描寫，高度概括了30年代初日本尖銳的社會矛盾和階級鬥爭，揭露了反動勢力的罪行，成為日本無產階級文學的典範之作。

九十九、尼古拉·奧斯特洛夫斯基（Nikolai Ostrovsky）

1.《鋼鐵是怎樣煉成的》（*The Making of a Hero*，1933 年）　小說

小說以主角保爾·柯察金從一個普通工人成長為無產階級革命英雄為主要情節線索，描繪了俄國從一戰起，經過十月革命，國內革命戰分歧到經濟恢復時期的廣闊力量畫面。這是三十年代蘇聯無產階級文學中最優秀的長篇小說之一。

2.《暴風雨所誕生的》（*Born of the Storm*，1936 年）　小說

以 1918 年末的國內戰爭為背景，揭露波蘭侵略者的可下失敗和烏克蘭反動統治階級出賣國家的罪惡行徑，歌頌了在無產階級革命的暴風雨中成長起來的英雄。

一百、蕭洛霍夫（Sholokhov）

1.《靜靜的頓河》（*And Quiet Flows the Don*，1926～1940 年）　小說

描繪了 1912 年至 1922 年間兩次革命和兩次戰爭中的重大歷史事件和頓河兩岸哥薩克人在這 10 年中的動盪生活，以及捲入歷史事件強大漩渦中的主角葛利高里的悲劇命運這是一部史詩性的長篇小說，引起國內外重社，並獲 1965 年諾貝爾文學獎。

2.《被開墾的處女地》（1932～1959 年）　小說

再現了蘇聯農業集體化過和中農民痛苦的轉變過程，藝術地概括了蘇聯社會主義建設史上重要的一頁。這部作品於 1960 年獲列寧獎金。

3.《一個人的遭遇》（1957 年）　小說

透過衛國戰爭中索科洛夫家破人亡的悲慘遭遇，憤怒地控訴了法西斯戰爭給人民帶來毀滅性災難，表達了百姓對和平生活的熱切嚮往。小說以普通人為主角，開拓了戰爭文學的新題材，成為劃時代的里程碑式戰爭文學的佼佼者。

筆墨革命，從屈原到莎士比亞的文學傳奇：

詩壇愛國者 × 史壇散文家 × 詞壇白衣卿相 × 輿論界驕子，古今中外文學家的生平與成就深度解析

作　　者：胡戧

發 行 人：黃振庭

出 版 者：崧燁文化事業有限公司

發 行 者：崧燁文化事業有限公司

E-mail：sonbookservice@gmail.com

粉 絲 頁：https://www.facebook.com/sonbookss/

網　　址：https://sonbook.net/

地　　址：台北市中正區重慶南路一段六十一號八樓 815
室

Rm. 815, 8F., No.61, Sec. 1, Chongqing S. Rd., Zhongzheng
Dist., Taipei City 100, Taiwan

電　　話：(02)2370-3310

傳　　真：(02)2388-1990

印　　刷：京峯數位服務有限公司

律師顧問：廣華律師事務所 張珮琦律師

定　　價：599 元

發行日期：2024 年 05 月第一版

◎本書以 POD 印製

Design Assets from Freepik.com

國家圖書館出版品預行編目資料

筆墨革命，從屈原到莎士比亞的文
學傳奇：詩壇愛國者 × 史壇散文
家 × 詞壇白衣卿相 × 輿論界驕
子，古今中外文學家的生平與成就
深度解析 / 胡戧 著 . -- 第一版 . --
臺北市：崧燁文化事業有限公司，
2024.05

面；　公分

POD 版

ISBN 978-626-394-212-7(平裝)

1.CST: 作家 2.CST: 世界傳記

781.054　113004532

電子書購買

臉書

爽讀 APP